JN211891

「自由通商運動」とその時代

昭和戦前期大阪財界の政治経済史

瀧口 剛 著

大阪大学出版会

目次

第二部　「自由通商」と「大東亜共栄圏」への道——満洲事変とその後——

第三部　自由通商運動の変貌と翼賛体制

〈凡例〉

・史料の引用においては、本書を縦組みにする都合により、史料中の算用数字を漢数字に変更した。また、読みやすさを考慮して史料中の旧漢字、異体字を通行の字体に改めた箇所や、旧仮名づかいを新仮名づかいに直すなど若干の修正を行った箇所、ならびにカッコ内に著者による補足を示した箇所がある。

・引用文中の「……」は著者による省略を示す。

・引用文中には現代においては不適切と思われる表現があるが、時代背景や歴史史料としての意義に鑑み、原文のまま掲載した。

・引用を除く本文中の人名は旧漢字や異体字を通行の字体に改めた。

・外務省や国立公文書館などが所蔵する資料のうち、アジア歴史資料センター（アジ歴）のデジタル資料ではなく元の資料を直接参照したものにおいては、元の資料の所在のみを記した。

序章　対象と課題

（一）自由通商運動とは何か

本書は、自由通商運動とそれと密接な関係を持った大阪財界の軌跡から昭和戦前期の政治経済史におけるその意義を考察するものである。昭和戦前期は、一九二〇年代後半の政党内閣と協調外交の時代から、満洲事変以後における戦時体制化と対外膨張の時代への転換が生じた時期にあたる。本書は、自由通商運動とこの運動が特に盛んであった大阪財界の果たした役割を明らかにする。

自由通商協会は、一九二八年、国際連盟の掲げた目標の一つである通商自由主義を実現し、関税引き上げの動きを抑止することを主たる目的として創設された。通商の自由は、戦間期の国際秩序の重要事項の一つであり国際連盟の諸会議で討議の対象となった。パリ講和会議におけるアメリカ大統領ウィルソンの一四か条の原則には通商自由、無差別の原則が掲げられ、これを受けて、国際連盟規約二三条の（ホ）は「交通及通過ノ自由並一切ノ聯担国ノ通商ニ対スル衡平ナル待遇ヲ確保スル為方法ヲ講スヘシ」と規定していた。第一次世界大戦後の混乱の中で、世界的な経済復興や平和のために通商の自由が強調された。他方で、自由通商の主張は、保護主義、閉鎖主義を採る国からの抵抗にあった。通商の「衡平」の問題は、一九二〇（大正九）年ブラッセル財政会議でも議論され、一九二七年のジュネーヴ世界経済会議では通商自由勧告決議がなされ、自由通商協会発足の契機となった。一九二〇年代には、国際連盟下において通商の自由を確保しようという動きと経済ナショナリズム勃興の兆しを見せる諸国の動向が錯綜していた。

日本政府は国際会議の場で通商の自由・機会均等を主張した。内田康哉外務大臣が一九二一年四月の訓令において「通商機会均等待遇問題は講和会議以来屡々通商経済会議に於て及委任統治問題に関し機会ある毎に帝国の主張し来たる所なる」（「通商機会均等待遇に関する訓令」）と述べている通りであった。[1] 第一次世界大戦期に飛躍的に工業が発展して工業製品の輸出が急増した日本は、一方で原料輸入国でもあり、国際通商の自由化は望ましいものであった。戦間期日本の貿易依存度は高く、戦後の貿易依存度が一〇%以下であったのに対して、戦間期のそれは輸入で一五%、輸出で二〇%近い水準となっていた。[2] 明治末年のいわゆる小村改正条約によって日本は関税自主権を得たが、その後も実質的には物価騰貴に対応するために総じて低関税が続いた。[3]

しかしながら、日本においても自由通商の主張の陰で保護主義的産業育成策の余地を残していた。[4] 特に政党政治とともに保護主義的潮流が台頭しつつあり、産業立国を掲げる田中義一・政友会内閣の鉄・木材関税引き上げ政策はその代表例であった。自由通商協会の発足は、国際的な動向に棹さしつつ、日本における保護主義の台頭に対抗しようとするものであった。

昭和初期において、貿易関係の団体は存在したが、「自由通商協会」のような思想的背景を持った団体はなかった。貿易の振興を目的とした団体としては、明治期に創設され商工省と関係の深い「日本貿易協会」があり、一九三三年には商工省の下に全国の貿易団体を組織することを趣旨とした「全日本貿易連盟会」が設立された。しかし、それは商工省などの影響の強い団体であり、必ずしも通商自由を唱えるものではなかった。[5] また近代日本における「自由貿易」論者としては、明治期に活躍した田口卯吉が想起されるが、その後世への政治思想的影響は見逃せないものの、[6] 彼によって創刊された『東京経済雑誌』は一九二三年に廃刊されており、直接的に昭和期の政治経済状況に影響を与えるものではなかった。

自由主義的思想をもとに政治的に独立した「自由通商協会」は、ユニークな存在であった。それは、リカードの比較優位の古典経済学的アイデアを背景としつつも、戦間期の国際協調とナショナリズムがせめぎ合う国際政治経済状況、日本の人口増加、資源問題、社会問題などを前提としていた。したがって「自由貿易」を実際に実現するというよりも、国際的、国内的政治経済状況に働きかけて、可能な限り関税低下などによって通商を促進しようとするものであった。

自由通商運動の特徴の一つは、全国的な組織を持ち経済界と知識人にまたがる幅の広さにあった。設立時の首脳部は理事長が志立鉄次郎（元日本興行銀行総裁）、常務理事に平生釟三郎（元東京海上専務）、上田貞次郎（東京商科大学教授）、理事として石井徹（太平洋生命保険副社長、日本貿易協会副会長）、村田省蔵（大阪商船専務）、高野岩三郎（大原社会問題研究所所長）であった。同協会は全国団体で東京、大阪のほか京都、神戸、名古屋、青森、関門、大連に支部があった。

自由通商運動は、政党内閣時代に広い意味での自由主義者の緩い結合によって成立し、自由主義的改革運動の側面を持っていた。国家主義ではない社会改革と結合した反保護主義を主張する「新自由主義」を唱えた上田や無産者の観点から関税低下と物価低落の必要を唱え、政治経済の特権的結合を批判した高野はその点で注目される。「自由通商協会」は当初東京に本部を置く全国団体であったが、平生、村田など関西の有力財界人を指導者として擁していた。自由通商運動は貿易都市として繁栄していた大阪財界において支持され、保護主義的傾向の強い東京中心の政財界とは異なる動向を示した。

大阪財界は、民政党内閣の井上準之助蔵相と密接な関係を持ち、金解禁を実施した井上財政の有力な支持基盤となった。大阪で組織された井上財政を支持する「経済更新会」は、平生たち自由通商運動と綿業の関係者を中心に構成されていた。同時に自由通商運動は製鉄合同の一環をなした鉄（銑鉄）関税引き上げ反対運動を展開し、成果を上げた。

他方で満洲事変後、保護主義的潮流は国内外において強くなり、自由主義的潮流は衰退してゆく。そのような状況においても自由通商運動は日中戦争までは、満洲国を前提としつつ、保護主義の高まりに抗して自由通商を擁護する活動を継続し、自由主義者の緩い結合体としての性格を維持した。運動は日中戦争後大きく性格を変えながら継続し、対英米開戦後も「共栄経済協会」と改称しつつ存続した。

(二) 本書の課題

本書の課題は、自由主義的改革運動の性格を持った自由通商運動と大阪財界、またその指導的人物の軌跡を分析し、昭和戦前期の政治経済上の変動に与えた影響と意義を考察することにある。

近代日本は、通商主義の時代と大陸発展の時代に区分して考えることができる。北岡伸一は近代日本における通商主義、海洋国家の構想を大陸国家と対比して論じ、「通商主義に基づく海洋国家論と大陸発展論は交互に日本外交を彩った」と指摘した上で、「大陸発展論は、日本外交の唯一の流れでは決してなかった」と述べている。両者の交替を時系列的にならべれば、明治中期の海洋国家構想、日露戦後の大陸国家化、明治末～大正初期の非大陸主義の復活、第一次世界大戦期の大陸へのコミット、大戦後の非大陸的発展、一九三〇年代の大陸国家化、そして戦後の大陸的発展の最終的挫折と経済主義の時代が続く。また戦前における日米の戦争は、米国の門戸開放主義に対する日本のアジアモンロー主義、広域経済の原理的対立によるとされる[7]。

「自由通商協会」が発足したのは、一九二〇年代の通商国家的方向性が優位に立った時代であり、時代状況と整合的であった。しかし他方で一九三〇年代の大陸へ膨張する時代にもその活動は存続している。本来自由通商と大陸国家化は相反するはずであるが、自由通商運動は、この時代にどのような活動を見せたのであろうか。

自由通商運動は大きく三期に分けることができる。第一期は、満洲事変以前の政党内閣期である。運動自体の影響力の点では、第一期特に民政党内閣期に早くもピークを迎える。第二期は、満洲事変から盧溝橋事件までである。満洲事変、経済摩擦の激化、という悪化する状況においても、自由通商運動は継続された。また第三期は、日中戦争以後であり、ここに至って自由通商は本格的に変容し、最終的には「大東亜共栄圏」と同一化する。この時期区分は、大阪財界の動向についてもある程度あてはまる。

「自由通商運動」の全体像については、正木茂「自由通商十年史」（『自由通商』第一〇巻第一〇号、一九三七年）が通史的記述を行っている。しかし当事者の観点から、一九三七年までを概観したにすぎない。このほかではその機関誌『自由通商』の紹介[8]や上田貞次郎や平生釟三郎など個々の関係者に関するものは別にして、体系的に研究、評価されてこなかった。その中で広川禎秀「自由通商主義から領土拡張主義へ」[9]が、政党内閣期の自由通商運動について、満洲事変を経て「領土拡張主義」へ変貌をしたと論じている。しかし、当該研究は、同運動の中心人物であった平生釟三郎の日記が使われておらず、政党内閣期においてもそれが持った影響力について、十分には論じられていない。そのほかの研究でも戦間期の大阪財界の政治的影響力については、十分には論じられてこなかった。本書では、自由通商運動と大阪財界の井上準之助蔵相を通じた民政党内閣への影響力とその意味を明らかにする。

さらに広川論文では満洲事変後一〇年以上にわたる運動の軌跡を視野に入れていないために、満洲事変によって一挙に「自由通商」から「領土拡張主義」に移行したかのような印象を与える。確かに満洲事変期には、その大阪財界における指導者の一人である平生は、軍縮運動へコミットしていた立場から、満洲占領論へ立場を変え、しかも大阪の第四師団との関係を敵対的なものから友好的なものへと変化させている。しかし、満洲事変後も、満洲国の存在を前提としつつ、自由通商運動は継続する。日満関係だけで閉鎖的経済圏が成立するとは考えられなかった。日中戦争が勃発するまでは、自由通商運動には高野に代表される左派や上田らリベラル派の活動する余地があった。大阪財界側でも、英帝国圏などとの通商摩擦にもかかわらず、互恵協定によって通商関係を継続させることへの評価は必ずしも否定的ではなかった。これらを総合的に位置づける必要がある。

日中戦争勃発後、自由通商運動は、軍事的行動によって形成されるブロック経済及びブロック間の貿易を肯定するようになる。運動は次第にアウタルキー化を自由通商によって正当化するようになり、最終的には大東亜共栄圏に合流して「大東亜戦争」への道を歩んだ。日中戦争以前はなお自由通商への期待を残していたこの運動が変貌してゆく過程を、その論理に即して追跡する。

綿業帝国主義論以来、アジアの英帝国圏などとの通商摩擦と関係させて、鐘淵紡績社長・津田信吾のような綿業関係者の大陸政策強硬論に光が当てられることが多かった。近年でも日印会商、日蘭会商、日英会商前後の「関西紡績ブルジョアジーの主流的見解は、東京系の津田信吾紡績社長や宮島清次郎日清紡社長のような軍部との協力を重視する見解に接近」などの見解が見られる。[10] しかし他方で紡績業において中国の工業発展を前提とした「日支経済提携」の可能性も検討されていたという指摘がなされている。[11] また、一九三〇年代における「アジアの相互依存関係の緊密化」[12]、「アジア通商網を通して多様な通商関係を維持した一九三〇年代の日本」[13]、大英帝国のオタワ体制、スターリング圏の「開放性」[14]など「アジア間貿易」(杉原薫)の維持発展を強調する見解がある一方で、日本の帝国主義経済の「中国北部地域における満洲国経由」の日本製品の流入の重要性を強調する指摘がなされている。[15]

本書では、「アジア間貿易」と中国東北部との経済的関係の両方の存在を前提とする。自由通商運動は、通商摩擦を抱えながらも継続した貿易、軍事的侵攻に伴う日本経済の大陸進出の両方の要素を背景として展開した。本書では、自由通商運動が日中戦争以前においては通商摩擦へのストレスを抱えながらも「自由通商」への期待をなお抱いた一方で、日中開戦後にはブロック間貿易を「自由通商」と見なすようになる過程を明らかにする。

「大東亜戦争」への道には、大アジア主義イデオロギーが伴った。松浦正孝は、汎アジア主義の「イデオロギーネットワーク」が「大東亜戦争」への道を切り開いたことを詳細に論じている。その中で、インドとの通商関係が重視され、反英運動が盛り上がった関西(特に神戸・大阪)が汎アジア主義の「ノード」の役割を果たしたことを指摘した。[16] 分厚い記述には説得力があるが、「イデオロギーネットワーク」を介した大阪財界の主導的な影響力については「過大評価」の印象も受ける。本書ではビジネスの論理に立ちながら軍事行動を後追いする自由通商運動や大阪財界のあり方を分析する。

また本書の直接の対象ではないが、軍部とその大陸でのプレゼンスは本考察の前提である。東アジアにおける日本の軍事的プレゼンスの大きさと欧米列強と比較した場合の経済的規模の小ささ、さらに米英への高い経済的依存度のアンバランスが前提となる。[17] この軍事と経済の「矛盾」に由来する「二面的帝国主義」のあり方が二〇年代のワシントン体制への順応と三〇年代のアジアモンロー主義とをもたらしたと、江口圭一によって指摘されてきた。[18] しかし、この軍事と対外的経済依存の「矛盾」には、二分論に還元しきれない、かなり複雑な相互作用があった。

以上は、対外政策面での課題であるが、自由通商運動の関係者には、平生や村田のように「新体制」期に中央で要職に就いた人物が目立つ。単なる官僚的国家統制の強化ではない戦時体制では、民間から直接「産業人」を登用する人事が行われるようになる。本書では官僚統制を批判し民間主体の新体制構想を示して活動した人物として、栗本と平生をとりあげて論じ、戦時体制への関与には左右の「革新派」からだけではなく、自由主義的改革からの道もあったことを示す。

(三) 本書の構成

「序章」において戦間期における自由通商運動と大阪財界の動向を概観しつつその意義を明らかにし、本書の課題を提示する。

「第一部」では、自由通商協会の結成及びその活動を大阪財界、政党内閣との関係を中心に論じる。

第一章では自由通商協会設立の背景と契機、理念、組織について、機関誌である『自由通商』や平生日記などに基づいて実証的に明らかにする。[19] 特に自由主義的傾向の強い貿易都市大阪との関係、自由主義者の連合体としての運動の特質を明らかにする。

初期の自由通商運動は、政党内閣と関係を持った。自由通商協会設立の背景には、国際的契機と同時に、田中義一・政友会内閣の保護主義に対する危機感という国内的契機があった。中でも鉄・木材の保護関税強化政策に対して、自由通商協会が反対運動を繰り広げ、結局鉄関税引き上げ阻止に成功した経緯を明らかにする。

第二章では、浜口・民政党内閣と大阪財界の関係について論じる。大阪財界と民政党内閣は、特に井上蔵相を通じて深い関係にあった。井上蔵相の金解禁政策に対して、大阪財界では自由通商運動の旗振り役であった平生たちが中心となって「経済更新会」を組織して強い支持を示した。しかし民政党も一枚岩ではなく「経済調整主義」は、このような自由主義的潮流とは異なっていた。

第三章では、産業合理化による鉄鋼合同・関税の引き上げに対して、自由通商協会が反対運動を起こしこれを阻止する経緯を論じる。

補論一では、経済的自由主義を掲げた武藤山治が創設した実業同志会と平生、さらに大阪財界との関係の推移を明らかにする。当初武藤の考えに共鳴した平生や大阪財界は実業同志会が政友会と接近するにつれて距離を置くようになり、民政党内閣の井上財政支持に回った。また補論二では大阪帝国大学の設立が、大阪財界と民政党内閣の関係、特に井上蔵相との深い関係を背景に実現したことを明らかにする。

「第二部」では、満洲事変後の自由通商運動と大阪財界の変容、さらに日中戦争勃発後の大東亜共栄圏、翼賛体制へと至る道においてそれらが果たした役割を明らかにする。

第四章では、ワシントン体制下の協調外交を前提とした自由通商運動が、満洲事変後には、満洲国を肯定する方向へと転換する経緯を論じる。平生は、軍縮運動から大阪の第四師団との協調、さらには軍人内閣論を唱えるに至る。その背景には国際的な保護主義の高まりがあったが、日満ブロックでは不十分でなお自由通商の必要性も強調された。保護主義の潮流が強くなる中でも、大阪に本拠を移して自由通商運動は継続した。本章ではこの転換と運動継続の論理を分析する。

第五章では、満洲事変後から日中戦争を経て大東亜共栄圏へ至る道を扱う。自由通商運動は、満洲事変と日中戦争後に二度にわたる屈折を経て変化した。満洲国の存在を前提に自由通商運動は、広田（弘毅）外交の下で活動した。経済摩擦による会商は自由通商の理念に打撃を与えるが、運動は継続した。上田のようなリベラル、左派の高野もその主張を展開する一方で、平生は自由通商と同時に蒋介石との提携による日満支ブロックを唱えていた。日中戦争前までの自由通商運動は自由主義者の連合体としての性格を保っていた。だが日中戦争勃発により、その活動は低調になる一方で本格的に変化した。東亜新秩序に対応して自由通商運動は広域経済圏の形成を前提にブロック間貿易が自由通商の代替物となると主張し始めた。日米開戦後も「共栄経済協会」と名称を変えて続くこの運動の変化とその論理を明らかにする。

以上のような自由通商運動の変容は、大阪財界の動向とも並行していた。補論三では、一九三〇年代初頭に大阪財界の支持の下に創設された「東方文化連盟」の軌跡を明らかにする。当初は比較的穏健なアジア主義の姿勢を取っていた同団体も、日中戦争を契機として変化し、ついには大東亜共栄圏を支持する道を歩んだ。

「第三部」では、自由通商の変貌と新体制との関係を、運動の有力者であった栗本勇之助と平生釟三郎の軌跡から論じる。こうした栗本や平生の軌跡から、自由主義的改革から官民一体の翼賛体制への道筋を明らかにする。

第六章では、一九二〇年代には銑鉄関税引き上げ反対の立場から、自由通商運動にコミットした栗本について論じる。彼の主たる足場は大阪工業会にあった。栗本は大阪経済が急速に重工業化してゆく中で、ローカルな大阪経済界に足場を置きつつ、一九三〇年代半ばになると、大阪財界と中央との関係を強化する役割を担う。彼は日中戦争後「日満支ブロック」とブロック間貿易による通商の維持を訴えつつ、「積極的全体主義」を唱え、民間と一体となった統制経済を主張した。自由主義的傾向が強く、大陸との関係が深かった大阪経済界の変貌を栗本を通して明らかにする。

第七章では新体制期の平生の活動について論じる。自由通商運動を主導し民政党内閣と大阪財界との関係をブリッジした平生は三〇年代には川崎造船社長、さらに日本製鉄会長となり、「新体制」期には重要産業統制会会長、産業報国会会長などを歴任した。産業人を主体とする革新を唱えた平生の位置づけについて論じる。また産業報国会、経済新体制、翼賛政治に横断的に関与した平生の「新体制」観と自由通商運動との関係を考察する。

終章においては、全体を振り返りつつ考察を行う。

第一部

政党内閣期における自由通商運動と大阪財界

第一章　自由通商協会の発足と田中義一内閣
——理念・組織と初期の活動——

はじめに　対象と課題

自由通商協会は、一九二八年に前年のジュネーヴでの国際経済会議を契機として、田中義一政友会内閣下の政治状況を反映して発足した。本章では、自由通商運動発足の経緯と理念、大阪財界との関係、初期の活動を扱う。

第一節において、自由通商運動発足の経緯、理念、その組織的基盤、活動形態について述べる。第二節では自由通商運動が特に大阪で盛んになった理由を、平生釟三郎・村田省蔵ら指導者、大阪財界の特質、在阪メディアとなどのネットワークから論じる。第三節では、最初期の自由通商協会の重要な活動である田中内閣下の鉄・木材関税引き上げ政策に対する反対運動とその帰結について考察する。

第一節　自由通商協会の発足

（一）自由通商協会発足の経緯

自由通商協会は、一九二七年五月に約三週間にわたってジュネーヴで開催された国際経済会議を契機として設立された。この国際経済会議は、前年の国際連盟理事会において開催が決定されていた。その目的は、「世界経済の状況」を調査し、「商工業不均衡の経済的原因を研究」してその除去に努め、「世界の平和に影響すべき経済上の諸傾向を探査して経済的方面より世界の平和を」もたらすことにあった[1]。第一次世界大戦後にヨーロッパ各国において経済的ナショナリズムが台頭し、世界の景気の回復、ひいては国際秩序の再建を妨げているという危機感が経済会議の背後にあった。

国際経済会議は、拘束力のある決議をなすものではなかったが、報告書において「……新時代に於ては不当に国際通商を阻害する障礙漸次に除去せられ以て同時に世界経済の健全なる象徴たり且文明進歩の必要なる条件たる向上的趨勢を招くに至るへし」（商業委員会報告書）と通商の自由を訴えるものであった[2]。日本代表、前日本興行銀行総裁・志立鉄次郎は関税障壁の撤廃、通商自由の確保を訴える演説を行った[3]。経済会議の日本代表の一員でもあった東京商科大学教授・上田貞次郎は、「我が国は特に重要な提案をしないけれども、会議の本旨たる国際経済交通の自由を促進することについては全幅の賛意を表し、苟も之が矛先を鈍らすやうな言説を容れなかった。幸にして会議の空気は順調にして一部には、幾分消極的な態度を取る国があったに拘らず、討議の結論に至っては我国の主張に近きものができたのである」[4]と、国際自由通商に関する会議の結論と日本代表の立場が一致していることを強調している[5]。

同会議では宣伝活動を行うことも勧告されていた。この機会に、志立、上田らは帰国後自由通商に関する組織作りを模索した。同様の動きは大阪でも見られた。インドの綿糸関税引き上げ、また国内における鉄鋼、木材関税引き上げの動きに危機感が高まりつつあった。その結果東京と大阪の有志を中心に自由通商協会の結成の準備がなされ、一九二八年一月一四日、東京大阪でそれぞれ創立総会が開かれることになった。[6]

東京自由通商協会においては、志立、上田、石井徹（日本郵船副社長）が常務理事に就任した。また、発起人には、志立、上田、石井のほか、井上準之助（日本銀行総裁）、池田成彬（三井銀行常務）、各務鎌吉（東京海上火災保険専務）、安川雄之助（三井物産常務）、矢野恒太（第一生命社長）、宮島清次郎（日清紡績社長）、斯波忠三郎（東京帝国大学教授）、井坂孝（横浜商業会議所会頭）、児玉謙次（横浜商工銀行頭取）、串田万蔵（三菱銀行会長）が名を連ねていた。金融界や商社、紡績会社、船会社の錚錚たる幹部が顔をそろえていた。大阪では平生釟三郎（前東京海上専務）、村田省蔵（大阪商船専務）、高柳松一郎（大阪商工会議所書記長）のほか、岸本彦衛、田口八郎の鉄商岸本商店の関係者が中心となって自由通商協会の設立を図った。常務理事には村田、平生、高野岩三郎（大原社会問題研究所所長）が就任した。また和田信夫（大阪朝日新聞経済部長）、下田将美（大阪毎日新聞経済部長）、土屋元作（大阪時事新報主筆）ら在阪の新聞人の関与も重要であった。

東京大阪の有力新聞各紙は、両地における自由通商協会誕生の前後に好意的な記事、社説を掲げた。特に大阪朝日、大阪毎日、大阪時事の大阪各紙は、会発足の翌日一五日に「自由通商協会の設立」（『大阪朝日新聞』社説）、「通商自由の叫び」（『大阪朝日新聞』〈財界六感〉）、「自由通商協会」（『大阪時事新報』社説）、「通商自由の新運動」（『大阪毎日新聞』社説）などの記事を掲載し、その意義を高く評価した。[7]実は、記事を掲載することはあらかじめ打ち合わせ済みだった。[8]

その後青森、名古屋、京都、神戸、関門、大連においても協会が成立され、三月には各都市の自由通商協会が連合し、自由通商協会日本連盟創立総会が大阪中之島で開かれた。連盟の理事長には志立、常務理事には平生と上田、理事には各地方の代表が就任した。

自由通商協会は、発足を記念して各地で講演会を開いた。五月一〇日（於東京、日本工業倶楽部）には、「自由通商の精神（志立鉄次郎）」、「民衆生活と消費税的課税（高野岩三郎）」、「自主独立の精神に就て（各務鎌吉）」、五月一一日（於横浜、開港記念館）には、「国際経済会議と自由通商（上田貞次郎）」、「我が国経済界の一弱点（矢野恒太）」、「自由通商と保護関税（石井徹）」、五月一二日（於名古屋、商工会議所）には、「岐路に立てる日本（イー・シー・ベンローズ）」、「私の通商自由運動に参加したる理由（村田省蔵）」、「国際経済会議と自由通商（上田貞次郎）」、五月一五日（於神戸、基督教育青年会）には、「自由通商に関する所感（藤村義朗）」、「深刻なる社会相（下村宏）」、「教育の革新（平生釟三郎）」、五月一六日（於大阪、中央公会堂）では、「自由通商と日本海運（寺島成信）」、「自由通商運動の精神（志立鉄次郎）」、「財界の現状（井上準之助）」、五月一七日（於京都、基督教青年会）には、「通商自由の根本義（加藤小太郎）」、「自由通商主義の具体化に就て（寺島成信）」、「自由通商に関する所感（藤村義朗）」の講演がなされた。その後さらに組織を整備し、一〇月からは『月報』を、二九年からは機関誌『自由通商』を発行し始めた。同時に、第三節で見るように田中義一内閣下において進行しつつあった鉄・木材関税の引き上げに対する反対運動を展開する。

（二）自由通商運動の理念：前提としての「資源小国」と三つの観点

次に自由通商協会の理念について検討する。この点に関して広川禎秀は自由通商協会主流の論理を、国際分業論、加工貿易立国論、保護主義的産業政策への反対、平和主義・軍備縮小、対英米協調、物価引き下げによる国民生活向上論に整理している[9]。ここでは、自由通商運動組織としての理念と重要な担い手の考えを整理する。

自由通商運動には、その必要性の根拠について、第一に国際的普遍的理念、第二に日本特有の事情に由来するものがあった。前者は、自由主義的な古典経済学をベースに、それが普遍的に人類の生活を豊かにしつつ国際的平和をもたらすことを前提としていた。そもそも自由通商協会は、国際連盟の理念の下に、各国で協力の必要性に関する認識を広めるために組織されたものであった。
第二の日本において特に自由通商が必要とされる根拠は、運動の展開にとって重要な意味を持つので、詳しく検討したい。この点について、自由通商協会の声明書は次のように述べている。

……惟ふに天然資源に乏しく且人口稠密の我国が自由通商の主義に拠らざるべからざるは識者と共に我等の高唱したところであって之が為には関税引き上げの傾向を阻止し進んで現行関税特に生活必需品及原料品関税の軽減又は撤廃を行ひ物価の低落生産費の低減を図ることが尤も急務であり斯くてこそ初めて国民は真の生活の安定を得て国力の発展又期して待つべきものであるを信ずるのである。然るに世間なほ保護政策の効果を妄信し、国民全体としての福利を無視せる関税政策を主張し又は希望するものも少ない。或は虞る吾等の主張運動が未だ十分社会に徹底せざるが為に非らざるやを。これここに日本連盟を組織し吾等の目標に向って国民的運動を起さんとする所以であって、吾等の主張に共鳴せらる、人士の益々多からんことを、我国経済の真の発展のため、全国民の真の幸福の為に祈り且つ望んでやまぬ次第である。

声明書は自由通商が必要な理由を「天然資源に乏しく且人口稠密」な日本のおかれた自然・社会状況に求めていた。大阪自由通商協会が発足した時の「趣意書」でも「由来自給自足の如きは偏狭なる鎖国孤立の精神に基くものにして、特に島国たる我国の現状に適せず」と述べられていたように[10]、天然資源が乏しく、人口稠密な島国日本は貿易なしでは生きられないという認識があった。この時期には狭隘な領土、資源小国、増加する人口のバランスが崩れつつあるという認識が日本で広まりつつあったことがその背景にある[11]。
その上で声明書は、日本の条件が自由通商を必要としているにもかかわらず「関税政策其他の保護政策は近年に至りてますます濫用せらるるの傾向あり」（大阪自由通商協会・趣意書）と述べる。運動は過度な保護政策による関税の濫用を問題視していた。そこで自由通商運動の目的は、関税引き上げ阻止及び「現行関税特に生活必需品及原料品関税」の軽減または撤廃により、物価を低落させて生産費の低減、国民生活の安定を図ることにあると宣言している。

声明書では関税の低下・撤廃は、物価を低落させることによって、生産費を低減させると同時に国民生活を安定させると述べられている。前者を重視すれば産業政策的意味合いが生じ、後者を重視すれば社会政策的ニュアンスを帯びることになる。次に見るように初期の自由通商運動参加者の中で、両者の意味合いを総合的に論じているのが上田、産業政策の意味合いで捉える論者の代表が井上、社会政策的意義を捉えたのが高野である。自由通商協会は、政策担当者、実業家、新聞記者、学者が寄り集まった緩い結合の運動体であった。そのためイデオロギー的には、かなり異なった人々が参加しているように見える。しかし自由通商運動には、それ自体で異質な要素を結合させる思想的契機を含んでいた。

そこで上田、井上、高野それぞれの自由通商論を通して、この運動の背景を考察することとする。

上田貞次郎

自由通商運動は、必ずしも厳密な理論から導き出されたものではなかったが、もし理論的な支柱を求めるならば上田の「新自由主義」がそれにあたるだろう。

東京商科大学教授で商業政策及び企業経済を専門とする上田貞次郎は、一九二六年より雑誌『企業と社会』を主宰して、「新自由主義」の主張を展開した。またその主張を著書の形にまとめて、『新自由主義』（同文館、一九二七年）、『新自由主義と自由通商』（同文館、一九二八年）を刊行した。[12]

上田は、自由通商協会発足前から、その理念について比較的まとまった議論を展開していた。上田の「新自由主義」は、関税低下、自由通商を重要なポイントとして含むものであった。換言すれば上田の自由通商運動へのコミットは、彼の「新自由主義」の実践でもあった。また実際その主張が志立や出淵勝治外務次官に知られたために、上田がジュネーヴ国際会議へ出席することになったのであり、また彼の思想は大阪の自由通商協会発足にも影響を与えた[13]。

以下上田の主張を概観しよう。上田は普通選挙実施後の状況における新自由主義の意義を次のように述べる。従来政党は「何等確立した政策をも公約することなく、唯政権争奪の都合によって離合集散し」てきた。しかし普通選挙実施の結果、階級対立が激しくなり、無産政党が勢力を伸ばす一方、これに対して保守党が形成されることも予想される。他方で、「無産党以外にあって、而かも保守党に入る能はざる」人々が多数残るであろう。「此等の人びとが一定の思想体系に基づいた所の主義政策を立て得るならば、それは必ず日本の将来に大なる勢力となり、また国運の進展に貢献し得る」。その思想体系は「新自由主義」でなければならない[14]。

「新自由主義」は政党政治の時代における無産党にも保守党にも行くことのできない人々のための思想であると上田は言う。その中身は、「一九世紀英国のマンチェスター派に近い」。この主張は、一見時代錯誤のようだがそうではない。それは日本の経済社会の保護主義的性格のためである。

上田によれば、明治維新の改革は「中央集権の国家統制に依りて産業組織の樹立を計りたる点」において近世初期の重商主義マーカンチリスムに酷似している。日本では「産業革命と重商主義とが一時に来た」のである。明治期における大実業家は政府の官僚と「縁故を結んだ所の『政商』であって、又当時の大会社と称するものは殆ど悉く政府の保護会社であった」。この影響は今日にも及び「我国の資本主義には今日尚濃厚なる保護政策の陰影がついて種々の悪弊を伴って」いる。さらにその後、ドイツからの国家主義、社会政策の輸入によって明治期には存在していた自由主義経済学が葬られてしまった。その結果、日本では行きすぎた産業保護政策が行われるようになった。第一次世界大戦後の製鉄保護政策などを例として、「見よ、我国の富豪は銅が高い時に大に儲けてゐたが其の下落を見て直ちに関税の引き上げを行ったではないか。戦時の好況に乗じて大いに儲けんがために設立した所の製鉄事業が振はなくなったら忽ち官民合同の計画を進めるではないか」と述べるのである[15]。

上田は特に関税による産業保護政策を批判した。関税により外国品の輸入を防遏して国産自給を図る政策を擁護する議論に対して、「関税制度を以てある産業を保護せんとすれば必ず其の商品の価格を吊り上げて消費者を害せなければならない。保護政策の結果は非社会的なものになる」と反論する。要するに保護関税は一般民衆の負担を増すことになる。政府が大資本家と結んで対外政策を行うのは便利であるという議論もあるが、「現今の時勢は決して国家の武力的発展によって領土拡張又は勢力範囲の拡張を行うべき時勢ではないと思う」。現代の外交は、武力的発展ではなく貿易上の発展を基礎とすべきである。そのためには輸出を伸ばすべきであるが、生産物の価格を下げる保護関税の撤廃が必要である。保護関税は生産費を増加させる。日本のような「国土小にして人口多き」所では、特に自給自足は不可能で、また輸出奨励と矛盾すると上田は主張した[16]。

一方で上田は社会主義をも批判する。企業の国有公有は「徒に経営の能率を引き下げ克つ政治上の腐敗を招く」だけであり、「社会主義なるものは現在の欠陥を指摘するだけであって、毫も新秩序の建設に貢献し得るものでない」と断じる[17]。

他方で上田は社会政策の意義を高く評価していた。「国家の社会政策の方面には特に婦人及少年労働者を保護すべき工場法工業法の改善拡張があり、労働者の災害を填補すべき社会保険法の完成があり、其他社会教育、社会衛生の範囲内において種々なすべきことがある」。また不労所得への課税などの再分配的な租税政策にも好意的である。「租税制度の改革によって分配問題の上に大なる変化を生ぜしむべき望があると思ふ」。また労働運動にも好意的で、「労働組合の健全なる発達が社会進展の必要条件なること」を主張している。

ただし、「官僚政府の温情的施設」にならないことが、社会政策を評価する際の条件となる。なぜなら「労働者をして政府の温情に依頼せしめ、それによって僅かに社会の平和を保つが如きは到底一般人民の道徳向上と一致しないことを固く信ずるからである」。

さらに「旧自由主義」と「新自由主義」の異同について、上田は次のように述べる。「私が産業振興の方法として自由貿易主義の復活を要望する点においては旧自由主義と一致してゐる。又企業の国有公有に反対し企業間の自由競争を重んずる点においても旧自由主義に近似してゐる。併しながら今後日本に起こるべき新自由主義は旧自由種の如く単純なる個人の自由即ち個人が他の個人又は政府の干渉を免れるといふことだけを理想としてはならぬ。それは我国民の一人一人をして其天分を自由に発育し得しむるの自由でなければならぬ。此の意味において国権の干渉の有無の如きは本来主要の問題ではない」。しかし、「我が国現状にては曾て国民経済の交流を促すために取られたる資本主義扶植政策が其目的を達したる後においても尚その余弊を残してゐるから、先ず之を一掃して資本主義そのものを自主的ならしめなければならぬのである」[18]。「新自由主義」は、必ずしも国家による介入を不可としないが、我が国では初期の資本主義扶植政策の残滓をまず一掃し、自主的な社会を作らなければならないと主張している。

上田の「新自由主義」経済論の基底には、「人格」の発展を重視する考えが見られ、その点では大正デモクラシー期の自由主義思潮と軌を一にしている。河合栄治郎によって本格的に紹介されたトーマス・ヒル・グリーンなど英国の「新自由主義」などとも共通するところがある。また恐慌に苦しめられた戦間期には西欧世界でも様々な「新自由主義」的論調が見られていた[19]。

上田は、「自主独立の精神」「人格主義」を根拠に、そこから社会の共同事業が発展することが望ましいと考えていた。たとえば、「自由主義の本来の目的は個人の自主独立及び之に伴ふ個人の責任感である、自由主義は即ち人格主義である」。そこから「旧自由主義者が自由競争の法則を過信したのは誤りであった。彼等の理論は修正されなければならぬ。……自由主義の求むる所は自主独立の精神である。故に若し自覚したる個人の団結によって真に共同の事業が行はれるならば、それが政治上であっても産業上であっても、均しく喜ぶべきことである」(「社会主義と自由主義」[20])と述べている。

上田の「新自由主義」に関する議論は、個人の独立を促進するために、保護主義を撤廃し、温情主義的でない社会政策を実施して、結果として社会の中に自主的な共同組織を育てることを骨子としたものであった。またそれは一方で労働運動、社会政策、課税による所得の再分配の意義などを積極的に認めつつ、政府の保護政策を鋭く批判するものであった。上田の主張は福祉国家以前のものであるが、現代における新自由主義（ネオ・リベラリズム）それとは異なっていた。

上田の主張は当時にあっては、「中道」に位置するものであった。この「中道」路線は、昭和初期において政民両党の間でキャスティング・ボートを握ろうとする勢力が模索した方向でもあった。鶴見祐輔らの中道主義運動も「新自由主義」を掲げて、政友会と民政党の間でキャスティング・ボートを握ろうとしていた。

上田の提唱した「新自由主義」は、各方面に一定の反響を呼んでいた。たとえば穏健的な社会民主主義運動を支持する吉野作造らが好意的な反応を示した。吉野は「新自由主義の提唱」『中央公論』一九二六年八月[21]、「自由主義提唱の弁」『中央公論』一九二六年八月[22]などにおいて、「政権をにぎることに依って始めて勢力を張る」日本の政党政治のあり方を「日本の立憲政治は常道を辿っていない」と批判し、その原因を都市実業家の政府迎合、さらには産業が徹頭徹尾政府の保護によっていることに求め、これを是正する潮流に期待を示していた。

またその主張は、民政党に近い改革志向の内務官僚、たとえば田沢義鋪らの共感を呼んだ[23]。上田自身、後藤文夫、丸山鶴吉、田沢ら内務官僚を中心とした政界の革新運動である中道勢力の結集を意図した新日本同盟に参加した。新日本同盟は最初の普選において、中道政党の結成を模索していた[24]。他方で保護主義的性格を強めた政友会とは相容れず、上田は「政友会は近年甚だ不都合な政党だ」と考えていた[25]。

一方、上田は社会主義そのものについては否定的であったため、社会主義や国家社会主義陣営から厳しく批判された。しかし上田は「社会主義の迷信にとらはれざる」無産運動は発展すべきであると考えていた。自由通商運動の参加者ではたとえば平生も、穏健な無産運動の発展は有意義であると考え、鈴木文治に資金提供を行うこともあった[26]。次に述べるように高野の自由通商協会への参加もこのような文脈で理解できる。

また、上田は、植民地放棄論を唱えることはなかったが、先に見たように国際協調の時代が到来しているという認識を持っていた。この点は、一九二〇年代における自由通商協会への参加者においてほぼ共通であり、たとえば矢野恒太（第一生命保険社長）は講演の中で「泥棒が入っては大変だと言って槍や薙刀ばかり磨いてゐるよりもそれも用心しなければなりませんが――モット経済的に発展して、富裕な国になって、外から指を指されないような国にする方へ力を入れてみたらどうぢゃろうと思ひます。それには出来るだけ安い物を買って、出来るだけ経済的に生活するといふことがい丶だらうと思ひます」（矢野恒太「我が経済界の一弱点」『第一回自由通商講演集　第一輯昭和三年五月』自由通商協会日本連盟、一九二八年、七頁）と比喩的に述べている。ワシントン体制下において武力行使よりも通商による国際平和を重視する認識が出てくるのは自然であった。

反保護主義と社会改革を結びつける上田の主張は、財界人から高野のような無産運動の支持者までを含む連合体であった自由通商運動に適合的であった。上田は東京自由通商協会の中心メンバーとして、活動することになる。

高野岩三郎

自由通商運動には、無産運動の支持者である高野も参加していた。高野は大阪自由通商協会の理事にもなっている。東京帝国大学辞職後高野が所長に就任した大原社会問題研究所が当時大阪に設置されたため、彼と平生たちとの間に交流ができていた。高野は大阪の関係者から敬意を払われていた。高野は自由通商協会主宰の講演を行い、また研究所の助手笠信太郎に指示して自由通商協会の仕事にあたらせた[27]。後に大内兵衛が自由通商協会の声明作成に関与するのも[28]、高野との関係からであろう。

無産運動と密接な関係を持っていた高野は、どのような観点に立って自由通商運動に参加したのであろうか。高野は自由通商協会日本連盟が主宰した一連の講演会において、「民衆生活と消費税的課税」と題する講演を行っている（昭和三年五月十日於、日本工業倶楽部）[29]。これによって高野の関税問題に対する考えを紹介しよう。

高野は統計を引用しながら日本の労働者が低賃金で長時間労働を強いられていることを強調した後、「所謂消費的課税」がいかに労働民衆の生活に脅威を与えているかについて論じてゆく。まず、食料品をとりあげると、主食である米には、輸入税が課せられているだけでなく、米穀法により米価調節、米価維持が行われている。なぜこのような米価維持政策が行われているかと言えば、「時の政府が斯くの如き米価維持に依って利益を得べき地主階級、大農階級の支持を受けて居るからであって、米価の維持が我経済の永遠の発達に必要であると云ふやうな為めではないのであります」と地主、大農階級の利益を保護するためであると論じる。同様の理由で小麦、小麦粉への関税が引き上げられ、そのほか大豆、砂糖、鳥獣肉、魚介、魚卵、珈琲、ミルク、油、バター、薬品など生活必需品にも関税がかけられて、価格が高騰している。また消費税も同様に砂糖、麦酒、清涼飲料にかけられ価格が高騰している。被服材料では、綿糸綿布に関税がかかり、さらに染料、洋服地、革類、靴、時計にも高額の関税がかかっている。

なぜ労働者の生活費を上昇させる消費的課税が課せられるのか、その原因を高野は「消費者側の力が政治上に無力であって、其反対者側の力が之に反して政治上に有力であったと云う為めなのであります」と政治上の理由に求める。「一般民衆の生活に甚大な影響のある産業政策、課税の問題の決定に当たっても一に党利のみ是れ事とし、政治家としての彼等の利益を維持することを図って居った。そこで之に乗ずる所の実業家の意見、実業家の請託を容れて、之に尤もらしい理由を附して国民の前に説明を試みて、消費税をどん〳〵増したと云ふやうなことになったのであります」。要するに党利党略のみを考える既成の政治家とそれに乗ずる実業家が結託して「消費税」を高めているというのが高野の主張である。

高野によれば、したがってその対策は労働階級及び無産政党の台頭でなければならない。高野は言う、「我が労働民衆の政治上の力を組織的に表はす所の我無産党の尽くすべき任務の一つは実に此に存すると言はなければならぬのであります」。現に「我が国の無産党は、最近解散された労農党に至るまで其政綱の一つに生活の実用品又は有用品に対する消費税及び関税の撤廃と云ふことを掲げて居るのであります」。

高野は無産運動の将来について次のように述べて結論としている。「我が国に於て独逸に見るやうな無産党の発展は、勿論多少の年月を要すること言ふまでもないが、併し必ずや年と共に発達を遂げて行くことは、何人も疑はない所であらう。如何なる治安維持法も、又如何なる思想の弾圧も之を制止することは到底出来ないであらう。随て我無産党の消費税的課税の軽減撤廃の政治的運動は必ずや年と共に効果を挙ぐるやうになると思はれるのであります」。いかなる弾圧があろうとも将来無産政党が台頭することは間違いなく、その消費課税撤廃軽減運動は効果を上げるだろうというのが結論である。

高野の関税論は、その大衆消費課税的側面を強調し、その上昇は既成政党と一部実業家の結託によってもたらされるのであるから、無産政党の台頭によって消費課税としての関税は軽減撤廃されるというものであった。他方で高野の財界人を主体とする自由通商運動への参加は、幅の広い連合戦線を想定するものであった。高野は、「資本主義の是認論者も非是認論者も共に提携して、例へば八時間労働時間制疾病保険制と云ふが如き社会政策を談論し、其実行に協力し得るのであります、我自由通商運動も亦之と趣を同ふする所があります」（「自由通商運動に就て」『自由通商』第二巻第六号、一九二九年、三頁）と述べている。

もっとも高野が自由通商運動にとって貴重であったのは、彼が統計学の大家でもあったことによると思われる。自由通商運動は、「自由貿易」論のようにあらゆる関税をなくすことを主張するものではなく、不合理な関税引き上げや高関税に反対する運動であった。そのためには計数に基づく調査が必要であり、高野の権威は心強いものであった。また彼の学者人脈は、『自由通商』の執筆者の供給源ともなった。

高野とそれにつながる人脈は、自由通商運動の左派を形成し、日中戦争前まで機関誌などに執筆する。

井上準之助

井上準之助も、自由通商運動の理解者であった。井上は、一九二七年五月金融恐慌のさなかに発足した田中義一・政友会内閣の高橋是清蔵相から請われて、日銀総裁となり、恐慌対策として資金の特別融通、休業銀行の処理などを行った後、一九二八年六月に総裁の職を辞した。井上は日銀総裁在職中に自由通商協会の発起人を引き受けたことになる。井上は、二八年五月の自由通商協会主催の講演会において「財界の現状」と題する講演を行った。[30]日銀総裁在職中のこの講演は、政治的に微妙な性格のものであった。

この講演の中で井上は、関税問題は非常に困難な問題であると言う。例として人造絹糸にかかる関税を挙げ、これは消費者にとっては困るが、人造絹糸の工業が日本に興ることは非常に歓迎すべきことであると述べる。すなわち「関税を決めるときに常に製造業者、消費者、労働者、此三者の間の公平を考へて行かなければ一国の実際上の政治をやることは非常に困難なのであります」と主張する。

井上はさらに「数年後には独立して世界各国と競争して其製品を外国に輸出する事が出来るものであれば、或程度の関税は已むを得ぬと私は思ひます」と関税のやむを得ない場合があることを強調する一方で、日本の関税は必ずしもそうではないケースが多々あると述べる。「併し乍ら今申した如く日本の関税の決め方はそう云ふことを考へず、ありと有ゆる品物に関税をかけて其関税をかけた後の工業の成績は殆ど顧みないと云ふことになって居ります」と述べる。なぜかというと、「事業家、資本家の請求により関税を請求してこれに応じた後、その品物が日本において発達しないということが分かったとしても政府は関税収入が増えるので財政当局に都合がよい」からである。井上は、実業家の要求だけでなく、関税による税収をあてこむ当局が、無意義な関税を維持させていると批判している。

井上は、日本の経済の現状について「遺憾ながら今日非常な経済上困った立場に立って居ります」と述べる。第一次世界大戦中の好景気後、「実は我々日本人はそれほど巨額な儲かった金を取り扱ふ丈に知識と経験がなかった為に折角儲けた金の大部分をふいに飛ばしてしまったのであります。そして今日何が残って居るかと云ひますと其金儲けをした経済上の好景気に乗じて得た所の生活の向上、贅沢が残ったのであります、一体人間は一度贅沢をするとやめることは出来ない、国家として一度膨張した財政が収縮することが出来ない、こう云うやうな有様に今日なって居るのであります」。日本経済の苦境を大戦後の「贅沢」、財政の膨張に求めている。

さらに井上は次のように述べる。「そうして対外的には何かと申しますと、志立君が今頻りに小言を云はれた金の輸出解禁も出来て居りません、従って今日は世界各国の回復に較べまして非常に遅れて居るのであります。遅れておって何うであるかと云ふと、日本は今日でも非常な輸入超過であって、一方には日本は国外に払ふだけの金が出来ません、この侭で行けば日本は毎年借金を重ねるより外に方法はないのであります、然るに内を見ると人口は毎年殖えて食物も足りやせん、国民が生活するだけのことにしても外国から或る程度のものを買はなければならぬ……」とさらに、輸入超過が常態化して、外国では可能になっている金の輸出解禁すらできないと井上は述べる。

このような状況に対して、今後進むべき道として、井上は「何か日本の経済の基礎となるべきものを選んで、それに主力を注いでやらなければなりません。それによって日本に仕事が出来て来るやうにしなければなりません、又海外に対しては海外の支払ひがこの侭では何しても輸出超過になりませぬ」と述べ、「輸出超過」になるように見込みのある産業を選んで、そこに主力を注ぐべきだと主張している。

それでは、日本の「経済の基礎」となる産業とは何か。鉄工業、製鉄業は、非常に保護されているが「困難な事業」である。これに対して日本の繊維業は「非常に巨額」で、「実に織物を織って居り又其の原料たる製糸、綿市の製造に関係して居る日本人の労働は非常に大きな数であります」。特に紡績、製麻、モスリン、今後発達すべき毛織物、毛糸、人造絹糸は有望である。また海運を「今少しく日本の国是として発達せしめたならば海外払ひの足りないのを補ふことも十分」と述べているように、海運業を発達させることは日本の国民の利益になると主張する。

結論としては、「十分に調査して、これ程やっても尚上には節約できないと云ふ数字が出て来て、其のものが国の基礎的工業であれば、或る程度保護することは已むを得ない」。しかしながら「経営者が怠けて、打つちやらかした経営を行ひそして其の上に十分の利益を得て立ゆかんと云ふならば、保護する必要はない」と断じている。井上の関税論は、一方的な関税撤廃論ではない。金解禁を念頭において、貿易収支を改善する為に輸出を期待できる主力産業に的をしぼるべきだという、産業政策としての関税論である。その際奨励に値する産業は国際収支の改善が期待できる繊維産業や海運であり、重工業はあまり見込みがあるとは考えられていない。

井上は政治的には政友系と目されていた。しかし井上のこの講演の内容は、名指しはしないが、「積極財政」を掲げ鉄鋼や木材関税の引き上げを検討していた政友会内閣の経済政策を批判するものとして理解できる。金融恐慌の後始末に一段落をつけた後の井上の日銀総裁辞任は、当然の帰結であったと言えよう。

この後、井上は自由通商運動自体にそれほどコミットしたわけではなかった。ただ民政党内閣の蔵相となった井上と大阪財界の間に強固なつながりが生じる要因の一つとして、この「自由通商」への井上の理解は重要となるであろう。

上田、高野、井上は、それぞれ異なった観点から「自由通商」の必要性を論じていた。特に「新自由主義」の上田と無産階級の利益を論じる高野の主張は、一九二〇年代に政党政治が定着しつつあるかに見えた状況において、政党、実業家、行政の癒着結託により関税が引き上げられ、その結果国民生活を脅かし同時に産業の振興を阻害していると考える点で軌を一にしていた。彼らの見方は、既成政党特に保護主義的な政友会や一層の保護を求めていた鉄鋼業などの利害とは対立するものであった。

（三）初期の活動形態

自由通商運動の最も重要な活動は関税引き上げ反対、引き下げ運動であるが、その前提として、関税に関する調査及び国内外における啓発や働きかけがあった。[31]「自由通商」運動は合理的な根拠に基づく関税引き下げを追求するとされていたので、調査とその公表は重視された。

各種産業の発達に与える関税の影響を精査するために、大阪協会の決議により産業調査会が設置され、高野が委員長となった。同時にパンフレットを発刊し、鉄鋼、木材、塩、米穀、毛織糸など一般商品に関する資料を掲載した。

機関誌として、一九二八年一月に自由通商日本連盟『会報』を、さらに一九二九年一月からは改題して『自由通商』を毎月発行した。巻頭言、論説のほか、関税日誌、各地協会報告、会員動静、編集後記などが掲載された。

また外務省通商局や大蔵省などとも連携し、しばしば関係者を招いて講演や懇談会を開催した。

国際的な協力や働きかけも同連盟が重視したところであった。設立時、イギリス、アメリカ、フランス、ベルギー、カナダ、オランダ、オーストリア、ドイツ、チェコ、ノルウェーなどの自由通商促進団体に挨拶状を送っている。また田口八郎、岸本彦衛らは、英国のコブデンクラブを訪れ、提携を約束している。

海外における関税引き上げへの抗議活動も行われている。中国における日貨排斥については南京政府首脳に停止要請を、アメリカの関税引き上げの動向にも反対するメッセージを送った。さらに一九三〇年のジュネーヴ国際経済会議以来の「関税休日」協約締結運動にも呼応して決議を行っている。

第二節　自由通商運動と大阪

(一) 東京・大阪の支部活動

自由通商協会の実際の活動は、支部単位で行われ、東京と大阪がその中心であった。また東京よりも大阪での活動が活発であった。一九二八年三月の自由通商協会日本連盟発足時、連盟の仕事は主として対外及び対政府のものであるので本部は東京に置くが「東京の会員は寧ろ名のみにして熱少なき人多ければ大坂の如く活動の見込なきこと」が予測されるので、実質の仕事は大阪自由通商協会で担当することが了解されている。[32]

東京側の中心人物であった上田は、「大阪では、平生釟三郎、村田省蔵、岸本彦衛、田口八郎の外、大朝の和田、大毎の下田将美両経済部長が熱心である為大に活気があるが他の土地はあまり盛んではない。東京も顔触れは立派だが熱はあまりない」と記していた。上田は、東京の協会は工業倶楽部内の日本経済連盟の事務所に託していたが、「経済連盟には、大橋、大川等の保護論者もあるので色々都合の悪い点が発見された」から、日本貿易協会内に一室を借りて志立の経済攻究会と同居することになったとも記している。[33] 財界活動の中心拠点であった日本経済連盟会（一九二二年設立）内では、大橋新太郎、大川平三郎ら保護貿易派に押されたため事務所も移さざるを得なかったことがうかがえる。東京財界における運動への反感は、平生が大蔵省主税局長らから井上の大阪での演説を「心狂ひたるにあらずや」と批評するものさえあると聞かされていることからも分かる。[34] 保護貿易派の強い東京財界では、自由通商協会における井上の講演は好意的には受け取られなかったのである。しかも東京での活動の中心である上田と志立は、実業界の実力者ではなく、その影響力は限られていた。

この東京側の不振は、ある程度予想されたことではあった。一九二七年一一月準備段階において、平生は東京海上火災会長の各務鎌吉を訪れて協力を求めた。彼が「英国流にして自由主義、独立主義」の人物であると考えたからである。しかし各務はその趣旨には賛成したものの、運動の先行きに対して次のような悲観的見通しを述べて距離を取った。「何分東京に於ては有力者と称するものの多数は三井、三菱、安田王国の臣属にして世間に向つて自己の独立せる意見を発表するの自由を有せざる」者であり、この三富豪も「利の乗ずべきあれば政府の行動に阿附し其大官に阿媚して業を営むを辞せざるものなれば、之れが経営に与かり其要衝にある者は自己の独立を持する能はず」。他方、「自力を以て世に立つ人」は「自己の獲利以外には何等の考慮を払ふことなく、国家の利弊の如きは彼等の眼中になく」、数人を除いて「工業倶楽部に出入し経済連盟の member たるものも共に談ずるに足るべきものなければ」沈黙を守るのみである。[35]

三井、三菱、安田財閥の関係者は、発言の自由を持たず、かつ財閥関係の事業の多くは政府の保護を受けているためにこのような運動に参加できないと述べられているところは注目される。これらの財閥は製鉄など政府の保護を受ける産業部門を抱えていた。

また石橋湛山も、東洋経済新報の社説において、自由通商協会の自主独立の精神を評価しつつ、コブデン、ブライトの時代の英国と違い日本にその主張を擁護する階級がいるだろうかと懐疑的に論じていた（石橋湛山「如何にして自主独立の精神を作興するか　自由通商協会の設立について」一九二八年一月二八日「社説」[36]）。貿易立国論の湛山自身は、自由通商運動の理念自体には共感を覚えたが、保護主義の恩恵を受けている地主や資本家が幅をきかせる日本において、その運動の将来性に懐疑的にならざるを得なかった。

それにもかかわらず大阪で自由通商運動が活発化した理由は、第一に上田が指摘しているように大阪側には熱心な活動家がいたこと、第二に大阪経済の特質を挙げることができる。第一と第二の点は関連しているため、順に考察することとする。

まず上田の指摘通り、大阪での運動の活発化の一因として平生、村田、岸本、田口、和田、下田たちの活動があったことは間違いない。平生・村田は大阪の財界人、岸本・田口は鉄商・田口商店の関係者、和田・下田は在阪有力新聞の幹部記者であった。以下彼らの活動について概観すると同時に、大阪ロータリークラブのように財界と新聞を結びつけるネットワークにも言及する。

(二)　大阪における運動の指導者と中心メンバー

平生と村田は大阪の実業界にネットワークを持つ財界人でありその役割は大きかった。平生は東京海上火災株式会社専務の地位を自ら退き、教育を通じて「社会奉仕」に力を入れるべく甲南学園理事長としてその経営に専念していた。なおいくつかの関連する保険会社に関与していたものの、平生は比較的自由な立場にあった。また社交的で精力的な平生は、引退後も東京・関西圏の政財界に広い交友関係を保っていた。[37]

平生と自由通商運動との関わりは、一九二七年秋からである。[38]当初「自由貿易協会」として構想された組織の創立相談会に参加した平生は、自由通商の理念に共感し「日本の如き土地狭く人口多き国が自給自足主義を採用して独立せんとすることは不可能事」であると自由通商協会の宣言と同様の発想を述べた。[39]

平生の自由通商論の根拠は、「天然資源に乏しく且人口稠密」な日本における自由通商不可欠論であり、もう一つが自主自立精神のモラリズムであった。平生は保護主義は自立心を失わせると考えていた。平生は門下生に対して、近年の「所謂文化教育」が、強きをくじき弱きを助ける「武士的魂」を失わせ、その結果「利己的観念は益熾になり」、さらに「何事にても他力を頼み他勢を利用して自己の利益を図らんとするの念」が強くなって、事業においても「政府の助勢を藉らんとするの念益熾んとなり」、政府も保護関税を高調するようになってきたと説いている。このようなことは「益日本人の自主自立心を失はしめ、卑屈惰弱に趨かしむるものなれば大に之を排斥せざるべからず」。この趣意を以て自由通商協会を設立したと平生は述べている。[40]自由通商は合理的であるだけでなく、「武士道」とも結びつく愛国心、独立自主のモラルからも擁護され、逆に保護主義は道徳的に非難すべきものになる。一九二〇年代の平生の経済思想は、自由主義的改革主義ともいうべきものであったが、愛国主義的精神とも共存していた。[41]

平生は、年末に車中で鉄関税引き上げ反対の陳情に上京した岸本商店の岸本彦衛と関税政策と自由通商について談じて意気投合した。平生は、岸本の利害関係を承知しつつ「我国に原料を産出せざる製品の自給自足を計らんとすることは根本に謬れる経済否国家思想なり」など自由通商の必要性を説いた。平生の論は岸本の共感を呼び、年明けに設立予定の自由通商協会の「会頭」に就任してほしいと要請された。[42]年末に開かれた発起人会には村田、高柳松一郎、和田、土屋元作、岸本商店関係者らとともに参加し、年明けの講演会の開会の辞を述べることを引き受けた。平生はその意気込みを「余は日本人中に蟠居せる自給自足の謬想を打破して通商自由が将来日本をして文化の恵沢に浴せしむる大理想なることを了解せしめ、政治の大方針を之に向けしめ、彼の鎖国的武断的政策を根本より改革することは今日の緊要事」であると表現した[43]。

また平生は年明けに主唱者の一人として趣意書に名前を出すことを承諾した。平生が主唱者の一人にならなければならない理由として次のように言われたと記している。大阪の知識階級の多数は「奉公人」であって主唱者としてその名を出すことを好まない。独立の貿易商や工業家中にも自由貿易主義の主張者はあるが、自己の商業または工業の擁護のため殊更にこれを高調するものと誤解される恐れがあるので、敢然とこの自由主義を高調し得る人は平生を除いてほかにはないと[44]。同日平生は八代則彦（住友銀行専務）を訪れて自由通商の意義を説き、発起人となるよう勧誘した。八代は趣旨には共感し[45]、自由通商協会日本連盟『月報』第一巻第三号（一九二八年）でも、収益を目標とする関税を批判しているように、その考え方は自由通商運動に近かった。しかし八代はその後活動の前面に立った様子はない。大阪でも住友のような大企業組織に属する者が運動の先頭に立つのは難しく、比較的自由な立場にいた平生が運動の先頭に立つことになった。

一方村田は、この時大阪商船の重役（一九二〇年専務取締役、一九二九年副社長、一九三四年社長就任）であり、「大阪商船の前途は氏の才能才腕に俟つ所大なり[46]」と評される実力者であった。大阪商船は、中橋徳五郎社長の時代に電力業にも進出するなど多くの傍系企業を持つようになり、同時に人材を輩出して、その勢力は「商船系」と称され関西財界の一大勢力となっていた。上田は「大阪では此運動は鉄くさいといはれ、神戸では船会社の手先だといはれるそうだ[47]」と記している。これは大阪における岸本商店、神戸自由通商協会の岡崎忠雄の岡崎汽船を指しているものと思われる。貿易に関係の深い船会社と自由通商との相性がよかったのは当然であるが、村田は単に利害関係だけで動いたとはいえないだろう。村田は、戦時中、第二次・第三次近衛文麿内閣の逓信大臣、駐フィリピン大使などを歴任し、戦後は日中貿易協定締結に熱意を示して日本国際貿易促進協会初代会長に就任している。この経歴からも一生を通じて特にアジアとの通商と国際交流への情熱が感じられる[48]。近年ではアジア主義者として村田を評価する研究動向も強いが[49]、自由通商運動へのコミットも忘れてはならない。

村田は、自由通商の必要性について次のように論じている。「自分は長く海運界に居り自然我が外国貿易――日本を中心とした物資の国際移動――の盛衰と云ふが如きには人一倍注意しているわけであるが近来の如き外国貿易に障害を与へる政策が続いては邦家の為甚だ憂慮に堪えぬと考へている」。輸入超過を防止しなければならないという意見があるが、「我が国に於いて輸入超過を防ぐには輸入の抑制に非ずして寧ろ輸出の増進にある」。「原料の輸入も容易にできないでは輸出の増進する筈はない」。さらにアメリカやインドの保護主義的傾向とヨーロッパにおける自由通商の動向に触れつつ「我が輸出貿易は其の輸出国に於ける関税政策に絶えず影響を受けて居る。而して之が影響をして我が国に有利ならしめんとせば我国が真先に自由通商たる新基調の下に関税の整理改廃を断行して隣国をして我々に追従せしむるに至らねばならぬ」と述べて、海運業だけでなく対外的な影響を含めて大局的に論じている（村田省蔵「通商政策の転回」自由通商協会日本連盟『月報』第一巻第二号、一九二八年）。

もっとも設立当初の協会の主導権は、むしろ鉄鋼問屋岸本商店にあった。岸本商店は、その子会社日印通商を通じてインドから銑鉄を輸入し、投資も行う鉄の輸入商社であった。インドの鉄鋼業は安価で良質な銑鉄を供給し、日本市場でも強い競争力を持っていた。岸本商店はインド銑鉄輸入業者として、財閥系銑鉄企業及びカルテル組織である銑鉄協同組合と激しい競争を展開していた。日印通商は、インドからの銑鉄輸入にあたっては、全インドの輸出銑鉄三〇～四五％を占めるほどの力量を持っていたと言われる[50]。保護関税が強化されればその営業が打撃を被るのは明らかであり、岸本商店は関税引き上げ反対運動の一環として自由通商運動に関与していた。

だがこの岸本商店関係者の主導権は、直接的な利害関係から離れて広く運動を進めようとする関係者の不満を引き起こした。一九二八年七月、角野久造名誉幹事は金銭の支払はすべて岸本商店が行い、田口が一切の事務処理を行った結果「協会に事務をとるものは恰も岸本商店の一店員の如き観ある」に至り編集員の中には憤懣にたえず遂に辞表を提出するに至るものが出ていると平生に訴えている。[51]そこで平生と村田は、協会は自主独立の機関でなければ将来の発展の妨げになると考え、岸本商店からの援助は主として寄付の形を取ることとし、会計処理などについて組織的に分離独立することを図った。[52]機関誌『自由通商』も発刊され、ここに組織化のための準備が整う。

次に平生・村田以外の中心メンバーを大阪自由通商協会の第二回総会（一九二九年五月）で選出された一九二九年度の理事によって見てみる。常任理事は平生、村田、高野であり、理事には、安宅弥吉（安宅産業）、東川嘉一（新聞連合大阪支社）、飯島幡司（大阪鉄工専務）、伊藤竹之助（伊藤忠商事）、栗本勇之助（栗本鉄工）、勝田貞次（時事新報景気研究所）、角野久造（満洲福紡）、岸本彦衛（岸本商店）、車谷馬太郎（日本信託銀行）、松崎寿（大阪商科大学）、能島進（大阪電報通信）、下田将美（大阪毎日）、高柳松一郎（大阪商工会議所理事）、田口八郎（田口商店）、土屋元作（大阪時事新報）、和田信夫（大阪朝日）、山室宗文（三菱信託）が選出されている。幹事には、市村富久（弁護士）、加藤小太郎（関西信託）がなっている。会員は三百四五十名で、会長の平生は影響力を発揮するには十分ではないと述べて将来を期している。なおこの時の総会では神戸代表の岡崎忠雄が米国フーヴァー政権の関税引き上げの動向に関する注意喚起、日本輸出メリヤス組合連合会の外海鉄次郎から綿糸関税撤廃問題、梅谷藤太郎から木材関税引き上げ反対、安宅からは済南事件以来の中国の日貨排斥問題が提起され、蔣介石及び王正廷宛に、自由通商協会日本連盟理事長・志立鉄次郎の名で日貨排斥停止を要請する電報を送っている（平生釟三郎「大阪自由通商協会の現状について」『自由通商』第二巻第六号、一九二九年）。

（三）在阪メディアと社会ネットワーク

自由通商運動の活性化には、在阪メディアとの連携が欠かせなかった。たとえば協会内に産業調査委員会を設け、その結果をパンフレットとして刊行することを企図したが、[53]調査には大阪朝日、大阪毎日の経済部員があたり、高野を主催者として、米雑穀及び製粉、鉄鋼及び鉄工業、綿糸布と毛織物及び人絹、普通工業、ガラス製紙、木材の五項目について調査することとした。平生は、ジュネーヴ国際経済会議に出席した代議員の意見を羅列するよりも、過去における我が国の発達と関税の関係を事実により明示することが捷径であると考えていた。そうでなければ、ある種の事業家の利益を図ろうとする政治家の「国産奨励とか自給自足とかいふ俗耳に入りやすき欺瞞」を打破できないと考えたからである。[54]こうして、後日調査結果が一連のパンフレットとして刊行された。自由通商運動を調査活動に基づいて説得力のあるものにするために、高野の協力を仰いでその人脈を活用するとともに大阪朝日、大阪毎日の経済部を活用していたことは、自由通商運動の一つの側面を表している。

上田が指摘するように「大朝の和田、大毎の下田将美両経済部長が熱心」であることは重要な意味を持っていた。自由通商運動を広く宣伝する役目を担ったのは、大阪朝日、大阪毎日、時事新報であったからである。

和田信夫は大阪朝日入社後、ニューヨーク特派員、論説委員を経て一九二五年から経済部長となり、「六灘子」の筆名で経済コラム〈財界六感〉に連日筆をふるっていた。和田は百虹事件後の大阪朝日の混乱を立て直した高原操編集局長を支え、三四年副主筆、三七年取締役となる。そのコラムは、経済政策の面では自由経済の徹底を主張すると同時に社会政策への関心を示していた。[55]大阪朝日の関係者では、副社長の下村宏も運動に関与していた。

一方下田将美は、時事新報から一九二六年大阪毎日に転じ、経済部長となっていた。下田はその後大阪本社の編集主幹となることから分かるように、和田と同様、幹部の経済記者であった。[56]下田は、大阪毎日連載の原稿をもとにした著書『世界経済の革新運動』（日本評論社、一九二八年）において、「新労使協調」と「通商自由の運動」にそれぞれかなりの頁を割き、「人類の幸福のために、国家の永遠の繁栄のために、通商自由の大運動よ、どこまでも根強く進め」（二二九～二三〇頁）とうたっている。和田や下田はまさに上田の提唱する「新自由主義」と重なった発想の下に執筆活動を展開していた。このほか時事新報の土屋（元作）も自由通商協会の設立に関係していた。

和田や下田が舞台とした大阪朝日、大阪毎日の勢いは、一九二〇年代に頂点に達していた。朝日、毎日は大阪で発刊されて部数を伸ばし、一九二四年一月には両紙とも一〇〇万部突破を宣言していた。[57]同時に両紙は、東京に進出して、系列の東京朝日、東京日日の発行部数を伸ばした。特に一九二四年の関東大震災後には、朝日、毎日の大阪系二紙が東京を制覇した。朝日、毎日の紙面は東京と大阪で異なっており、特に朝日の場合、満洲事変までは、それぞれ東京朝日の編集長・緒方竹虎、大阪朝日の編集長・高原の下で編集が行われていた[58]。東京の新聞紙も好意的ではあったが、特に自由通商運動はこれら在阪新聞社との結びつきが強かったのである。

同時に大阪の自由通商運動の展開において、この時期彼ら在阪の財界人、新聞人を結びつける社会ネットワークがあったことは重要である。大阪倶楽部なども社交場となっていたが、特に一九二二年に創設された大阪ロータリークラブは彼らを日常的に結びつける上で無視できない役割を果たしていた。たとえば発足時における大阪ロータリークラブのチャーターメンバーは、浅井義晭、江崎政忠、藤沼庄平、福島喜三次、長谷川銈五郎、平生釟三郎、星野行則、伊藤忠兵衛、片岡安、片岡直方、木村清、木間瀬策三、北田内蔵司、清瀬一郎、児玉一造、小林一三、前田松苗、村田省蔵、坂田幹太、関一、下村耕次郎、進藤嘉三郎、高原操、高石真五郎、八代則彦であった[59]。政官財界以外に、高原（大阪朝日）、高石（大阪毎日）の名前があるのも注目される。大阪自由通商協会の主要メンバーは大阪ロータリークラブの活動にも熱心であり、平生、村田、伊藤、岸本は会長、副会長などを務めている[60]。特に村田やシカゴの本部に大阪の独立区を認めさせた平生が初期において果たした役割は大阪ロータリークラブの歴史においても特筆されている[61]。

初期の大阪ロータリークラブは、会員相互の懇親に努め、かなり親密であった。またスピーカーを招いて「例会卓話」を行い、意見や情報の交換を行っていた[62]。もちろんすべてではないが、片岡、坂田、八代などロータリークラブ関係者の名が、しばしば平生たちの運動の協力者として挙がってくることから考えて、このネットワークが、自由通商運動に重要な意味を持ったことが推測される。

(四) 戦間期大阪財界の特質

大阪自由通商協会の活動が活性化した理由として、主要メンバーの活動だけではなく、一九二〇年代大阪経済が比較的政府の保護を受けずに発達していた点を見落とすことはできない。下田将美は、「経済上から見た大阪と東京」(一九三〇年)[63]において、大阪と東京の経済の特徴を比較して次のように述べている。

「生産の実力」「経済の動き」から見た場合、「東京と大阪と、どちらが力強いかといへば誰しもそれは大阪だと答へるに違いない」。「大阪は日本における生産と集散との中心地であって、東京はそれを消費する中心地になっているのだと評して差し支へはないのである。従って純経済の立場から見るならば、我が国の経済の中心は、いやでも関西の中核をなす大阪に止めをさゝねばならぬことになってゐるのである」。

しかし「計数上のうえから」見た場合、逆になっている。手形交換高の総計、会社数、資本総額では東京が大阪を上回っている。けれども「生産物からいへば鉄鋼、綿糸紡、紡績をはじめとして主要工業製粉の大きな部分が大阪から生み出されて、総額は弱小の工場を除外しても九億五千万円以上に上ってゐる。……大阪が中心となって生み出す生産物の総額は実に莫大なるものであって、この点では到底東京は大阪に比肩することは出来ないのである」。

では「実力のある都大阪が何故に名実共に日本の経済の中心都市となっていないのであらうか」。それは「我国の経済が余りにも政治に禍されすぎてをるといふことである。否言葉をかへていへばわが国の財界は余りにも政府の力にたよりすぎ」ているからであると下田は言う。「政府に取り入らうとすれば地方にをつては不利である。いやでも政治の中心地である東京に本拠を置かねばならない。この関係から過去においていかに多くの会社銀行が東京に本店を置いて、政府との交渉に力点を強うしてをつたか」。それゆえ「東京の経済は政治と結びついた経済が多い」。それに対して大阪では「比較的に他力本願の考への少ないものが多い」。

下田は、自由通商運動が東京で不振で大阪で盛んな理由を、それぞれの経済的特質に求めている。「大阪の財人が一致して通商自由の運動に、熱心な参加をしているのは、一面において彼等自身が比較的政府の保護恩恵に浴せずに立ちうるがためである。これに反して東京の財界が通商自由運動に熱がないのは、東京の財人自身が政府の保護ばかり求めているものが多いからである」。要するに、「大阪は実力をもって、自力本願で進みゆく経済である。東京は華やかではある。大がかりではある。しかし他力本願の経済である」。他方下田は、大阪の功利主義、実利主義故に「文化の花」において東京に著しく劣っているとも述べている。

下田が指摘するように第一次世界大戦後の大阪の工業生産額は東京を凌駕するようになり、その優位は戦時体制化が進む一九三〇年代半ばまで続いた[64]。また大阪や関西の企業が比較的政府の保護や指導によらず発展したことについては、経営史研究者も「関西において創始された企業には、それが『上から』の近代化というかたちをとらないで、町人精神の系譜を引く『下から』の近代化の力強いパワーが底流していた[65]」と述べている。戦後大阪商工会議所の会頭を務めた杉道助の「大阪の実業人の間には政府の介入をきらう精神があり、商売の始末は自分でやってみせる、との気概があった[66]」という回想も同趣旨である。

戦間期大阪は紡績業によって栄え「東洋のマンチェスター」と呼ばれた。東洋紡、大日本紡績、鐘紡、大阪合同紡績など日本を代表する紡績会社の大半が関西に本拠を置いていた。同時に機械工業などの産業も発達し、海運業や鉄道業、商業、金融業が総合的に展開していた。「近代の大阪が『東洋のマンチェスター』という別名を誇ったのは事実であるが、そこは単なる繊維工業都市ではなく、繊維以外にも機械をはじめとする多様な製造業が……商業・金融と有機的に連携しつつ高度の発展を遂げた場所となっていった[67]」（阿部武史）。製造業の勃興により一九一四年には「大阪工業会」が発足し、それはやがて後述する鉄関税引き上げ反対運動に参加し、自由通商運動の基盤となる。

第一次世界大戦期における工業の勃興とそれに伴う都市の発達と変貌は大きなものがあり、関一市長の下で都市基盤整備が進み市域の拡張した大阪市は「大大阪」と呼ばれるようになっていた[68]。産業の勃興とあいまった戦間期における「大大阪」の自負は、その自立性に関する自意識を生じさせた。

大阪、神戸はまた貿易都市でもあった。戦前期の三大貿易港は、神戸港、横浜港、大阪港であり、輸出入総計では、第一位の神戸と第三位の大阪で全国の五〇％を超えていた[69]。

大阪港の貿易品の内訳は、輸出の第一位が綿織物（三九・五％）で以下、綿織糸、機械類、人造絹織物、鉄製品と続き、輸入では、実綿及び操綿（二八・六％）がやはり一位で、以下順に羊毛、木材、採油原料、皮類となっていた（一九三七年時点）[70]。原料を輸入し、製品を輸出する大阪の産業が、自由通商運動の追い風になった。

以上東京と比べて大阪の自由通商運動が活発になった要因として、平生、村田をはじめとする熱心な活動家がいたこと、また新聞界を含めたネットワークが存在したことと同時に、大阪経済が政府から相対的に自立していたことや加工貿易が盛んであったことが指摘できる。

ただし、大阪財界にも保護貿易の潮流や政府との関係が深い産業が存在した。保護貿易論者の代表が、第一〇代大阪商工会議所会頭（一九二二～一九三四年）の稲畑勝太郎である。稲畑は、フランス留学中に化学と染色法を学び、帰国後化学染料を扱う稲畑商店を起こすと同時に、合成染料を製造する会社の経営に携わっていた。第一次世界大戦中から日本政府は合成染料の保護を行い、その下で、日本の化学染料工業が発達しつつあった[71]。稲畑が産業の保護の必要性を説いたのに対して、平生は鋭く反発した。一九二八年初頭に平生は、稲畑の「自給自足」論を読み、稲畑は公の立場からでなく自己が関連する企業のために保護関税を求めているとして、厳しく批判している[72]。

稲畑は、副会頭の後三期にわたって大阪商工会議所（商工会議所法の改正により一九二八年三月から大阪商工会議所に改組）の会頭を務めた。エコノミスト編集長佐藤善郎編『財界親分乾分物語：人物から見た日本財閥の解剖』（白揚社、一九三四年）は、稲畑について手厳しく次のように評している。「取り立てて云ふ取り柄がどこにもない」が、ただ金をばらまいたために周囲に「比較的中小商工業者の代表者が蝟集し」三期も会頭を続けることができた。会頭になったおかげで貴族院議員にもなり「またその地位がある故に染料関税の高率保証もでき、年々多額の補助金も貫へて日本染料会社株の誇りも保持できた」（二五〇～二五一頁）。

また同書は「反稲畑系」の人物として片岡安（大阪工業会理事長）と栗本勇之助（一九二一～一九二三年に副会頭）を挙げ、安宅弥吉副会頭、「綿業団」、高柳にも言及している。その背後には「目立たぬ大親分」がいるとして平生に言及し、「住友の小倉（正恒）や八代、野村財閥の野村徳七、あるひは昔の中橋徳五郎にも匹敵して大阪商工会議所と云ふより、大阪財界にフリーな大親分」であると評している。また安宅、村田、栗本はその代表的子分である。平生が力を持つようになったのが、金解禁後のパニックに足腰の立たなかった大阪財界救済をやったためであり、平生の一番嫌いなのが稲畑であるとも述べている（二五八～二五九頁）。

稲畑の会頭の地位は必ずしもその個人的な保護主義とは関係がないであろう。明治期には藩閥政府と関係の深かった会議所も、大正期以降新勢力が台頭し、ある意味で多元化していた[73]。

ただ、反稲畑系として挙げられている名の多くが、自由通商運動に参加した大阪財界人であることが注目される。自由通商運動は大阪経済に深く根ざしていた。

以上、一九二〇年代の大阪経済の構造特に、貿易の比重の高さ、政府からの独立性の高さなどから大阪において自由通商運動が盛んになった理由を説明することができる。

第三節　田中内閣と鉄・木材関税引き上げ反対運動

（一）自由通商協会発足時の重要課題：鉄・木材関税引き上げ問題

創設直後の自由通商協会が力を注いだのは、田中義一内閣の鉄及び木材関税引き上げに対する反対運動であった。そもそも協会創設の契機の一つは、田中内閣下における関税引き上げの動きにあった。上田は、一九二八年一月の論説「国際経済と自由通商」において、鉄鋼業などに対する関税による保護政策をやり玉に挙げ、「今回の議会にも鉄鋼の外、木材、毛織物等の関税引き上げ案が準備されてゐるさうだ。何れも性質のよくない保護政策において鉄鋼関税に譲るものではない。それを黙って通せば来年も再来年も続々要求があるだろう」「これでは際限がないといふので此の傾向を食ひ止めるために出来た」[74]のが自由通商協会であると述べている。

「産業貿易の振興」を政策の柱の一つに掲げた田中・政友会内閣は、林業を含む「農業上の諸方策を充実する」とともに「貿易の保護奨励、主要工業の助長」（田中首相の演説）[75]を行うとしていた。鉄鋼業の保護育成は、山本条太郎政友会幹事長の「基本工業」育成の主張に沿うものであり[76]、木材関税による山林保護については、同党の支持基盤である農村地主への配慮を示すものであった。そのために、内閣は鉄鋼業界の鉄鋼関税引き上げ要請や山林業界の木材関税引き上げ要求に応える姿勢を見せていた。

鉄・木材関税引き上げ反対運動は、大阪を中心に盛り上がった。この運動には関税によって損失を被る関連業界が深く関わっており、自由通商協会の運動は、これらと協力関係にあった。大阪経済界と自由通商運動の関係の深さを、この反対運動からうかがうことができる。

鉄・木材関税引き上げ反対運動は、中央政界からは遠い大阪を中心に展開されたのにもかかわらず、一定の影響力を持った。結果的には、木材関税引き上げは実施されたが、鉄鋼関税引き上げは阻止された。

以下この政治過程を、鉄・木材それぞれの関税引き上げが企図されるに至る政界、経済界の動向、それに対する反対運動の展開と政府側の対応に焦点を当てて明らかにする。田中内閣における関税引き上げ反対運動と自由通商運動、大阪経済界の関係は、次の民政党内閣との関係の前史となる。

（二）第一次世界大戦後における鉄鋼政策と関税

鉄関税問題は重要であるので、前提となるその経緯を紹介しておきたい。

民間の鉄鋼業に対する保護政策は、第一次世界大戦を契機として強く主張されるようになっていた。近代日本の鉄鋼業は、一八九一年官営八幡製鉄所の操業から始まり、その後、日露戦争・第一次世界大戦期に民間鉄鋼企業が続々と設立された。特に日本経済が空前の飛躍を見せ化学、造船、鉄鋼業などの重工業が確立した第一次大戦期には、民間鉄鋼諸企業の設立と拡張が相次いだ。ヨーロッパにおける戦争によって鉄鋼材の輸入が困難になり、日本国内で代替的に鉄鋼を生産する余地が生じたからである。しかし戦後恐慌期には、欧米鉄鋼材輸入の復活と鉄鋼価格の下落により、日本の鉄鋼業は深刻な不況に直面した。特に大戦中の好景気に便乗して族生した民間業者が被った打撃は大きく、鉄鋼業の保護育成論が経済界、政界において台頭した。

経済界における鉄鋼業保護育成論は、一九一七年に創設された日本工業倶楽部の鉄鋼自給論によって代表される。日本工業倶楽部は、第一次世界大戦期に成長著しい産業資本の利害を代表する経済界を組織し、産業界と政府官庁との協力を図ることを目的に組織され、一九二二年に結成される日本経済連盟会とともに中央財界を代表する組織となった[77]。この日本工業倶楽部の最初の仕事が、「本邦製鉄事業保護奨励に関する意見書」の作成であり、それは「鉄鋼自給」の実現を掲げ、鉄鋼業に対して、土地収用法の適用、免税措置、奨励金の交付などの措置を要望していた。この意見書を受けて、一九一七年政府は製鉄業奨励法を成立させた。官営による鉄鋼業の育成が従来の政策であったのに対して、本奨励法は民間の鉄鋼業に対する初めての保護育成策のための法律であった。さらに戦後工業倶楽部は、「製鉄事業保護奨励に関する建議書」を政府に提出し、根本的対策として官民製鉄事業統一、大陸における鉄鉱石・石炭の供給策、保護関税を提言していた[78]。

ただし保護育成のあり方をめぐる関連業界の利害は、必ずしも一致していなかった。鉄鋼一貫作業を行い効率の点で優位に立っていた官営八幡製鉄所は、当初官民合同、鉄鋼保護政策に消極的であった。民間製鉄業においても銑鉄の保護に関して利害は分かれており、銑鉄を原料とする製鋼会社で組織する製鋼懇話会は銑鉄関税引き上げに積極的ではなかった。製鋼企業（平炉・圧延メーカー）は安価良質なインド銑鉄や漢鉄に依存して発展していた。また鉄加工業を代表する全国鉄工業組合連合会は、鉄鋼関税の引き上げに当初から反対していた[79]。

一方政界においては、政党では政友会、官庁では商工省が鉄鋼業の保護育成論を主張する傾向にあった。政友会では、特に高橋是清総裁が鉄鋼業の保護育成に積極的であった。日本工業倶楽部の建議書を受けた原敬内閣は、臨時財政調査会に製鉄業振興策を諮問し、その答申により製鉄業奨励法、関税定率法を改正し、保護を強化した。ただし、前述の業界事情を考慮して銑鉄に対する関税は据え置かれた。その後、鉄鋼の輸入価格が下がりさらに保護を求める意見が高まる中、一九二四年六月に成立した加藤高明護憲三派内閣の農商務大臣に高橋が就任すると、製鉄鋼調査会を設けて製鉄業振興策を諮問した。保護奨励論の高橋自身が会長を務めた本調査会の答申は、漸進的な製鉄合同論と同時に、保護関税、銑鉄奨励金などによる保護育成論を唱えていた。

これに対して、次に述べるように憲政会、外務省は、通商紛争の可能性がある関税引き上げに消極的であった。浜口雄幸蔵相は、第五〇議会（一九二五年）における答弁において「政府が民間経済に及ぼして居る所の財政政策上、或いは政治上の妨害を除いて、民間の経済をして自然の発達の経路を辿らしめると云う方針[80]」を表明しているように、保護主義へ反対する見解を表明していた。

この銑鉄保護をめぐる政策の違いは、一九二六年三月に公布されることになる関税定率法の改正をめぐって表れた[81]。

一九二五年八月護憲三派の協調が崩壊して憲政会単独内閣が発足すると、商工相（一九二五年農商務省は商工省と農林省に分離）に片岡直温が就任した。片岡商工相は、製鉄鋼調査会の答申をある程度引き継ぎ、官営、内外の製銑会社、有力製鋼会社を網羅したカルテル組織である鉄鋼協議会を政府主導で作らせ、同時に鉄鋼業界の陳情を受けて銑鉄関税を引き上げようとした。憲政会首脳部も一枚岩であったわけではなく、片岡のように関税による保護育成を許容する首脳が存在した。

しかし閣議では、日本のインド銑鉄輸入防遏が日本製綿糸布に対する報復関税を招く恐れがあるとして、銑鉄関税の引き上げ案は通らなかった。代わりに製鉄業奨励法を改正して銑鉄奨励金が交付されることになった[82]。閣議において「関税戦」の勃発を恐れて関税引き上げ反対を強く主張したのは幣原喜重郎外相であり、浜口雄幸蔵相、宇垣一成陸相がこれに同調した[83]。

閣議における幣原外相の反対論に見られるように、外務省の関税をめぐる国際紛争への懸念、配慮は強かった。一九二六年の一般関税改正のための関税改正準備委員会において同省は、銑鉄関税引き上げ反対論を展開していた。その根拠は、インドの綿糸布に対する報復関税の恐れのほかに、製鉄事業に対する根本方針が未定であること、本邦において銑鉄事業の自給が可能であるかどうか未定であること、関税引き上げは国民負担を加重することなどであった[84]。

実際に日本の銑鉄関税とインドの綿製品に対する関税は対抗関係にあり、二つの関税を焦点に日印の報復合戦に発展する可能性は十分考えられた。綿製品の日本から英帝国圏、特にインドへの輸出は急増しており、これに対するマンチェスターやインドの紡績業者を中心に日本製品に対する警戒、輸入防遏論は高まりつつあったのである。一九三〇年代に激化する綿製品、雑貨などをめぐる日印経済紛争の火種は、すでに姿を現し始めていた。このような状況を背景に関税法案の議会通過後、斎藤良衛外務省通商局長は、英国大使館員に対して大略次のような政府の意図を伝えている。すなわち、議会の委員会の議長は関税引き上げによって鉄を自給できるようにすることが重要であると述べたが、銑鉄を日本に輸出しているインドは、日本が綿糸布を輸出している国でもあって、それに高い関税を課すことで不愉快な結果をもたらすかもしれない。それゆえ政府は鉄鋼産業にほかの方法、すなわち補助金を供与する法律により保護を与えることに決定したと[85]。

(三)　田中内閣と鉄・木材関税引き上げ政策

憲政会内閣の決定に対して、政友会の山本条太郎幹事長は議会において、産業育成の観点から政府の関税政策が不十分であると批判し、特に基礎工業である製鉄事業の関税を引き上げて保護すべきであると論じた[86]。

一九二七年四月、金融恐慌のさなかに成立した田中内閣は、税収に限界がある中、関税によって産業の保護政策を実施しようとした。一九二七年一二月田中内閣の下で産業政策を審議するために作られた商工審議会は「銑鉄に対する奨励金はこれを廃止し、銑鉄鋼材ともに今後における輸入価格の低下を考慮し十分なる関税率を按配すること」を答申して銑鉄を関税によって保護する政策を打ち出した[87]。

鉄鋼価格が低迷する中で業界は、その後も関税引き上げの運動を行っていた。他方で政友会は、積極政策、地租委譲政策などより大きな財源を必要とする政策を掲げており、財源捻出の観点からも、奨励金ではなく関税による保護に頼る必要があった。

関税引き上げに消極的な外務省は、田中首相が外相を兼任する状況では十分にその見解を表すことができず、政府内において孤立するようになっていた。

一方、英国外務省は、特にインド省の意向を受けて、田中内閣の銑鉄関税政策の動向に神経をとがらせていた。インド側との調整の結果、二八年末、ティリー（Sir John Tilley）駐日大使は、銑鉄関税問題に関する英国の懸念を表明する覚書を出淵勝次外務次官に渡した。インド政府は英国外務省に、次のように伝えてきていた。この案が単に銑鉄関税の形態を変えるだけで総量にまで及ばないならば報復を考慮する必要はないが、提案されている案の効果に関する事実が分かるまで行動の自由を保留したいと考えており、綿織物への関税引き上げを自制すると解釈されうる言明を行うことを欲していないと[88]。

英国大使の申し入れに対して出淵次官は、大使からの連絡は非常に好都合であるが、この案が具体化する前に話をしてもらうのがベターであったと答えている。また出淵は、一般的には彼自身も外務省も過大な関税やいかなる種類の関税戦争にも反対であり、また銑鉄に関する禁止的関税は国内で大きな反対に遭うであろうとの予想を伝えた。さらにインドの関税については、彼らは綿製品に関する関税をそれほど恐れているわけではないとも述べた[89]。

出淵の応答は、外務省は英国政府の懸念に理解を示すが、日本政府の銑鉄関税引き上げ方針はほぼ確定していることを示唆するものであった。他方で今後国内において大きな反対運動に遭うだろうとの予想は紡績業界以外の反対運動の重要性を示唆していた。

他方木材関税については、大正後期から山林業者の間においてその関税引き上げ論が急速に高まっていた。一九一九年頃から外国からの木材の輸入、特にアメリカからの木材（米材）の輸入が本格化し、その後、関東大震災の復興用として米材が大量に輸入されるようになっていた。これに対して全国山林連合会などを中心に、林業保護、国際収支の改善を目的として米材輸入調整論、関税引き上げ論が台頭した。[90]

一九二七年には関税改正の要求が強まり第五二議会で議論されたことなどを受けて、九月、農林省が関税を引き上げる改正案を発表するに至った。農村地主を重要な支持基盤とする政友会が、田中内閣の山本悌二郎農相の下で、林業保護を掲げて関税引き上げを企図したと言って良いだろう。

農林省は、関税政策と補助金による民有林の大造林計画を計画していた。「東京朝日」の解説記事は、「盆と正月が一緒に来た森林業」と評し、「主として米材が我が国の森林業者を圧迫する実ににくむべき敵であるといふので、これに対して一割五分乃至二割の増税、又は新たに重税を課して輸入を防遏し、需要家たる一般国民、就中中産階級以下の農民が泣こうと困ろうとまゝよ、これによって内地木材の価格を釣り上げ、森林業者や木材業者の収入を増やしてやらう」（『東京朝日』一九二七年一一月一六日）という計画であると述べていた。

この解説記事が示唆するように、農林省の山林業保護政策は消費者の利益に反するものであり、自由通商協会は反対運動に乗り出すことになった。

一方当該関税引き上げの影響を直接的に被る木材問屋、製材業者は、京浜地区と阪神地区に集中していた。特に米材の輸入に関しては阪神地区の業者によるものが中心であった。米材輸入における阪神地区の優勢について、『大阪木材業外史』は「米材輸入が大震災復興が一段落をつげて、ようやく平常時代に入った昭和五、六年度の阪神市場への輸入量を示すと五年度の阪神市場は総量の四五％、六年度は五十二％を輸入し、いずれも京浜を凌いでいたのである」[91]と述べている。さらに震災復興の過程で、米杉の製材を目的として阪神間の問屋業者が東京に進出し、秋田杉の製材業者と激しい競争を行っていた[92]。米材輸入の隆盛とともに、一九二〇年から一九二一年にかけて、神戸外材輸入協会、大阪木材協会、東京外国木材輸入協会が、米材関係の団体として発足した。さらに、一九二六年にはこれらの団体を母体として日本外材輸入連合会が設立された[93]。

これら外材業者の団体が反対運動の先頭に立つことになったが、阪神の業者が米材輸入の中心であったので、大阪での運動が顕著であった。また木材価格の高騰は、建設業などにも影響を与えることから、その周辺にも運動は広がることになる。さらに自由通商運動がこれに加わり、まとめ役として反対運動の旗を振ることになる。

(四)　関税引き上げ反対運動

銑鉄関税引き上げ反対運動の中心的な担い手となる業界は、銑鉄の輸入商とそれを原料とする鉄加工業であった。銑鉄輸入商の代表が、大阪の岸本商店であった。岸本商店は、国内の製鉄業者と取引するだけでなく、インドから銑鉄を輸入し、投資も行っていた。保護関税が強化されれば、インド鉄と関係の深い岸本商店が打撃を被るのは明らかであった。すでに見てきたように岸本商店は自由通商協会の創設に関わり、資金も提供していた。さらに鉄関税引き上げ反対運動は、大阪を中心とする鉄加工業者によって大々的に展開された。大阪鉄工業同業組合は、「関税調査委員会」(一九二六年五月設置)に対して銑鉄関税などの引き上げに反対する陳情を行っており[94]、一九二八年にはさらに反対を活発化させていた。

外務省記録には、これら大阪を中心とする業界団体や企業の陳情が残されているので、これにより彼らの主張を検討する。

一九二八年一月には大阪鉄工業同業組合を代表して、栗本勇之助(栗本鉄工所主)・久保田権四郎(久保田鉄工所主）その他紡織機など鉄工業、機械工業の代表者らが、大蔵省において大蔵省主税局長、商工所鉱山局長など官庁側代表者に陳情を行っていた。

栗本は、大阪では「今回凡ゆる実業団体や組合――主として鉄と木材に関係ある――を網羅」した「関税引上反対同盟会」なるものができ、「今度ぐらいに凡ゆる方面に亘ったことは空前絶後と云っても差支ありません」と大阪における関税反対の盛り上がりを強調した。栗本は、鉄加工業は国防上の見地からも発達させなければならないが、そのためには原料として安価な銑鉄が必要であり、またそれは特にインドからの輸入によるものが大半である、この観点から大阪には、関税引き上げに反対する加工業者が多いと説明していた[95]。

またこれとは別に岸本商店、その子会社の日印通商株式会社などインドからの銑鉄輸入に関係する鉄商も詳細に反対論を展開して陳情を行っていた。その論拠として、日本において銑鉄の自給の見込みがなくインド銑鉄は製鋼、鉄加工業の不可欠の原料であること、商工審議会や鉄鋼協議会の意見は一部の製銑業者の利益に左右されていること、インド銑鉄に対する投資は不当ではなく公平な競争を行っており、また有力な企業によって投資が行われているのにもかかわらずその利益が無視されること、関税引き上げによりその投資が無に帰すこと、国民世論も関税引き上げに反対であることなどを挙げていた。特に銑鉄輸入関税が引き上げられるならば「印度鉄鋼株式会社に対する日本人側の投資は水泡に帰し我が国は印度製鉄資源に対する有力なる支配権を失ふに至るべし」という訴えにはその危機感が表れている[96]。このようなインド銑鉄への投資も保護されるべきであるという主張は、「鉄鋼自給」政策とは正反対の見解であった。

一方木材関税反対の運動も一九二七年一〇月以降一九二八年初頭にかけて起こってきた。当初はむしろ、反対運動は東京の業者が中心であり、東京外国木材輸入協会、東京木材協会などが寄り集まり、「木材関税引上反対連合会」を結成した。これに対して、関西方面における運動はやや遅れて一九二八年秋にかけて盛んになり、それに伴い逆に東京での反対運動が下火になった[97]。

関西での反対運動の特徴は、自由通商協会などが介在して、個々の業界の運動からより一般的な鉄・木材関税引き上げ反対運動になったことである。自由通商協会は、創設直後から鉄鋼商組合とともに木材商組合から関税引き上げ反対運動への協力要請を受けており、一九二八年一月初めから二月にかけて協議、調査を開始していた[98]。

当時政府の関税引き上げ政策にとって、これらの反対運動とともにもう一つ重要な障害が存在した。一九二八年四月に結ばれた政友会と実業同志会との政策協定、いわゆる「政実協定」である。

武藤山治によって率いられた実業同志会は、小さな政府、保護主義への反対など、ラディカルな経済的自由主義を掲げていた。一九二八年二月の総選挙では与党政友会が過半数を制することができなかったため、実業同志会はキャスティング・ボートを握り、政友会との間に政実協定を結んだ。大口喜六大蔵政務次官を窓口として結ばれたこの協定の最後には、鉄・木材関税に関する事項も挿入されていた。すなわち「政実協定」の声明書には「鉄、木材、毛織物関税引上げ、私営事業を国有官営とすること又は一部実業家の利益のためと誤解せらるるが如き問題に関しては之をなさざる様武藤会長より希望せるに対し、此等の問題は最も慎重なる態度を以て其行動をなすべき旨大口次官より言明せられたり」という一文が存在した[99]。

自由通商運動と実業同志会は、特権的実業家と政府の癒着によって安易に引き上げられる関税に反対する点で見解を一にしていた。実際自由通商運動の指導者の一人である平生は創設時からこの時期まで実業同志会を支援しており、両者は深い関係にあった（補論一参照）。平生は、政実協定によって生じた武藤・大口のルートを通じて、当該関税引き上げ阻止を働きかけた。

ただこの声明書は、鉄・木材などの関税引き上げに「最も慎重なる態度」で臨むと述べているのみであり、引き上げを実施しないとまでは言明していなかった。その後も山本悌二郎農相ら政友会幹部が関税引き上げにしばしば言及し、そのため鉄・木材関税引き上げ法案が次の議会に提出されるだろうと報道されていた。これに対して武藤は協定違反であると政友会に申し入れていたが、小政党である実業同志会との協定をどれだけ忠実に政友会が守るのかは疑問視されていた[100]。

鉄・木材関税引き上げ法案を政友会が準備しつつあるという報道がなされる中で、大阪における反対運動はさらに盛り上がりを見せた。九月二六日には大阪工業会、大阪実業組合連合会、大阪実業協会、大阪府工業懇話会、大阪鉄工同業組合、大阪鉄商同業組合、大阪土木建築組合、大阪木材協会、大阪金物商同業組合、日本建築協会、日本土木建築請負業連合会、電気協会、堺工業会、電気協会関西支部が集まって、反対運動をさらに推進することになり、大阪工業会、大阪実業組合、大阪自由通商協会が幹事となった[101]。直接利害の関係する業界団体だけでなく、大阪工業会のような工業家が広く参加している団体や大阪実業組合連合会などが関与していることから、運動の広がりが分かる。反対運動の広がりは大阪商工会議所を動かし、二八日同会議所は「鉄関税引上に関する反対建議」「木材関税引上反対に関する建議」を決議した[102]。

翌一〇月初めには平生や各団体の代表者が上京し、首相をはじめ各大臣を訪問し関税引き上げの不当性を訴えた。もっともその結果は思わしくなかった。平生が山本農相との会談において、植林を奨励するならば消費者に一方的に負担を強いる関税ではなく造林奨励金によってなすべきだと迫ったところ、山本は「理論としては」平生の意見に共鳴するが、「今や租税の中より之を支出するの資金なし」と財政的観点から関税引き上げの必要性を強調して反論した[103]。

また反対運動側は、帰阪後の一〇月六日に経済審議会委員である湯川寛吉（住友合資総理事）、稲畑勝太郎（大阪商業会議所会頭）、渡辺千代三郎（南海電鉄社長）、阿部房次郎（東洋紡績社長）らを招待し、「若しこの問題が諮問案となりて審議会に現はれた」時は「其賛成決議を阻止」するよう要請した。経済審議会は、この年九月に総理大臣を会長として経済政策の諮問答申・建議機関として設立され、大阪の財界人五名も委員として選ばれていた。この会談では、平生が自由通商運動の観点から、鉄・木材業者の代表が業界の観点からそれぞれ説明を行っている。これに対して経済審議会の委員側は、審議会は単なる諮問機関であるので自ら提案することはできず、また関税政策に関する諮問は漠然としており、「其主意は関税保護主義に依るか、収入主義に依るかの如き academic なる質問」であり「かかる実際問題は提出せざるべし」（稲畑）など、経済審議会では諮問されないだろうと返事をしている。平生は経済審議会も「政府の提案を裏書して国民の視聴を胡魔化さんとする老獪手段」であり、「経済審議会委員なる職務は徒らに政府の尻押たるの役目となり了らんか」と思いつつ、さらに努力を要請した。反対運動側は経済審議会委員と意思の疎通を行ったこの会談の意義を評価しつつも、彼らを頼りにはできないことを確認したのであった。[104]

一〇月九日大阪の朝日会館において、鉄・木材関税引上反対連盟主催の演説会が開かれた。その次第と決議は次の通りである。

開会の辞	大阪自由通商協会理事・平生釟三郎
鉄、木材関税引上に付て	民政党代議士・勝田永吉
不合理なる木材関税問題	大阪木材協会・梅谷藤太郎
自由通商と鉄木材関税に付て	実業同志会代議士・武藤山治
国民の生きる道	大阪朝日経済部長・和田六灘子
関税負担の加重	大阪毎日経済部長・下田将美
鉄関税引上論を駁す	大阪時事経済部長・山下重喜
我国の製鉄政策に付て	大阪工業会理事長・片岡安

決議文

一　鉄、木材の関税引上は一般産業の発達と輸出貿易の進展とを阻碍す。

二　鉄、木材の関税引上は一般物価の昂騰を促がし国民生活を圧迫す。
三　鉄、木材の関税引上は一般国民の一大犠牲に於て極めて少数の製鉄業者并に山林所有者を不当に保護するものにして思想上にも面白からざる結果を招来す。
本聯盟は右の理由に依り鉄、木材の関税引上に対し絶対反対を決議し極力同関税引上の実現を阻止せんことを期す。

一〇月九日の演説会は、大阪における鉄・木材関税引き上げ反対運動の頂点をなしていた。関連する業界団体の代表だけでなく、大阪工業会の代表、大阪毎日、大阪朝日、大阪時事の経済部長が参加し、大阪の工業関係者、メディアは関税引き上げが国民生活に与える害悪について訴えた。

異なる業界の反対運動をここまでまとめることができたのには、自由通商協会のイニシアティブによるところが大きかった。当日の演説会では平生自身が司会を務め、演者は業界関係者以外は在阪新聞社の記者など自由通商運動の関係者であった。平生は開会の辞を述べて、「大坂市民たる聴衆諸君はこの関税引上が大阪の如き大商工業地に於ける市民に向って産業及日常生活の両方面より大なる損害を与ふるものなることを理解せられ、大に反対の気勢を揚げん」と反対運動に檄を飛ばした。[105]

この演説会の特徴は決議文にも見られるように、関税引き上げ問題を単に業界の利害問題とのみ捉えるのではなく、国民生活に関わるものとして捉えていることである。大阪木材協会を代表して演説した梅谷藤太郎は、木材関税の引き上げが建築費の高騰を招き、勤労者階級や小売商の生活を圧迫して社会不安をもたらすことを強調した。自由通商運動の論理は、産業政策の観点からだけではなく、国民生活一般に与える影響と関連させて展開された。

また民政党代議士が演説会に参加していることも注目される。民政党代議士の参加は、民政党首脳部の自由通商主義への好意表明を背景にしていた。[106] 浜口民政党総裁は、一九二八年九月、民政党関西大会の席上において「経済上から見ても、財政上から見ても、度に過ぎたる補助政策の弊害は十分これを認めなければならぬ。随て補助費を整理するは、即ち独立補助の精神を緊張せしむる所以であり、同時に財政の整理を実現するの一助なりと信ずる之と同一の主義に則り、吾人は亦我国の関税政策に自由通商主義の精神を注入するの必要ありと信ずるものである」と述べている。浜口は度の過ぎた「補助政策の弊害」を是正する観点から、財政整理と同様に自由通商主義の精神が必要であると述べていた[107]。浜口内閣下の予算委員長となる武内作平も、政友会の地租委譲政策を攻撃する文脈において、代替財源としての関税増徴を「無産階級の負担を以て、有産階級の負担を軽減する」時代錯誤の政策であると批判していた[108]。その後民政党は、政務調査会において関税政策が「極端な保護主義に傾いて」いるので関税整理の必要があると決議するに至る（『東京朝日』一九二八年一一月二七日）。

以上のような情勢から、演説会は「専ら政府反対運動の観」を呈することになった[109]。それゆえこの反対運動の動向を、政府側も注視しており、大阪府知事力石雄一郎は、大蔵大臣、外務大臣、内務大臣、警視総監に宛てて、反対運動の動向について報告書を送った[110]。

興味深いことに同報告書は無産勢力がこの運動に関係していることも伝えている。報告書は、大阪鉄鋼同業組合の動向を報じるとともに、本件に関しては「勤労消費者階級を抱擁し利害同一の立場にある社会民衆党」においても調査を進めつつある模様であり「鈴木文治代議士の来阪を機とし組合側は二十一日午后五時より同組合事務所に於て鈴木、西尾両代議士と会見し種々調査研究資料を提供したる上本件運動に付協力方を懇請する処ありたり」と西尾末広、鈴木文治ら総同盟、社会民衆党の右派無産運動との関連についても言及していた。無産運動の関与は、関税引き上げは生活費の上昇をもたらし国民生活に打撃を与えるという自由通商運動の論理と符合するものであった。

（五）帰結：鉄関税引き上げ中止と木材関税引き上げ

関税引き上げ反対運動に直面した政府は一九二八年半ば以降、鉄関税の引き上げを中止し、木材関税の引き上げについては断行するという対応を取った。九月末に武藤と会見した平生は、大口大蔵次官からの鉄鋼関税引き上げは実行する意志がないが木材関税引き上げは農林省の主張もあり実施するという情報を伝えられている[111]。

鉄関税引き上げ断念の要因としては、反対運動の影響のほかに、銑鉄の価格が一時的に上昇した結果、鉄鋼業界の関税引き上げ圧力が弱まっていたことが指摘されている[112]。「鉄鋼関税引上の要望に製鉄業の足並そろはず」（『東京朝日』一九二八年一〇月二三日）と報じられたように、銑鉄価格の高騰は、業界内部の足並みの乱れを顕在化させていた。大状況的には、すでに見たように関税引き上げをめぐる関係利害の相克、報復関税の恐れにより、業界、官庁の利害調整が十分できていなかったことがある。また政友会の情勢として、幹事長から満鉄総裁に転じた山本の産業政策構想（産業立国）が、内外の政治情勢の中で行き詰まりを見せ、商工大臣に就任した大阪財界出身の中橋徳五郎が関税引き上げによる鉄鋼業の保護にはそれほど熱心ではなかったことも影響したと考えられる[113]。反対運動は、以上のような分断的状況にある推進側にくさびを打ち込んだ。

これに対して、自由通商運動の働きかけにもかかわらず、木材関税の引き上げの動きは止められなかった。一九二八年一一月八日、平生は武藤を訪れ、政実協定を引き合いに出して鉄・木材関税の引き上げ中止を政友会に働きかけるように依頼し、大口大蔵次官との会見にも参加した。この会見の席で平生は木材関税引き上げは決して林業の振興にはならずむしろ乱伐が行われるだろうと中止を迫ったが、大口は農林省との関係がデリケートであることをほのめかして確答を与えなかった[114]。

結局反対運動にもかかわらず、木材関税に関する法案は一九二九年二月の議会に提出された。これに対して関西を中心に、外材業者や自由通商協会はなお反対運動を展開した[115]。議会に木材関税が引き上げの法案が出された際、三土忠造蔵相がその趣旨を植林の保護奨励に求める説明を行ったのに対して、大阪自由通商協会は改めて声明を出し、木材関税の引き上げは、蔵相の主張とは逆に山林の乱伐を助長し、また市価の上昇により国民生活の圧迫をもたらすと反論した。[116]議会でも同様の観点から関税引き上げへの批判が出たが、木材関税引き上げ法案は両院を通過した。

平生は大阪自由通商協会の反対運動にもかかわらず、政治的権益の取引に左右されたこの法案の成立過程を次のように慨嘆しつつ振り返っている。「頑冥なる山本農相」は「余が主張せる理論と実際論を認め」ながら、「単にある種の材木業者と山林業者の勧請を納れて之を提案」し、三土蔵相もまた実業同志会との協定において木材関税引き上げに反対を言明しながら「農相との妥協材料として」これに同意し、「政友会が多数を占むる衆議院が之を通過させた」のみならず、「地主、山林業者の代表を擁」しまた「かかる問題につき理解なき華族を網羅せる」貴族院もこれに同意した結果、「両院を通過し本日を以て実行すること」となったと。[117]さらに平生はまた米国における関税引き上げへの反響と報復合戦を懸念すべきであると感想を記している。[118]実際、アメリカでは、三月頃から西海岸地域の木材業者が報復手段として生糸や茶に対する関税付加を求める運動を始め、米国政府も日本政府への抗議を行っていた。アメリカにおいても保護主義の波が高まりつつあった。[119]

政府が木材関税引き上げを強行した要因には、政友会の農村志向を背景とした山本農相の強硬姿勢、「収入本位の木材関税引上」（『東京朝日』一九二八年一一月三日）と評された財政事情のほかに、反対運動側の問題として木材業界における利害の分裂があった。木材業者の反対運動は、必ずしも一枚岩ではなかった。国内木材を扱う木材業者も少なくなかったからである。関西を中心とする米材輸入の急増は、業界に混乱と共倒れを引き起こす危険があるという見解が存在した。そのため東京の中心的な木材業者の団体である東京材木問屋同業組合は、木材関税の「多少の引き上げ」を支持する決議を行った。[120]政友会の農村利益擁護の強さ、東西における運動の分裂によって、反対運動は十分な有効性を持てなかった。

大阪を中心とする自由通商運動は、田中内閣の関税引き上げに猛烈な反対運動を展開した。またこの運動は木材、鉄工業者などの反対運動と連動して大阪の経済界と密接な関係を持ち、さらに無産運動の一部とも連携した。そのために政府に対する一定の圧力になった。自由通商運動が大阪において活発に活動できた背景には、その経済界の動向が中央の保護主義的な財界の指向と異なっていたことがあった。両者の違いは、「鉄鋼自給」を目指した工業倶楽部と鉄・木材関税反対運動に参加した大阪工業会の違いからも明らかである。

小括　まとめと考察

一九二七年の国際経済会議を契機として設立された自由通商協会は、財界から知識人にわたる広い層が参加していた。自由通商運動の理念は、古典的経済学、普遍的国際協調に基づくと同時に「天然資源に乏しく且人口稠密」な日本という自己認識によって支えられていた。声明書は、関税の低下・撤廃は、物価を低落させることによって、生産費を低減させると同時に国民生活を安定させるとしているが、前者を重視すれば産業政策的意味合いが生じ、後者を重視すれば、社会政策的ニュアンスを帯びることになった。両者の意味合いを総合的に論じているのが保護主義批判と社会改革を結びつける「新自由主義」を唱える上田、産業政策の論者が井上、無産者の立場から社会政策的意義を説いたのが高野であった。自由通商運動の理念には、異質な要素を結合させる思想的契機を含んでいた。

自由通商協会は各地に支部を持っていたが、東京と大阪が中心であった。特に平生や村田に率いられた大阪の活動が盛んであった。戦間期の大阪は、東京と比較しても政府の保護を比較的受けることの少ない多様な産業基盤を持つ先進都市で、貿易都市としての性格を持っており、自由通商運動の支持基盤となった。メディアとの連携の点でも、大阪朝日、大阪毎日、時事新報などが自由通商運動を支持していたことは重要であった。

自由通商発足直後の政治的運動として重要だったのが、田中内閣の鉄・木材関税引き上げへの反対運動であった。自由通商協会創設の要因の一つは、関税引き上げによる産業保護政策を志向する政友会の動向への危機感であった。政友会は、戦後不況下において関税によって製鉄業の保護を図るための鉄関税引き上げと地主利益を図る木材関税引き上げ政策を企図していた。これに対して自由通商運動の反対運動が、木材、鉄工業者など大阪の関係業界と密接な関係を持ち展開された。

なおこの関税引き上げ反対運動には、無産運動側も参加していた。高野ら左派の加わった自由通商運動には、無産系との提携、さらには自由主義と労働勢力の連合、いわばリブ・ラブ（Lib-Lab）連合の芽を見ることも可能であろう。

結果的に運動は木材関税の引き上げを阻止できなかったが、鉄関税引き上げは阻止した。

自由通商運動は政党との関係で見た場合、政友会の産業保護政策との折り合いは良くなく、民政党内閣へ期待を抱く。他方で民政党内閣においても鉄関税引き上げ問題に直面することになる。

第二章　民政党内閣の成立と大阪財界
——井上準之助蔵相と経済更新会——

はじめに　対象と課題

田中内閣崩壊後（一九二九年七月）、浜口雄幸を首班とする民政党内閣が成立した。この民政党内閣と大阪財界の関係について伊藤忠兵衛は次のような回想を残している。

むろん物価の低落、産業の萎縮、不況のどん底におちこんだことなど、浜口内閣の三年間に実行し持続された緊縮政策は、維新以来の出来事であったと信じる。

当時其の不況対策を政党的にわけると、政友会が不況反対をとなえ、民政党がこれに対抗した。財界では全国にわたって政友会の支持者がおおかったが、大阪神戸は敢然としてこれにたちむかい、浜口内閣を支持した。

ことに二度も日本銀行大阪支店づとめをされたことのある井上氏は、大阪財界と往復がおおかっただけに、個人的にも応援する方がおおかった。なかでもそれを主張されたのは平生釟三郎氏村田省蔵氏および当社の伊藤竹之助などで、財政経済研究会という団体をつくって、内閣成立後約二ヶ月に総理蔵相をむかえて、大阪倶楽部で発会式があった。その棟梁が平生氏であったが、これはただ月並な政策賛成ではなくて、もっとふかい基礎からでたものであった。

それは自由経済政策をながく主張した団体であり、日本のみでなく、世界共通のものであり、思想的にはフェビアン協会などともつながっておったが、よく英語でいわれたliberty of tradeの精神からわきでた、経済人としては基礎付け精神の拡充である。

勤勉節約など相当困難なものがもちこまれてあったが、平生氏はじめ首脳の人の鮮明な態度とつよい主張はどれほど浜口井上両氏を激励したことか。[1]

若干の記憶違いもあるが、この回想は、大阪財界と民政党内閣の関係の深さを示唆している。同時に両者の関係が主に井上準之助蔵相を通じたものであり、またその性質が「月並な政策賛成ではなくて、もっとふかい基礎からでた」もので、自由経済政策を主張し、世界共通の「思想的にはフェビアン協会などともつながっ」た、「liberty of tradeの精神からわきでた」団体によるものであると述べている。liberty of tradeという言葉からも分かるように、この団体は「自由通商協会」のことを指している。フェビアン協会云々は、自由通商運動の「新自由主義」的側面を指しているものと思われる。

またこの回想は、運動の中心にいたのが平生釟三郎であったと述べている。やがて経営する会社を全国的な商社に育て上げる伊藤も、まだこの時代は大阪船場の青年実業家として平生の後援を受ける立場にあった。[2] 平生と伊藤は行動をともにする機会も多かったため、引用した回想が生まれたのである。一九二〇年代の平生は、武藤山治が実業同志会を創設した時は、その熱心な後援者となっていた。しかし平生は「政実協定」以後政友会と妥協する実同に失望し、自由通商協会の運動に力を入れた（補論一参照）。やがて平生は民政党内閣が成立すると、井上蔵相を通じてこの内閣を支援した。

民政党内閣と大阪財界は井上蔵相を通じて深い関係を持った。井上蔵相との関係において大阪財界の核となったのは、「経済更新会」であった。[3] 井上蔵相の主導する金解禁、緊縮財政を支援するために大阪で設立された経済更新会の世話人には、平生釟三郎（元東京海上専務）、村田省蔵（大阪商船専務）、阿部房次郎（東洋紡績社長、大阪商工会議所顧問）、安宅弥吉（安宅商会社長、大阪商工会議所副会頭）、片岡安（大阪工業会理事長）、坂田幹太（大阪合同紡績取締役）、喜多又蔵（日本棉花社長）、高柳松一郎（大阪商工会議所理事）が名を連ねていた。この経済更新会の会員には、綿業、大阪商工会議所の関係者のほかに、平生、村田を筆頭に自由通商運動の関係者が多数含まれていた。

以下、第一節で大阪財界における金解禁政策の支持を田中内閣の時期から述べ、第二節で民政党内閣期の経済更新会の設立過程、第三節で関税審議会と自由通商運動との関係、平生たちによる選挙支援、第四節では不況が深まる中での経済更新会による金解禁政策支持の再声明過程について考察する。

第一節　田中内閣下の金解禁運動

（一）大阪における金解禁論：金解禁問題懇談会

自由通商運動に熱心な在阪の財界人やメディア関係者は、金解禁論者でもあった。彼らは、関税、財政、為替政策などにより政府が経済界を温室状態に置くことで問題の根本治療を妨げていると考える傾向にあった。その動きが大阪における金解禁論に火をつけ、さらに東京に広がっていった。

第一次世界大戦期に、ヨーロッパの強国は金の輸出を禁止し、日本も同様の措置を取った。戦後欧米では列強が次々と金本位制に復帰し、一九二八年六月にフランスが金本位制に復帰することにより国際金本位制の再建がほぼ完了した。日本でも金本位制への復帰が幾たびか唱えられたが、戦後不況の中で在外正貨が急減し、実現困難な状況に追い込まれていた。第一次若槻礼次郎内閣の片岡直温蔵相は、金本位制復帰を目指したものの、金融恐慌により挫折していた。しかしやはり経済界からの金解禁の要求が高まり、金融恐慌の処理が一段落した一九二八年には、実行の機運が徐々に高まってゆく[4]。ただし、金解禁による正貨流出、国際的競争力の低下を懸念する鉄鋼業などの業界もあり意見は分かれていた[5]。

また金解禁の方法自体についても論争が起こっていた。平価切り下げを伴う新平価解禁論も東洋経済新報などによって唱えられていたが、旧平価での金解禁論が優勢であった。

大阪における金解禁論の発火点となったのは、一九二八年六月、大阪毎日と大阪朝日の経済部が合同で主催した金解禁問題懇談会である。同懇談会は、ライバル同士である両新聞社の経済部が、金解禁論に火をつけるためにあえて共同戦線を張って催したものであった。きっかけは、井上日銀総裁や三土蔵相が大阪の手形交換所大会において、金解禁時期尚早論を披露したのに対して、下田将美大阪毎日経済部長と和田信夫大阪朝日経済部長が金解禁の世論を喚起しようと相談したことにあった。二人は、当時の金解禁問題に対する政府や財界の「煮え切らない態度」のために日本経済が「泥沼の中にはまり込んで、のたれ死をしてしまう」という危機感を抱いていた。彼らの動機はどちらかと言えば、業界の利益というよりも経済モラルにあった。より具体的には第一に乱高下する為替が投機の対象となって「日本の真面目な業者に与えた打撃」が計り知れないような状況を是正すること、第二に「不自然な金の輸出禁止によって日本の経済が温室の中に咲いた花のように、カタワな保護をされ」ている日本経済を覚醒させ「人心の刷新」を行うことにその目的があるとされた。特に後者の観点からは、「打撃の少ない新平価解禁では意味がな」く、旧平価解禁により「放漫にはしりすぎている公私の経済を立直すべきだ」という結論が引き出された。一方、為替の変動に苦しむ蚕糸業者の決議や過剰な資金を海外に振り向けたい大銀行が金解禁に好意的な姿勢を示しており、機が熟していると考えられた[6]。

懇談会への参加者の人選は、大阪商工会議所理事で自由通商運動の熱心な支持者でもあった高柳松一郎と相談し

て行われた。その結果、関西の政・財・学界の有力者を次のように網羅することになった。紡績連合会委員長・阿部房次郎、堂島取引所管理事長・林市蔵、新聞連合大阪支社長・東川嘉一、日本郵船神戸支店長・櫟木幹雄、大阪鉄工所取締役・飯島幡司、大阪商議会頭・稲畑勝太郎、京大教授法博・神戸正雄、関西信託専務・加藤小太郎、大阪工業会長・片岡安、東洋棉花会長・児玉一造、栗本鉄工所主・栗本勇之助、大阪商大教授・松崎寿、大阪商議副会頭・森平兵衛、大阪商船専務・村田省蔵、鐘紡社長・武藤山治、労働総同盟中央委員・西尾末広、野村合名社長・野村徳七、正金大阪支店長・乙竹茂郎、大丸専務・里見純吉、大阪商議理事・高柳松一郎、竹原商店社長・竹原友三郎、神戸取引所理事長・滝川儀作、田附商店社長・田附政次郎、莫大小組合長・外海鉄次郎、大阪鉄工所専務・津村秀松、大株理事長・上畠益三郎、南海鉄道社長・渡辺千代三郎、三菱銀行取締役・山室宗文、住友銀行常務・八代則彦。

高柳を議長として行われた懇談会において、金解禁即行論が優勢であったが、児玉、森、外海ら金解禁即行反対論者も存在した。彼らは、為替が低位にある現状が貿易にとって望ましいと議論を展開していた。また中間的な条件付き金解禁の慎重論者が、阿部、飯島、武藤、西尾であった。早い時期からの金解禁論者であった武藤は、この時は実施時期を法律によって定めるべきであると議論し、西尾は無産運動の側から予想される不況対策としてまず社会政策を実施すべきであると主張した。そのほかは、神戸や松崎ら経済学者は急進的な金解禁即行論を展開、財界人も山室を筆頭にほぼ即行論に賛成しており、翌日の大阪朝日は、「関西各方面の権威集り金解禁促進の烽火挙る」（『大阪朝日』一九二八年六月二三日）と報じていた。

また懇談会の議論から具体的に一歩進めるために「金解禁準備調査会」が設けられた。七月初めには理事会が開かれ、第一に「最近に於ける国際収支の関係を精査すること」、第二に「なるべく具体的数字に依り金解禁の結果が一般国民、殊に財界に不安なき事情を徹底せしむるに努むること」、第三に「解禁断行と否とに拘はらず促進準備として政府、日銀、民間金融業者并に一般国民が如何なる態度を取るべきかを明かならしむるに必要なる事項を調査すること」、また調査は常任理事に一任することとしていた。常任理事の顔ぶれは平生と和田、下田、高柳、松崎、加藤であった。懇談会には参加していなかった平生が「金解禁準備調査会」の常任理事となっているのは、自由通商運動の関係もあって和田、下田、高柳らと親しかったこと、何よりも彼自身が金解禁即行論に同調するようになっていたことによるのであろう。なお当日の理事会で金解禁即行反対論者は児玉一人であり、その児玉も絶対反対論ではなかった[7]。

一方、旧平価での金解禁は為替高となって製造業の国際競争力が落ちることも懸念されていた。しかし、主要な原料を輸入に頼るような加工業では、その打撃は相対化されると見られていた。栗本、片岡安など大阪工業会関係者は、むしろ為替の回復によって工業原料が安くなるという主張を行っていた。さらに紡績連合会委員長で前記懇談会で慎重論を述べていた阿部も、同様の観点から一〇月末には強気の見通しを語るようになった。紡績業としては、金解禁による為替高の与える打撃は「原棉安によって七割まではカバー出来るから、問題は残る三割にかかる」として、これは努力で吸収できるので問題は実施の時期であると強気の見通しを語っている。さらに阿部は今となっては「もし当局が非解禁の声明でもしようものなら、アメリカあたりでは日本の経済状態に何か根本的な欠陥があるのでないかとの危惧を抱くに至るであろうし、為替は忽ち暴落を演じ、それによって受ける動揺の方が蓋し恐るべきものがあろう」[8]と述べた。綿業界でも金解禁後の見通しは一様ではなく、また大阪にも金解禁問題懇談会にも見られるように金解禁に対する慎重論が少数ながら存在した[9]。しかし、また紡績業界を代表する立場にある阿部の金解禁を恐れるに足らずとする発言は、業績良好な大手紡績業、また加工貿易の盛んな大阪経済の一面を表していると言えよう。

平生は、その後金解禁即行論への確信を深めてゆく。「実業家の見たる金解禁」（『大阪工業倶楽部』第一一六号、一九二九年）[10]上で、金解禁即行論への反対論として、第一に正貨の激減、第二に為替の上昇による貿易の悪化、第三に物価低落による経済的混乱、第四に金利の上昇などへの懸念があるとして、それらに反駁を加えた。

一方中央の財界では、金解禁論は当初なかなか表面化しなかった。たとえば九月半ば平生に対して、三井物産常務の安川雄之助は、財界の中心人物が集まった会合で金解禁が話題になった時、金の流出は心配ないとして「一人も金解禁に反対するものなき」にもかかわらず、「一人として之を大蔵大臣に進言する」者がいなかったと述べていた。なお安川自身は「金解禁即行と自由通商主義」の点で平生と同意見であることを表明している[11]。

ところが、一月後の一〇月二二日には、東京・大阪両手形交換所総会が金解禁即行を、同二五日には日本商工会議所が金解禁断行に関する建議を決議し、金解禁論は一挙に盛り上がった。当時の記事は、「今年に入ってからの金解禁運動の火元は確かに大阪である」と述べ、銀行業では、東京は大阪に比べて「上に大蔵省あり、仲間に正金その他の特殊銀行があるから、大阪の如く単純なる決議や申し合わせに到達することは頗る困難」であったが、大蔵省の風向きが少し変わったのを見て、大阪側の気勢に東京の銀行が同調したと伝えている（「金解禁運動の真相と本邦工業界の前途」『工業之大日本』第二五巻第一一号、一九二八年）[12]。金解禁論は、大阪を発火点として東京にも広がったのである。

それでも日本工業倶楽部は、国内の工業製品が外国の「安い優良品」の侵入に対抗できないことを恐れて、金解禁の決議を行わなかった。日本経済連盟も同様であった[13]。鉄鋼業のような未だ保護育成中の重工業にとって、金解禁への不安は大きく、工業倶楽部などはこの懸念を無視できなかった。

一二月には、経済審議会が、速やかな金解禁断行を可とする答申を行った。もっともこの答申は、金融や産業に激変を生じないように準備をして後に断行することとなっており、しかもその具体的な方法の提案がなかったために、平生は「微温的にして政府追従的決議」であり、審議会は「無用の長物」であると断じた[14]。

（二）政府の消極姿勢と大阪財界の評価

政府は、三土忠造蔵相が金解禁論の盛り上がりに押されて動き始めたが、株価が暴落するとその方針は動揺した[15]。そもそも政友会内には高橋前蔵相をはじめ消極論が多く、またその伝統的な積極政策や地租委譲政策は、緊縮財政を伴う金解禁政策とは相容れなかった。

平生は、「金解禁すらできぬ財政窮乏の日本政府」を「膨大なる予算を以て不必要なる鉄道計画をなし又自作農設置とか、米穀法とかを以て国庫を浪費しても一部農民の意を迎へん」とするものだと批判し、また繁栄を謳歌するアメリカと比較して、「実に雲泥の差あり」と評している[16]。地方利益を志向する政友会の伝統的な財政方針が批判の対象であった[17]。

動きのとれなくなった三土蔵相は金解禁について曖昧な発言を繰り返し、為替、株価の低落などさらに財界の動揺を誘うことになった。結局一九二九年五月末には、動揺する財界の様子を見かねて政府の意図を問いただしに来訪した井上準之助、団琢磨、郷誠之助ら日本経済連盟会代表に対して、三土蔵相は、金解禁は即行しないと言明した。

内閣の内情と経済政策にも通じていた野村徳七は、政友会の金解禁問題への対応が動揺する様子を平生に対して次のように語っている。「現内閣の閣僚は政友会の伝統的政策維持のため金解禁は絶対に決行せざる考を以て其政治方針を立てつつありしも、其後財界に於ける有力者の意見は金解禁に傾き、之に対する朝野の議論は囂々として政友会の方針に反対するが如く、金解禁にあらざれば財界の救済も産業の復興も不可能なるが如く論述せらるるに至りしを以て、政友会内閣も一時は地租移譲案の如き政友会の伝統的政策をも之を棄て、一路金解禁に進まんとの意向となり、三土蔵相も変説改論の結果解禁説を香はするに至りたるが、其影響は意外に激烈にして公社債は勿論、株式も急暴落を呈し、財界は恐怖状態となりたるより、一時金解禁を高調せし人々も意外の影響に驚き、如比く財界が無理解なるに於て金解禁を決行せば、其影響するところ甚大にして、再び恐慌を引起すの恐あれば、十分の準備をなさざればとても決行不可能なりとの説が有力となり、政府も亦非解禁論に後戻りしたるが如」き様子であると。また勝田主計文相も金解禁の準備として「官吏の淘汰を以て行政整理をなすことは社会政策上決して好ましきことにあらず」と首相に説き、この説は「高橋氏の重金論と相待つて中々に有力」で、株式証券市場の恐慌状態とあいまって政府は「到底一〜二年中には実行せざるべし」と野村は見ていた[18]。

一時は政友会の伝統政策を捨てて金解禁に傾いた三土蔵相も、株式市場の動揺、勝田文相や「重金論」の高橋是清などの影響により政友会内で慎重論が高まったのを受けて、金解禁を断念した。

金解禁問題で迷走する田中内閣に、財界、特に大阪財界は厳しい目を向けるようになっていた。このことは、内閣総辞職に至った時の大阪財界人のコメントからうかがえる。

大阪毎日新聞に掲載された「内閣投出と財界」(『大阪毎日』一九二九年六月三〇日)は、数人の大阪財界人による手厳しい批判を紹介している。たとえば大阪商工会議所副会頭の森平兵衛は、「田中内閣があの財界大動乱の後を受けてと角の非難はあるが、整理を行って財界を安定せしめたことについてはその功績を認めてやらなければならない、しかし財界不祝の今日、財政の緊縮を標榜して国民に範を示さなければならぬにも拘らず積極政策を叫んで放漫の財政策を遂行したことは実に渦根を残すものといわなければならない、……殊に国民の痛切に要望している金解禁を容易に断行の勇気がないようであるからこの点から見ても存在の理由がないというべきである、とに角今回の総辞職は人気の転換を計る意味においてよいと思う」と述べている。大阪財界の重鎮渡辺千代三郎は、「次の内閣はもっと真面目であってほしい、田中内閣のように、殊に田中首相のように、てんで経済上の知識もない人が従来のいきさつや目先の世辞をとり入れて、定見のない積極政策を行われたのでは真面目な国民が迷惑する、もっとも田中内閣も種種な案は立てたが、これを実行することが出来ずに終ったのは不幸中の幸であった、次の内閣はこれにこりて先ず徹底的に政費の削減を断行しなければならぬ、公債なども現在の六十億円などもっての外だ、こうしたいわゆる消極政策を実行すれば、不景気は勿論来るであろう、しかし国家永遠の基礎を固める上には二年や三年の不景気は誰れしも我慢しなければならぬことだ、金解禁もまた大いにやるべし、十億円以上もある金を全部海外に出すつもりになれば難なく出来る」などと述べている。また阿部房次郎も「内閣の更迭はこの際行詰った財界と鬱積した人心を転換せしむる上にまことに結構だ、次に誰が組閣するか判らないが、何を置いても切望してやまないのは徹底的な財政の緊縮である、政友会の積極政策の根本的立て直しである……田中内閣が経済的に何をなしたかといえばただ失敗の一語につきるのみだ」と述べている。

対中国政策の面でも、山東出兵は、日本商品のボイコットを引き起こしたこともあり、従来の強硬論者からも評価されなかった。たとえば日華経済協会を設立した谷口房蔵（大阪合同紡績）は、一九二八年八月安達謙蔵らを招いた席上、「……我々は済南事件に対しても、苟も日本人の生命財産を蹂躙せば必ず懲罰を受けるといふことを、支那人の脳底に感銘せしめ、之を膺懲するは必要だと思ふ。……然しその条約上の権利、利益を尊重せしむる以外に、猥りに出兵して支那の内政に干渉せんとするが如きは断じて反対である。南北両軍の衝突に際し、その何れかに味方せんとするが如き誤解を与ふるだけでも、大なる失態と言はねばならぬ」[19]と述べている。また大阪朝日も田中外交を厳しく批判していた[20]。

田中内閣は、経済政策の面でも対外政策の面でも、大阪経済界の支持を失っていた。このような政友会内閣の政策への失望は、次の浜口内閣への期待へと向かった。

第二節　井上蔵相と大阪財界：経済更新会の設立

（一）金解禁政策と井上蔵相

田中内閣の総辞職の後、一九二九年七月二日浜口雄幸が組閣の大命を受けて首相に就任し、民政党内閣が出現した。同月九日内閣は十大政綱を掲げて、政治の公明、民心の作興、綱紀革正、対支親善、軍縮促進、整理緊縮、非募債と減債、金解禁断行、社会政策の確立、教育の更新を政策の柱とすることを宣言した。経済政策では、財政の整理・緊縮、非募債と減債、金解禁の断行がその中心であり、党外から就任した井上蔵相がこれらの政策を担った。民政党に入党した井上は、閣内において大きな影響力を持った。

ただ組閣当初は、井上の蔵相就任はむしろ驚きを以て迎えられた。井上は政友会の高橋と組んで財界救済を行ってきたため、しばしば政友系と見なされていたからである。だが、一九二〇年代半ば以降の井上自身の政策的方向性は、憲政会・民政党の財政緊縮、国際協調路線に近かった[21]。

また井上自身、以前から金解禁慎重論の言動で知られており、組閣直後は金解禁を断行するのか疑問を持たれた。井上は一九二九年四月、民政党とも関係の深い新日本同盟の例会において「金輸出解禁問題」[22]と題して講演を行っている。そこでは井上は金解禁には、緊縮財政、消費節約などの準備期間が必要であるとして、即時解禁論には否定的な結論を述べている。田中内閣末期、経済界を代表して金解禁につき三土蔵相に問いただし、金解禁不実行の回答を引き出したことは、強い印象を与えていた。

しかし井上は、金解禁政策自体に否定的であったわけではない。むしろ彼自身が緊縮財政など準備を整えて、金解禁を行う自負を持っていた[23]。実際井上蔵相は組閣後、一九二九年度予算の組み替えを行い、思い切った実行予算を組んで経費節減を行う。

財政金融家としての井上は、順調なキャリアを積んでいた。一九一九年に日本銀行総裁になって金融の緩和により第一次世界大戦後の不況を救済し、第二次山本権兵衛内閣の蔵相となり関東大震災後の経済界の復興策を行う。一九二七年の金融恐慌時には再び日銀総裁となって高橋是清蔵相のモラトリアムに協力した。日本銀行総裁、蔵相を経験した井上の財界における存在感は、高橋是清と並んで大きいものだった。この間井上は、金融界を背景に財界世話人としての地位を確立していた[24]。

井上蔵相の自負の背景には、国際金融家としての側面があった。井上はモルガンなどウオール街の国際金融家と関係が深く、外債借り換えなどに関わる国際金融家のネットワークとの協調からも金解禁は必要と判断していた[25]。実際、一九二九年一一月には津島寿一財務官を通じて英米から総額一億円のクレヂットを成立させ、翌年一月に金解禁を行っている[26]。その後一九三〇年九月には、第二回四分利付英貨公債の借換に成功した。

しかし、浜口内閣が行った旧平価による金解禁は、実質的に為替の切り上げを意味し、産業界にとっては厳しい結果を生む可能性があった。そのため、金解禁政策が表明されると株価が下落したように財界は不安につつまれていた。特に国際競争力の弱い鉄鋼業などは苦境に陥ることが予想された。

金解禁が表明された時、経済界において明確な支持表明を行ったのは銀行業界であった。一九二九年一一月、金解禁が発表されると東京・大阪・名古屋のシンジケート銀行団は金本位復帰支援の申合せを発表した。銀行界が金融恐慌救済の過程で生じた余剰資金の海外への投資を求めたこと、外債の借換のためには金本位制の採用が必要であると考えられたこと、緊縮財政を支持したことなどがその理由として挙げられる。

他方産業界において井上蔵相の緊縮財政と金解禁政策支持を明確に表明したのは大阪財界の有力者からなる経済更新会である。井上蔵相を通じて浜口内閣と緊密な関係を持ったこの経済更新会の首脳部の一部は自由通商運動のそれとも共通していた。この会を通じた大阪財界の支持を井上蔵相は重視した。

以下では、経済更新会の発足と活動及び内閣発足当初における政府との関係を通じて、大阪財界と浜口内閣の密接な関係を検討する。

(二)　経済更新会の設立

不評の田中内閣の後を受けて浜口内閣の成立は好評のうちに成立したが、特に大阪財界は金解禁と緊縮財政を掲げる浜口内閣に大きな期待を抱いた。大阪毎日は、「浜口内閣と財界　井上新蔵相を中心に局面打開策樹立を渇望」(『大阪毎日』一九二九年七月三日)と関西財界の新内閣への期待を紹介している。経済更新会の中心となる平生もこの時政友会の「乱暴なる人事行政、傍若無人なる利権、公費の切売、腐敗政治」と対比して、民政党内閣の成立を好ましいと記している[27]。

政府首脳も、内閣成立早々来阪して講演会などを行い、歓迎を受けた。組閣間もない七月二四日、浜口首相らは伊勢神宮参拝の後来阪し、大阪経済会、大阪工業会、大阪商業会議所主催の経済懇談会において金解禁に関する演説を行った。浜口の演説に対して平生は、「如何に浜口氏が真面目にして憂国の誠心を以て殉国の精神を以て一身の利害を顧みず一党の利害を超越して一路金解禁の実行に向ひつつあることを証するものにして、其誠意と勇気とは実に賞賛に値するもの」と感想を記し、非常な好感を抱いた。[28]また閣僚では井上蔵相のほか、安達謙蔵内相なども年内に来阪し、新内閣の方針の宣伝に努めた。[29]

内閣成立直後の首脳の来阪は、民政党内閣の関西地方の重視を示していた。しかし田中内閣下においても稲畑、渡辺、湯川、堀啓次郎（大阪商船社長）ら長老の肝いりで「戊辰会」が作られるなど、大阪財界と内閣の交流は行われており、[30]本会もその延長線上にあったとも言える。そのため平生は、来阪した浜口首相には好意を抱いたもののその歓迎会が稲畑大商会頭らによって主催されたものであることに不満を抱いた。稲畑を「帮間的根性を以て高壇に独り椅子に座し」云々と評しているように、真面目な政策的共感に基づくものではないと平生は考えたのである。[31]

これに対して、積極的に金解禁と緊縮財政を支持するための経済更新会が組織される。この会が井上蔵相と大阪財界とを結ぶ重要な役割を果たすことになる。

もっとも井上は入閣当初から手放しで大阪財界の支持を受けていたわけではなかった。最初は金解禁慎重論者として知られた井上蔵相の方針が予測できなかったからである。和田執筆の〈財界六感〉は「井上新蔵相は有名な八方美人、今度などもうまく泳いだというところだろうが、僕は、破綻の禍根がここに培われているという予感からどうしても解放されぬことを遺憾とする」（『大阪朝日』一九二九年七月三日）とその「八方美人」的性格を手厳しく批判していた。大阪毎日の下田も、井上の従前からの金解禁への態度に加え、党外から入閣した点、さらに彼の要領の良さ、才知の人という人格的印象とがあいまって当初は井上の金解禁への取り組みの真剣さについて疑われていたと回想している[32]。

井上とは旧知の間柄であったにもかかわらず、平生も必ずしも最初から全面的に井上を信用したわけではなかった。浜口に首相の大命降下があった時点において、片岡安、平生ら大阪倶楽部有志は、民政党員中随一の財政通である若槻を蔵相に起用することを浜口、若槻に進言していた。井上の蔵相就任は平生を困惑させ、金解禁慎重論の井上が急に説を変えるとは思えないので浜口首相が金解禁の方針を変えたのかとその意図を疑った。平生はすぐに、井上に対して「御就任を祝し、一路金解禁の実行に進まんことを希望す」と電報をうち、さらに大阪自由通商協会常務理事の名で、浜口、井上に「本会は通商自由運動に御理解ある閣下が今回大臣の重任に就かれたるを聞き満腔の祝意を表す。願くは刻下我国経済界の安全を欠く根源たる金の輸出禁止に対し鋭意解禁の御準備を願ひ、一日も早く其実を挙げられんことを切望す」と、金解禁断行を促す意図を含んだ祝電を送った。ただし、平生は浜口、井上が財政の緊縮、国債整理を第一に置いていることは評価していた[33]。

このような消極的な印象も、井上が民政党に入党して覚悟を示し、また先頭に立って金解禁のための準備として早速予算の組み替えを実行して、国民的運動を起こす姿勢を示したことにより変わってゆく。

平生は、井上が十大政綱発表と同時に民政党に入党すると、「民政党と進退を共にするの覚悟を以て又真の政治家として行動すべく国家の利害を以て自ら任じ誠心誠意国家のために尽瘁するの決心」を固めたと考え、「大に満悦に堪へざるなり」と記している。平生は、井上が「今日までの如く自己の栄達のために政治又は経済界の風潮動静を利用せんとする如き態度」を取っていては国民の信望を得られないだろうと記し、この「心機一転」により、「真にこの心を以て動かすべからざる心として終始せんか、氏は尊敬すべき有力なる政治家として其終を全ふすべきか」と記している。平生は井上蔵相が国家のために己を捨てて貢献することを期待し、彼に直接会って自己の所信を述べるつもりであった[34]。

井上蔵相は浜口首相に続いて八月半ばに関西を旅行し、演説して回った。一四日には、午後から大阪商工会議所懇談会に出席し約一時間にわたり演説した後、大阪官民合同晩餐会に出席、さらに大阪毎日新聞主催の講演会において「国民経済の建直しと金解禁」と題して講演会を行った。中央公会堂で行われた講演会では雨天にもかかわらず五千人がつめかけて立錐の余地のない盛況となり、熱狂的歓迎を受けた[35]。この時の井上蔵相の関西旅行における演説は、その金解禁準備への熱意と気迫により、大衆を熱狂させていた[36]。

ただし、大阪のメディアは、一方で井上蔵相が金解禁の時期を明らかにせず、そのための準備として「緊縮」を呼びかけていることにはいらだっていた。たとえば大阪朝日の〈財界六感〉は、「金の解禁を伴わざる財政経済の緊縮は、ただ国民をして緊縮に原因する悪影響の続出と闘わしむる結果に陥り、財界に対する転機の積極的構成を誘導する動因をなすに足らぬ」（『大阪朝日』一九二九年七月二八日）と述べている。同じ朝日、毎日でも、大阪朝日、大阪毎日は東京朝日、東京日日よりも金解禁問題へのボルテージが高く、金解禁即行論を唱えていた[37]。

平生も井上蔵相が金解禁の時期を明らかにしない点に批判的であった。平生は旧知の民政党議員一宮房次郎（大分県選出）を訪問し、井上の大阪における講演は中々の盛会であったが、「如何にも隔靴掻痒の嫌ありて大阪人の期待に反するものありしを以て新聞紙なども少しく冷し気味となりたる恐あり」と伝えている。この時平生は、蔵相の「金解禁をなすも相当の準備さえ整ひあれば金流出の恐なし」との見解に触れて、現状でも金の流出を恐れる必要はなく「何を恐れて金解禁を躊躇するや」と意見を述べている[38]。

それでも積極的に金解禁と緊縮財政を支持し、むしろ井上蔵相を鞭撻するために経済更新会が結成される。その中心となったのが、平生と阿部房次郎、伊藤忠兵衛らであった。

経済更新会は、当初政党人となった井上の支持者によりその個人的な後援会として「清敬会」が企図され、その発起人が募られたことに端を発している[39]。その趣意書を読んだ平生は、井上個人の後援会は意味がなく、むしろ政府の政策を支持する政派を超えた大阪財界人の会を作ろうと考えた[40]。平生は中根貞彦日銀大阪支店長などにも相談するが、中根は立場上表には出られなかった。九月末平生は大阪倶楽部において伊藤、阿部と会合して、会の発足を決めている。この場において平生は「政党政派を超越し個人関係より離脱し現内閣が行はんとする財界建直しの経済政策に共鳴し之を支持し之を応援し又時に鞭撻を加へて其実行を促進すべき一団を造ることが機宜の処置」であるという意見を述べて、彼らの賛同を得た。また、第一に阿部、平生、安宅弥吉、片岡安、坂田幹太、喜多又蔵、高柳松一郎、村田省蔵らを発起人とすること、第二に「普通会員よりは会費を徴収せず、発起人より支出する会費と寄付金とに依る」こと、第三に「政党政派に関係あるものは除外す」ること、第四に「相当の会員募集済の上は浜口首相、井上蔵相を招きて本会設立の趣旨を公会席に於て演述して両氏の諒解を得ること」、第五に「本団体が共鳴し支持する財政々策が達成せられたるときは本団は解散す」ることを三人で決定した[41]。

平生はすぐに、村田を訪ねて協力を依頼し承諾を得た。その場において平生は経済更新会発足の意図を次のように説明している。「東京の実業家が常に権力に阿附して自己の功利欲を満足せしめんとし、時の政府に盲従するを以て得々たるが、大阪は独立自尊を以て生命とせる実業の市、町人の都として伝統的の名誉を維持せざるべからず。夫には政府の政策として、国家の福利増進のため適当と見たるものは之に共鳴し之を支持し之に援助し且鞭撻を加へ、以て大阪実業家の威信を保持することに努めざるべからず。夫には個人の後援会とか又は政府の要人を酒楼に招きて宴を張りて意見を交換する如き秘的会合や内的集団は之を避け、公然たる団体を以て公然と其主張を明かにして以て正々堂々大阪実業家の態度を示さざるべからず[42]」。「権力に阿附」する東京の財界に対抗して、独立の立場から「正々堂々大阪実業家の態度[43]」を明らかにして政府を鞭撻しようという平生の意図は、この後も繰り返し表明される。

平生、阿部、伊藤の三人が中心となったのは、第一に彼らが井上と旧知の間柄であったことによる。若い伊藤はあまり表に出ていないが、井上と平生を恩人と呼ぶほど、両者と関係が深かった[44]。伊藤は阿部とも親しく、平生と阿部を仲介する役割を担ったと思われる。阿部は、金融恐慌時における近江銀行の整理の際、井上と交渉を持って以後親交を深め信頼関係を築いていた[45]。近江銀行は、綿業界に勢力を持つ「近江商人」の機関銀行の役割を果たしていた。井上の財界世話人としての側面が、紡績業界の支持と関連があったことは否めない。

また彼らが政策的に民政党内閣のそれを、特に井上財政を支持していたのは言うまでもない。だが、積極的に政治に関わることに躊躇があった。その意味でこの会に最も積極的であったのは、平生であろう。平生は、浜口の来阪後、内閣に二、三年「真面目なる政治を行はしめ政界の腐敗を廓清せしめんとせば、民間に於て憂国の士は進んで資を募りて総選挙を後援すべし」とまで考えるようになる。平生は大阪毎日新聞社経済部長下田の招待の席で、湯川、中根、喜多、村田らにこの主張を述べたが、彼らが「一笑に付したるには意外」と記すほど、真剣に浜口内閣を支援すべきであると考えていた。[46] 平生は、井上蔵相が金解禁のための準備として節約などを説きながら、なかなか解禁の時期を明言しないことなどに批判的ではあったものの、そうであればこそ金解禁に向けて鞭撻すべきであると考えたのであろう。

もっとも会の核となる阿部ら綿業関係者と自由通商を推進する平生の関係は同志的なものではなかった。二四日の阿部邸での打ち合わせにおいて、高価な茶道具などを見せられた平生は、「何分江州商人の血を伝へたる町人の末裔とて獲利に敏にして自己満足に耽ることは免る能はざる人なれば、数十万金を費して画幅を購ひ古道具を蒐集するに熱中すれども、其幾分を割きて同胞を救済する念を生ぜざるは如何にも嘆はしきことなり」[47] と阿部の富豪ぶりを苦々しげに描いている。また綿糸関税問題を抱える紡績業界は、当初必ずしも自由通商運動に積極的ではなく、この点も影響していたであろう。平生は、紡績業者について「先見の明なくして綿糸関税の撤廃又は軽減を恐れて我々の運動に賛加せず」[48] と不満を持っていた。それでも平生と阿部の関係が破綻することはなかったが、たとえば東洋綿花の児玉と平生の関係は会の発足当初から良好ではなかった。[49]

平生は、阿部の提案にもかかわらず稲畑ら大阪財界の長老をメンバーに加えなかった。稲畑には今回の世話人は「元老格の菊池（恭三）、渡辺、稲畑、湯川、堀五氏を除て若手の人々を以てする」と説明することとした。[50] 平生は、保護主義の稲畑とでは相容れなかった。同時に、長老を外すことにより従来の中央との連絡とは一線を画するという意味合いを強調しようとした。

他方この会が民政党の政策を支持する以上、その政治性を警戒されることにもなった。たとえば平生は八代住友銀行常務にも誘いをかけるが、八代は、個人としては趣旨に賛成であるが、住友との関係で政治との関係を持つことはできないと距離を置いた[51]。平生は会の超党派的性格を強調し湯川も巻き込もうとするが、結局彼らは名前を出さなかった。

平生たちは、発起人や委員の選定を進める一方で、超党派で政府の緊縮財政、金解禁政策を支持する会をオープンにするため、趣意書、規約を定めることとした。その結果一〇月の半ばには次のような趣意書、規約を記した勧誘状を発することになった[52]。

趣意書

吾人は現下の経済国難を打破する為、財政を緊縮し国債を整理し金輸出解禁を断行し国家財政の基礎を鞏固ならしむると共に国民経済更新の途を拓かんとする現政府の政策に共鳴し万難を排して之が実現に精進せんことを以て念とし茲に同志相謀りて経済更新会を組織す。

吾人は実業界に身を置き何れの政党政派にも関係するものにあらず。随つて現政府乃至其与党と必ずしも総ての政見を同ふするものにあらず。又私交私情に依つて当局を声援せんとするものにあらず。然も敢て本会を組織し現政府の財政経済政策を是なりとして進んで之を支持せんとする所以のものは実に財政の前途に深憂を抱き時局匡救の途、他に之を求むべからざるを信ずるが為に外ならず

同憂同感の士奮つて賛同せられんことを切望す。

規約は、次のように定められた。

一、本会は経済更新会と称し事務所を大阪市北区中の嶋一丁目大阪経済会事務所内に置く。
二、本会は国家財政の緊縮と国民経済の更新を目的とし之に合致する政策を支持し其遂行を後援するものとす。
三、本会の会員は現に政党政派に関係なきものを以て組織す。
四、本会に委員若干名を置き諸般の事務を処理す。
五、本会入会者は委員の推薦に依るべきものとす。
六、本会の経費は寄附金を以て之を支弁す。

平生は、この趣意書及び規約を以てすれば、「大阪に於て特に政友会との密接なる関係ありて民政党内閣に多少といへども援助を与ふるを好まざる利権屋又は情実的関係ある人々の外は必ず賛加を躊躇せざるべきを信ず[53]」と記している。政友会関係者を除いた超党派的な井上財政の支持団体の設立が可能であると考えたのである。その後、さらに調整を加えて一〇月二六日に経済更新会の発起人が集まり、規約などが発表された。

以上設立の経緯から経済更新会の発起人や委員会のメンバーの核は、平生らの自由通商運動関係者と阿部らの綿業関係者となった。発起人には、平生と阿部のほか、田附政次郎、片岡安、弘世助太郎、安宅弥吉がなり、一〇月二六日に大阪倶楽部で開かれた委員会には、このほか岩井勝次郎、栗本勇之助、坂田幹太、喜多又蔵、上野精一、高原操、高木利太、下田将美が出席し、趣旨書、規約を発表する[54]。このうち、上野と高原は大阪朝日の、高木と下田は大阪毎日の幹部であり、彼らの参加は自由通商運動と同様に経済更新会の存在感を高めた。

この間、平生は井上蔵相と面会して経済更新会の趣旨を説明して浜口総理の来阪及び発会式への参加につき承諾を得た[55]。こうして平生たちは、一一月、経済更新会の発会式に浜口、井上を招き、政府首脳との密接な関係を示すことになる。またその直後に平生は、当時問題となっていた官吏減俸につき、井上蔵相に中止を勧告する書簡を送っている。書簡の中で平生は大阪の実業界での撤回論、大阪朝日、大阪毎日の社説などを紹介して、不人気な政策の強硬は発足する経済更新会への入会にも差し支えると意見した。平生は、官吏減俸のような「小問題」のために、大事な政策が蹉跌することを恐れた[56]。平生は経済更新会発足の準備を進める一方で、井上蔵相との連絡を密にしようとした。

一方この間、政府は、金解禁の発表を急いだ。浜口首相、井上蔵相の来阪直前の一一月二一日に、政府は翌年一月一一日に金輸出の解禁を行うと声明を発表した。同日、東京・大阪・名古屋のシンジケート団が金本位制復帰支援の声明を発表した。平生は「産業界の安定のため余等が極力断行を主張したる金解禁も愈来年一月十一日を以て決行せらるることとなりたるは実に愉快此上なき[57]」と日記に記している。

当時大蔵省財務官であった津島寿一の回想によれば、金解禁に関する政府の当初の方針は、翌年一月に実施し、同時に解禁の省令を交付するというものであったが、「世間の空気」に押されて、一一月と公表を早めていた。井上蔵相は解禁後の為替維持のための資金需要に応じるため、津島にニューヨークでのクレヂット設定交渉を早めるよう督促した[58]。経済更新会設立に至る動向も、金解禁の発表を早める「世間の空気」の一部を作っていたと言えよう。

（三）設立総会と浜口首相の来阪

声明後の二四日に井上は来阪し、経済更新会の首脳部と二七日の設立総会の打ち合わせを行った。阿部が来阪した井上、柴田善三郎大阪府知事、平生、伊藤、児玉、村田、坂田ら経済更新会の世話役を招いたのである。

二七日には浜口首相が来阪し、経済更新会の委員が出迎えた。浜口首相は旅館花屋にて彼らと引見し、「今回大阪に於ける有力なる商工業者が一団となりて経済更新会を発起し以て現政府の経済政策を支持し後援せらるることは実に大なる助力」であると謝意を述べた。

これに対して平生は、首相の来阪に謝意を述べると同時に、「本会の如き破天荒の団体が生じたる理由」について次のように述べた。「大阪に於ける商工業者は自己の実力に依り経営をなさざるべからざるように余儀なくせられあるを以て比較的根底堅実なれば金解禁に対しても之は経済立直しのため産業界の安定のため必然のものなることを覚悟し、多少の犠牲は止を得ざるものとして其断行を期望したるなり。之れ本会が殆んど商工業者の全部を網羅して成立せし理由である」。これに対して、「東京に於ける実業家の多数」は「政治に絡み政府に依頼して事業をなさんと」としているので、「たとへ現政府の政策が是なりと信ずるも反対党が之に反対の意見を有し居るを知りたる以上進んで之を支持し後援することができぬ。何となれば現内閣が倒れて反対党が朝に立ちたるときに犬糞的報復をなさんことを恐るればなり」。平生は、大阪において経済更新会が成立した理由をその経済的自立性から説明した。

この後平生はさらに保護政策、特に保護関税批判を展開し、「今日迄為政者が執りたる産業振興の政策は余りに保護に傾きたるものである。然るに現内閣に於て保護関税の整理を思立ちたることが真に機宜の処置といふべく余等の尤も喜ぶところである」と述べた。平生は約三〇分にわたり、自由通商運動と関連させながら、経済更新会の趣旨を首相に説いたのである[59]。

もっとも経済更新会においては、自由通商運動がすべて支持されていたわけではない。打ち合わせにおいて平生が関税問題を質問したいと申し出たのに対して、坂田、村田からは、説を異にする人もいるので見合わせるようにという意見があり、結局大会では質問しないことになった[60]。当日における自由通商に関する平生の浜口首相への具申は、公の場でなされたのではなかった。実際、更新会にも小畑源之助（日本ペイント）など保護主義者が存在していた。

この後大阪倶楽部において、経済更新会主催の浜口、井上の演説と質問が行われた。浜口首相の演説は、金解禁断行後も「公私経済の緊縮」の継続により、物価の低落を促して国民生活の脅威を除くと同時に、輸出の増加、輸入の抑制を図り、他方で「国民の勤倹力行」により資本の蓄積、国力培養の基礎を作る方針を継続すること、さらに産業貿易の堅実なる発展を行うために産業合理化、能率増進、国際貸借の改善、国産の奨励、交通政策の改善などを行うと述べて、最後に経済更新会の政府の政策への支持に謝意を表するものであった（「大阪経済更新会発会式での挨拶」）[61]。一方井上蔵相は、内閣成立時の在外正貨の不足、外債借換えの必要、クレヂット設定などの金解禁にこぎ着けるまでの苦労話を語り、今後は合理化、能率化による産業、輸出の振興が必要であるなどと述べた（「経済更新会設立総会演説」）[62]。その後、片岡、下田、栗本、東川、安宅、和田、前田辰之助らと井上蔵相との間で経済、産業、軍縮問題に関する質疑応答がなされた。軍縮については、更新会の名においてロンドン海軍軍縮会議に出席する若槻全権に激励の電報を送った（『大阪毎日』一九二九年一一月二八日）。

かくして経済更新会の設立総会は大盛況のうちに進行した[63]。浜口首相自身、日記において、「出席者三百余名、非常破天荒の盛会」の中で井上蔵相とともに一場の講演をなしたとその感銘を記している[64]。

この後井上蔵相の関西銀行大会のための来阪に併せて経済更新会の大会が毎年一一月に開催された[65]。そのほかにも井上蔵相の来阪の際には経済更新会の懇談会などが開かれ、また平生をはじめ関係者による東京への井上訪問が頻繁になる。

第三節　関税審議会をめぐる攻防

(一) 金解禁と国際収支：井上蔵相と経済更新会の相違点

このように井上蔵相を中心とする金解禁政策、緊縮財政を支援する団体として成立した経済更新会であるが、浜口首相や井上蔵相が為替の均衡を念頭に国産品愛用や消費節約を説いていたことには異論が強かった。

〈財界六感〉は「私には蔵相が、国産品を愛用しさえすれば、堂々と外国品と競争出来るといっているその意味が解らない。割安の外国品がある以上、割高な国産品で競争出来るということは、われわれの常識の許さぬところである」（『大阪朝日』一九二九年八月二三日）と述べている。批判の背景には関税審議会で金解禁対策として、保護関税が取りざたされていたことがあった。

阿部邸における打ち合わせにおいても、井上の消費節約論に対して坂田や村田は、「余り消費節約の薬が利きすぎて萎縮退嬰に陥り為めに産業の振興を妨害するの恐あれば、此点に留意せられたし」と反論気味に注意を喚起した。これに対して平生は「人の噂も七十五日過ぐれば又々心緩みて消費節約を忘却するに至り切角の緊張味を失ふ恐あれば、政府としてはどこまでも消費節約の要を説くと共に力行を奨励して以て産業の振興を計るといふことにしたし。……緊縮は緊張を意味する一種の忍耐なれば、之はどこまでも手を緩めざらんことを希望す」と井上を支持して仲裁に入っている。[66] 二七日の総会における井上との質疑応答でも消費節約への疑問が会員から出ていた。政府の財政緊縮を支持しても、国民に「消費節約」を求めることは不況を悪化させるだけであるとの見方は強かった。

政府と大阪側の認識の食い違いの原因の一つは、金本位制を実施する立場にあった政府側の国際収支への配慮から来ていた。

この点について、一〇月末に英国大使館のサンソム商務参事官（Sir George Bailey Sansom）が井上蔵相と会見した際の報告から検討する。[67] 金解禁の問題点が簡潔に指摘され、それに対する井上の見方が表れている。そこで特に問題にされているのは、国際収支の赤字と正貨の流出の問題であった。

サンソムが、金解禁政策の持続には、約一億五千万円の国際収支の赤字が障害になることを指摘したのに対し、井上は日本の経済規模に不釣り合いな数字ではないとしつつ同意した。さらにそのために海外からの輸入を減らす必要があるのではないかとのサンソムの問いに対し、井上は現内閣の緊縮政策を知る輸入業者は海外への注文を抑制し減らしているために、現在若干の黒字になっていると答えている。さらにサンソムは緊縮予算の抑制効果は一時的なものではないかと追及しつつ、輸入減少政策の一部として関税の変更を考えているのかと問うた。井上は産業保護の目的で関税引き上げを行うことには反対であると述べる一方で、英国の緊急輸入措置法（Safeguarding Act）のような、議会に諮ることなしにある種の関税の変更を行う権限を政府に与えるアンチダンピング法については考慮の余地があることを示唆した。

金解禁を実施するために国際収支の赤字の解消が必要であるとの認識は、サンソムと井上蔵相との間で共有されていた。しかし輸出の急増が望めない現状では、貿易収支を黒字化するためには輸入を抑えなければならない。井上は関税による輸入抑制を否定しているが、なんらかの方法で国際収支のバランスを取ることを重視している。一つは、消費の抑制である。政府支出、国民の消費支出の抑制が彼の念頭にあった。また井上は一般的な関税引き上げを否定しつつも、緊急時に関税を引き上げる権限を政府に与える一種の伸縮関税の導入をほのめかした。

大阪財界は政府の緊縮財政には拍手を送りながら、国民の消費を抑える考えには異論が強かった。また、自由通商運動の観点から、伸縮関税のような形式であっても関税引き上げにつながる制度の導入には、強い反対があった。この点につき、次に関税審議会の動向を見てゆく。

（二）関税審議会と自由通商運動

浜口内閣は成立直後の一九二九年八月に社会政策審議会、国際貸借審議会と並ぶ三大審議会の一つとして「関税審議会」を設け、六ヶ月以内に答申を出すとした。内閣首脳部の関税問題を重視する姿勢を示したものであった。[68]

自ら会長に就任した浜口は第一回の総会（八月九日）において「産業保護政策を適当に整理するの方針を以て現行関税制度を一応慎重に見直すべき時期ではないかと思ふのであります」と挨拶し、関税の整理に比重を置くことを示唆した。委員の顔ぶれは、幣原喜重郎（外務）、井上準之助（大蔵）、町田忠治（農林）、俵孫一（商工）の四大臣のほか貴族院から斯波忠三郎、大橋新太郎、衆議院（民政党）から小山松寿、武内作平、棚瀬軍之佐、飯塚春太郎、民間から志立鉄次郎、児玉一造（東洋棉花会長）、堀越善重郎（絹織物輸出商）、三宅川百太郎（三菱商事会長）、安川雄之助（東洋レーヨン会長）の五名、計一五名が任命された。このうち志立、斯波、安川は自由通商運動の発起人であるが、大橋など保護貿易論者も入っていた。

自由通商主義の考え方は、立憲民政党結党時の政綱には表れていないが、民政党首脳部にかなり浸透していたと考えられる。すでに言及したように一九二八年九月、浜口総裁は、度の過ぎた「補助政策の弊害」を是正する観点から、財政整理と同様に自由通商主義の精神が必要であると述べていた。ただし「吾人は直ちに絶対自由貿易主義を主張せんとするものではない」と留保をつけ、個々の関税問題は政務調査会での研究を待ちたいとも述べていた[69]。時事新報は、この演説を民政党の「自由主義への転向」を示すものと論じていた（「新内閣の財政経済政策」『時事新報』一九二九年七月四日）[70]。また幣原外相も「我国に於ても事情の許す限り、経済上の鎖国主義を棄て、列國との間に相互の利益を進むる基礎の上に、海外貿易の発展を期して、全力を之に挙げなければなりませぬ」（一九三〇年一月二一日衆議院での演説）と通商による国家発展の見通しを述べた。

しかしながら、審議の流れは必ずしも、関税低下、自由通商に一方的に方向付けられたものにはならなかった。関税審議会の諮問第一号は、「我国現行関税中には徒に過当なる保護を持続し又はすでに其の必要を失ひたるに拘はらす尚之を改訂せさるものなきや之に対する改正の方針如何」と過当な保護や不要な保護関税はないかと諮問し、諮問第二号では「金輸出解禁に際し関税政策上考慮すへき事項如何」と金輸出解禁に伴う関税措置を問うていた。諮問第一号が関税低下、自由通商に沿う諮問であるのに対して、諮問第二号は、金解禁政策による実質上の為替引き上げによって打撃を受ける産業を関税で保護するニュアンスを含んでいたのである。志立は、通商自由の趣旨に沿って設けられたはずの関税審議会において、特に紡績業者と綿織物業者、鉄鋼業者と銑鉄業者、製糖業者と製菓業者らはその「利害関係が深刻且複雑」であり、業者間の対立が激しかったと述べている[71]。

この審議の動向に自由通商運動が強い関心を持ったのは当然であった。自由通商協会は、関税審議会の一般方針に関して、関税審議会における議事の内容の公表、自由通商主義の樹立を求める決議を行った。議事の公表を求めたのは、「政府が任命せる委員中にはこの会議が秘密にして公開せられざるを好機として利己的主張をなして不公正なる意見が勝を制するの恐なしと」しなかったからである。[72] 関税審議会の議事の公表は、すぐに受け入れられた。

審議会が諮問の検討に入ると、自由通商協会は、志立と連絡を取り、また見解を公表しつつ、さらに井上蔵相に直接意見具申を行って運動を進めてゆくことになる。他方志立も、審議の動向につき平生などと情報交換を行い、[73] 大阪自由通商協会のメンバーからも業界の事情を聴取して対策を立てていた。[74]

（三）諮問第一号と綿糸関税問題

まず諮問一号に関して、具体的には、綿糸、生糸、牛肉、石油採掘用鉄管、高粱、セメントの関税引き下げ、撤廃が議題とされた。特に綿糸、生糸、牛肉関税に関する議論が紛糾した。その結果、綿糸、生糸関税については、部分的引き下げにとどまった。

ここでは大阪経済に関係の深い綿糸関税撤廃問題をとりあげる。綿糸関税については、従来からしばしば問題となっており、関税撤廃を主張する綿織物業界（日本輸出莫大小工業組合連合会など）と据え置きを主張する紡績業界（紡績連合会）の利害が対立していた。[75] 審議会でも、日本の紡績業はすでに高度の発展を遂げているので保護は不要であるなどとして全廃論が志立、斯波から主張されたのに対して、中国糸の輸入急増による混乱などを危惧する据え置き論が児玉委員から主張された。結果的には、民政党の武内委員から関税の部分的（三割五分）引き下げ案が提出されて、妥協が図られた。

審議会において志立らが綿糸関税全廃論を主張していることから分かるように、自由通商協会においては、全廃論は強かった。平生も、「支那糸の流入などを恐れる前にまづ自分達の経営方法を世界的にして見るがよい。合理化するの必要を会得するがよい」などと全廃論を支持していた[76]。

綿糸関税を全廃してもその影響は大きくないのではないかという議論は、綿業界を知悉していた伊藤竹之助（伊藤忠商事専務、大阪自由通商協会理事）も「綿糸関税撤廃賛否両論」（『自由通商』第二巻第一〇号、一九二九年）において述べていた。しかし他方で伊藤は結論を出すことは避け、自由通商協会が、両者の言い分を聞いて公平な判断を下す必要があると結論づけている。実は大阪自由通商協会でも、綿糸関税問題については、議論が紛糾していた。高野岩三郎などは、綿糸関税は無産大衆を収奪する関税であるとして全廃論に固執したが、全体の議論は関税軽減論に落ち着いた。自由通商主義の観点からは、綿糸関税は「主義としては之を撤廃す可き」ものではあるが、「今や紡績業に於ても深夜業廃止実行直後にあり金解禁実行の時機必迫し」ており、「支那との通商条約改訂の期も到来しつつあるを以て暫定的に其税率を軽減することを以て機宜に適する処置として之を公表することに決」した[77]。自由通商協会も、すべての関税の撤廃を主張していたのではなく、また大阪において有力な勢力である紡績業者の主張を無視するわけにもいかなかった。

このように綿業界内部、また自由通商運動と紡績業界の間には、綿糸関税をめぐって緊張関係が存在した。しかし、決定的な対立には至らず、妥協によって関税軽減がなされたことにより、両者の対立要因が緩和された。

（四）諮問第二号と付加関税問題

自由通商運動にとっては、金解禁に伴う対策に関する諮問第二号の方が問題は大きかった。不況に苦しむ鉄鋼業界などの要求を背景に、金解禁の打撃を保護関税によって救済する意図があるのではないかと疑われたからである。鉄鋼業界は、再び関税引き上げの動きを強めていた。井上蔵相も為替対策から輸入防遏に動くのではないかという懸念も存在した。〈財界六感〉は、「井上蔵相が、声明中の金解禁時期について説明したところによると、物価低落、輸入減退の大勢が現われて来てこそ、為替が騰り、金解禁が出来るのだとある。果してしからば、金解禁を考慮に入れての関税改正とは、専ら輸入防遏を目標としたものだということになりはせぬか」（『大阪朝日』一九二九年七月一一日）と警戒感を示していた。

蔵相の真意を懸念した平生は、八月の大阪経済会において井上に「為替高騰のため外国輸入品が廉価となり内地品を圧迫するため生ずる打撃を関税に依り救済又は緩和せんと意あるが如く暗示するにあらざるか」と諮問第二号の意図を質問している。これに対して井上は「かかる保護を要する大なる産業なしと思ふが或はこの為替の差が消滅するため其産業が廃滅に帰すべくしかも其産業は日本のため有益なるものといふ如き小さな事業でもなきやを実業家の集団たる審議会に諮問せし訳なり」と答えて、平生を安心させた[78]。

しかし実際の審議会における井上の態度はかなり曖昧で、志立、斯波は、井上が平生に語ったことと実際はかなり違うと感じていた[79]。

懸念された通り諮問第二号に対する答申として政府に付加関税を課す権限を与える案が、審議会に提出された。第六回特別委員会（一〇月四日開催）において安川委員から、「重要産業中今尚発達の道程に在るもの」で「金解禁の為輸入品の価格低落に因り危害を被る虞あるものに対して」従価一割の範囲内で期限付きの付加関税を課す権限を政府に与える、という案が提出されたのである。安川は、付加関税対象品目として、鉄、硫安、石灰窒素、化学肥料、鋼、人造絹糸、染料を挙げた。

これに対し、志立、斯波が自由通商の立場から、金輸出解禁に際し関税上考慮すべき事項はないとする案を出した。理由として、金輸出解禁に際し、関税政策により「特殊の産業を保護する」ことは不可であるとしていた。ことに、政府に期限付きの付加関税を付与する案に対しては、その永続化の危険、「国法上の重大問題」を金解禁に対する一時的対策として実行することは適当でない、として反対した。

一方、武内委員から発動の条件を安川案よりも厳しくする案が出され、これが第八回特別委員会（一〇月一九日開催）において多数を得て採決された。与党出身委員である武内は、中間的な案を出すことによって事態を収拾しようとしたのであろう。この案は「我国の為替相場は数年引続き低落したるために之によりて産業の発達したるものあるべく而して発生後尚日浅き為めに金輸出解禁の暁に於て輸入品の価格低落に因り当該産業が危害を被むる場合には政府は当該輸入品が有税品たると無税品たるとを問はず相当の範囲内に於て一定の期限を付したる付加関税を課するの権限を政府に対し付与するは最も適当なる方策と認む。仍て之に関する法律案を次期帝国議会に提出せられんことを望む」というもので、対象を金解禁以前の為替低落期に発生した産業に限定し、かつ実際に輸入品の低落により「危害」を被る場合に発動できるという案であった。

しかし発動の条件を厳しくしたといっても関税引き上げに関する権限を政府に委譲する以上、業者の圧力により濫用される危険は存在した。自由通商協会は、特別委員会の付加関税法案への反対運動を開始する。[80]

一〇月二八日には大阪自由通商協会、神戸自由通商協会が反対決議を行い、関税審議会にその内容を送付した。大阪自由通商協会は反対理由として、次の三点を挙げていた。第一に「関税審議会設置の目的は開会劈頭に於ける首相の挨拶中にもあるが如く関税政策に関する根本方針として保護政策の整理を攻究するにあるべし。然るに右決議案は保護政策の促進にして如何なる意味に於ても整理と解する能はず。是れ関税審議会設置の趣旨に逆行するものなり」と決議が関税審議会の趣旨と異なることを挙げている。第二に「金解禁に因りて特殊産業が危害を被むるとせば、之れが救済は必ずしも関税に因らずとも他に方法あるべし。然るに其産業が果して関税による保護に値すべきや否やを究めずして包括的に課税の権限を政府に一任するが如きは本末顛倒の甚しきものなり」、また「殊に金解禁の影響は一般的なるに、特殊産業に対してのみ関税を以て之れが影響を緩和せむとするは、社会全般の利益を無視し一部業者にのみ不当の恩恵を与ふるものなり」と特殊産業保護のために乱用される危険があることを挙げている。第三に「関税政策は内消費者の立場を考へ外貿易の奨励を目標とせざるべからず。然るに関税審議会特別委員会の決議案は全く此目標に逆行するものなり」と消費者の利益に反し、また貿易の奨励など関税政策の趣旨に反することを挙げている。[81]

政府への権限付与が政府と結びついた一部の産業にのみ関税保護の恩恵を与える結果に対する懸念が反対の強い動機をなしていた。なぜ関税整理を目的とした審議会で、保護関税への傾きのある決議がなされたのか、また東京自由通商協会の理事である安川が関税引き上げに直結する案を提起したのか。平生は、その理由を保護を必要とする業界を抱える財閥中心の東京財界のあり方に求めた。平生は、各務を中心とする私的な昼食会において、次のような観察を披露している。三井物産の安川、三菱商事の三宅川、東洋棉花の児玉らは「皆貿易に従事せる会社の主脳者」であるので「関税引下に賛成するならんとの意向を以て委員に任命せしものならん」。しかし彼らは「三井、三菱といふ大木の一枝に」すぎず、「三井、三菱が経営する他の事業が保護を要すること大なりとせば自己の意に反しても保護政策を賛成せざるべからざる位置にある人々」であるので、「如此き奇現象を呈するは止を得ず」。平生は、安川の言動を「東京に於ける財界の人々が独立せる基礎を有せず、他力に頼りて世に立てる事を証するものにあらずや」と痛烈に批評し、「福沢先生は常に独立自尊を説き終始一貫其主義を自己の行動に依りて表明せる人なり。而して東京に於ける実業界の領袖中には其門弟たる人々も少なからざるに其点に於ては上方贅六と蔑られ上方町人と蔑られたる大阪人に劣ること著明なるは如何」と保護主義的な東京財界を福沢諭吉の独立精神を失ったものとして痛罵した。さらにその場にいた東邦電力社長松永安左衛門に「平生氏の如き正々堂々の意見を自由に吐露し得る人が東京に来りて東京の実業家を educate しては如何」と挑発されると、平生はそのような徒労をなすよりも「実力主義を以て各其業を励みつつある関西実業家を連衡して保護主義、他力主義に依りて不義の富貴に耽り居れる東京実業家をして自ら倒れしむるの策を講ずることが実業界廓清のため捷径なりと思ふ」と応じた[82]。平生がここまで極言し得たのは、私的な集まりであること、松永もむしろ自由通商運動に好意的であったためであろうが、そこには端的に実力主義の関西の実業界を「連衡」して、「不義の富貴に耽り居れる」東京の実業家を粛正するという彼の考えが表れている。

このような自由通商協会の反対運動にもかかわらず、審議会の総会（一一月二一日開催）でも政府に付加関税の権限を与える武内案が採択された。賛成したのが、武内、安川、三宅川、町田、反対は志立、斯波の二名であった。

関税審議会で決議された事項が実効性を持つためには、議会の承認を経る必要があった。次に問題になるのは政府が決議を法案化して議会に提出するかどうかであった。

（五）井上蔵相の対応と付加関税法案の帰趨

当初政府は付加関税法案を次の議会に提出する準備を進めていた。井上蔵相は関税審議会の答申の直後に「その範囲が非常に局限されているからこの程度の関税引上権を金解禁という異常の場合に限り政府に一任することは自分としては賛成であるから答申の暁にはその実現に努むる考えである」（『大阪毎日』一九二九年一〇月二〇日）と述べていた。翌年早々には「関税引上げ権の政府委任案成る」（『東京朝日』一九三〇年一月一七日）と報じられている。

これに対して自由通商協会は、総選挙を利用して、運動と政府に働きかけを行った。二月、自由通商協会は、自由通商に関する「宣言」と「声明」を発すると同時に、総会を開いて井上蔵相の出席を要請したのである。

大阪、神戸、京都の自由通商協会は二月四日、総選挙に対する自由通商の「宣言」と「声明」を発し、全国の候補者に送った（「総選挙の対策に関する大阪、京都、神戸各協会に関する決議」『自由通商』第三巻第一号、一九三〇年、一三～一三頁）。この「宣言」では「一、製造工業を盛んにするがため原料品に対する輸入税を全廃又は軽減すること　二、国民の生活費を減ずるがため生活必需品に対する輸入税を全廃又は軽減すること　三、通商貿易の円滑を期するがため国際間に於ける関税の引下をはかり、其の第一著手として関税休日協約を成立せしむること」と産業振興、国民負担の軽減、国際協調の観点から自由通商の原則と当面の課題を述べていた。

さらに大内兵衛、高柳らが原案作成に関与した「声明」は、産業政策、社会問題両面に対する対策として自由通商が必要であることを強調していた。声明は、歴史的経緯から不要な関税が多数存在し、そのため「昔は育成の目的で作られたものであっても、今はカルテル関税となって全く特権的保護の意味しかないものが多い。これは要するに消費者の貢税において生産者が安逸をむさぼっているのである」と主張していた。しかもそれらの国際的競争において「発奮の動機を欠くものであるから遂には現在の優越を失い易い。試みに問う紡績製品は如何、織物は如何、而してビールは如何、砂糖は如何、鉄鋼は如何」と関税保護の産業政策上の弊害を強調していた。また声明は「社会問題として自由通商問題」を強調し、「見よ！　日本における一般民衆の生活必需品に対する関税乃至消費税が如何に多く且つ重いかを。そしてまたそれより来る代用品の高価、カルテル価格の維持による物価下落の抑止等が如何に労働者農民、俸給生活者、中小商工業者の生活を圧迫しているかを。酒類は如何、煙草は如何、砂糖は如何、肉類は如何、小麦は如何、小麦粉は如何、米は如何、缶詰類は如何、文房具は如何、木材は如何、すべてこれ等の日用品に対しては、其価格の下落を阻止すべく関税が作用しているではないか、しかもこの多数消費者より徴収せらるる貢税が誰に与えられつつあるかと云えばそれは少数の生産者に対してである」と訴えた。声明はその上で、関税審議会に現れた保護主義の動向を批判していた。そこでは金解禁後の経済危機の中では、保護主義の台頭を促進しやすい、なぜなら「保護によってその命脈を繋いで来た産業はまた保護によって其の苦痛を免んとするからである」と述べ、「見よ！　関税審議会の成績を。その大切なる会議はただ徒に金解禁の打撃をおそれる自信なき企業家の陳情者の堆積の内に無為にして終り、其本来の使命であるべき自由通商主義の如きは遂に実現せらるるに至らなかったではないか」と業界の圧力により、関税審議会が不振に終わったと結論づけた。

声明文において、「社会問題」と関税との関連が強調されているのは、高野、大内の影響によるものであった。自由通商協会内部においては、その社会政策的意義をどの程度強調するのかについては、意見の対立が存在し、原案作成過程でそれが現れた。「声明」の原案は高野の提案により、当初東京帝国大学経済学部教授の大内に委嘱された。ところが、理事会では大内案が「余りに長文にして且其文意は無産派の宣言の如く単に社会政策否無産者に及ぼす影響にのみ拘泥し」ていることが問題になり、いったんは高柳に改めて依頼することになった。[83]平生の目から見ても大内案は「余りに無産派の立場のみより立論して経済方面否企業家方面を無視したるもの」で「大阪自由通商協会の声明書としては誤解を招き易き嫌なきにあらず」と感じられるものであった。だが高野が大内の原稿を全く廃棄するのは礼を失すると主張し、結局大内と高柳の両案を朝日の和田が折衷することになった[84]。この和田の折衷案をもとに、「声明」が作成された[85]。なお、大内は、不振の東京自由通商協会を立て直すための新理事候補者の一人に挙げられていた（ほかは松永安左衛門、宮島清次郎、池田成彬）[86]。自由通商運動において、高野の影響力は理念のレベルでは小さくなかった。

自由通商協会が関税審議会批判を展開する中、来阪した井上蔵相は、経済更新会に出席した翌日、自由通商協会臨時総会にも出席した（二月七日）。そこで平生は、挨拶の中で、諮問第二号の答申に触れ、「是等附加関税に依り自己の損失を免れんとする連中即ち鉄鋼、材木、石油、人造肥料、混合肥料原料、人造絹糸及一般化学製品の製造家は大に政府に運動して成功せんと努力しつつあると聞くが之に対する政府の腹案如何」と詰問し、さらに「浜口総理の施政方針の演舌にも井上大蔵大臣の挨拶にも自由通商の文句は其影を潜めたるのみならず其精神の所在さえ朧気にも見る」ことができないが、我々の関税政策について井上蔵相の意見を聞きたいと述べた[87]。平生の挨拶は民政党内閣は本当に自由通商を政策の方針とするのかという詰問的質問であった。

これに対して井上蔵相は、「我々は無用な関税はサッサと除いて行かう、又国民の生活費に直接影響するやうなものに付いては成るだけ之を安くするやうに関税を減免しやう」という考えだと関税低下を政策とすることを肯定し、他方で第二号問題については、「大正十年後に出てきたやうな品物で、四分乃至六分の保護関税がある為に発達したけれども、まだ僅かの年限であって、十分に健全な発達を遂げて居ないものが、金解禁の為に打撃を被って潰れるやうなことがないのか」と条件を厳しく限定しているのであって、そのような製品の名前は出てこなかったと答えた（「関税政策に対する井上大蔵大臣演説」『自由通商』第三巻第二号、一九三〇年、二～六頁）。

実質的に諮問第二号の趣旨に沿って保護に値する製品はないという井上の答弁は、平生たちを喜ばせた。二月における井上の来阪は、選挙戦の一環であった。その中で、関税審議会の答申を強く批判している自由通商協会の臨時総会にあえて井上が出席する以上、その意に反する結論を表明することはあり得なかったであろう。

結局、選挙後四月に開かれた特別議会に、大蔵省はこの付加関税を法案化して提出することはなかった。

その後井上蔵相は同年五月に開かれた大阪自由通商協会の総会にも出席した。そこで平生は、政府が付加関税法案を提出しなかったのは、井上蔵相の尽力のおかげであり、次の議会にも提出しないことを望むと述べ、また「現内閣は決して保護主義ではないと云ふことは全く明らかであります」と挨拶したのに対して、蔵相は「あの決議の如き必要を更に認めなかった」から特別議会に提出しなかったのであり、次の議会についても同様であると答弁した（「井上大蔵大臣演説」「平生常務理事挨拶」『自由通商』第三巻第六号、一九三〇年）。

井上蔵相がわざわざ二度も大阪で開かれた自由通商協会の会合に出席して、ほぼその意に沿う報告を行っていることの意味は大きい。井上は、自由通商協会の動向を重視していたのである。

第四節　経済更新会による選挙支援と金解禁支持再声明

（一）総選挙への支援

井上が大阪を中心とする自由通商運動に配慮をした背景には、総選挙に対する経済更新会からの支援への期待があった。

一方経済更新会の幹部の間では、金解禁実施後の対応について意見が分かれていた。

一九二九年一二月阿部、田附、伊藤、中根、村田、坂田、平生ら経済更新会の設立に中心的な役割を果たしたメンバーが集まって会合が開かれた。今後については金解禁後の成り行きを見て動くことが多数意見を占めたが、村田は、金解禁後の混乱を回避するために「政府に向つて金解禁の結果が多少はつきりするまで議会の解散を猶予すべく注告しては如何」と意見を述べた。これに対し平生は、金解禁に対する行きすぎた恐怖があるのは事実だが、単に総選挙を延期しても「この大勢を挽回する能はず」、むしろ「一日も早く機会を捉へて解散を断行し以て自己の位地を確め国民の信任を得ざるべからず」と、早期解散総選挙の自説を展開した。また村田は、一月一一日の金輸出解禁とともに経済更新会を解散する意見を述べたが、これに対する賛成者はなかった。平生は、会の解散は「政友会と脈絡を通ずる児玉一造氏も口にするところ」だが、村田も「御大中橋氏に意を含められたるにあらざるか」と推測している。[88] 三井物産出身の児玉は政友会の山本条太郎などとの、大阪商船の村田は中橋との関係が推測されるのは自然であった。[89] いずれにしても、総選挙を前に経済更新会の民政党支持が露わになることに対して、躊躇する声があったことは間違いない。

金解禁後もあくまで経済更新会を維持する意向であった平生たちにとっても、資金援助を含めた選挙への対応は難しかった。一二月に開かれた会の帰途、阿部から、もし議会が解散された時は「更新会中の有志は金銭を以て井上氏否民政党を援助すべきや」と意見を打診されて、平生は「多少とも何かの形式を以て助力する」考えであるが、「之は尤も秘密を要するものにして決して多数の会員に disclose すべきことにあらず。故に解散が現実となるまでは他言せざるに如かず」と告げた。民政党に資金援助を行うとしても公にはできないことは、阿部も同感であった。[90]

実際、翌年一月実際に議会が解散され選挙戦が活発化すると、平生たちも対応を迫られた。二月には、経済更新会は井上蔵相を招いて演説会を行った。井上の来阪は名古屋から関西方面における選挙応援の一環であった。[91] この時、経済更新会における事前打ち合わせに際して平生の「我々現内閣が宣明せる財界救治の根本方針に共鳴し之を支持後援するの目的を以て本会を組織せる以上現内閣の存続を希望せざるを得ず」など民政党支持を明確に述べる文言を含む挨拶原稿に対し、片岡安は「民政党を助勢するが如き意見は絶対に之を避」けるよう主張し、結局それらの文言を削ることになった。民政党幹部片岡直温の嗣子であった片岡安の方が、「商船系に属し日本棉花喜多氏の一派」の如きは「政友会と相通じて更新会の解散を希望し百方画策」しているので、刺激しないよう主張したのである[92]。このやりとりからは、大阪における「商船系」すなわち政友会の重鎮となっていた中橋の影響力がまだ無視できなかったことがうかがえる。もっとも、井上の来阪が選挙活動の一環であることは状況からして明らかであり、露骨な支持表明は不要であったであろう。後日井上は、この件に関して平生の挨拶が「真に何等政治的色彩なかりしを以て自分としても大に答弁し易かりし」と述べた[93]。

また井上の経済更新会への期待は、やはり単なるモラルサポートの獲得だけではなかった。一月半ば井上は解散選挙に際して、資金集めを経済更新会に期待し、平生にそれを依頼した。井上の私邸における会談において、平生は、金解禁断行、経済界の建直しへの支持がこの会組織の趣旨であるので、それを実行する民政党に財政的援助をなすことが当然であるが、公然とこれを更新会に図れば、「政友系又はかかる資金の拠出を好まざる人々」のために解散に至る可能性があるので、経済更新会はモラルサポートにとどめ、拠金は別問題として取り扱うのが機宜であり、ついては阿部と相談すると答えている[94]。かくして平生たちは、経済更新会とは別に資金を集めることになった。

平生は、井上が過大な期待を抱いているのではないかと危惧しつつ、伊藤、阿部と相談して資金集めにかかった。彼らは大阪の資産家二〇名ほどをピックアップして、一人一万円ずつを手分けして集める計画を立てたが、資金集めは予想通り難航した。たとえば、平生自身が依頼した武居綾蔵（内外綿頭取）、武田長兵衛（武田長兵衛商店当主）、岸本吉左衛門（岸本商店社長）、片岡直方（大阪瓦斯会長）などからは、政治不関与の家訓を理由に謝絶されるか、半額に値切られるか、居留守を使われるなどしていた[95]。一月末、集まった金を伊藤を通じて井上のもとに送る際、平生は「経済更新会の名簿に依り再調をなしたるも、とても多額の金が集めらるる見込みなきことは明白となれり。若し井上、浜口氏にして大阪に於て多額の金員が拠集可能と考へ居るに於ては案外と思ふ[96]」と記している。阿部ら紡績業側は相当の資金を用意できた可能性があるが、平生のもとに集まった拠金は十分ではなかったようである。

結果的に二月二〇日の第一七回総選挙においては、政友会の一七四議席に対し、民政党は二七三議席を獲得し圧勝した。特に、大阪では民政党一四議席に対して政友会四議席と大差がついた[97]。

この選挙戦において、経済更新会全体としては、露骨な民政党支持を表明することは困難であったものの、井上財政への支持表明を通じてモラルサポートを行うと同時に、核となるメンバーは井上の要請に応じて金額の多寡はともかく拠金を行った。経済更新会と井上蔵相を通じた民政党内閣との関係は強化されたと言って良い。

このことから、井上が審議会の答申に従って付加関税法案を立法化しなかった理由も明らかであろう。総選挙において実質的に民政党を支援した経済更新会、自由通商運動に対して、井上は配慮せざるを得なかったのである。

(二) 金解禁支持の再声明

浜口内閣は金解禁を行い選挙でも勝利を収めたが、一方で世界恐慌が日本経済を飲み込んでゆく速度は急速であり、一九三〇年半ばからは株価の暴落と悲観論が経済界を覆っていった。

阪神地方でも世界恐慌による打撃は大きく、一九二九年から三一年までの間に、大阪市の工業生産額は一二億五六〇〇万円から八億五四〇〇万円へと三二%の減少を見ることになった。特に中小企業への打撃は極めて大きかった[98]。大手の紡績業においても、中国・インド向けの輸出が激減し大きな打撃を受けた。温情主義で知られた鐘紡でも賃金の切り下げをきっかけとして一九三〇年四月に大争議が起こっていた。また不振に陥った大阪合同紡績は、東洋紡績に吸収された。

それとともに内閣が行った旧平価による金解禁を批判する金輸出再禁止論、新平価解禁論が台頭してくる。特に石橋湛山、高橋亀吉らの新平価解禁論は論壇を賑わした。関西でも国民同志会（実業同志会の後身）を率いる武藤が、かつての旧平価解禁論から新平価解禁論支持に転じて、議会の内外で井上蔵相を激しく非難していた。

金輸出再禁止、新平価解禁論の台頭に対抗して、一〇月九日経済更新会は旧平価による金解禁政策への支持を改めて行った（『大阪朝日』一九三〇年一〇月一〇日）。決議の中で「金解禁が深刻なる経済界窮境の主因なるかの如き説を宣伝するものあり、また一部の論者は金輸出再禁止論並に新平価解禁論を提唱して世人を迷わしている、思うに今日我財界の憂は実態以下にこれを悲観して徒らに財界撹乱者の乗ずるところとなりつつある点にある、新平価解禁論の如き、解禁前の問題としてならば或は一顧の価値なきを保せずといえども、既に解禁を実行したる今日、改めてこれを提唱するが如きは、徒に物価の混乱を招き、国際経済の常理を無視するの僻論であって、財界の恒久的安定を図るの所以ではない」と述べられているように、それは新平価解禁論を批判し井上財政を擁護することを目的としていた。また後半では軍縮による民力休養の主張を行っている。決議にあたって平生が述べているように、不況の原因は世界的な「アメリカの不況による糸価の下落と銀の暴落による綿業の不振」がその主な原因であって、現行の金解禁政策の変更は混乱をもたらすだけであるというのが経済更新会の主張であった。

決議の動機は、平生によれば、「近来株券暴落のため窮境に陥れる実業家の巨頭連中が何とかしてこの苦境より脱して一時の急を救はんとして、実業界の一部と操觚界の一部に高唱せらる、金輸出再禁止、新平価解禁論に共鳴して其実現を希望するの余種々の流言蜚語を発ち、反対党と共謀してこの宣伝に力めつゝある」状況の中で、外国銀行によるドル買いが生じ、また「武藤氏の如きは公開演説会を開きて頻りに愚民を煽動する如き態度」に出ているので、これを「抑制鎮撫するの必要あり」と判断したからであった。[99]武藤の激しい井上批判は経済更新会をも刺激し、平生たちは経済界の動揺を「鎮撫する」必要があると判断していた。

この金解禁を支持する再声明案は一〇〇名以上を集めた経済更新会の総会において満場一致で採択された。それにもかかわらず、潜在的には疑念が募りつつあったと思われる。決議の数日前経済更新会の委員に声明案を諮った時、村田は、委員会で決定されたものに反対はしないとしながら、新平価解禁論は「立派なる authority にして之に賛意を表せるものも」あるので、「十分の研究をなさずして単に新聞記者や学者の如き実業に無関心なる人々や、保険会社や信託会社の如き影響少なき人々の考のみにて判断することは、軽率の嫌なきにあらず」と述べていた。[100]

政友会の代議士（渡辺修）からは、審議の中で経済更新会は民政党の政策全体を支持するのか、消費節約論に賛成するのかなど、辛辣な質問が出ていた[101]。

武藤は、東洋経済新報においてこの決議について「経済更新会は景気が良くなると井上蔵相が言はれたから、集まったのである。今のやうな経済更新には不賛成の連中が大多数であって、会員中には経済更新を、内閣更新と改めたが良いと言ふものすらあると聞く。それでも表面ではあのような決議が出来るのである」（「銀行家の見たる金出再禁止及び平価切下論」『東洋経済新報』一九三〇年一一月一日[102]）と述べて、実際には経済更新会中でも不賛成の者が多数であると皮肉った。

それでも、この時点では禁輸出再禁止・新平価解禁論の影響は限られていた。〈財界六感〉は禁輸出再禁止・新平価解禁論を批判して「今や緊縮による事業整理の実漸く挙らんとするに当り、故らに財界の動揺を招き、人心の不安を助長せしめるような議論を持出す必要が一体どこにあるのだ。私は、東京人の躍起振りに対し、大阪人が殆ど黙殺的態度を持しているのを、極めて賢明であり実際的であると評したい」（『大阪朝日』一九三〇年一〇月一六日）と論じていた。

平生は後日井上蔵相に経済更新会の決議の模様を報告して「大阪にても株式下落のため迷惑せる人多少あるが、大等の人々は表面こそ新平価解禁論を高唱せざるも、内心はこの事あれかしと念ずるものなきにあらざればこの決議は決して無駄なりとは思はず[103]」と述べている。経済更新会は、新平価解禁論の台頭を封じ込めるために決議を行った。

（三）浜口首相狙撃事件後の経済更新会

不況によって社会不安が高まる中、一一月浜口首相が狙撃されて重傷を負い、幣原が臨時首相代理になると経済更新会の解散論がささやかれるようになった。

一九三一年三月には元大同電力社長の福沢桃介から、「平生氏総裁たる」経済更新会も「愈解散と決したると聞くが如何」と質問されると、平生は同会には総裁も会長もないと応じた。また福沢に「大阪人も民政党の無力なるに失望したるためなり」と聞いていると言われると、平生は同会は政党政派に関係なく、「唯時の政府の財政経済政策が適当と見れば之を支持し然らざれば反対するのみにして政党の如何を問はず」と答えた[104]。

次に触れる政府の鉄鋼関税引き上げ政策への対応に見られるように、経済更新会は民政党内閣の政策をすべて支持したわけではない。しかし経済更新会が民政党の支持団体と見られていたことも事実であり、恐慌が深まるにつれ、解散を求める声が強くなっても不思議はなかった。

恐慌が深まる中、大阪でも井上財政へ修正を求める声が強くなっていた。一九三一年四月の第二次若槻内閣の成立に対して大阪工業会は、「既往の非募債主義を固執することなく」生産の促進の緊急措置を行い、他面「合理的消費はこれが促進を図」るように進言する意見書を発している[105]。大阪の産業界も非募債主義、消費節約などの政策の一部を修正するように公然と求めるようになっていた。大都市行政推進の立場からの財政緊縮・消費節約に反対する関一大阪市長のような観点もあり[106]、それらが不況の深刻化とともに表面化してきた。

それでも経済更新会は解散しなかった。浜口首相の病状悪化のため内閣が総辞職する直前、平生は井上蔵相を訪ねて、後継内閣の準備を進言すると同時に、経済更新会についても存続させる意向を伝えた。平生は、金解禁実行後一年経って解散論もあるが、「解禁をして効果あらしめ其跡始末を完成せんには尚今日の事情を以て十分なりと」することはできず、「故に金解禁の consequence が完全に決定せらるるを待」っても遅くはない、また「独立せる大阪商工業者の堅実なる政党政派に関係なき団体」として「政府に対する一敵国として十分偉力を発揮して正々堂々是を是とし非を非とし、是と信ずる政策を実行するものは之を支持し之に反するものは排斥する」趣旨からも存続させたいと述べて、井上蔵相の同意を得た[107]。

経済更新会にとって、井上蔵相を通じた内閣とのパイプは貴重であった。他方で井上蔵相にとっても経済更新会の解散は、自己の政策に対する大阪の経済界の支持の喪失を意味し、好ましくなかったであろう。武藤は、井上蔵相の金解禁政策のために大阪経済が打撃を受けているにもかかわらず、「大阪市の有力者がこれに賛成し、今日に至るも尚、其過ちを改めず政府をして誤った政策を行はしめているのは、私としては実に解すべからざる態度」であると述べて、経済更新会が存続していることを揶揄していた（「当面の不況対策に就て政府の財政経済政策批判」『大阪時事新報』一九三一年六月一日～四日）[108]。経済更新会の存続は、井上財政支持の継続を意味していたのである。

小括　まとめと考察

以上検討したように、経済更新会と井上蔵相の関係を通じて、大阪財界は浜口内閣と緊密な関係を持った。田中内閣以来大阪における金解禁政策への支持は強く、井上蔵相の金解禁政策を支援するために経済更新会が結成された。経済更新会は、阿部に代表される綿業関係者と平生に代表される自由通商運動関係者がその中心を占めていた。井上蔵相は、関税審議会などで関税引き上げに反対する経済更新会の意見に配慮した。他方で経済更新会の首脳部はモラルサポートだけでなく密かに選挙資金を集めて井上に提供した。

恐慌が深まる中でも経済更新会は、その内部に亀裂を抱えつつも、在阪メディアを巻き込んで、井上蔵相の金解禁、緊縮財政をサポートした。ただ大阪財界も一枚岩ではなく、恐慌が深まってゆく中で解散論も有力になってゆく。そうした中でもその政策に対する明確な支持を打ち出す経済更新会を浜口内閣、特に井上蔵相は重視した。

しかし民政党内閣の経済政策には、商工省主導の産業合理化と製鉄合同のように関税引き上げに反対する自由通商運動や経済更新会の主張とは異なった要素が存在した。次章ではこの点について考察する。

第三章　産業合理化、製鉄合同・鉄鋼関税問題と大阪財界
――井上準之助蔵相を焦点として――

はじめに　対象と課題

井上蔵相と関係の深かった大阪財界ではあるが、民政党内閣のすべての経済政策と軌を一にしていたわけではなかった。世界恐慌が次第に深まる中、民政党内閣には井上路線とは異なった路線が台頭してくる。従来の研究が指摘しているように一つは失業救済など財政支出によるもので、党人派が主導して緊縮財政の修正が図られた[1]。もう一つが商工省と中島久万吉など中央財界が主導する「産業合理化」政策である。商工省の主導する上からの産業合理化政策や民政党内の「国家調整主義」的潮流と自由主義的な大阪財界は傾向を異にしていた。特に関税引き上げを伴う製鉄合同には、自由通商運動はその消費者の立場から広範な実業団体を組織して反対運動を展開し、井上蔵相に働きかけた。

以下、第一節では商工省主導の産業合理化構想とは異なる民間側の議論の対抗関係を検討し、前者主導の政策が実施される経緯について論じる。第二節では商工省と中央財界の主導する製鉄合同・鉄鋼関税引き上げ政策に対する自由通商運動の反対とその帰結を井上蔵相との関係を視野において検討する。第三節では第二次若槻内閣期にお

ける関税政策の動向と自由通商運動側の対応を検討し、その後の関税政策を展望する。

第一節　産業合理化をめぐる対抗

（一）商工省と産業合理化

「産業合理化」は、浜口雄幸内閣の十大政綱には取り上げられていなかったものの、金解禁と並んで重視された政策であり、金解禁を前提に不況下の産業立て直しに臨むものとされた[2]。臨時産業審議会の第一回総会（一九三〇年二月三日）において、浜口首相・会長は産業合理化の目的を次のように述べていた。欧米各国は第一次大戦後の産業合理化により着々と成果を収めつつあるのに対して、日本では戦時経済の整理が十分ではなく、「今にして我産業界の根本的立直を行ふに非ざれば、此の激烈なる国際経済場裡に立って到底国運の隆昌を期することが出来ない[3]」。金解禁政策と産業合理化は、ともに国際競争裡に立つ「産業界の根本的立直」の一環として考えられていた。

しかし、金解禁・緊縮財政が井上蔵相主導で行われたのに対して、産業合理化は商工省、商工官僚主導で行われた。産業合理化の範囲は広範であり、「企業の統制、製品の規格統一及単純化、国産品の使用奨励、基礎産業の確立、科学的管理経営法の実行、試験研究機関の整備充実、販売の合理化、原始産業の経営改善、産業金融の改善」（浜口会長の挨拶）等多岐にわたっていた。これらの中には、井上蔵相を支持した自由主義的な大阪側の考えとは整合的でない側面があった。特に商工省主導の産業合理化に対しては、経済更新会のような大阪の経済団体は直接的な関係を持つことができず、鉄鋼関税引き上げを伴う鉄鋼合同案が現れると反対運動が生じることになる。

産業合理化が商工省の下でとりあげられたのは、商工審議会においてであった。商工審議会は田中義一内閣の時に設けられていたが、一九二九年七月に浜口内閣が成立すると中橋徳五郎に代わって俵孫一商工相が審議会の会長に就任した。一九二九年一二月に「産業合理化に関する答申」を出し、翌一九三〇年一月に勅令により、浜口首相を会長として関係閣僚、局長、財界人を委員とする臨時産業審議会が設置された。

産業合理化を推進した商工官僚の吉野信次は、その根本原理として「同業者全体の利益更に進んでは国民経済全局の利益の為に、協調の精神を以て各自の事業の改善経営に当たる」という点が「産業合理化なる観念の特色」であって、従来の能率増進、科学的管理法とは異なる点であると述べている。[4] この国民経済の利益のための「協調の精神」を指導するのは、商工省であった。

臨時産業審議会の諮問事項は、企業統制を必要とする産業及び統制方法（第一号）、生産技術ならびに管理経営方法の改善・合理化（第二号）、産業合理化の実施にあたって必要とされる産業金融（第三号）、国産品愛用の普及・徹底方策（第四号）であった。[5]

諮問第一号で挙げられているように、統制のあり方は産業合理化の重要な検討課題であった。

（二）もう一つの産業合理化構想

一方産業合理化をめぐっては、政府だけでなく、民間でも広く議論された。産業合理化は国民運動として政府により推進され、各地の商工会議所などで講演会が開かれた。またアメリカの科学的管理法（テーラーシステム）やドイツのそれに刺激されて、言論界、財界でも広く議論されていた。産業合理化は「政治家の注目を引き、実業界の流行語とな」り、産業合理化展覧会まで開かれていた。[6]

ここでは産業合理化をめぐる大阪での議論の広がりを『景気恢復・商売繁盛への道　産業合理化の促進』（朝日新聞社、一九三〇年）によって見ておく。同書は、東京・大阪で行われた講演会や座談会をまとめたもので、これらの講演会や座談会の特徴として、官僚だけでなく民間の事業家、社会運動家までが発言をしていることが挙げられる。

一九三〇年一月一〇日の大阪朝日主催の記念講演会の演目は、朝日新聞編集局長・高原操「産業合理化の第一歩」、朝日新聞経済部長・和田信夫「開かれた禁輸の扉」、大蔵政務次官・小川郷太郎「金解禁と国民の覚悟」、大阪自由通商協会常務理事・平生釟三郎「自由通商と金解禁」、大阪商科大学教授・松崎寿「通貨政策の合理化」であった。一九三〇年一月一八日の大阪朝日新聞社主催・産業合理化座談会では、岩井商店主・岩井勝次郎「需給を目標として」、東洋綿花会長・児玉一造「国民の自覚が足らぬ」、大阪工業会会長・片岡安「昔は合理化されて居た」、大阪工業試験所長・荘司一太郎「市場の急変を避ける」、大丸百貨店専務・里見純吉「合理化困難の織物」、新聞連合社大阪支局長・東川嘉一「価格の上からの標準化」、大阪府内務部長・半井清「統制に必要な制裁」、朝日新聞社専務・上野陽一「如何にそれを実行するか」、合同紡績常務・坂田幹太「大阪に理科大学を」、大阪市産業部長・矢柴匡雄「調査機関が先決問題」、大阪商工会議所理事・高柳松一郎「銀行家の援助が必要」、神栄生糸専務・勝山勝司「国体指導が最も近道」、大阪商大教授・村本福松「全体としての統制」がならぶ。一九三〇年二月六日の大阪朝日新聞社主催・産業合理化座談会では、大蔵大臣・井上準之助「金融と事業が両極端」、商工省工務局長・吉野信次「合理化計画の狙ひ所」、大阪府内務部長・半井清「統制違反の制裁」、大阪工業会長・片岡安「無謀競争を排す」、大原社会問題研究所長・高野岩三郎「ハウス・インダストリー」、「同業組合問答」、八幡製鉄所技監・野田鶴松「分子を小さく分母を大きく」となっている。

この講演一覧を見ると、政府、官僚側による産業合理化論のほかに、民間の産業合理化論があったことが分かる。

また自由通商運動の支持者には、産業合理化をもう少し広く戦間期の国際政治経済の中で位置づける論者がいた。ここでは下田将美（大阪毎日経済部長）と松永安左衛門（東邦電力社長）の議論を検討する。

自由通商運動の推進者の一人である下田は『世界経済の革新運動』（日本評論社、一九二八年）において、第一次世界大戦後の欧州の経済的苦難を打開する方策として、「国際経済政策の改造」「世界経済の革新運動」の紹介を行っている。それは「抗争より平和へ、争闘より協調への種々相である。これを国内運動から云へば産業の分立より集中へと奔る所謂産業の合理化であり、労働階級と資本家階級との新しき握手の傾向である。国際運動より云へば、産業の国際的集中であり、通商の自由である。十余年の過去に抗争だけに生きてきたやうな世界が、いかに今日では一変した傾向をもつやうになったのであろう」（三頁）と述べる。下田は「争闘より協調へ」をキーワードとして、産業の合理化による生産費の切り下げ、コーポラティズム型の新労使協調、国際カルテル、通商の自由などを紹介しつつ論じている。

欧米から帰朝した松永が著した『産業改造への途』（千倉書房、一九二九年）も注目される。松永は『自由通商』にも執筆しており、平生も本書を読んで自由通商運動への協力を求めていた[7]。

松永は、浜口内閣の金解禁と緊縮はそれだけでは「経済国難を打破する積極策を考慮していない」として、「社会の自由と協調に基づく」産業の合理化を提唱する。松永も「協調」をキーワードとしながら、自由主義的改革を説いている。松永は保護主義、軍国主義、官僚主義、政党政治の利益誘導などの「旧弊」をまず取り除くべきであるとして「軍国的精神を破って国際間の平和と通商の自由とを将来し、不生産的軍備と軍閥式官僚式施設を芟苅すべきである。膨大する政府事業を縮小し、之を健全にして高能率を挙げ得る民業に移すべきである。中央地方の経費を削減して国民の租税負担を軽からしめ、其の生活機能を高むべきである。産業を中心とし、国民経済の総括的機能を向上せしむるを主とし、政党の弊害を一掃するに足る公明なる政治を樹立すべきである」（四六頁）と主張する。また労賃への配慮を行うことによって資本と労働の効率化を図り、「企業組織の改善と相俟って緊切の支那及び南洋其他の低級労働によって生産せらるる原料並に食料品の購買に由り之を代ゆるに高級労働を以て加工せる未製品完成品を輸出し、之により国民生活を豊かにする方法を講ぜねばならない」（四六頁）と述べている。このような発想から、松永は教育制度の改善、家族制度の改革、思想言論の自由、生活必需品の関税撤廃、公債の整理、官業払下、行政整理、議会並に選挙制度の改正、労働法の設定を含む一連の改革を提起している（四六〜五二頁）。ここでは、自由通商、産業の合理化、労使協調、軍縮、行政整理、民営化が相互に関連する一連の政策として構想されている。

下田や松永の産業合理化や自由通商に関する議論は、アメリカにおけるテイラーシステム、フォーディズムやヨーロッパにおける労使関係を含む産業界の動向や国際会議の動向を紹介しながら、一九二〇年代末の時点において日本の政治経済の行く末を論じたものであった。国家介入の強化なき「生産性の政治[8]」を論じたものと評することもできよう。金解禁、産業合理化、軍縮、労働組合法案など浜口内閣の重要政策を「協調」というキーワードで捉えようとしているとも言える。

自由通商運動には、金解禁政策を支持する一方で、産業合理化から軍縮や労使協調の前提としての労働者への権利付与に至るまで、民政党の政策に共鳴する要素があった。自由通商運動の「新自由主義」（上田貞次郎）は、反保護主義と戦間期の自由主義的社会改革の両方の要素を含んでいた。実際にはこのような理想論によって財界人が動いたわけではないが、少なくともこの時期の「自由通商」を含むアイデアと民政党内閣の重要政策との一定の整合性はあったものと考えられる。

他方で民政党には上からの統制を指向する「国家調整主義」的潮流があり、それは自由主義的「協調」を指向するアイデアとは異なっていた。産業合理化についていえば、商工官僚のそれが上からの統制の傾向を帯びていたのに対して、自由通商サイドのそれは、民間主導でより自由主義的な観点から欧米の動向を摂取していると言えよう。実際に産業合理化政策が不況対策の性格を強めるにつれ濃厚になった保護主義、国家統制強化には、自由通商運動側は強く反発した。

以下では、民政党内閣の産業合理化に関連する諸政策と自由通商運動、経済更新会側の対応を具体的な政治過程に即して検討する。

（三）実施機関をめぐる対抗

産業合理化への関心の高まりを背景に実業界の意向を政策形成と実施に反映させようとする動きが経済更新会な

どに現れた。経済更新会は、産業合理化自体には賛成しつつ、内閣の下に大規模な調査機関を作り、民間から独立した専門家を集めて強力な指導機関を設けるべきであるという決議を行った。[9] 内閣直属の機関を作れば、むしろ民間主導の産業合理化が可能になるという発想である。

経済更新会の決議を受け、片岡安と平生は浜口首相に直接面会しその趣旨を伝えた。彼らは「産業合理局が商工省内に設置せられ、商工省内に於ける小役人が単に自己の管掌事務が都合能く運ぶことを以て自己職務の全部として努力するものなれば、其機関の活動範囲は商工省内に止まりて他省を牽制し他省の活動を束縛する能はざるべし。ゆえにかかる指導機関は総理直属とし、各省大臣も委員とし民間よりは各産業の部門に於て expert として公平なる意見を懐抱する人々を選定し、各産業部門につき研究調査し以て各産業の統制を実現し合理化を実行するの機関たらしめんか、各省間に於ける支吾を防止し各省官吏をして協調して合理化の研究をなし実行方法を考案せしむることを得て合理局の本務を全ふせしむることを得ん。又夫が為めには従来の如く単に社会に有名なる人物とか富豪の代表者とか貴衆両院議員とかいふ肩書に依りて選任することなく、実際的に其事業に従事し知識経験に富める特能者を招致して委員たらしめ、真面目に研究せしめ、其成案は必ず実行力を有せしむることに政府自ら其衝に当ることとすべし」と説いた。[10] 彼らは産業合理化を、商工官僚主導で肩書きだけの委員を選任して行うのではなく、内閣直属の機関を設け、幅広い実業世界の専門家を招致して推進することを進言した。

しかし浜口は、事実上総理大臣が会長として実務に関与することは困難であるとして、内閣の下に執行機関を作ることに否定的であった。[11] 経済更新会の提案は受け入れられず、商工省内に合理局が設置されることになった。

かくして、一九三〇年六月二日、臨時産業合理局官制が公布され、商工省の下に産業合理局を設けて産業合理化の実施が図られることになった。このことは、産業合理化政策の主導権を吉野信次（商工省工務局長兼臨時産業合理局第二部長）ら商工官僚が握ったことを意味した。臨時産業合理局長官を兼任した俵商工相は、吉野に仕事を任せていた。[12]

また、産業合理局の顧問には、中島久万吉（日本工業倶楽部専務理事）のほか、大河内正敏（理化学研究所所長）、松岡均平（東京帝国大法科大学教授・三菱合資顧問）、井坂孝（日本工業倶楽部常務理事）、牧田環（三井鉱山常務取締役）らの財界関係者が就任した。特に常任顧問の中島は「産業合理局の諸般の作業の事実上のプロモーター」[13]であり、工業倶楽部系の意向が反映される傾向にあった。

経済更新会がその必要性を認めていたように、産業合理化自体には異論は少なかった。しかし商工官僚と中央財界が結びついて推進された産業合理化には、自由通商運動とは矛盾する点があることがやがて明らかになる。

特に自由通商側が問題にしたのは、国家による統制の強化と関税による保護政策であり、具体的には重要産業統制法、国産品愛用、鉄鋼合同・関税引き上げであった。

(四) 重要産業統制法

第一号で諮問された産業統制に関しては、「重要産業の統制に関する法律」（一九三一年四月公布）が、カルテル強化を国家が法律によって強制できる道を開いた。[14] 同法は、与党民政党からは強い異論が出ず三月議会に提出され通過した。[15] 同法は民政党内の中野正剛らが強調した「国家調整主義」とも平仄が合ったであろう。逓信政務次官としての中野は「国家調整主義」の例として電信電話法を挙げ、「十年間に四億の資本を民間より出動せしめ、これを政府の統制下に置きて、大衆の福利に合致せし」め、「付属産業部門の合理化、発展を助成すべき」ものであると論じ、同様に製鉄業も「国家の統制によりて発展すれば一層の大事業」になると主張した。[16]

これに対して自由主義的立場の人々は批判的であった。自由通商運動でも批判的意見が目立つ。平生は、この法案が議会に提出されたのを見て次のように日記に記している。「昨日衆議院本会議に提出せられたる商工省発案の産業統制案は欧州戦争後に擡頭し来りたる国家資本主義ともいふべきもので、国家が中心となつて企業の統制や産業の合理化を敢行せんとするもの」である。また本法は大資本を擁護するものであり、「現政府否現商工大臣の如き資本の擁護を以て産業の発達の要諦となし、消費者の利害を無視して恬然たる人々の考より成れるこの統制案は、其結果として消費者の利益を害するや必せりと思ふ。……我自由通商協会に於てはこの問題に関しては相当に考慮を払ふの必要ありと思ふ」[17]。平生は、この法案を「国家資本主義」、大資本擁護、消費者軽視の性格を持ち、自由通商の観点からも問題があると考えた。

上田は、同法成立後、これはカルテルによる独占を国家が助長する政策であって、一般的に産業に適用すれば自由競争を抑制して真の合理化を妨げると批判した（上田貞次郎「合理化を妨ぐる産業統制法」『自由通商』第四巻第三号、一九三一年、二～五頁）。貿易商社の重役で自由通商協会幹部でもある阿部藤造も、「産業合理化とか産業統制」の趣旨には賛成するが、これが「要らぬ競争を防ぐと云ふ合理化の範囲」を超えて「国家産業主義」となると絶対に反対しなければならないと述べていた（「大阪協会第四回定期総会記」『自由通商』第四巻第六号、一九三一年、五九頁）。この法案は自由主義から統制主義への転換点となるものであり、メディアや財界における批判も多かった。

だが、結局自由通商運動側も目立った反対運動を起こさなかった。恐慌対策の側面を併せ持つ同法案に対して反対運動を起こす利害関係業界もなく、自由通商協会側には、反対意見を組織化する手がかりがなかった。またカルテル強化を促す同法によりすぐに統制が強化されたわけでもなかったことにもよるだろう。吉野自身が、同法は立法形式としては画期的であったが、実際には業者が「そっぽを向」いたために思ったほど成果を上げなかったと回想している[18]。

重要産業統制法への自由通商運動関係者の危惧は、国家統制強化への警戒によって生じていた。そこには自由通商運動関係者の自由主義と商工省が推進する産業合理化や民政党の国家調整主義との違いが看取される。

（五）国産品愛用運動

産業合理化の一貫として展開された国産品愛用運動にも自由通商運動と齟齬する面があった。国産品愛用運動に対しては、自由通商運動側は保護主義反対の立場から幾度か決議を行った。

商工省は、産業合理化運動の一環として国産品愛用運動を展開し、内閣も同運動を推進した。民政党内でも川崎克（司法政務次官）は、産業合理化は失業を増大させる危険がある中で、関税で保護政策を行えば他国より報復を受ける恐れがあるとして、「失業の救済は国産愛用より」のスローガンで国産品愛用運動を擁護していた[19]。

これに対して自由通商運動側は、国産品愛用運動を「ややもすると保護の前哨を勤むるもの」（村田省蔵「国産品愛用と保護関税」『エコノミスト』一九三〇年七月、四一頁）と捉えた。村田は自由通商協会の席上でも、「其真意を解せざる下級官吏の如きは、上官の意を迎へんがため乱りに品質の如何、価格の高下を問はずして国産品の使用を強要するが如き弊なしとせず」と批判した[20]。平生も国産品愛用運動には批判的であり、「国産のみを使用して事足るなれば真に結構の事ですが我国は不幸にして国産のみで生活はできません[21]」と述べた。

大阪自由通商協会は、五月には「国産愛用に対する宣言」を出し、国産愛用の下に妄りに外国品を排斥すべきではない、輸入防止は産業場比較的不必要な製品に限ること、政府は一般国民に対し国産愛用を奨励するとともに製造業者に対し優良品の製造と廉価販売を奨励することなどを宣言した（『自由通商』第三巻第五号、一九三〇年、一三頁）。自由通商協会日本連盟も外国製品のむやみな排斥を戒める声明書を出した（「国産愛用運動に関する声明書」『自由通商』第三巻第一一号、一九三〇年、四七頁）。

政府内でも、国産品愛用運動に批判的な勢力が存在した。まず外務省通商局が批判的であった。七月に開催された武富敏彦通商局長と大阪自由通商協会の幹部らの懇談会においても国産品愛用運動は、自由通商の理念とは矛盾し好ましくはないという点で一致した（「大阪協会に於ける理事会及武富通商局長一行招待懇談会筆録」『自由通商』第三巻第九号、一九三〇年）。

閣内では大阪財界出身の町田忠治農相も、神戸で開催された「国産愛用ニ関スル協議会」の挨拶の場で、「現内閣は保護政策を以て産業の発達を図らんとするものにあらず。されば国産の愛用を宣伝するも外品の排斥にあらざることを諒知せられたし」と国産品愛用運動にブレーキをかける発言を行い、平生に対して「余は決して保護関税論者にあらず」と述べた[22]。

結局国産品愛用運動は、関税引き上げとは直接には結びつかず、この件に関する政府と自由通商運動との齟齬は決定的な対立には至らなかった。これに対して次に論じる関税引き上げを伴った製鉄合同には反対運動が組織され、大きな問題となってゆく。

第二節　製鉄合同・鉄鋼関税問題をめぐる対抗

(一) 臨時産業合理局と製鉄合同案

製鉄業については、カルテルの強化よりさらに進んで、「合同」政策が追求されることになった。

第一次大戦後、苦境に立つ製鉄業を強化するために幾度も官営八幡製鉄所を中心とする製鉄合同が企てられた。特に政友会の高橋是清が護憲三派内閣の商工大臣を務めた時期には保護育成政策と並行して製鉄合同が立案された。それにもかかわらず合同が進まなかった原因としては、国家資本に支えられて競争力のある八幡製鉄所上層部の消極的姿勢、民間製鉄業界の利害対立などがあった。特にインドなどからの輸入鉄に対して競争力の弱い銑鉄業者と銑鉄を原料とする鉄鋼業者の利害対立は解消せず、銑鋼一貫の強化を目指す合同の障害となった。製鉄業保護政策の面でも、鉄鋼奨励法による補助金には財源の限界があり、関税による銑鉄保護にはそれが価格の上昇につながるため製鋼業、鉄加工業団体の反対が生じた。田中内閣下における鉄関税引き上げ反対運動は、第一章第三節で検討した。

他方で世界恐慌が激化し、八幡製鉄所の採算も悪化すると、本問題は官民製鉄業の大合同案にまで突き進むことになった[23]。だが製鉄合同に関する法案は議会に提出される寸前まで行ったものの、直前の閣議で延期となった。結局製鉄合同は斎藤実内閣の時期まで実現しなかった。経済史的評価としては、浜口内閣における製鉄合同案は機が熟さず、「合同を主要な合理化手段と位置づけた「産業合理化」の一般的政策基調の中で、民間の一部から発議された製鉄合同論が十分な根拠を持たないまま政策案とされていった」（岡崎哲二）ということになろう。[24]

しかし、政治史的には、以下で検討するように、井上蔵相を的とした大阪財界を中心とする強い反対運動が製鉄合同を失敗に終わらせたと評価し得る。

臨時産業合理局の顧問会議には、従来から製鉄合同問題に関与してきた、中島、大河内、松岡、井坂、牧田らの財界関係者がいた。この顧問会議が、八幡製鉄所を民営化した上で民間製鉄所と合同して、徹底合理化を行うべきであると結論を出した。その結果、臨時産業審議会は、一九三〇年一〇月一六日第一特別委員会に続いて一一月一二日の第五回総会において「製鉄産業統制に関する方策」を承認した。[25]そこでは製鉄業を振興するためには、「八幡製鉄所及び民間製鉄所を打つて一丸とせる大合同会社を設立し、其完全なる統制の下に徹底的合理化を図り、単種多産による原価の低下と品質の向上とに努むると共に、設備の改良拡張を行ふ外適当なる方策あるを見ず」と述べられていた。

この製鉄合同案には、民間製鉄会社を合同に誘うために第四項の関税引き上げと第五項が示唆する社債の政府保証というインセンティブが設けられていた。二つの条項は「本計画が（一）鉄鋼関税引上と、（二）新合同会社の社債政府保証とを二大柱石とし、この上に合同会社の確立と事業の安定とを託せんとしたのは明白」（本紙記者「製鐵合同の蹉跌を顧みて（上）」『自由通商』第四巻第五号、一九三一年、一二頁）と評されたように、製鉄大合同の要であり蹉跌の主要原因ともなった。鉄関税引き上げには反対運動が起こり、新合同会社の社債への政府保証には大蔵当局の厳しい査定が待っていた。

（二）反対運動の展開と大阪財界

銑鉄関税引き上げを伴う製鉄合同には、民間で強い反対が生じた。鉄製品の価格上昇をもたらす関税の引き上げは、広範な関係者に影響を及ぼすことが予想された。製鋼業者、鉄加工業者、銑鉄などを輸入する業者などである。自由通商協会は、これら関係団体をとりまとめ公益として反対運動を組織してゆくことになる。自由通商協会の各支部はこのような状況を見て反対決議を行った。一二月一日には大阪支部が、同一二日には神戸支部が、そして一六日には自由通商協会日本連盟が反対声明を発表した（『自由通商』第三巻第一二号、一九三〇年、一一頁、一六頁）。

自由通商運動側は、鉄鋼関税引き上げを産業合理化の美名に隠れて「一部資本家の独占的利益」（自由通商協会日本連盟反対声明書）を図るものと糾弾した。平生は、臨時産業審議会における決議状況から、民間鉄鋼業に関係の深い財閥系の重鎮が鉄鋼関税引き上げの動きに大きな役割を果たしていると見た。なぜなら、決議の賛成者は三井の団琢磨、牧田環、三菱の木村久寿弥太、東洋製鉄の中島久万吉、郷誠之助らであって、反対者は斯波忠三郎、松永安左衛門、阿部房次郎のような「製鉄業に何等の関係を有せず、従つて公平なる立場にある人々のみ」だったからである。平生はまた、産業合理化に名を借りた彼らの横暴について、「此等の私設製鉄会社はみな欧州大戦の際鉄類の市価が幾倍に暴騰したるとき其市価を標準として目論見られ創立せられたるものにして、今日其事業が不引合なることは当然にして、之は独り製鉄業のみにあらず、あらゆる事業が皆然りである。然るに製鉄事業は国家のため尤も緊要なる事業にしてこの事業の存亡は国家の興廃に関するものなるが如く高調し、現商工大臣俵孫一氏の無識に乗じてかかる資本主義の弊竇を暴露せる合同会社をでつち上るに至らんとす。しかして口実として製鉄事業の統制とか合理化なりといふ」と評している。[26]

だが、臨時産業合理局は、その後も製鉄合同促進に伴う関税引き上げの準備を進めた。[27]

そこで、関係業者による鉄鋼関税引き上げ反対連盟が組織され、「鉄鋼関税引上反対決議」（一九三〇年一二月二〇日）がなされた。この反対決議書には「目下合理局に於て計画中の製鉄合同案に伴ふ鉄鋼関税引き上げは製鉄合理化の美名の下に一部の製鉄事業家の独占的利益を保護する為め一般産業及国民経済に大なる犠牲を払はしむるものにして左記諸理由に拠り下名諸団体は之に対し絶対反対を表明す」と記されていた[28]。

このように鉄関税の引き上げは産業合理化の本義に反し、鉄製品の価格上昇により鉄加工業の発展を妨げるだけでなく、一般国民の生活負担と失業を増やすという主張によって、運動は広範な団体を動員した。実際、この反対連盟に名を連ねたのは、大阪鉄工同業組合、大阪電気同業組合、大阪工業会、大阪府工業懇話会、日本輸出莫大小業組合連合会、大阪工業組合同盟会、関西琺瑯鉄器工業組合、大阪鉄商同業組合、大阪自由通商協会、大阪府包帯品商工同業組合、大阪計量器同業組合、大阪土木建築業組合、日本土木建築請負業者連合会大阪支部、大阪金物同業組合、大阪実業組合連合会、大阪府度量衡同業組合、輸出綿糸布同業会、大阪貿易協会、大日本紡績連合会であった。このほか待遇の悪化を懸念する八幡製鉄所の労働者を中心とした反対運動もあった[29]。

またこの中には、綿業関係者が見られる。これは、綿布関税引き上げの姿勢を見せるインドを鉄関税引き上げによって刺激することを綿業関係者が恐れたためである。輸出綿糸布同業組合（会長・伊藤忠兵衛）は、鉄関税引き上げ反対の陳情書を幣原喜重郎外務大臣宛に送った[30]。

（三）井上蔵相と製鉄合同の蹉跌

一方経済更新会は井上蔵相に直接働きかけた。一一月に来阪し関西銀行大会に出席して財政演説を行った井上蔵相は、経済更新会の大会にも参加した[31]。平生たちはその機会を捉えて、直接鉄鋼合同問題について質問を行った。平生は、鉄鋼合同案について、それが「産業の合理化にあらずして資本家救済の為めにする合理化」であって、「消費者并に国家の利益を犠牲に供することを顧慮せざるもの」ではないのか、「真の合理化」とは「より良き物をより多く、より廉に生産することを言ふもので、井上さんが関税につきて述べられた如く製造家、消費者、労働者の利害を考究して、公平に利益を三者に均霑せしむる方法でなければならぬ」はずであるのに、今回の合同案は「果して三者の利益を公平に考慮しあるや疑なき能はず」と追及する予定であった。平生は時間がなく要点を質問するにとどまったが、井上蔵相の反応は、平生たちの意向に沿ったものであった。井上は明確に「関税引上を以て合同の前提となすものにあらざること」を言明し、また「負債多くして評価上価値なきものは無論合同に入る能はず、先以て合同加入せんとする会社の内容を厳重に調査し、其設備の効用を評定し、合国後の生産力及び之に要する生産費等を比較考査したる上、関税問題を考慮する順序とすべきものなり」と評価上の問題点を強調して、ほぼ平生の意見に同意した[32]。

このような情勢の中、経済更新会も反対意見を声明すべく動き始めた。平生は一月初旬に井上に関税引き上げ阻止を依頼する長文の書簡を送った[33]。この書簡において平生は、臨時産業合理局において決議された製鉄合同と鉄関税引き上げが「一部製鉄業者」を救済し「東京に於ける政商財閥の一派」のために大衆の利益を犠牲にするものであり、これに対して大阪商工会議所、経済更新会などが反対決議を行うことを伝えていた。また経済更新会の反対にもかかわらず、産業合理局が商工省の下に設置されたために、「伝統的保護主義一点張り」の商工官僚が在京実業家に動かされて関税引き上げを行おうとしていることはまことに遺憾であるとも述べている。さらに「どうか老台の御尽力に依り、か丶る関税の引上を前提とし好餌とする製鉄合同案は阻止せられんことを切望いたします。勿論関税引上を離れて製鉄業合理化のため、製鉄業者の合同が計画せらる丶ことは、小生等も敢て異議なきこと」と、関税引き上げを井上の力で阻止するように依頼している。平生は最後に「経済更新会、大阪商工会議所に於て鉄鋼関税引上に反対することは、大阪商工業者をして現内閣に対する誠意ある支持に亀裂を生ぜしむるもので、経済更新会を動揺せしむるものと考へられますから、……至急御内意を御漏し下されば好都合であります」と関税問題が大阪商工業者の内閣支持に影響するかもしれないことを示唆しつつ内意を示すように求めて書簡を締めくくっている。

少し間を置いて井上蔵相から好意的であるが製鉄合同問題の見通しについては曖昧な返書が送られてきた[34]（一月一九日）。そこでは次のように合同案には精査すべき事項が多く未決であることが述べられていた。「合同については製鉄場に於て予て作成中の合同の基礎案が漸く出来上りたる丈けにして、昨日長官より聴取申候。案其物に非常なる無理があり、之を仕上候には多大の日数を要し、又案が出来上り候後に当業者に示して果して賛成を得るや否やも不明に候。而して之に伴ふ関税の如きは生産費を基として之を定むべきものにして、合同すべき製鉄所の数に依りては生産費にも大なる差異を生ずることに有之候間、今日に於ては果して幾何の関税を必要とするや否やも判明不仕候。右の如き事情にて今日の処にては果して今議会に提出すべきや否やも判明不仕候議に候。事の進行に伴ひ重ねて御内報可申上候」。

平生たちは井上の動向に疑惑を抱いた。その背景として財源を関税に求める大蔵省の動きがあった。井上個人としては関税引き上げに反対かもしれないが、財源難に苦しんでいる状況において、大蔵大臣としては「この急場の救済法としては或はこの合同案に賛成するやも知れず」と平生は記している。

平生は、大阪商工会議所、大阪工業会、工業懇話会が反対決議をなし関係大臣に働きかけているのに対し、東京では三井、三菱の巨頭連を恐れて反対運動を敢えてするものがおらず、「故に今や鉄鋼関税引上は東西実業家の対陣を見るが如き観あり。是れ実に関西実業家が其実力を東京人に示す最好の機会が与へられたるものにして、我々関西実業家はこの機会を失はずして大に其威力を示さゞるべからず」と記している。また「自由通商運動としては、保護に縋り助成金に頼りて寄食的事業を常に企て居る東京に於ける実業家否政商に、鼻を明かしむる絶好の機運が向き来れるものなれば、この好機を逸せず大に活動せざるべからずと思ふ」とも記している。保護主義的で財閥に牛耳られる東京の財界に対して、大阪財界の力を示すと同時に自由通商運動の力を示す良い機会だと平生は考えていた。

一月一五日、経済更新会の理事会を開き、平生、岩井、阿部、安宅、片岡安、高柳、田附政次郎、栗本勇之助な

どが、鉄鋼関税引き上げ反対に関し協議をした。その結果総会において反対の決議をなした後、東上し井上蔵相らに陳情することになった[35]。

この後予定通りに一月一九日満場一致での経済更新会の鉄鋼関税引き上げ反対を決議した後[36]、二一日に平生は井上を訪問し、鉄鋼関税引き上げに関して陳情を行った。これに対し井上は、「数日前新聞紙に産業合理局案として発表せられたるものの如きは杜撰極まるものにして、中にも政府が元利を補償して壱億万円の社債を発行する如きは、到底実行不可能にして驚入るの外なく、しかして合同すべき製鉄所の資産評価は、今新に modern の設備をなすとして如何なる生産費を要すべきやの基準を定め、其基準を規矩として実際価格を調査評価するものなれば、現在の如き産業合理局が提出せる生産費が果して妥当なるや否やは、十分の調査を要するものなれば、夫が到底短日月の間に完了するものとも覚えず。左れば之が政府案として議会に提出せらるるには長日月を要すべく、しかして愈政府が議会に提出するに器決定するに至らば、其前に大阪に於ける商工業者各団体の代表者に向つて十分なる説明をなすべく、決して寝耳に水にかゝる重大なる案を取扱ふことなし」と「虚心坦懐に自己の抱負を述べ」た[37]。産業合理局による合同後の資産評価に問題があることを示唆し、法案を提出する場合は大阪の商工業者と相談するという井上の意向は平生を安堵させた。

しかしその後三井、三菱の「隠密運動」により鉄鋼合同・関税引き上げのための幣原首相代理を通じた巻き返しが報じられた。東京から帰阪した田口八郎（岸本商店重役）が、井上蔵相の魂胆は、歳出不足を補うために奨励金を廃して関税引き上げにより、歳出を減じ歳入を増やすことにあると、「形勢非なる」状況を伝えていた。また浜口首相自身関税引き上げにコミットしているとの噂があるので、平生たちは浜口首相に面会の予定のある下村宏（大阪朝日）に多数の需要者に負担をかける関税引き上げは失策であると伝えるよう依頼した[38]。

事態を案じた平生たちは、片岡安、高柳、村田らと協議し、井上蔵相に働きかけることとした[39]。二月一八日、平生、片岡、長谷川正五、栗本、久保田権四郎、岸本彦衛らは井上蔵相と大臣官邸において会見した。井上は打ち明け話として、資産評価の不十分な製鉄合同の長期社債に応じるものはなく、また政府保証についても「内地に於て産業会社の社債に政府が元利保証をなしたる実例なく、若し元利が不払とならんか、政府は代弁をなしたる後之を引取らざるべからず。一旦民業に移したるものを政府が再び引取に於ては合同の意義なしといふべく、左れば今日￥一〇〇、〇〇〇、〇〇〇の社債に政府が保証をなすが如きは到底実行困難の事なり」と述べて、暗にこの合同案は議会提出に至らないであろうことを示唆した。

井上は新会社の社債補償を政府が行うことの問題点に重点を置いて、合同案の不十分さを説明している。井上が直接関税問題に触れていないのは、大蔵省内でも関税引き上げ論が存在したからとも推測される。ともかくも平生たちは井上の口から合同案の不可なることを聞き安堵している。

さらに浜口首相に直接会い製鉄合同に伴う関税引き上げの不可であることを説いた下村から、「濱口氏も同感なるが如く、本議会には提案に至らざるべきことを明言」したことを聞いた平生は安堵した[40]。

結局閣議は準備不十分であるとし法案提出は見送られることになった。井上蔵相をターゲットとした平生ら経済更新会、自由通商運動の製鉄関税引き上げ反対運動は成功した。

第三節　民政党内閣の崩壊と関税問題

（一）第二次若槻礼次郎内閣と関税問題

浜口内閣末期における鉄鋼合同・関税引き上げは阻止された。しかし関税引き上げの潮流自体は弱まったわけではなかった。

むしろ世界恐慌が深刻化する中、世界各国で保護主義的潮流が強まっていた。アメリカでは、一九三〇年スムート・ホーリー法が成立して、関税が大幅に引き上げられた。大英帝国圏のインドでも三〇年に綿製品の関税が引き上げられたことは日本で問題となっていた[41]。このような動向に対してヨーロッパでは関税低下のための「関税休日」の国際会議が提唱され、自由通商協会も期待をかけるが、はかばかしい成果を上げていなかった。

大不況下、民政党内では保護主義の潮流が強まりつつあった。民政党政務調査会の産業振興委員会では、産業振興のために「関税定率五割を限度としてその引き上げの機能を政府に与ふことの得失」の検討がなされつつあった[42]。井上蔵相のお膝元である大蔵省内にも、歳出欠陥を補うための関税引き上げの動きも存在した。伸縮関税を保護政策のために整備する動きが再び出てきたのである。

そのため、自由通商運動側では引き続き関税引き上げの動きに神経をとがらせていた。この民政党内閣と自由通商側の緊張関係を次の第二次若槻内閣において見ておく。第二次若槻内閣においても、井上蔵相の存在感は大きかった。むしろ党をまとめる声望を持っていた浜口を失った分、内閣における井上の重みは増していた。

浜口内閣の延長的性格を持つ第二次若槻内閣において、十大政綱でも掲げられていた行政財政税制の三大整理が予定されており、そのための調査会を設置することとなっていた[43]。

一九三一年四月に開かれた大阪自由通商協会の大会では、政府が設けようとする調査会に自由通商協会から任命することを井上蔵相に打診することになった。この場で加藤小太郎が一般的に審議会での議論は関税引き上げに落ち着くと論じたのに対して、平生は「井上氏は野に在るときも朝に立ちたるときも全然我協会の主張を裏書したるものにあらざるも、常に自由通商主義を以て関税改正の本旨とせる点に於ては揆を一にするものなることは明白である」と井上への期待を表明した。ただし歳入欠陥を生ずる状況の中で「財政の衝に当れる井上氏は余りに聰明否悧巧にして変通の妙を有する人とて、この欠陥を補充するため関税に依らんとする如き猾策に出でざるやの恐なしと」しないので、「この逃路を防止するには消費者の声を大にして輿論を喚起せざるべからず、夫には大内兵衛氏の如き学者を委員の中に加へしむることが策を得たるものと思ふ」と論じた[44]。関税による財政補填の可能性もあるので、大蔵省勤務の経験のある大内兵衛を審議会に入れて自由通商協会の意向を反映させようと平生は考えたのである。

他方で平生たちは若槻首相との交流の機会を逃さなかった。五月には来阪した若槻首相と大阪経済更新会の有志との懇親会において、平生は自由通商協会の代表として関税整理に関する要望を述べた。また東京の保護主義に対して大阪では反対者が多く、製鉄関税の引き上げに商工業者の反対が多いことを力説している。これに対して「若槻首相は主義として全然賛成なりと明言せらる。唯実行上には幾多の困難あることと思ふと予防線を張りたるも、原則として之を認めたる以上通商自由の主義を是認したるものにして、自由通商協会としては大に力を得たるものなり」と一応若槻も自由通商の意義を認めたことに平生は満足した。[45] さらに川崎卓吉（内閣書記官長）を介した要請に応えて、平生、岸本、田口らは若槻首相に生活資金の援助を行うようになる。[46]

だが、関税引き上げの動きはやまなかった。八月になり桜内幸雄商工相が製鉄合同の計画を再検討し始めると[47]同時に製鉄関税引き上げの動きも報じられるようになった。

大蔵省内の関税引き上げの動きも取り沙汰された。「大阪朝日」は「鉄関引上の蒸し返しか」（一九三一年八月一九日）と題する記事において、主計局は財政整理のために製鉄奨励法による補助金を削減する計画を立て、その代償として関税引き上げを希望した。また近年インド政府は日本の綿糸布に対して「圧迫的態度」を取るに至っているので、報復関税を恐れる事情は消滅しているとも述べている。同記事は自由通商運動側の反対にもかかわらず、井上蔵相は関税引き上げに踏み切るだろうとの予測を報じていた。「関税の濫用を警む　財界六感」（『大阪朝日』一九三一年八月三〇日）は、「井上蔵相は、内地における鉄の消費者並に自由通商協会あたりの反対に気を兼ねているとのこと」だが、大蔵省内には奨励金削減のための関税引き上げの動きがあると伝え、「関税の引上げは、断じて製鉄事業の合理化劇に必要な書割りではないのである」と警告した。

(二)「井上内閣」への期待

周知のように満洲事変、英国の金本位制離脱により幣原外交と井上財政の立場は動揺し安達謙蔵内相による政民連携運動が起こる。恐慌が進行する中、井上蔵相の経済政策や行政整理に対する批判が高まりつつあった[48]。井上蔵相は、安達謙蔵を擁する党人派との対立を深めていた[49]。

このような危機的状況下でも強気の立場を崩さなかった井上蔵相は、一一月二六日の来阪の際にも経済更新会に出席し、金解禁、予算編成問題を論じ、平生たちを安心させた。ただ関税問題に言及しなかったことを平生は遺憾とした[50]。関税問題については案じられたものの、井上と経済更新会の関係は内閣崩壊まで揺らがなかった。

若槻内閣末期には、次年度予算をめぐり民政党内でも関税引き上げ論が強まり、閣内でも町田が関税引き上げによる収入補填を唱え、平生を憤慨させる状況にあった[51]。それでも結局、井上蔵相在任の間は関税引き上げが実現することはなかった。

平生たちは、内閣崩壊後優柔不断な若槻に代わって民政党を率いるよう井上に直接勧めた[52]。実際、井上は民政党の筆頭総務として、議会において犬養内閣の高橋是清蔵相の財政政策を批判すると同時に選挙委員長として来たるべき選挙戦を指揮する[53]。井上を平生たちは支持し、岸本吉左衛門などと選挙に際して援助を相談している。平生は財政を公債に依存し関税引き上げの方針を採る政友会内閣が永続するわけではないので、「次に来るものは井上氏を総理とせる民政党内閣たるべしと思へば、井上氏を援助し置くことは他日井上氏をして自由通商主義を支持し、狡猾にして我利的なる我事業家の悪計より消費者を free にするを得べし」と述べている[54]。平生たちは憲政常道の論理の下で井上を首班とする民政党内閣が再び実現し、自由通商の動きが復活すると考え、その支援を計画していた。

しかし一九三二年二月九日、井上は血盟団の小沼正にピストルで狙撃され、暗殺される。これにより平生たちの井上内閣実現への期待は潰えた。井上の死後、平生は政党そのものへの失望を深め、また満洲事変により自由通商運動そのものも変質してゆく。

小括　まとめと考察

本章で検討したように民政党内閣期の商工省と中央財界の主導する産業合理化政策に対して経済更新会、自由通商運動は異なった見解を持っていた。当時広く議論された「産業合理化」には、商工省によるものだけではなく、民間主導の構想も存在した。民間には自由通商、産業の合理化、労使協調、軍縮、行政整理、民営化を一連のものとして考える構想も存在した。経済更新会は、民間の意向を生かす内閣直属の推進機関を作るよう内閣に働きかけたが、採用されなかった。商工省中心に推進された産業合理化により、重要産業統制法が成立し、国産品愛用運動運動が展開された。自由通商運動側はこれらを遺憾としたが、関税引き上げと直結せず、大きな問題とはならなかった。

しかし商工省と中央財界の主導した関税引き上げを伴う製鉄合同には、自由通商運動は田中内閣の時と同様に消費者の立場から広範な実業団体を組織して反対運動を展開した。平生たちは井上蔵相に働きかけ、その成立を阻止するのに力を発揮した。この抗争を平生は「東西実業家の対陣」と評していた。これは、自由通商を目指す路線と保護主義的な重工業育成路線の対立でもあった。前者に与したのが機械工業、鉄加工業、紡績業などを基盤とする大阪財界の運動であり、井上蔵相を通じて内閣に影響力を行使した。閣内では事実上の副首相である井上蔵相に比べて俵商工大臣の立場は弱かった[55]。しかし恐慌が深まるにつれ、民政党内でも保護貿易、関税引き上げ論が強まっていた。また党人派の中野正剛らが唱える「国家調整主義」も自由主義的潮流とは異なっていた。大阪財界の支持する井上財政、金解禁の存立基盤は狭まり、その影響力は限界に達していた。若槻内閣崩壊後、平生たちは井上内閣の実現に期待をかけるが、井上の暗殺によりその期待は潰えた。

一方、恐慌の深刻化に伴って政友会は保護主義の旗幟を鮮明にした。犬養毅総裁の下で政務調査会長に就任した山本条太郎が『経済国策の提唱』を著し、輸出促進・輸入防遏を組み込んだ産業五箇年計画を党の政策として掲げるに至った[56]。

その後犬養政友会内閣の下で関税引き上げが準備され、斎藤実内閣成立直後に関税定率法の改訂がなされる。自由通商協会は、関税引き上げ反対運動を行うが、もはや閣内にこれを擁護する存在はなかった。関税引き上げ後に中島久万吉商工大臣の下で製鉄合同が実現する。自由通商運動の影響力は民政党内閣期をピークとしており、その後関税引き上げを阻止する力は漸次失われてゆく。

それでも自由通商運動の存在意義が消滅した訳ではなかった。第四章・五章においてこの後の自由通商運動の展開について論じる。

補論一　実業同志会と大阪財界

——武藤山治と平生釟三郎の関係を中心に——

はじめに　対象と課題

自由通商運動の指導者である平生釟三郎は、一時は武藤山治の創設した実業同志会の熱烈な支持者でもあった。一九二三年武藤山治を党首として創設された実業同志会は、経済的自由主義の主張を強く打ち出して一九二四年の総選挙には八人の当選者を出した。同党は一九二八年の選挙では四人の当選者にとどまったが、キャスティング・ボートを握り田中義一内閣の与党政友会との間にいわゆる「政実協定」を結んだ。しかし次第に支持を失い一九二九年国民同志会と改称後、一九三二年解党した[1]。

実業同志会の支持基盤として、実業組合など大阪実業界の比重が高かったことはよく知られている。党首武藤自身が関西に主力工場を持つ大紡績会社鐘淵紡績株式会社の社長であった。一方関西在住の経済人の中でも平生釟三郎は、武藤と実業同志会に対する積極的な支持者として知られた[2]。一九二〇年代の平生は、その自由主義的思想から政治の世界にも関心を持ち続け、場合によっては政治家を支援することも辞さなかった。二〇年代を通じて彼の支援の対象となったのは、旧来から交流のあった床次竹二郎を除けば、武藤であった。しかし、平生の武藤への支援も二〇年代半ば過ぎまでで、政実協定以後武藤の政治活動に批判的になった。

平生とその周囲の財界人の言動を通して、武藤を支持した大阪財界の中の経済的自由主義の潮流の帰趨を明らかにすることが本章の課題である。第一節では設立時の実業同志会への平生の熱心な協力とそれに対する大阪財界をはじめとする周辺の人々の反応を分析する。第二節では、第一五回選挙とその後の議会での実業同志会の行政整理案の作成等への平生の積極的評価について検討する。第三節では、田中義一内閣下の選挙の結果、小政党ながらキャスティング・ボートを握った実業同志会が政友会と政実協定を結ぶ過程を平生の観点から検討する。平生はこの協定に積極的評価を与えていたが、やがてその成果に失望し、距離を取り始める。第四節では、浜口雄幸内閣と井上財政を批判するようになる武藤と平生や大阪財界の間の溝の深まりを分析する。

第一節　実業同志会の結成と大阪財界

(一) 実業同志会の結成と武藤山治

実業同志会は、一九二三年四月二三日、大日本実業組合連合会が、大阪・中央公会堂において武藤を座長として代表委員会大会を開き、その結成を決議したことによって創設された。実業組合連合会は、一九一七年、中国の関税引き上げに反対して大日本紡績連合会、大阪綿糸商組合、大阪織物業組合などを母体として結成された実業組合の連合体であった。一九二二年には実業組合連合会は営業税反対運動を展開したが実現せず、その政治的限界を悟った武藤のイニシアティブによって実業同志会が結成された。[3]

実業同志会の結成には武藤のイニシアティブと思想が濃厚に反映されていた。武藤は、英国の急進的自由主義を範として、政治の腐敗を革新することを目標としていた。さらに、政治の合理化と一定の社会政策によって、階級闘争と社会不安の激化を防ぐことも重要な目標であった。

武藤の「自由主義」にはいくつかの要素が混在していた。実業同志会の綱領には「公衆の利益を無視する国家の保護及び之を得んが為になす総ての請託及び運動」の排斥、産業の振興、財政の整理、「適切なる社会政策」の実行など種々の要素が織り込まれている。

特に武藤が重視したのは、第一に「実業上の知識経験なき職業政治家」と、一部の実業家・「政商」との結託を排除し社会的不公正を正すことである。同時に、余分な行政活動をやめ、政府会計を合理化して財政を整理し、資本を節約することも重要であった。さらにこれらによって営業税を撤廃するなど、減税を図り、国民の負担を減らす。また早くから金解禁を訴えていたのも経済的自由主義の信条からきたものであった。

以上の目的のため、武藤は実業家が政府党に哀願する姿勢を改め政治的に覚醒し結集する必要を訴えた。

(二) 大阪財界の対応

このような武藤の主張に共鳴した人々の多くが、大阪の実業人であった。実業同志会創立総会において武藤が指名した、宣言、綱領、政策会則の起草委員の大半が大阪財界の有力者であったことからも分かる[4]。特に紡績業に関係する経済人が多かったが、必ずしもそれだけはなく流通、貿易などで活躍していた実業家も散見される。

大阪経済は、第一次世界大戦期中の好景気を契機に急速に伸びていた。しかもその中心は政府の保護によるところが比較的少ない紡績業などの産業であった。政府の保護に頼ることが少なく成長した大阪の経済界が武藤山治の自由主義的主張の共鳴板になっていた。

ただ実際にこのような武藤の政治活動に積極的に関わったのは、主として武藤と個人的に縁の深かった人々や綿業に関係する業界人であった。その中にあって、利害関係を離れて武藤の主張と活動に強く共鳴したのが、当時東京海上専務取締役・大阪支店長の職にあった平生であった。平生は武藤と旧知の間柄であったが特に親しいというわけではなかった。しかし、実業同志会結成にあたっての武藤の主張と熱意に平生は強い共感を覚えた。

実業同志会結成の数日前実業組合招待会に出席した平生は、武藤の演説を聞き、その熱烈さの点において「感泣の外なかりき」と日記に記した。平生は促されて選挙を経ずに減税を行うことはできない旨の演説も行っている[5]。平生は武藤の戦闘的な自由主義に共感を覚えると同時に、武藤が利害を超越して自ら乗り出したことに感激したのである。

もっとも武藤が普選の早期実現に消極的な点に関しては、平生は賛成できなかった。平生は、武藤は普通選挙を危険思想の発露と見なしているようだが、自分は普通選挙を過激思想を予防する唯一の安全弁と見なしている、と日記に記している[6]。しかしこの点も、実業同志会が普選反対を緩和したとして、平生はそれほどこだわらなかった[7]。

共感を寄せる平生を武藤も協力者としてあてにしていた。武藤から側近の一人千葉三郎宛の書簡（一九二三年六月九日）では、大阪では、財政、宣伝、会員募集について種々協議する協議員として本部の平生、平賀（敏、藤本ビルブローカー銀行会長）、庄司（乙吉、東洋紡績株式会社常務）をとりあえず頼むように指示している[8]。

実際、鐘紡常務の長尾良吉が、武藤の使者として平生に黒幕、資金募集の機関として尽力することを求めに来た。これに対して平生は甲南学園の経営を放棄することはできないが、裏面運動には全力で協力すると約束した[9]。また平生は武藤とともに実業同志会設立を実業家に説明する講演を行うこともあった[10]。友人小森雄介を実業同志会のために委員として支援することも試みている[11]。

しかし、実業家の間に支持を広げてゆくには障害が大きかった。まず平生によれば、東京の財界主流は武藤の活動に冷淡であった。特に日本工業倶楽部の一派、「商工業者の貴族院ともいふべき一派」である和田（豊治）、郷（誠之助）、大橋（新太郎）、中島（久万吉）を領袖とする一派は武藤の運動を冷笑して迎え、運動が勢いを増すと見ると抑圧する気配を見せた。武藤を招いて講演させようとする者にはこれを撤回させ、種々の妨害運動をなしたと平生は記している[12]。「財界世話人」の和田、郷らは、まさに武藤が非難した「政府と結託する実業家」の代表で、彼の活動を危険視したのは当然であったかもしれない[13]。

また運動の趣旨に賛成しても加わって協力する財界人は多くはなかった。井坂孝横浜商業会議所会頭も、東京の財界人の集まりの中で、武藤の主張には我が意を得たものが多いが計画が成功するかどうかは未知数なので渦中に投ずることはできないと漏らしている[14]。平生は、筒井順慶流の人が多い中、自ら動かなければ何事も成功しないと嘆いていた[15]。

平生自身も実業同志会への公的な関与を制限された。平生によれば、武藤の運動に賛成する者は進んで私財を投ずるのが「憂国の士」としての義務であるので同志に勧告したところ、友人中でも三井銀行の池田成彬が賛同し、発起人になると一旦は言明したが、三井家に支障があるとして中止させられた。そこで平生自身、平賀とともに資金募集の発起人を引き受けようとしたが、東京海上に迷惑をかけては申し訳ないと考えて社長の各務に相談した。これに対し各務は実業同志会を敵視する政友会が、平生との関係から東京海上を敵視し、政府の庇護を受けている会社商店が政友会の逆鱗に触れることを恐れて取引を中止するだろうとして不同意の意見を述べたのである。やむを得ず、平生は長尾を通じて事情を武藤に告げた[16]。

しかし、平生は武藤に協力することを諦めなかった。むしろこの問題は、平生が東京海上を退職する契機となった。平生は、各務に宛てた退職を希望する書簡の中で概ね次のように論じている。武藤のような私心のない人物が、悪政により国家が次第に危殆に瀕しゆくことを憂えて天下に怒号しているのにもかかわらず、実業家は自己の職業、地位、利害に拘泥して将来の結果を想到していない。このままでは経済界は行き詰まり、失業者も増えるであろう、そうなれば「革命思想」が失業とともに増えてゆくであろう。この上は「一身を賭しても国家社会の為めに老後の努力致候事」が恵まれた者として当然である。しかしそのためには要務の職を辞せざるを得ないので、来年三月までに専務の職を辞したいと[17]。

他方、武藤の協力者である八木与三郎（八木商店店主）は、むしろ「中流に属する知識階級及び下級に属する商工業者」は「悪政」を知り体験もしているので賛同者が多いと語っている。八木によれば会員になろうとする者も二万人に及んでいた。このことを聞いた平生は、武藤の熱意と努力で成功は疑いない、その運動は野心によるものではなく宗教的運動であるからだと記している[18]。

実業同志会は、中小資本家を結集しようとしたとされるが、平生による勧誘の対象は寧ろ大資本に属するビジネスマンであった。当初は大資本も含めて広く支持を募ろうとしたのであろう。武藤や平生からすれば、一部の悪徳資本家と悪徳政治家の結託する現状を放置することが資本主義社会の危機をもたらす以上、目前の利害を超えて、「実業家」が立ち上がるべきであった。資金的にも大口の寄付を行える支援者を必要としていたのであろう。

第二節　第一五回選挙と議会対策をめぐって

（一）第一五回総選挙

実業同志会の最初の選挙は、一九二四年五月一〇日施行の第一五回選挙であった。清浦奎吾内閣のもと護憲三派と与党政友本党が選挙戦を戦った。

この選挙で実業同志会は、国費の三億円節減、各種の廃減税、特殊銀行会社の改革、廃兵の優遇などのスローガンを掲げて戦った。同党は三十数名を立候補させ、武藤山治（大阪市）、鷲野米太郎（京都市）、川崎助太郎（岐阜市）、田中譲（大阪市）、前野芳三（大阪市）、小林弥七（高崎市）、小林喜代太（久留米市）、森田金三（神戸市）の八名を当選させた。当選者八名のうち、五名が京阪神、大阪市で三名が当選した。実同の基盤が阪神間とその周辺部にあることが選挙にも表れていた[19]。

大阪においてこの頃実業同志会の活動に関わった中心は、庄司、高津久右衛門、八木与三郎、豊島久七、田中、川崎、市居嘉三郎、金澤仁作であったが[20]、平生もこの選挙に資金集めの面で多少関わっている。

一月初め、平生は武藤から直接選挙に協力するよう要請を受けた。武藤によれば、少なくとも次の選挙で三、四〇名の議員を選出させる意気込みであるが、そのためには、七、八〇名の候補者を擁立する必要がある。それには五〇万円の資金を要する。武藤の私財から二〇万円前後は調達できるが、そのほかは有志の醵金によらなければならない。比較的資金豊富な人で、運動に対して自覚を有する有識有産の人から資金を募る必要があるが、武藤自身があたると種々の誤解を招く恐れがある。そこで平生にその資金募集の仕事を頼んだのである。これに対して平生は最善の努力を惜しまないことを約束した。平生の意気込みは大きかった。商工業者は「政弊」の大きさに、今や武藤の議論に耳を傾けるものが少なくなく、日本全国の都市に漸次支部を作るに至り、来るべき総選挙において少なくとも三、四〇名を当選させる勢いを生じた。総選挙は実業家が政治圏に入って活動することが可能かどうかの試金石としてその結果は実に重大であると記している。[21]

もっとも平生は、その後足の腫れ物の病気のため十分に活動できなかった。そこで一月末、平生は長尾を呼び出して謝り、同時に一万円を寄付した。[22]

それでも平生はその後何人かに寄付を依頼した。たとえば各務に依頼して一万円の寄付を得た。各務からの寄付は、彼が運動の意義を認めたことになるとして平生を非常に喜ばせた。[23]

興味深いことに、平生は三菱財閥の岩崎久弥にも会見し、実業同志会の「カムペーン　フハンド」になることを依頼している。しかし岩崎は武藤は融通の利かない人なので成功するかどうか分からないと疑問を呈し、政治運動に資金を出すことは三菱合資会社より禁ぜられているので、「仮に御付合をするとするも貴君の後に従ふのみ」と冷淡に反応をした。[24] 岩崎の冷ややかな反応は予想されたことのように思えるが、平生からすれば、武藤の運動は「実業家」が国家の合理的運営のために政治に参入するもので、財閥といえどもその例外であるべきではないという趣旨からあえてこのような申し込みをしてみたのであろう。

なお、実業同志会はかなりの金権選挙を行い、不慣れもあって、幹部クラスに選挙違反の逮捕者を出し新聞紙上などにおいて批判を受けていた[25]。これを新聞で知った平生は、現代の腐敗した選挙界ではやむを得ないことであり深くとがめるべきことではないという見解を記している。むしろ武藤は多少のことで辞職すべきではなく、どのような迫害に接しても所信を行うべきであると考えていた[26]。

当選者の数が当初の予定に届かなかったことや選挙違反によっても、平生の実業同志会支持は揺るがなかった。そのため平生は選挙後も武藤の政治活動を支持し、また相談に与った。

平生は選挙直後武藤に招かれ、今後の資金調達方法について相談を受けた。武藤によれば、同志会の宣伝、選挙費用として年々一〇万円以上を集める必要がある。そこで、一口一〇円で一万人の会員を集めるとして一〇〇人の世話人が一人につき一〇〇口ずつ募集する義務を負うことにすれば、資金を調達でき、また同志会の勢力を拡張できるであろうと武藤は論じた。平生もおもしろい案であるとして賛成した[27]。選挙結果に限界を感じた武藤が、資金的にもより大衆的な基盤を持った政治活動への切り替えを模索し始めていたともとれる。

またその場で選挙での護憲三派の勝利を受けて、加藤高明内閣が成立した場合の議会対策の協議も行った。その結果具体的な財政経済政策を掲げて政府に迫り、具体的な対応を引き出すということになった[28]。実際六月二八日開会された第四九議会では、武藤と浜口雄幸蔵相の間で本格的な財政経済政策に関する論戦が展開されたのであった。

(二) 議会における孤立と「政治更新連盟」

しかし実業同志会は議会でしばしば孤立し、その政策を実現することは困難を極めた。第四九議会で議員法改正案を提出し議会の非能率を論じた武藤に対して、与党は議会を侮辱したとして懲罰委員会に付そうとした（結局譴責）。また、営業税廃止法案は、審議未了で葬られた。

一九二四年一二月に開会した第五〇議会でも、実業同志会が提案した営業税、織物消費税、通行税、醤油醸造税、地租廃止の決議案は審議未了となり、金輸出解禁の決議案も否決された。

さらに、綿糸輸入関税撤廃問題をめぐっては、支持基盤に重大な亀裂が入ることになった。当時、綿糸関税撤廃運動を展開するメリヤス業者と反対する紡績業者の対立が顕在化していた。第五〇議会では、政友会、革新倶楽部、憲政会の与党三党が、この問題をとりあげ綿糸関税撤廃の建議案を出してきた。綿糸関税撤廃案に対して実業同志会は、綿糸紡績会社のみをいじめる法案にすぎないとして反対した。同法案は、結局貴族院で審議未了に終わったが、実業同志会にとっては打撃になった。支持基盤の一つであった中小の綿織物業者の利害との矛盾が露わになったからである。撤廃を推進した主要な団体の一つである日本輸出メリヤス同業組合連合会は、大日本実業組合連合会の副委員長として武藤とコンビを組んできた外海鉄次郎に率いられていた。

当初足並みをそろえていたはずの営業税撤廃運動においても外海らとの亀裂が表面化してきていた。営業税の問題に一定の理解を示す政府に期待して運動した外海らに対し、あくまでも全廃を要求する武藤は厳しく批判を加えていた[29]。第五一議会において、憲政会が主導する税制整理の一環として営業税法は廃止され、営業収益法が成立する。収益税化により大衆課税的側面を弱めた法案を日本綿糸布連合会は歓迎したが、武藤はなお批判し続けた[30]。

武藤は、議会での孤立した立場を、提携によって強化しようと考えた。一方少数野党に転落していた政友本党も、提携相手を求めていた。特に有力幹部山本達雄は、武藤の徹底した緊縮財政の方針に親近感を抱いていた。そこで、武藤とも床次党首とも親しい平生に仲介役を果たすよう求めてきていた。しかし平生は、「唯我独尊」の武藤と他党との提携はうまく行かないだろうと考え、仲介を躊躇した[31]。

実際には議会対策に行き詰まっていた武藤も提携に積極的であり、一九二六年三月、両党は「政治更新連盟」結成の覚書を交わした。ただ、その後床次は、政権の譲り受けを期待して憲政会との提携に走ったので、実同と本党との提携は意味を失うことになる。

ところで平生が両党の提携に深入りすることに躊躇したもう一つの理由は、武藤が平生の第三者的な仲介を許さず、実業同志会に本格的にコミットすることを求めてくるだろうことを予想したことにある。[32]

平生は、欧米漫遊後、一九二五年四月かねてからの望み通り東京海上専務取締役を辞任し、比較的自由の身になっていた。しかし、甲南学園の経営に力を注いでいた平生は、実業同志会への全面的なコミットを避けようとしていた。もっとも武藤への支援をやめるわけではなく、その後も客分的存在として重要な相談に与ってゆく。

(三) 行財政政策に関する決議案作成と第五一議会

一九二六年後半、実業同志会は、次の選挙に備えて政策をより具体化、体系化する準備を始めた。一〇月初め、平生は武藤、庄司、田中、八木(幸吉)、平井国三郎ら、武藤の側近、協力者たちとの会合に参加している。そこで、行政財政整理の根本的改正案に関する実業同志会の方針を聞いた。その案は、政費の大幅節約を目的として、行政改革を行うものであった。省庁の統廃合により内務、外務、国防、産業、大蔵の五省に統合し、大学、高等学校、鉄道、製鉄所等を漸次民間経営に移すなど、「革命的」な行政改革であった。平生は、行政改革案につき「随分思切たる案にして、如何なる政党も夢想だせざるもの」として「感服」した。ただこの時武藤が協力を希望したのに対して、平生は「到底政界に於て馳駆し現在の如き政党を相手にして戦ふの実力と熱望を有せざる」ので、「迂路ながら教育の力に依り国民性の矯正革新を計らん為め全力を尽くさんとする」つもりであることを告げて、これを謝絶した。[33]

一一月末には、実業同志会事務所に代議士、役員が参集して宣言、決議文を評議し、平生も参加した。そこで評議された決議案の概要は行政及び財政整理を断行して国費の大節減を期すこと、国有鉄道の益金に経常収入を移すこと、関東震災復興費は外債により支弁することとして国民に長年にわたり均分負担させること、これらにより生じた剰余金を義務教育費の国家負担のほか、地租及び営業税の全廃、所得税免税点の引き上げ、清涼飲料税の全廃、砂糖消費税の全廃、毛織物消費税の全廃、登録税及び印紙税の引き下げ、酒及び煙草税の引き下げ、関税、社会政策的施設、鉄道運賃の軽減に振り向けるとした。これらをもとにして翌年一月の実業同志会の第九回全国大会で決議がなされてゆく。

平生は政党の決議としては「破天荒ならん」と評し、今や一般国民は未曾有の不景気に直面して打開の道に苦心しつつある際、実業同志会が数字とその方法を明示して行政財政の整理を説けば、普選に直面している国民は必ず実業同志会が公正なる政治の実行を目的にして精進しつつあることを知るに至り、来るべき総選挙において同会の政策に賛意を表するものが輩出するだろうと考えた[34]。平生は実業同志会の画期的な政策が選挙民の支持を受けるであろうと考え、将来について楽観的であった。

一九二六年一二月に開会された第五一議会において、武藤は前述の決議の方針に基づいて政府と論戦を交わした。特に武藤の議論が脚光を浴びたのは、震災手形問題で政府を厳しく追及した時であった[35]。一九二三年九月の関東大震災時決済が困難になった手形について、政府は支払猶予令を公布するとともに、日本銀行が震災手形を再割引し同行が被る損失に対しては一億円を限度として政府が補償する措置を取っていた。しかしその後この「震災手形」の決済は進まなかった。そこでこの震災手形を政府保証などによって救済するため、政府は二七年一月「震災手形善後処理法」、「震災手形損失補償公債法」を出した。武藤は、これら震災手形関連法案は政治家と結託する「政商」を救済するための法案であるとの批判を展開し、議会外でも反対集会を開いた。この時は与党憲政会と政友本党の提携発表に反発した政友会も武藤に同調し、議会は大荒れとなった。結局、政府は政友本党の力を借りて震災手形関連法案を通したが、審議の過程で多数の会社の経営不安が明らかになり、金融恐慌の引き金となった。

平生は、震災手形関連法案は政府による「政商」の救済案にすぎないという武藤の主張に同調した。震災手形整理案に賛成する政友本党と手を切ることについて武藤から相談を受けた平生は、ともかく法案通過阻止に全力を尽くすことが先であると答えている[36]。また、代議士千葉からの同時期に出ていた九州製鋼救済案だけでも食い止めたいという依頼にこたえ、床次に働きかけた[37]。これについては実現し床次から平生の助言を受けた結果である旨の伝言が届けられた。[38]

第三節　「政実協定」とその波紋

（一）第一六回選挙

一九二七年四月枢密院の台湾銀行救済緊急勅令案否決の後、若槻礼次郎内閣が総辞職し、田中義一政友会内閣が成立した。同内閣のもと一九二八年二月、第一六回総選挙が行われた。この最初の普通選挙において、実業同志会は三一名を立候補させながら、当選したのは、武藤山治（大阪府）、川崎助太郎（岐阜県）、千葉三郎（千葉県）、松井文太郎（福井県）の四名のみであった。

実業同志会が勢力を後退させた理由について、当時八木商店副支配人として実業同志会を支援した杉道助は、候補者難、前回の選挙違反にこりたことと並んで武藤の「理想が実際政治に中でいれられなかったこと」を挙げている。[39]武藤の政策の実現が議会で阻まれ、支持基盤に亀裂が入る中で、熱気が冷めてきたのであろう。

候補者難については、平生も候補者が当選可能性の高い地区からのみ立候補を望み、時間を費やしてもなかなか候補者を選定できない事態を見て慨嘆していた。平生は武藤の奮闘に対して誠意を以て支持するもの少なくややもすれば自己の利害と打算に走るのは遺憾千万であると記していた。[40]実業同志会が組織政党として脱皮できていなかった状況がうかがえる。

（二）政実協定の締結

他方、この選挙において与党政友会は過半数を制することができず、民政党との議席数の差は僅かであった。ここに小政党がキャスティング・ボートを行使し得る余地が生じた。武藤は、小党でも影響力を行使できることを示すためにこの機会を利用しようとした[41]。

実業同志会は、一方で諸派を糾合して中立連盟の結成を図り、他方で政友会内閣との交渉に応じた。平生もこの交渉の下相談に与った。以下、交渉の経緯と平生の反応を見てゆくことにする。

選挙の二日後政友会から提携の申し込みがあり、その翌日民政党側からは瀧正雄を通じて両党は主張が同じなので協力し不信任案に同調するよう申し入れがあった。武藤は民政党の申し入れは抽象的で受け入れがたいと断り、政友会との交渉に応じた。武藤は計数に明るい大口喜六大蔵次官を交渉の窓口にするよう要求し、政友会はこれに応じた。武藤はこの大口を信頼して政友会との交渉を進めた。

三月九日、武藤邸で行われた交渉方針に関する下相談会に平生は出席した。参加者は、武藤、平生のほかに庄司、平井であった。会合では武藤から交渉の発端の経緯に関する説明の後、対処方法について協議がなされた。結論は、多少の譲歩を覚悟しつつ条件を出し、その交渉は武藤に一任することとなった。平生が記している条件は、一、営業収益税の廃棄、二、現役兵卒の給与を二〇〇円ないし三〇〇円に引き上げること、軍人の遺族廃兵の給与の増加、三、鉄道益金の普通歳入への組み入れ、四、煙草専売率の引き下げ、五、政友会が絶対多数を得ない限り鉄鋼、木材、毛織物の関税を引き上げないこと、六、会計検査院の権限を拡張して特殊銀行及び会社の会計に及ぶことであった[42]。実際には、武藤は三〇項目に及ぶ要求を政友会にぶつけたようではあるが、いずれにしても営業収益税の撤廃を柱とする実業同志会の主張の相当部分を盛り込んだものであった。

だが平生は、政友会は「欺瞞や恐喝を以て常套手段とするもの」であるので、臨時議会通過後は約束を遵守しない可能性があると考えた。そこで、平生は申し合わせは覚え書きとして公表し、政友会という世間からは不正義の集団と見られている政党と提携するに至った顛末と主意を明確にする必要があると主張した。武藤は約束を反故にするのは先方の不利であると反論したが[43]、結局受け入れた。平生は、政友会に対する警戒心を持ちながらも、議員四人の政党が「一大芝居」を打つことに、多少「快味」を感じていた[44]。

武藤と望月（圭介）、大口の第二回会見は一六日に行われて、一八日には協議に関する武藤の声明書が出された。武藤は平生の主張通り政友会との交渉が始まった経緯を公表し、その意図を「私共は吾々平素主張の幾部分を容れて一づつでも善政を行はんとする政党を助け、この国家の難局に当たり幾分の義務を尽さんとするに過ぎない」と表明した。

一九日、平生は武藤を訪問し、望月、大口との交渉経緯を聞いた。これによれば、大口からは大体において実業同志会の提案に大賛成ではあるが、営業税全廃などなかなか実現困難な閣内事情があることを聞かされた。しかし平生は、会見の結果が具体的問題に入らず単に政友会内閣の財政に関し事情話を聞くにとどまって、実業同志会の主義主張を納れる形跡が明確でないことを遺憾に思った。実業同志会としては「具体的明白的に申合をなす」のでなければ、実業同志会は政友会の大風呂敷の中には包容せられて其存在さえ認められなくなり自然消滅に至ることを恐れると記している。そこで平生は「何等政治的意味野心を有するものにあらざることを明白にし、以て満天下の士に訴ふることが尤も機宜の処置」であると武藤に忠告した[45]。

しかし政実協定の交渉に対して、概ね世論は厳しかった。平生は、実業同志会と政友会の提携に関してはその提案の実際が発表されないので新聞などで反実業同志会熱をあおっていると考えていた[46]。

二三日武藤の大阪の自宅に集まり、川崎、豊島、庄司、八木（与三郎）らと政友会の回答に備えて対応を準備した。その翌日も武藤の招きに応じて観音寺林邸に赴き、平井、八木（幸吉）、庄司らと協議している。この場で平生は、実業同志会は「平素主張せる尤も現実的にして尤も民意を得べき条項に於いては固守」し、もしこの点において政友会の譲歩を得られなければ断然決裂のほかないと主張した。その理由は「根本主義の固守主張の為めに物別れ」となることは、実業同志会の将来の発展に資するが、「平凡なる妥協吻合は実業同志会を興廃に導くもの」だからである。そこで最も根本となるべきものは、営業収益税全廃の法律案を次の通常議会に提出すること及び鉄道の益金を経常収入に編入することの二点であるとした。平生は万一決裂しても協定成立よりも将来のため望ましいことであると最後に述べて一同の賛成を得た。翌日の協議でも、平生はこの二点を固執すべきであると主張し、妥協するとしても、地租・営業税半減案を次期議会で提出させ、その後全廃案を提出させるべきであると主張した。鉄道収益の経常収入繰り入れについても、手盛りにて建設改良をなすの弊を絶つために必須の条件にすべきであると主張し、合意を得ている。[47]

二五日八木幸吉より電話があり、地租委譲と営業収益税の全廃のために財源として一億三千万円を要し、うち九千万円前後は捻出できるが残り四千万円については所得税中の上位にあるものの累進率を増してこれに充当せざるを得ないと大口の説明しているのに対していかに回答すべきか、問い合わせてきた。平生は税制整理により不足を補填することを主張する旨の助言をすると同時に、全廃ないし半減の次議会からの即行論を改めて述べた。[48]

しかし、交渉が長引く中、実業同志会に対する評判は悪化していた。この時期平生が力を入れ始めていた大阪自由通商協会の会合でも、政友会と実業同志会の妥協を皆が非難する有様であった。[49]

危機感を抱いた平生は四月三日武藤を訪問し、実業同志会は政友会にあざむかれていると危ぶむものが知識階級に多いので、一日も早く決着するよう促した。この時はさすがの武藤も弱気になり、資本家は援助も評価もしないとして、実業同志会の解散、あるいは無産派を助けて資本主義の弊害を排除するほかはないかもしれないと述べた。[50]

結局、四月八日に政友会と実業同志会の政策協定が成立した。この日、平生は実業同志会の本部に赴き、政友会との最後の会談を前にして川崎、森田、高津らと政友会の妥協案について協議した。この案では営業税全廃は昭和六年度から（ただし免税点を四年から引き上げ）、鉄道会計の一般歳費への繰り入れについては確約を与えていなかった。協定案は実業同志会の主張と懸隔があり、平生は「衆愚の共鳴」を受けることは難しいだろうと考えた。しかし、代議士四人の小政党では仕方がないので、平生は協定することに賛成した。[51]会談後、再び深夜武藤より協定に関する説明を聞いた。大口に同情して協定するほかはないとする武藤に対して、平生は付け加える言葉がなく沈黙した。政友会が協定を履行しないのではという意見も出たが、その場合は不信任案に投票するだけであると武藤は反論し、結局武藤に一任することに決した。

平生は協定の内容について到底世人の満足を得られないだろうが、四人の代議士を以て、二〇年来実業家が全廃・軽減を迫ってきた営業税が廃止されることは実業同志会の功績が大きいと記している[52]。世論の反応は厳しかったが、それでも平生は、営業税が廃止される利益は大きく、世人は冷静に考えれば実業同志会の努力に感謝するだろうと武藤を激励していた[53]。

(三) 政実協定の波紋

平生は政友会を警戒しつつも、最終的には政実協定締結に対する武藤の努力に対して支持を与えた。しかし、平生が武藤に支持を与えたのは、この時までであった。

政実協定締結後の政友会首脳の言動は、政実協定の履行を疑わせるものであった。三土忠造蔵相の予算委員会における武藤―大口の協定は政友会を拘束するものではないという趣旨の発言は、平生を憤慨させた[54]。しかし武藤は側近らの前で逆に民政党を非難し、三土が民政党の小川(郷太郎)の質問に引っかかって失言しただけだと擁護した。これに対して平生は武藤が公平な判断力を失っていると考えた[55]。またその後床次が民政党を離れ政友会を支持する立場に回ったことによって実業同志会のキャスティング・ボートが失われたことも、政実協定の実効性を疑わせる要因となった。

結局田中内閣は、二八年一二月に招集された第五六通常議会において両税委譲案を提出して通したが、貴族院で審議未了となった。

実業同志会は政実協定に縛られ本来の政策を華々しく主張できなくなっていた。このことは、平生に不満を抱かせることになった。この時期の平生の最大の関心は、関税問題と金解禁問題であった。前者に関しては二八年一一月八日に予定されていた武藤と大口次官の会見に先立って、平生は武藤を訪れ、政実協定中にもあるとして、鉄・

木材関税の引き上げ中止を政友会に働きかけるように依頼し承諾を得た。同時に武藤からの依頼により大口との会見にも参加した。この席で、大口に対して平生は木材関税引き上げ中止を迫り、同時に金解禁に対する政友会の態度について議論を交わしている[56]。しかし、結局木材関税は引き上げられた。

平生はついには実業同志会の路線と政友会のそれとを同一視し武藤は政友会に入るべきであると論じるようになる。一九二九年二月大阪の経済人の懇親の場であった大阪倶楽部での午餐の場において、床次、武藤の去就問題について論じられた（川崎、八木与三郎も同席）。平生は「武藤氏も世人はもはや氏が政友会と運命を共にするものと認めた以上」この際「政友会内閣の一員として自己の主張を達成することが政治家として意義もあり将来あるものなりとの説」は各人が認めるところであると記している。また去就が不鮮明では人気を博すことは困難であり、武藤でさえ次の選挙では当選の見込みが薄いと唱えるものさえいた[57]。

田中内閣末期には、武藤を見放す空気は大阪の財界人全体に広がっていた。たとえば一九二九年六月田附政次郎は、自分は同志会の党員として同会のために尽くしてきたが、武藤は「殆んど専制君主の如く、自分の信ずるところでなければ何人の意見も採用せず」、これでは政党として勢力を扶植できず「徒らに巨額の資金を放下する」のみであるので、「自分は脱党せん」との意向を平生に対して示した。これに対して平生は、たとえ少数でも高潔な政治家が大切と考えて援助し、重要な会議の時は招待を受ければ参加し意見を述べることとしてきたが、最近はこのような会合もない。政費としては二回の総選挙に際し各一万円を寄与したのみである。自分は武藤のような人が一人でも政界にあることを喜ぶものであるが、政友会との政策協定が「不純なる病菌を植附けたる」きらいがある。また「今や同志会は政友会と行動を共にし同党のために引づられ行くの感あるは如何にも恨事といふべし。且両税委譲の如き、又金輸出解禁にある年限を設けんとする如きは余と全く意見を異にするところなる」旨を述べたところ、田附も同感であると応じた[58]。

「将軍」の異名を取り綿業界の有力者として名をはせていた田附のこの発言は、大阪財界の中でもこの時期までは実業同志会に資金援助する者があったことを示すものではある。しかしその支持も途絶えようとしていた。武藤の独裁的な行動が露わになったのは、政実協定以後実業同志会が政友会を支えることになったことに対する支持者の不満が強くなったからであろう。

また平生が、両税委譲と金解禁問題についても武藤とは意見を異にしていると述べていることも注目される。武藤は第五六議会において両税委譲の本質は農村救済にあると発言していた[59]。基本的に都市経済人の立場から農村指向の政友会を批判してきた平生と武藤の立場との距離は大きくなっていた。

実業同志会は一九二九年国民同志会へと名前を改めた。もはや武藤の政党は、「実業」の名を冠する必要がなくなっていた。

第四節　民政党内閣への対応をめぐって

(一) 浜口雄幸内閣の成立と大阪財界

一九二九年七月、田中内閣総辞職後、浜口雄幸民政党内閣が成立し、その民政党内閣の金解禁政策、緊縮財政政策を大阪財界の多数は支持し「経済更新会」を設立した。

他方、実業同志会(四月に国民同志会と改称)への支持はほぼ失われていた。たとえば平生は、選挙前大阪倶楽部の食後の懇談会で武藤の政界における立場を次のように論じている。平生は、武藤の政見は政友会に似たものが少なくなく、民政党に反対するものであれば、この際政友会に入党し、「党内に在りて政友会の革新を計られては如何」。武藤の真率にして公正なる人格、不撓不屈の精神、豊富なる常識、熱心さなどを以て政友会の「悪辣なる企図を有する者」を駆逐すれば、武藤の財産は有効に活用され、その勢力も倍加し、実際政治家としてその見識と手腕を国家民衆のために利用することができるだろう。もし武藤が「政友会の如き悪質代議士を抱擁する政党に入るを好まず」とすれば、むしろ政治教育に財力を注ぐべきであり、「巨額の資金を投じて数名の代議士を選挙すること」は浪費である。この場には八木（与三郎）が同席しており、平生の発言には忠告の意味もあったのであろう。しかし八木は、平生と同意見であるが武藤はとてもこのような意見に耳を貸さないだろうと答えている。[60]平生は、武藤は政友会入りするか、さもなくば政界から引退するべきであると論じるようになっていた。

伊藤忠兵衛も、実業同志会（国民同志会）について今や多数の支持者も漸次離散せんとする状況にあり、武藤の麾下に集まる者は「単に武藤氏より選挙費をかせがんとするもの、平素同氏に養はれつつあるもののみとなるの恐れなしとせず」という状態であると述べている。[61]平生によれば選挙直後の大阪倶楽部での懇談では、民政党の勝利に祝意を表せざるものなく、政友系の人々や実業同志会系の者は沈黙する雰囲気であった。武藤については、紡績業では常に合理化、能率増進を唱えているのに、政治的には「能率薄弱なる手段を取りつつあるは如何にも笑止ならずや」と言うものすらあった。[62]

武藤は大阪財界において有力者の支持をほぼ失い、選挙資金についてはそのほとんどを自己資金を持ち出して三〇年二月の選挙を戦ったと考えられる。

（二）武藤による井上財政批判とその反響

大阪財界の大勢が民政党内閣を支持したのに対して、武藤は民政党内閣の金解禁と緊縮財政を真っ向から批判するようになっていた。武藤は、政友会の「極端な積極政策」と民政党の「極端なる消極政策」の両者ともに非であると主張していた。[63]武藤は、民政党が金解禁を急ぐために、消費節約政策を行うと不景気を引き起こし、小商人や、労働階級に、「破産や、失業の苦しみを受けさせる」ことになると主張していた。[64]

かつて金解禁即行論を唱えていた武藤が新平価解禁論者になったことは、波紋を呼んだ。しかし新平価解禁論者の一人であった高橋亀吉が、「当時、旧平価解禁反対論者は『国賊扱ひ』されたものだが、殊に大阪ではそれが酷かった」と回想しているように、武藤の新平価解禁論は大阪財界での評判が芳しくなかった[65]。

平生は、選挙後武藤側近の長尾から、武藤と一度会って井上蔵相と議論し理解し合えるように説くことを頼まれた。平生は武藤とは経済問題で意見が異なるので会見を避けてきたが、選挙も終わったので一度会うことを承諾した[66]。長尾の依頼は、平生と井上の関係が近いことを知ってのことであろう。

あたかも大不況下紡績産業の業績も悪化し、三〇年四月には「温情主義」の経営で知られた鐘紡でも、四割の減給を発表した結果大規模な争議が発生した。武藤は一月鐘紡社長の地位を退き、多額の退職金を受け取ったばかりであった。前例を見ない多額の退職金を受け取った後で減給処分が行われたことに対する世論の批判は強かった[67]。

平生も鐘紡の減給発表に批判的であり、まず配当の減配を行ってから減給を行っても決して遅くないと考えた。平生は、武藤を非難する者は、同氏が昨年来配当も減ぜず、減給もなさず、三〇〇万円を取得した後にこの措置を後任者になさしめたと考えている、自分は武藤がそのような不潔な輩とは思わないが市井の人はこのような非難を首肯するだろうと記している[68]。

四月一〇日平生は武藤宅に赴いて議論を交わした。まず鐘紡の減給問題について、武藤は減給を以て馘首に代えるものであると主張した。馘首よりも減給が好ましいことは肯定しつつ平生がまず減配を公言せよと迫ったのに対し、武藤は減配を公言することを躊躇した。一方武藤は、現在の経済苦境は井上財政のためであると批判し、平価切り下げ論を展開した。平生もこれに反論し、また武藤に井上と議論することを勧めたが、武藤は小なりといえども一党の党首であるので特別議会でオープンに議論すると答えている[69]。武藤と平生の会見は物別れに終わった。

平生は、鐘紡の争議を武藤の政治活動と結びつけて考えていた。武藤の活動を振り返って平生は次のように述べている。武藤が大きな犠牲を払って政界革新に乗り出した時は自分も応援したが、前々回の選挙後引っ張りだことなってさすがの武藤も政治教育家より転じて所謂政治家たるの野心を生ずるに至った。前回の総選挙では「数十万円を費して六人の議員を出し」たが、一党の首領として名もない候補者を強いて当選させるためには巨額の資金を要し、それゆえ巨額の退職金を受ける必要が生じたのであろう。要するに武藤が「純然たる政治教育家たるを離れて実際政治家として政権に参与せんとするの野心」を起こしたことが今回の鐘紡争議の発端であり、武藤は「六名の同志議員を得て却って世人の信用を失」った。武藤が政治教育家であることを任じていれば、「数百万円の軍資」を必要とせず、「年々失ふところの資金の何分の一を以てするも優に氏の目的を達するのみならず、武藤に対する崇敬と信用は益加はって晩年を飾るを得しめたらんに実に惜むべき事なり」と記している[70]。

さらに鐘紡の争議以上に平生が批判したのは、金輸出再禁止と新平価解禁論であった。精力的な武藤は、新平価解禁論を以て議会で井上蔵相と論戦しただけでなく、『井上蔵相の錯覚』（東洋経済新報社、一九三〇年八月）などを出版し、各地を講演して回った。平生は武藤の活動に強い危惧の念を抱くと同時に、武藤が感情的になって常軌を逸しているとさえ考えるようになった。

九月平生が参加した大阪ロータリークラブの会合で武藤の平価切り下げ論が話題となった際、一同は武藤の議論が民心を惑わし、「其結果や恐るべきもの」があると論じた。また倒閣運動に利用されれば、結果的に為替の大幅な低落につながるとする議論も盛んであった。その際平生は、近年武藤が感情的になっているとして、その事情を次のように論じた。

武藤が政党政治の腐敗を嘆いて政界革新のために政治に足を踏み入れた時、最初多少とも後援をした者は「棉業者の一部」で、鐘紡と取引のある人々のみであり、その後彼らも漸次其旗下を去って孤軍奮闘となった。選挙後は政実協定により一挙に年来の目的を達しようとしたが、政友会は利用しただけで協定事項はほとんど実行されるにいたらず、武藤は「世人より愚挙を嘲笑せらるるに至りし事実」は「正直にして一徹なる氏をして憤懣措く能はず」。いわんや民政党が絶対多数となり、その内閣の大蔵大臣として武藤とは犬猿の仲の井上が蔵相に就任した結果、その「感情が興奮」してきたものであり、「深く同情すべき者にあらずや」と論じた。さらに平生は、実業家中において政治の更正のために「渾身の努力」と「巨額の財産」を投じて「国家のために尽くさんとする士」はほかにあるであろうか。傍観して何ら国家のために貢献することなく徒にほかの行動を非難する実業家に対して武藤が「憤慨措く能はざるは当然の事ならずや」と論じた。これに対して「一同黙」したと平生は記している。[71] 平生は、武藤が感情的にならざるを得ない現状は、利己的な実業家の非協力に由来するとあえて極論したのであろう。他方で平生は武藤について感情的になって常軌を逸していると考えていた。

さらに武藤は大阪の経済更新会の金解禁政策支持をも批判の俎上に載せた。[72] このような武藤の言動は一層平生たちを刺激したであろう。

平生によれば、一一月大阪倶楽部での午餐の席で、武藤の金輸出再禁止、新平価解禁論が話題になった際、武藤の近来の行動について「頭脳に多少変態を生じたるにあらざるやを訝る」者さえおり、独断的な論調を皆訝ってい た。平生は武藤の貨幣価値下落による労賃引き下げの議論を「一種のペテン」であるとして、かつて世間の尊敬した武藤が「かかる暴論を主張せるに於ては、今や不景気のために苦悶せる無智の輩を扇動することなしとせず。寧ろ財界擾乱の恐れなしとせず。実に氏のために惜むべき事である」と記している。[73]

武藤の新平価解禁論は、多くの大阪の経済人にとって理解しがたいものであった。平生やその周囲の経済人には、金解禁政策をめぐる武藤の言動は「経済知識もなく世界の大勢にも通ぜざる地方民を迷はし」、「殆んど常識を失ひ常軌を逸した」ものと映っていた。平生は武藤との仲が決定的に悪化しないように、接触を避けるようにさえなった。[74]

歴史的評価の観点から見れば、武藤の金解禁政策批判は誤っていた訳ではないであろう。民政党内閣崩壊後、犬養毅政友会内閣の手で行われた金輸出再禁止政策がその後の景気回復への第一歩となった。[75] しかし、政治家としての武藤への支持はこの間に最終的に失われてしまった。武藤は、一九三二年国民同志会を解散した。

小括　まとめと考察

平生は武藤の戦闘的な自由主義と行動力、熱意に共感し実業同志会を支援した。実業同志会に対する大阪財界による支援の熱気は徐々に冷え込むが、それでも平生は田中内閣との政実協定までは支持し続けた。しかし田中内閣末期から民政党内閣期にかけて平生の武藤への支持は失われ、それは浜口内閣へと向かうことになる。

平生は、武藤の人柄に対しては終始敬意を払っていた。武藤没後の追悼文の中で平生は、「武藤君は、高潔清廉の士にして、初心を断行するに何者をも怖れざる点に於ては、現代に稀に見る快男児である」と述べている。また武藤の特徴としてその「動かざる自信力」を挙げ、「武藤君が紡績界の雄として大成功をなしたのも、又実際政治家として失敗したのも、君の天賦の性格と自己の修養により得たるこの牢固として動かざる自信力の然らしめたるものと謂ふべきか」と論じている。[76]「自信力」故に実業家として大きな成功を収めたが、政治家としては支持者の声に耳を貸さず失敗したというのが、平生の武藤への最終的な評価であった。

平生の思想と活動はある程度まで大阪財界の自由主義的潮流の上に乗っていた。武藤が実業同志会を立ち上げた時、積極的に支援するかどうかは別として支持する人々が一定程度いた。しかし次第にその熱気は薄れ、政実協定以後一層低下した。さらに大恐慌期の武藤の新平価解禁論などの主張は、大阪財界の理解を得られなかった。

一九二〇年代前半に実業同志会を支持した大阪財界の自由主義的潮流は、二〇年代後半には、自由通商運動や金解禁政策を掲げる民政党への支持へと流れ込んでいった。

補論二　大阪帝国大学設立の政治過程

――大阪財界と浜口雄幸内閣――

はじめに　対象と課題

現在の大阪大学は日本の第六番目の帝国大学として一九三一年五月一日、大阪府立医科大学の国への移管などによって創設された。当初、大阪帝国大学は医学部と理学部からなり、さらに一九三三年には大阪工業大学が編入されて、医理工三学部から構成される理科系の総合大学となった。

近代日本国家は、西洋文明の移入と国家エリートの育成を主たる目的に官立（国立）の総合大学として「帝国大学令」による帝国大学を設置した。これにより一八七七年の東京帝国大学設立の後、大正半ばまでに京都、東北、九州、北海道の各大学が設置された。

大正期になると、産業の発達とともに高等教育の拡張が行われるようになり、その過程において多様な大学の設立が認められるようになった。一九一八年「大学令」が制定されたことにより、官立のほか公立及び私立の大学が認められ、官立の大学においても単科大学が認められるようになったのである。これにより大阪神戸では、官立公立の大学として、一九一九年に大阪医科大学、一九二八年に大阪商科大学、一九二九年には神戸商業大学、大阪工業大学が設置された（大阪医科大学は大阪府立、大阪商科大学は大阪市立、神戸商業大学、大阪工業大学は官立の単科大学）。

このように、多様な大学の設立が認められたものの「帝国大学」の優位は揺るがなかった。[1] そこで昭和初期になると、大阪にも官立の総合大学を設置しようという機運が盛り上がった。一九二五年一二月大阪府会が「国立綜合大学設置ニ関スル意見書」を決議しているように、昭和の初めから大阪に総合大学を設置する機運は盛り上がりつつあった。他方大阪帝国大学創設運動の中心となったのは、一九二四年大阪医科大学長に就任した楠本長三郎であった。帝国大学と同水準の公立大学の設置に力を注いだ佐多愛彦の努力により日本で最初の公立大学として大阪府立医科大学が誕生していた。[2] 佐多の後を襲った楠本は、さらに設備の充実した大阪医科大学を国立に移管して国立総合大学の核にしようと図った。

しかし大阪帝国大学の設置過程は波乱に満ちたものであった。西尾幾治編『大阪帝国大学創立史（復刻版）』、大阪大学五十年史編集実行委員会編『大阪大学五十年史　通史』は、その経緯と当事者の苦労について記している。これらによれば大阪帝国大学設置過程の概略は以下の通りである。[3]

一九二九年七月、浜口雄幸内閣が成立すると、内務官僚の柴田善三郎が大阪府知事に就任し、楠本とともに理科系の総合大学設置運動を強力に進めた。これに熱心な地元有力者が協力し、大阪財界やメディアが熱心にこれを後援した。

しかし浜口内閣は井上準之助蔵相の下で極度の緊縮財政を展開しているところであり、その予算化には困難が伴うことが予測できた。そこで土地、施設の提供のほか当初三年間の経費など創設準備費一八五万円を寄付することで政府と交渉に入った。これに対して井上準之助蔵相は容易に賛成せず、三ヶ月が空転し、ようやく一九三〇年一二月一九日の定例閣議で大阪帝大設置の件が承認され、翌年三月二日の閣議で大阪帝国大学の予算が追加予算として認められた。さらにこの後、大阪帝大創設問題は議会審議において一層の困難に直面することになった。特に貴族院における反対が強く、一時は追加予算の成立が危ぶまれる事態となった。さらに文政審議会の審議を乗りきってようやく、大阪帝国大学の設置が実現することになった。

以上のような大阪帝国大学設立の際の紆余曲折は、財政緊縮、教育界における異論、貴族院の政治情勢によって生じた。緊縮財政を推進する井上蔵相の方針は、高等教育の面においても厳しく浸透し、浜口内閣は、一九三〇年九月には文部省を通じて各大学に教授欠員補充の禁止を命じ、一九三一年末には各帝国大学に行政整理、人員整理を強制していた[4]。たとえ多額の寄付があるとはいえ、将来相当の経費を要する新たな帝国大学設置を蔵相が簡単に認める情勢にはなかった。

教育界の異論も、貴族院や文政審議会における反対に反映した。貴族院や文政審議会では、長期的に多大な資金が必要にもかかわらず地元からの寄付金に依存して長期的展望を欠いていること、就職難の状況の中さらに卒業生を増やすことへの疑念、さらにそれが「思想問題」へとつながることへの懸念、京都に帝国大学があるにもかかわらず近隣の大阪にさらに作る必要があるのか、追加予算によって実現させるほどの緊急性はない、九州帝大はじめ既存の整備充実の必要があるのに粗製濫造の大学を作る必要あるかなど幾多の異論が出ていた。

これらの反対論に政治情勢が絡んで、貴族院では追加予算の握りつぶし寸前までいったのである。このような障害は予想されたことであり、柴田知事も当初、厳しい緊縮財政下に大阪帝国大学の実現は難しいとして運動の開始を尻込みしたほどであった。

このような厳しい状況にありながらなぜこの時期に大阪帝国大学は設立されたのか。『大阪帝国大学創立史』の巻頭言において、楠本を補佐した大阪医科大学事務長西尾幾治は「多年に亘る熱心な運動は社会の世論を喚起し、全大阪の根強き要望は遂に政府を動かし、朝野有志の賛助を得てその宿望を達し、茲に大阪帝国大学の実現を見るに至れり」と述べている。大阪における熱心な運動が政府を動かしたというのは当事者の実感であろうが、しかし極めて厳しい状況を乗り越えた説明としては必ずしも十分ではない。たとえば名古屋においても同様に帝国大学設置の運動があったが、それが実現したのは一九三九年である[5]。

本章は、この時期に大阪帝国大学が成立した要因として大阪財界と民政党内閣特に井上蔵相との密接な関係が重要であることを論じるものである。第一節では井上蔵相との関係において鍵となる経済更新会のメンバーが設置運動に動きだす経緯を明らかにし、第二節では彼らが直接井上蔵相に働きかけ、蔵相の配慮によって大学設置が追加予算に組み込まれる経緯について考察する。第三節では難航した貴族院での予算審議を、第四節では文政審議会での審議過程を明らかにし、政府と大阪側の一体となった法案承認への努力、帝国大学を必要とする大阪側の論理について考察する。

第一節　民政党内閣成立と帝国大学設置運動の開始

第二章において見たように、浜口雄幸内閣が成立すると井上財政を支援するために「経済更新会」が設立されていた。経済更新会の世話人には、平生や村田のほか、阿部房次郎（東洋紡績社長、大阪商工会議所顧問）、安宅弥吉（安宅商会社長、大阪商工会議所会頭）、片岡安（大阪工業会理事長）、坂田幹太（大阪合同紡績取締役）、喜多又蔵（日本綿花社長）、高柳松一郎（大阪商工会議所理事）が名を連ねていた。その中でも井上と個人的にも関係のあったのが、平生と阿部であった。さらに財界人としては若年であったので世話人の中に入っていないが、伊藤忠兵衛も井上との関係が深かった。大阪帝国大学創設に際しては、この民政党内閣特に井上蔵相と大阪における経済更新会の密接な関係が作用することになる。

一九二九年一二月浜口内閣成立後しばらくして、楠本は総合大学設置運動に乗り出した。楠本は坂田、木間瀬策三（安治川土地常務取締役）ら地元有力者に協力を要請し、両名とも熱心に賛意を表明し協力を約束した。その後すぐに坂田が、柴田知事に会見し、決心を促した。翌年一月一一日、楠本、坂田、木間瀬が大阪倶楽部において、平生、小倉正恒、片岡、高柳、江崎政忠と会談し、「大阪綜合大学」創設が急務であることを相談、いずれも熱心に賛成を表した[6]。

しかし、当初は関係筋の間でもこの運動に見込みがあるとは考えられておらず、柴田知事も最初はなかなか同意しなかったという。それにもかかわらず「世論の力と、有力な遊撃手の側面攻撃と、相俟てとう、知事の同意を強要してしまった[7]」。柴田は、民政系の有力な内務官僚であり、緊縮財政の厳しさをよく分かっていた。その柴田も、民間の坂田らに説得されて動き出した。

楠本の意向に真っ先に賛同して設置運動を援助したのは、大阪の財界人であった。しかも坂田、平生、片岡、高柳などその多くが「経済更新会」の世話人であった。大阪と浜口内閣との結節点にあった彼らが、大阪帝国大学設置に向けて絶好の機会が来ていると判断して動き出したと考えられる。

平生は一月一七日さっそく、田中隆三文相を訪問し、大阪に総合大学を設置する件について打診した。これに対して田中文相は「目下財政緊縮の折柄至難の事なるが一応省内の要部とも相談せん[8]」と答えた。田中文相の反応からも分かるように、当初文部省は緊縮財政の中帝国大学設置に必ずしも積極的ではなかった。

当初、緊縮財政の下で帝国大学設置が可能であるとは知事も文部省も考えなかったのにもかかわらず、政府、特に井上蔵相との関係に自信を持つ大阪財界の関係者が帝大設置に向けて運動を開始したのである。一月一八日以降坂田、木間瀬、楠本が上京して政府当局と折衝を行った結果、帝大創設に脈が有るとの状況判断をし、大阪側の一体となった運動が開始されることになる[9]。

第二節　井上準之助蔵相へのアプローチと追加予算

その後、楠本は外遊し、運動が活発になるのは予算編成が本格化する九月に入ってからである。同月柴田大阪府知事は〈帝大創設に関する上申〉を政府に提出した。また大阪工業会、経済更新会、大阪経済会、大阪商工会議所、大阪工業懇話会などの経済関係諸団体も、大阪帝国大学創設を要望する建議を行っている。柴田知事の上申は、医理両学部を持つ大学の設置の必要性を説く中で、「大阪は其の蔵する経済力と地の利により、工業都市として発展著しきものあり。今や我国工業の中枢たりと雖も、将来に亘りて是れが根抵を培ふ基礎を確立するは、実に我国工業永遠の進歩を策する所以なり。而して工業進歩の根抵は是れを基礎的純正理化学の力に俟たざるべからざるに未だ其の機関を有せざるは、我大阪の文教上、産業上の市大欠陥なりと云はざるべからず」と述べている。建議書の多くも大阪の工業の発展から理科系の総合大学を必要とすることを説いていた[10]。

このような状況の中、楠本、柴田、木間瀬、坂田が中心になって政府への働きかけが行われた。当初、新聞報道などは、楠本らの陳情に田中文相が「最善の努力をする」と答えたと報じ、先行きの明るい様子を伝えていた[11]。しかし九月末になると、「大阪帝大の実現　明年度は無理か」と報じ始める。大阪帝大の実現は財政的観点から実現不可能であるという大蔵省事務当局の意向が伝わったのである[12]。

他方平生たちも蔵相に直接陳情活動を行っていた。平生は九月一六日、伊藤、坂田と同行して井上蔵相を自宅に訪問し、大阪帝国大学設置の諒解を求めた。これに対して井上蔵相は、趣旨には同意であるが、「今日かかる新事業を附加するに於ては目下節約を要望し居る陸軍其他の省よりは必ず抗議が生ず」るだろう、そうであれば「今日に於ては完全なる理科を創設する計画を縮小して講座数も減じ、最初は国庫の力を藉らずして府よりの寄附金を以て支弁することとして法律の改正を実行せしめ、後日に於て制度の改正とか拡張の意味に於て改めて政府の支出を求めんか、一旦設立したる以上は政府は之を廃止若くは放任すること不可能なれば、必ず財源を求めて支弁の道を講ずるならん。依つて其含にて計画の規模を縮小し、とにかく帝国大学設立の事に力を集むることが機宜の処置なり」と述べた。そこに柴田知事も来会しさらに熟議したが、井上は「終始同情的の態度を以て相談し」、「自分の処へは日々幾多の運動者が来るが、今日の如き有力なる運動員が来りしことは稀なり」と述べて「一笑」した[13]。井上が平生たちの要望をおろそかにできなかったことがうかがえる。

さらに、一一月二五日井上蔵相が来阪すると、大阪倶楽部で経済更新会の茶話会の後、大阪の有志と井上蔵相との間で大学設置に関する懇談会が開かれた。その発起人には片岡、加藤小太郎、高柳、坂田、木間瀬、平生の六名があたり、計二九名の政財界の代表者が懇談会に出席した。[14]しかし井上は平生たちの要望に対して明答を避けた。容易に答えられない理由として井上が言及したのは、第一に大阪の運動に触発された名古屋の動向とのバランスである。「名古屋に於ける県立医科大学を文部省に移管せんとするの申出あり。若し大阪に於ける綜合大学を許すに於ては是非名古屋の要望も納るべし。若し之を否認するに於ては、愛知県の民政党議員は全部脱党すべしと威嚇しつつあるを以て、之は政治問題として考慮を要す」ということであった。第二に軍部や各省庁の予算編成に対する影響である。「本年の予算を決定するには陸海軍に向つては随分大なる節約をなさしめたるを以て、他省に於て新規の事業をなさしむるに於ては又々苦情百出して予算の全体へ影響するの恐」があることを井上は理由として挙げている。特に陸海軍の軍縮を行う一方で、新規の事業を始めることが難しいことが示唆されている。これらは「民政党内閣の蔵相としては深甚なる考慮を払はざるべからざる重要なる事由なれば強て要望するも如何」と思ったので、「この問題は濱口総理、井上蔵相、田中文相の三大臣の熟議に一任すること」として懇談会を終えたと、平生は記している。[15]井上はオープンな場ではほかの予算への波及を考慮して慎重な立場を崩さなかった。

平生はこれらの会談の中で、蔵相文相に対しては「大阪府市民の有力者がかくの如く一致の態度を以て熱心に運動せる問題は嘗て聞かず、若し府市民が満足するを得ざる理由の下に拒絶せらるるに於ては、民政党に対する府市民の感情にも影響なきも保せず」と「至誠を以て勧告」したと記している。[16]大阪の一致した要望を政府が拒絶すれば政府への感情にも響くと、脅迫的ともとれるような「勧告」も行えるほど、両者の関係は近かった。

一二月になると、展望が開けるようになり、楠本は平生の運動が「確かに功果少なからざるを認め」て謝意を表した。[17]大阪府が寄付金などにより五年間増加する費用を負担すると柴田知事が申し出たことも効果があったであろうが、その知事をして事態の進展は驚くべきものであった。翌年一月平生がロータリークラブの会合で柴田知事に会ったところ、知事は「いきなり握手して」平生の労を謝し、「大阪帝国大学設立の事がかくの如く順調に運びたることは全く異数にして我々の努力の功空しからざりしを同慶に思ふ」と述べた[18]。柴田知事が驚くほど、順調に進み始めていたのである。結局三月二日、閣議決定された追加予算に大阪帝大創設費が特別会計として計上されることになった。追加予算でようやく認められた以上経緯からすると、大阪帝国大学創設に関する政府の意思決定はぎりぎりまで遅れたように見える。

しかし実際は井上蔵相は早くから帝大創設を認めるつもりで、表向きの決定を意図的に遅らせたのである。井上蔵相と、伊藤、楠本の間には、この件に関する了解が出ていた。楠本・井上両者と親しかった伊藤[19]は、緊縮財政のあおりで予算獲得に困っていた楠本から「表にたたぬ補佐人としてはたらけ」との依頼を受けて引き受けた。その後伊藤が井上蔵相と会話中、井上は「楠本という総長はありゃ天一坊かい」と述べ、楠本への不信感を漏らしていた。伊藤は医者としての楠本を擁護する一方、「あなたがいつもおはなしになるやうに、大阪を本当に立派にするには、学問的に基礎をつくる総合大学をもうける必要がある。是非許可してあげてください」と述べた。これに対して井上は「おれが君を信用しているのは、秘密を厳重にまもってくれるからだ、そこで本当の腹をあかすが、おれはもとより浜口氏も大学開設には大賛成なのだ。ただこれを腹にしまいこんで、半年間隠忍自重する中心的な人物が一人必要なのだ。楠本先生はそれができる人かね」と質問している。井上は伊藤に、大学設置を認める腹を打ち明け、楠本がそのつもりで自重し秘密を守れる人物かと問うたのである。これに対して伊藤は「そのことがまちがいなければ、私が楠本先生に心からうちあけますから」と答えると、井上は承知した。その後、伊藤は帰国した楠本とともに井上を訪問した結果、楠本は伊藤に「殊勲中の最大の殊勲者だ」と述べて涙を流した。しかし一月になっても予算が付かずはらはらしたが、井上蔵相は「おれにまかせておけとの一言だった」。ついに三月になって、大阪帝国大学の追加予算が計上された[20]。この回想からは、井上蔵相が、予算作成全体への波及を懸念して秘密を保ちつつ、早くから大学設置を認めることを伊藤を通じて楠本に伝えていたことが分かる。

また伊藤は後に井上が「実は国会議員とか地方の政治家などは、いくらきたってうるさくはないが、平生釟三郎氏や阿部房次郎氏がきてはなすとうそがいえんし、かといって本音がはけぬ。実は楠本氏が腹においてくれてうまく運動員をおさえてくれるように、君にたのんだのである」と話をしたとも述べている[21]。ここで井上蔵相が、平生、阿部には嘘は言えないが本当のことも言うわけにはいかなかったと述べていることは、好意的態度を示しながら確言を与えなかった対応ぶりの内情を示している。

大阪帝国大学設置の政府決定において、最も重要だったのは、井上蔵相の大阪財界への配慮であった。経済更新会などを通じた大阪財界の支持に、井上は多大の配慮を行っていたのである。

第三節　難航する貴族院審議

大阪帝国大学設置のためには、政府決定の後さらに衆議院及び貴族院で追加予算が承認されなければならなかった。大阪側と政府は、協力してこれを乗り切る。本節ではこの過程にも関わった平生の活動を中心に考察する。

三月一八日衆議院本会議に追加予算案が上程されると政友会が反対した。しかし衆議院では与党民政党が多数を占めていたので、予算は同日に通過した。

問題は貴族院であった。昭和初期の政党内閣期の貴族院では、政党の浸潤を受ける一方、各会派の対立、駆け引きの結果、衆議院を通過した重要法案が否決されることがままあった。浜口内閣下において最大会派である研究会から渡辺千冬が司法大臣に就任するなど貴族院と内閣との提携が一応なされていた。しかし、会派内の対立と不統一が顕著になっていたため、労働組合法案、小作法案が審議未了、婦人公民権法案などの重要法案が貴族院で否決されていた[22]。

大阪帝国大学の設置問題に関しては、貴族院では、教育界の反対論に会派の反政府勢力との駆け引きが加わって、追加予算の承認に不利な情勢となっていた。さらに、情勢を複雑化させたのが、一九二九年に官立の工業大学に昇格したばかりの大阪工業大学関係者の動きであった。帝国大学への編入を希望する学生らの動きと独自の道をゆくことを望む動きが錯綜していた。これに対して政府は編入の計画はあるが予算編成上一九三一年の編入は無理であるという立場を取っていた[23]。楠本らは、大阪工業大学関係者に大阪帝国大学の創設に反対する人々がいると考えていた[24]。

貴族院における不利な状況を見て、楠本、柴田、坂田、木間瀬らが、東京のホテルに陣取って情報収集と工作を行うことになった。これに大阪出身の貴族院議員や平生たちが加わり、貴族院に働きかけを行なった。

審議の山場は追加予算に対する貴族院の予算総会（三月二三日）であった。三月二三日の東京朝日朝刊の記事において「大阪帝大創設に貴族院の反対強硬　政府原案通過に狂奔」、同夕刊には「大阪帝大創設費削除　貴族院の大勢決す　政府の奔走遂に空し」と記事の見出しがついているように、厳しい状況に追い込まれていた。ところが当日、審議をめぐる状況が一転し、大阪帝国大学設置の予算案は通過することになった。この間の事情について、翌日の新聞記事は次のように解説している。

この問題の鍵を握る貴族院最大会派の研究会では、青木信光らの政府系と前田利定らの反政府系の勢力が相対していた。他方追加予算をめぐって、貴族院では、地租減税の政府案に対して、都市部で増税となるため反対する動きがあった。政府系の青木らは、当初、地租減税案を守るため、大阪帝国大学の予算案を犠牲にする計画を立てていた。そのため大阪帝大設置の予算はほかの予算と切り離されて、分科会に送られて審議されることになった。その分科会では反対派が多数を占めていたのである。そのため「案の運命はほとんど決定的であるかに見られた」。しかし、この目論見に気づいた前田らは、むしろこの帝大予算を通し、それとは別に地租減税法案を審議しようとした。その結果、帝大予算については審議の風向きが通過の方向へ変わり「文部省の役人だけでない同じ研究会の分科会に入っていた委員までもが眼を白黒させ」ることになった。また「この間に大阪実業方面の裏面における猛運動が反政府系けん制に役立ったのはもちろんのこと」であった[25]。研究会内の政府系反政府系の駆け引きに、政府与党や大阪側の働きかけが絡み合って二転三転することになったのである。

この時、活躍したのが大阪出身の貴族院議員であった。具体的には野村徳七、菊池恭三、渡辺千代三郎、村山龍平、本山彦一、稲畑勝太郎、田村駒治郎、森平兵衛、湯川寛吉らである。彼らは、村山、本山のような新聞経営者を含めて大阪財界の元老、有力者であった。したがって大阪出身の貴族院議員といっても財界の有力者が働きかけを行っていたことになる。

平生も田中文相や楠本らと連絡を取り合いながら働きかけを行っていた。たとえば三月一八日には、平生は貴族院の文部省政府委員室において田中文相、坂田、木間瀬、楠本らと会し、森平兵衛の案内によって委員室において貴族院研究会の幹部十人と面会し、大阪帝国大学設立に関し陳情を行った。研究会の幹部に対して、柴田知事がこの問題は大阪市民の超党派の希望であることを説明した後、平生は大阪が「商工業の中枢、殊に輸出工業の中心」であるとの観点から大阪帝国大学の必要論を展開した[26]。輸出産業育成のために、その中心地である大阪において帝国大学が必要であると平生は論じた。この「実業家」の立場からの擁護論は貴族院においても一定の説得力を持った。

それでも貴族院の日程は限られている中、貴族院本会議での審議が最終的にどうなるかは分からなかった。楠本らも貴族院の情勢が「形勢は決して楽観すべきにあらず[27]」と見ていた。

三月二五日深夜、会期ぎりぎりに大阪帝国大学の追加予算が通ることになった。ここまでこぎ着けた要因として、政府側の努力が大きかった。伊藤忠兵衛は、政府が予算審議の締め切りの時に「時計を故意に三〇分もおくらせて、可決するほどの熱意をしめ」したのは、「すでに凶刃にたおれておられた浜口井上両氏の魂がのりうつって若槻礼次郎総理が実行されたものと信じる[28]」と回想しているほどである（四月一三日首相の病状悪化のため浜口内閣は総辞職し、第二次若槻礼次郎内閣が成立していた）。

大阪側の奮闘については、平生も、楠本たちの努力をたたえて「この大学案は実に幾多の紆余曲折を経てこのgoalに達したるものにして、此間楠本氏等の努力、不眠不休の奮闘は実に筆舌の説明するところにあらず」と記している。

他方、大阪帝大案が難航した原因としては、平生は貴族院議員の大阪に対する「無理解」があると考えた。平生は「似非学者ともいふべき斯波忠三郎男、眞野秀雄氏等が先達となりて反対を主唱し、貴族院議員の大多数が無学にして教育につき何等の知識なきを利用して種々の屁理屈を力説して彼等を誘惑し、一時は大勢否決に傾くに至りたるほど憂ふべき形勢」となったと反対した教育界の有力者に言及した後、貴族院議員がそれに引きずられたのは「貴族院議員の多数が大阪の実相と実力を知らざるの罪にして、大阪の実力の絶大なること、大阪に於ける工業の発達が異常にして、今日の実況としては工業はpatentに依りて製造は百パーセントまで発達せるも、基礎的知識乏しきためこの上に出づる能はざるの実境にあることを知ら」ないため、「大阪に帝大を創設するを以て北海道や九州や其他の土地に大学を設立すると同様の考を以て判断するの錯誤に陥りたるものなるが如し」と記している[29]。平生は、貴族院議員の多くが大阪経済、特に工業の急速な発達に無知であるために反対論に引きずられることになったと見ていた。

第四節　文政審議会と異論の表出

大阪帝国大学設置の追加予算が貴族院で決議された際、同時に文政審議会の議を経ることという付帯決議がなされた。貴族院を通過した案が文政審議会で覆る可能性は低いと見られていたものの、東京朝日四月一日朝刊が「大阪帝大設置に議論沸騰の模様　文審委員の反対論」の見出しで報じていたように、根強い反対論が噴出する可能性があった。

この審議会で、大阪側の主張を述べたのが、平生であった。後に文部大臣にもなる平生は、教育問題に強い関心を持ち、民政党内閣下において文政審議会の委員となっていた。平生自身の言葉を借りれば「文政審議会は教育行政に干与せし元老学者にして停年に達したる人、大学総長、高等師範、女子師範、師範学校、高等学校、中小校の代表者一名宛、加ふるに三井、三菱の代表者、民政両党の代表者、貴族院議員の代表者、各省次官、早稲田、慶応大学長、海陸軍人の代表者等を網羅せる一団体にして、余の如き無位、無官、無名のものは余一人であり、何の役に立つこともなかるべしと考へ居りたるが、意外にもこの大問題が起り貴族院に於て奇妙なる条件附の議決をなしたるため、余が大阪のため多少の努力をなすの機会が与へられた」（ロータリークラブでのスピーチ）[30]のである。

文部省の赤間信義専門学務局長からも、貴族院議員に対する「実業家の立場よりの設置必要論」は「大なる効果」があったので、文政審議会において「是非共一層の努力を願ふ」と平生は依頼されていた[31]。そこで平生は、柴田知事、楠本、坂田、木間瀬、西尾らと打ち合わせて資料の用意をするなど周到な準備をした上で、文政審議会に臨んだ[32]。

九日に開催された文政審議会は、大阪帝国大学設立に関する政府の諮問案につき、林博太郎を委員長とする特別委員会において審議することとして閉会した[33]。特別委員会のメンバーは富井政章、桜井錠二、赤司鷹一郎、藤澤利喜太郎、岡田良平、鎌田栄吉、川崎卓吉、河田烈、田所善治、山崎達之輔、西村丹次郎、平生釟三郎、斯波忠三郎、小野塚喜平次であった。

一一日の特別委員会では、山崎達之輔（政友会）の反対論などのほか富井、小野塚などから意見が出された。いずれも「小言的苦情附賛成論」であった。これに対して平生は次のような趣旨の大阪帝大設置擁護論を展開した[34]。「我国は土地狭少にして人口稠密、天然の資源に乏しき国柄である」ので「生活に必要なる資料并に原料品の多数を外国よりの輸入に仰がなければなら」ない。「この多額の輸入に対しては何物かを輸出せねばな」らないが、生糸などにいつまでも頼ることができず、「今後は工業の発達に依り加工品の輸出を熾にして以て国際貸借の均衡を図るの外ない」。「我国の工業が比較的短時日の間に長足の進歩を」したのは、「patent の買収と関税の保護と相待つて成立せる模倣工業の結果」である。しかし今後は、「如此く外国の patent に依りて加工する製品を以て、其patent を日本に売込みたる欧米製品と外国市場に於て競争することは不可能なること」は明らかである。「左れば我国の加工品を外国に輸出して欧米品と対抗して市場を獲得し、以て我国際貸借の均衡を得んには我国独自の発明、我国独特の製品を以て競争するの外ありません。我国独自の発明を盛んならしめんには実に工業の基礎知識を涵養すべき理化学の研究に待たざるべからずと思ふ」。

平生は他方で、大阪が「今や我国の工業の中枢であることは何人も否定せざるところ」として証拠となる数字を挙げる。大阪の工業をますます「盛大ならしめ輸出を増進せしめんには我国独自の発明に依る製造方法、製品、機械に依りてより良き品をより廉に製造するの外ありません」と論じた。要するに「我国の現状に於ては工業を発達せしめ其加工品を外国に輸出してまた輸入を杜絶せしめて以て我国際貸借の均衡を得るの外道なしとせば、過去現在に於ては勿論、将来に於ても工業の中心として発達すべき運命を有する大阪の工業を益発達せしむることが国家経済のため必須なることは何人も否定せざるべしと思ひます。夫には工業的基礎知識を涵養すべき理化学の最高研究所たる大阪帝国大学理学部を創設することは国家百年の長計とし、また現時緊急必須の措置なりと思ひます」と総合大学が必要となる根拠を示した。

平生は、自由通商運動などと共通する論理の上に独自の技術開発の必要性と日本最大の工業貿易都市大阪に帝国大学を設置する必要性を結びつけて議論を展開したのである。

さらに平生は、貴族院などでなされた批判をいちいち反駁しながら議論を展開した。「総合大学として医科と理科のみを併設することは総合大学の態をなさず」という議論に対しては、ほかの帝国大学の歴史を見ても「初めより数種の学部を有したるもの」なく、「国家の要求、財政の状態、土地の状況等を斟酌して設置するも敢て支障なからん」と論じた。「工業的基礎知識の涵養」を必要とするのであれば「理化学研究所の如きものを以てせば足れりとの議論」に対しては、「大阪は由来実力本位の土地柄なれば、決して帝国大学の名を求むるものにあらざれども、今日の学者は未だ大学教授といふ栄誉ある名称位階勲等の如き人爵的記章に恬淡なるものにあらず。故に学問の薀奥を修めたる良教授、優秀なる学生を招来せんにはやはり帝国大学なる研究所を以てせざるべからず。現に東京に於ける理化学研究所の所員の大多数は東大教授である」云々と反論した。また近隣に京都大学理学部があるので大阪に理学部は不要であるとの議論に対しては、「加茂川の水の音を聴き東山の寂たる姿を見、行楽気分を唆るが如き山水明媚の京都に於ては到底工業に対する基礎的知識を体得する理学者の養成は困難である、やはり環境の刺激こそ大切なれば黒烟濛々として天日を掩ひ、機械の響が市を包囲せるが如き大阪に於てこの実況に直面して研究をなすの要ありと思ふ」と述べた。また大学卒業生の多数が就職難に陥る中新たに大学を設立することは無謀であるとする議論に対しては、「不必要なるものが多数なりとて必要なるものをも顧みざるの議論」であるなどと反駁した。

結局懇談会後の採決の結果、「反対者は山崎氏一人、可否の数に加はらざりしは斯波氏にして、結局十二人の多数を以て本案を可決」した。さらに四月一四日には文政審議会の本会議で大阪帝国大学の設置の件が可決され、ここにようやく本問題は決着した。

一連の審議の中で、平生は、文政審議会でも大阪経済の急速な発展に対する無理解と反感を実感した。たとえば文政審議会の懇談会において国民新聞などが流した大阪側による買収工作などの誤報がとりあげられ、また三井団琢磨や三菱の木村久寿弥太が大阪帝大の設置に賛成しなかったことも、「東京人」の反感を表すものであると平生は感じていた。平生は帰阪後大阪倶楽部において「東京の有力者は大阪勢力の擡頭に対して不快の念を抱けるが如く、今回文政審議会に提出せられたる大阪帝大問題の如きに関しても、東京に於て両大財閥の元老たる團、木村両氏が絶対反対説を持して動かざりしが如き其兆候ともいふべきものか。何となれば我国の産業をして益発達せしめ、我製品をして海外市場に於て欧米品を駆逐して優勢の地位を占めしむるには、大阪の如き工業殷盛なる地に於て工業に対する基礎的知識を涵養すべき理学部の創設こそ尤も緊要なることは必須なることは、実業界の頭領として永年斯界に活動せし両人が知了せざる理由なければなり。かかる思想が東京人の頭脳に発生せしことが現実なりとせば、我大阪実業家は大に心を用いざれば将来種々の妨害運動を覚悟せざるべからざるなり」と論じている。[35]数日後大阪のロータリークラブで文政審議会における審議の状況を報告した平生は、「文政審議会全体の空気は寧ろ反対論にして純賛成者は余一人といふべく、其他は多少の小言的苦情附賛成論にして特別委員長が之を消極的賛成者と称したるは蓋し適評ならんか」とその消極的な雰囲気を伝え、その原因を「全然大阪といふ日本に於ける卓越せる大都会、工業の中枢なる事実を無視」し「彼等元老連が大阪につき無理解なる」ことに求めていた。[36]大阪帝国大学設置問題は、東京中心の経済に対して大阪経済の急速な発展がもたらした複雑な波紋の一つであった。

大阪側にとっても帝大設置問題には、その本来の学問的教育的「機能」の面だけでなく、都市としてのステイタスや文化的シンボルとしての側面が関わっていた。この頃大阪における経済の発展と（庶民文化とは異なる）「高級」な「文化」の欠如のアンバランスは、意識され論じられるようになっていた。田中文相が、帝大設置の祝辞の中で、「この大学の創設に依り大阪といふ大都市の欠陥ともいふべき文化の淵源たる帝大の設置なかりし恨が之に依りて失はるるに至りたることは実に喜しき事なり」[37]と述べていることは、この問題の一端を言い表している。

対照的に、平生は井上蔵相のような政府当局者の大阪に対する理解を実感した。このことは阪大の初代総長の決定過程でも再認識される。初代総長をめぐっては、帝大創設の最大の功労者楠本、文部省の支持を受ける前文部次官粟谷謙、さらに第三者として長岡半太郎の名が上がり、結局田中文相のあっせんなどにより長岡に決まった。[38]井上は平生に総長には長岡かあるいは楠本が適任であるとの意向を漏らしていた。平生は井上の配慮に感激し、「真に大阪を理解し大阪の将来を考ふる人々の意見は自然に暗合するものといふべきか」とその感想を記している。[39]

貴族院、文政審議会での、全体的に大阪帝国大学の設置に消極的な議論に対し、政府と大阪側は連携して説得工作を展開した。この時、なぜ大阪に理科系の帝国大学が必要なのか、改めて理論武装をすることになった。その鍵となるのが、「商工業の中枢殊に輸出工業の中心」としての大阪の経済的地位であった。

小括　まとめと考察

大阪帝国大学の設置過程は、民政党内閣期における政府と大阪財界との関係を端的に表していた。緊縮財政の状況の下で教育界などの消極論がありながら、大阪帝国大学の設置が認められたのは、民政党内閣と大阪財界との密接な関係によるものであった。全国的に金解禁や緊縮財政がもたらす不況への不安が消えない中で、経済更新会を通じた大阪財界の支持は、井上財政にとって重要な支持基盤であった。また井上蔵相は戦間期における大阪経済の台頭を正確に認識していた。

浜口内閣下において、楠本の構想をサポートし積極的に推進したのは、民政党内閣との良好な関係にある大阪財界特に経済更新会の面々であった。浜口内閣の成立によって絶好の機会が生じたことが、逆に熱心な運動を引き起こしたとも言える。いわば「政治的機会構造」（シドニー・タロー）[40]に変化が生じたことが運動を加速させたのである。

井上蔵相は、緊縮財政下の予算編成全体への波及を懸念して、大阪帝国大学設置の承認を公にはなかなか与えなかった。しかし実際には井上は早くからぎりぎりの時点で予算を認める心づもりを内々に楠本などに伝えていた。経済更新会などを通じて大阪財界と内閣の結節点にあった平生たちへの配慮には大きなものがあった。その結果、ほかの予算への波及を考慮して時期的にぎりぎりの段階で、大阪帝国大学設置の経費が追加予算に繰り込まれた。最終段階まで決定が引き延ばされたのは、緊縮を強いている他の予算とのバランスを慮った井上蔵相の意図的な措置であった。

その後も教育界などの大阪帝大設置批判を反映して、貴族院、文政審議会において、波乱が生じた。貴族院では、高等教育界などの新たな帝大の必要性を疑問視する意見に、最大会派研究会内における政府系反政府系の駆け引きが加わって、あやうく大阪帝国大学設置の追加予算が握りつぶされそうになった。これを乗り越えたのは、貴族院における大阪財界出身の多額納税議員と連携した運動であった。文政審議会においても、委員となっていた平生が「商工業の中枢殊に輸出工業の中心」である大阪に総合大学を作る必要を説き、法案は無事通過した。

推進論の背景には、「大大阪」の時代における大阪工業の地位上昇と、その一層の発展のためには高度な技術開発研究が必要であるという認識があった。特に、平生は自由通商運動などと共通する貿易立国論の上に独自の技術開発の必要性と日本最大の工業貿易都市大阪に帝国大学を設置する必要性を結びつけて議論を展開したのである。そのためには、多額の寄付をいとわない実力が当時の大阪の経済界にはあった。

大阪帝国大学の設置過程には、大阪における経済・工業の急速な発達に対する認識のギャップが見られる。貴族院や文政審議会では、大阪を特別視して急いで帝国大学を設置することに抵抗も強かった。これに対して大阪財界を重視した井上蔵相らは、その要求に応じた。貴族院、文政審議会における大阪帝国大学の設置に消極的な議論に対し、政府と大阪側は連携して工作を展開し、その成立にこぎ着けたのである。

第二部

「自由通商」と「大東亜共栄圏」への道

――満洲事変とその後――

第四章　満洲事変と自由通商運動
――「自由通商」と「領土拡張」――

はじめに　対象と課題

すでに検討したように平生釟三郎、村田省蔵ら運動を推進した大阪財界の中心人物は、民政党内閣、特に井上準之助蔵相の財政経済政策を支持する「経済更新会」の主要メンバーとなり、両者は密接な関係で結ばれた。大阪における自由通商運動のネットワークは、軍縮にも積極的であり、民政党内閣の政策の一方の支持者であった。ところが満洲事変後、平生たちは事変を支持する方向へ舵を切る。この点について従来の研究は、満洲事変を契機に自由通商運動が少数の例外を除いて「自由通商主義から領土拡張主義へ転換」したと論じている。[1] すなわち満洲事変後は、自由通商の反対である領土拡張主義=自給自足へ転換したと見なされることになる。しかし実際には、満洲事変後、自由通商運動は、満洲への「領土拡張」を認めつつ活動を続けた。

本章では、平生を中心に満洲事変への対応の軌跡を跡づけ、「自由通商」と満洲事変によって生じた事態の積極的、消極的肯定の論理とその意味について論じる。さらに満洲事変以降、内外で保護主義が台頭し、通商摩擦が激化する中で、自由通商運動がどのように継続したのかについて考察する。以下第一節では柳条湖事件前後における井上蔵相と平生の満洲情勢への危機感を明らかにし、第二節では大阪の第四師団と接触する平生の「領土拡張論」への転換と軍部との接近について考察する。第三節では事変後において満洲侵攻を肯定しなおかつ「自由通商」運動を継続する論理とその活動について考察する。

第一節　柳条湖事件前後の状況認識：井上蔵相と平生らの観点を中心に

(一) 事変前の満洲問題認識

大阪財界は、中国本土との通商関係の比重が高く、一九三〇年の時点で、大阪港からの全輸出額の内、「中華民国」が四三・八％を占めていた[2]。これに対して大阪と満洲の通商関係も、「関東州」への輸出が全体の一一・六％を占めているように小さくはなかった。関東庁長官であった児玉秀雄も、「関東州に縁故深き京阪神の実業家」[3]と表現していた。しかし中国本土との貿易に比べれば、相対的に「満蒙問題」への関心が高いとは言えなかった。中国の関税自主権問題などで強硬論をはいた谷口房蔵（大阪合同紡績）も田中義一内閣における山東出兵には反対した[4]。いたずらな強硬策は、排日運動を高揚させ、貿易に打撃を与えていた。他方で、『大阪毎日』などには満蒙問題に対する強硬論も存在した。満洲事変直前には「満洲青年連盟」が「排日」による在満日本人の苦境、「特殊権益擁護」などを説く演説会を開くと「聴衆は稀に見る熱狂ぶり」を示していた。硬軟両論が存在していた[5]。

一方、自由通商の観点から見た満洲とは、関税低下による自由貿易実現の対象であった。大正末の条約改正によって関東州との間で特恵関税を結ぶことは可能となっていたが、日本国内の保護主義が通商を阻止する要因となっていた[6]。大連に自由通商協会の支部があったのはこのような背景による。

他方で、自由通商運動には、開発主義的な発想は稀薄であり、満洲開発論に対しては、かなり消極的であった。この点は山本条太郎の満蒙開発論に対する平生の反応からうかがうことができる。田中内閣末期における大阪経済会、大阪商工会議所主催の講演会において、南満洲鉄道総裁・山本条太郎は、満蒙問題に対する考え方を披露していた。[7]この講演において山本は、資源豊富な満洲の「富源開発」が日本の経済において極めて重大であることを強調し、そのために満鉄を中心として三大政策を実施、計画しつつあると述べている。三大政策とは、製鉄業の育成、硫安など化学肥料、オイルシェールなどの製油開発であった。平生も、山本の具体性を持った満洲開発論が聴衆に感動を与えたと記しているが、[8]結論的には、平生は特に満洲鉄鋼業育成論に批判的であった。

山本は鞍山製鉄所の拡張、満洲の鉄鉱石と石炭を利用した新義州における「銑鋼一貫」の製鉄所構想を披露していた。平生は、満洲の鉄鋼業の発達により圧迫を受けた日本の鉄鋼業者の要求に応じて、「たとへ民衆の苦痛を増すも資本主義国家の隆昌を希望する人」である山本は、「関税の引上に依て内地製鉄業者を保護し、満鉄の利益の増進を計るの意見ならん」であろうと考えた。[9]その後山本が政友会の政務調査会長に就任して、保護関税による産業立国論を改めて展開すると、平生はそれを批判している。[10]平生は満洲の経済開発よりも反保護主義的な立場から日本と満洲の間での自由な貿易を重視する考え方を持っていた。

一方平生は満蒙放棄論者でもなく、満鉄中心の満蒙経営方針の支持者であったと思われる。一九三一年六月、満鉄副総裁に就任する同窓生江口定条を送別する阪神如水会の場において、平生は、次のように述べている。「支那人」の日本不信の一方、「事実日本人の中には満蒙を完全に日本の勢力の下に置かねばならぬなど大言壮語して歩るく連中」もいて「支那人の此の考に一層油を注ぐ結果となる」中で、満鉄の果たす役割は大きい。従来満鉄人事は「政党の為めに毒せられる事が甚しかつた」が、今回「全く党臭なき正副総裁を推薦して、満鉄の経営を一任するといふことになつた訳で、此の点甚だ慶賀に堪へない」。[11]また平生は満洲の地が中国の主権下にあることを認めていた。七月、内田康哉満鉄総裁、江口副総裁を招いた大阪経済会において、安宅弥吉が失業問題救済のために「鮮人の支那移住を奨励」すべしと議論したことに平生は驚き、「満洲、蒙古は支那の領土である。我主権の及ばざる所である」と記している。[12]この時期、万宝山事件が起こっていた。

他方で、満洲をめぐる情勢が切迫するにつれて、平生は強硬論者の側面も見せ始めていた。九月になると、平生は、朝鮮から一個旅団を満洲に移して「武力談判の覚悟あることを示す」必要があると考えていた[13]。

事変前における平生の満蒙観は、中国の主権に対する配慮の必要性を認める一方で、満鉄を中心に満蒙権益の継続を望むものであった。また、満洲の危機が高まると開戦防止のために軍事的に威圧する必要があるとも考えていた。平生の満蒙観には、不安定なものがあり、ここに事変後強硬論に移行する素地が見られる。とはいえ、当初はそれ以上に軍部の独走の気配に対する懸念が強かった。

(二) 事変直前における危惧

平生達と密接な関係を持っていた井上蔵相をはじめ、民政党幹部は、事変前から陸軍の満洲における謀略の可能性を察知し、強い懸念を示していた。

満洲事変の直前(九月一五日)、平生は川崎卓吉内閣書記官長、井上蔵相と会談し、蔵相から陸軍の動向について聞いている。井上蔵相は、「陸軍々人の傍若無人なる行為を非難し彼等は実に世間知らずのあばれ者といふべく実に今日の如く無統制なる状態は真に憂ふべきものなり」と慨嘆していた。また中村大尉事件に対する対応についても「陸軍側は之を種にして支那に向つて兵を用いんとするもの」であり、「一大尉の死を以て兵を動かさんとする如き実に世界に向つて釈明の辞なきものなる」と批判していた。井上は石友三への陸軍の工作を例に挙げ、「かかる手段さえ弄びて支那に事を構え満洲を占領せんと企てつつあり。実に憂ふべきものである」と述べている。政府首脳部は、すでに満洲事変の兆しを感じていた。

さらに井上は「若槻総理の不決断」に言及し、「徒らに事を円満に纏めんとして容易に最後の決心を与へず、為めに事毎に未決の儘堆積し、為めに与党内にも外国にも漸次信望を失ひつつあること」を嘆いた[14]。中村大尉事件などを口実に満洲「占領」を企てる陸軍、優柔不断な若槻首相と内閣の弱体化、不一致に苦悩する井上の姿が現れている。平生は井上の同調者であり、彼の危惧を受け入れていた。

軍部の動向への危機感は、政界にかなり広まっていた。柳条湖事件直前、平生は、家政の相談役となっていた岡部長景（貴族院子爵議員）に対して、軍部が「国民に軍備拡張熱を煽らんと日本が今や亡国の危機に瀕するが如き妄説を流布せしめつつある」ことは危険であると説き、「国民の意志に反して軍人が跋扈せんか、国民と軍部とは互に阻隔するに至り」「かくて軍人は国民に対して嫌悪の念を深ふして益横暴を極めんか、終に由々しき大事を引起すに至るべく、其結果は畏くも皇室に累を及ぼすなきやを憂ふ」と軍の動向に対する危機感を訴えた。岡部が三月事件に関する情報をもらしつつ、「実に危険極まれり」と述べたのに対して、平生は「実に軍部は少しく狂せるが如し」と感想を記している[15]。

柳条湖事件直前には、軍部の動向に対する強い危惧が生まれていた。

（三）軍縮促進会と第四師団との接触

一方、平生たちは、経済更新会を軸に民政党内閣の軍縮を支持する「軍縮促進会」を結成し活動を行っていた。主要なメンバーは、高原操（大阪朝日新聞主筆兼取締役編集局長）、高柳松一郎（大阪商工会議所理事）、阿部房次郎（大日本紡績連合会会長）であった。

軍縮運動側と軍の間の緊張感が増す中で阿部信行第四師団長から会見の申し込みがあり、軍縮促進会側がそれに応じた[16]。最初の会見は九月一八日に行われ、第四師団側からは後宮淳参謀長ほか二名が出席した。軍縮同盟側からは、高原、高柳、田附政次郎（田附商店社長）、河田嗣郎（大阪商科大学学長）、平生の顔ぶれであった。

平生が張作霖爆殺事件を挙げて武力占領となった場合に「支那政府」が「事実を掲げて世界の同情に訴」えたらどうするかと質問したのに対して、後宮参謀長は「今や世界は弱肉強食なれば自己の権益擁護の為めには国際的信義も国際公法も条約も反古として力を以て圧するの外なしと」と答えている。平生は「国民の実力を知らずして軍備のみに汲々たる軍人側と軍備の膨張が国家の基礎を危ふすることを恐るる我々と胸襟を開き相談ずることの機会を得たるを悦ぶなり」と記しているように、この時点では国際世論を無視しても良いとする軍人に対して批判的であった。

平生たちは当日柳条湖事件が勃発することを知らず、この時点では軍部に同調する気はなかった。他方で両者は意思疎通を図る機会を得たことを喜び、またの会合を約した。

（四）事変初期における危機感

井上蔵相などから危惧されていた陸軍の謀略による満洲占領という事態は、柳条湖事件という形で実現した。以後関東軍と陸軍中堅層に引きずられる形で拡大する事態に、平生は当初強い危機感を抱いた。平生は朝鮮軍の独断越境が若槻礼次郎首相によって追認される事態を知り、「余は陸軍側のかかる専恣の行動がやがて国民を窮迫に陥れ、終に国民の怨府たらしむるを恐るるものなり」[17]と、陸軍の独断的行動が日本国民を窮地に陥れるだろうと考えていたのである。

平生と井上蔵相は、陸軍内の動向への危機感を共有していた。一〇月半ば、大蔵大臣官邸において井上と会見した後、平生は一般情勢も話題とした。満洲問題については、井上は軍部と内閣の間の確執は解消しつつあると述べたが、平生は「満洲に於ける（佐官級の人々）は上長の命令に服せず、陸軍大臣又は参謀総長の命令を無視して任意の行動を取り満蒙奪取を目的として劃策しつつありとの事なるが果して如何」と問うと、井上は関東軍の独走を事実であると認めた。平生は「軍人が上官の命に服せず政治を自己の手に取るに至りては真に憂ふべき事にして、我々は軍人は我々は守護し呉るるものと考へ居りたるに、今や軍人に対して自己を守護せざるべからざるに至りては之は満洲事件の比にあらざる大国難といはざるべからず」と記している。[18]陸軍中堅層によって事態が動かされていることに、井上、平生は強い危機感を抱いた。

加えて一一月には、関東軍が北満進出を図り、一九日にはチチハル占領に至った。政府の時局収拾の努力に対して関東軍が再び独断で軍事行動を行い始めていた。国内的には金解禁再禁止論とドル買いなどが起こっていた。一一月一八日、井上は平生に、「群雄割拠、どんぐりの背比」の状況を嘆き、軍部の状況について「現に政府としては列国と協調して満洲問題を解決せんとしつつある時に於て、満洲の軍隊は政府の迷惑を顧みず勝手に行動するが如き、実に台閣にある一人として輔弼の大任を有するものとして憂慮措く能はず」と嘆いた[19]。幣原や井上の軍上層部を相手とした収拾工作が、一方で政民連携運動によってその基盤が不安定化し、他方で関東軍の独走によって破られる事態が生じていた。

この頃になると、新聞なども排外的傾向を強めながら関東軍の行動を報じて、世論をあおるようになっていた。東京海上における平生の盟友である各務鎌吉は、世論の排外主義化に対する強い危機感を抱き、「満洲事件は今や軍部の宣伝や之を利用して販売区域の拡張を図らんとする新聞紙や、之を党勢の伸張に活用せんとする政党の運動に依り、世界の大勢にも我経済力にも知識なき衆愚を憤慨せしむることとなり、勢の赴くところ或は列国をして日本の異図を疑はしむることとなり、其結果は寒心すべきものとならざるを保せず」と述べている。軍部の宣伝、新聞の販売合戦、政友会の同調によって、「衆愚」を動かし、その結果国際連盟などが動き出していることを各務は懸念した。内政的にも、「今や資本家は左傾社会主義者、右傾社会主義者の間に板挟となりて如何にして血路を見出すべきや」「我国は内乱といふべきものにあらざるも社会の秩序が紊れ安寧が害せらるることなきを保せず」と、三月事件や一〇月事件が起こる状況を危惧していた[20]。

平生が接触していた民政党上層部や各務などの財界人は、下克上の様相を見せる軍の動向やそれに乗ずる世論に強い憂慮を示していた。

第二節　「領土拡張論」への転換：平生と自由通商の論理から

（一）大阪財界における強硬論の台頭と不安

大阪の政財界では、早くから軍の行動を擁護する動きが活発化した。大阪商工会議所は九月二六日「満洲事変に関する決議」を行い、満洲における多年の懸案解決、権益の確保、排日運動の根絶による「東洋永遠の平和の確立」を決議した。二八日には、大阪商工会議所、大日本紡績連合会など一二実業団体からなる「大阪対支経済連盟」が「支那の暴戻膺懲」を決議し、喜多又蔵（日本棉花社長）、飯尾一二（前合同紡績社長）、村田、坂田、高柳らは同会の幹事として「時局対策」を協議し、『治外法権撤廃反対意見』を政府当局に提出し、杉村陽太郎国際連盟事務局次長には『支那に於ける排日排貨事情』を送った。[21] これらの中には村田、高柳など自由通商運動と関係の深い財界人が含まれていた。大阪対支経済連盟会のパンフレット『暴戻なる支那』（一九三一年一〇月一五日発行）では、高柳が序言において「従来大阪の実業家は対支問題に付常に穏健の態度を持し、屡次の排日排貨運動に会してその受けた損害の多大なるに拘はらず、隠忍自重し、何時かは支那国民が東亜の実勢に目覚め、親日的態度を執るに至るだろうことを期待したのであるが、今日となりてはそれは一つの空頼みであったことを解るに至った」と述べていた。穏健派の大阪財界人の対満蒙強硬論への転換がこの一節からも分かる。

在阪メディアでは、反軍的傾向の強かった『大阪朝日』が、一〇月初めにその社論を転換させていた。その原因は軍部や右翼の圧力、販売合戦によるものとされる。大阪朝日も報道合戦に加わって遅れを取り返すようになった。[22]

しかし、恐慌下において貿易が打撃を受ける中での日貨排斥は不安を与えていた。一〇月下旬までは必ずしも強硬論のみではなかった。[23] 稲畑勝太郎大阪商工会議所会頭は、一〇月初め「断固事件解決を期するため忍び得る期間」を問われて「約一ヶ月」と答えていた。[24]

大阪財界も、英国の金本位制停止とともに満洲事変の先行きの見えない状況を見て不安に駆られる様相を示していた。一〇月二二日、大阪倶楽部で平生が探った経済界の様子は「元気薄きが如く一同世界は如何に成り行くやを憂ふるが如く金輸出が再禁止せらるるにあらずや、満洲問題は如何に落着すべきやなど五里霧中に在りて各帰趨するところを知らざるが如し」というものであった[25]。

(二) 平生の「領土拡張」論

当初井上蔵相の軍部への懸念に同調を示していた平生も、一一月には大きくその言動を変化させる。平生の変化を示すのが一〇月三〇日における第四師団との会談である[26]。第四師団長阿部信行の招待により、高柳、森平兵衛(大阪商工会議所副会頭、貴族院議員)、阿部房次郎、田附、安宅、河田、高原ら大阪財界関係者との間で会食が行われた。

この場で平生は事変をめぐる状況について、問いただしている。平生は、英国の動向、排日の結果「対支対南洋に対する輸出貿易が大激減を生ずるとせば、我国際貿易は大なる影響を受」けるだろうがどうするか、「国際聯盟が最後の手段として経済断交と決したるときは、我国は孤立して経済を維持することは至難と思ふが」どうするか、仮に地方政府との交渉がまとまったとしても「中央政府は満洲に蔟生せる自治団体で謀反人として討伐したるときは如何なる処置を取らんとするや」などの問を発している。貿易に与える打撃、経済制裁の可能性は、満洲事変の結果に対する懸念を示すものであった。

他方で、「満洲は日本の外廓にして、他国がこの地に勢力を扶殖することは我独立に対する脅威」であるので「国防上の見地より満蒙は我保護の下におかざるべからざる、と主張せざりしや」とも平生は問うている。「国防上の見地」から満蒙の保護を正当化できないのか、という質問は、むしろ事変擁護論の観点からの発言と考えられる。

一〇月末には、平生は肯定、否定の両面から事変を考えるようになっていたのであろう。ただ阿部師団長の答えは曖昧なままに終始し、平生は「今回の会見も十分要領を得ざりき」と記している。この時点で第四師団との交流が平生の意見に影響を与えた形跡はないが、交流はなお続いてゆく。

一一月関東軍が北満進出を図ると、強硬な雰囲気がさらに広がり、平生にも影響を与える。一一月初旬の雰囲気は上田貞次郎が記している平生とのやりとりからも分かる。上田が満蒙進出反対論を唱えてみようかと平生に述べたところ、「それは危険だからやめろ、君の命位でとめられぬ」と言われた[27]。このような世論の硬化の中で平生自身が変わり始めていた。

さらに同月末に至り、平生は自由通商への逆風から人口過大な日本の「生存権」実現のために「領土拡張」を正当化できると考えるようになった。同月二五日、井上蔵相の来阪、演説会後の懇親会において、平生は、「我国の如く地域狭少にして人口多大なる国に於ては、到底自給自足は不可能」であり、「若し世界列国が自由通商主義を棄て、鎖国主義を取るに至らんか、我国は領土の拡張を以て之に対応せざるべからず、個人間に生存権が reasonable なれば、国際関係に於ても生存権を主張せざるべからず、我々は人口稀薄にして土地広漠たる国に向つて領土の割譲を要求するの外なからんか」と説いた。これに対して「井上氏も他の聴者」も「苦笑と微笑とを交へて相見るのみ」であった[28]。平生の急激な変化に井上も驚いたであろう。

一〇月末から一一月における平生のこの変化は、新聞の論調の変化、財界の雰囲気の硬化を反映したものと考えられる。以後、自由通商の観点による「領土拡張」論は、平生の持論となった。一二月一六日、堀切善次郎拓務次官、武富敏彦外務省通商局長以下の関係者を招いた席で、平生は世界が保護主義に向かうならば、日本の生存が脅かされるので、「領土拡張をなして、free trading 範囲を拡大すべく努力せざるべからず」と述べている。平生は「我国は国際経済会議にこの問題を提議し、満蒙を我関税撤廃又は同盟の範囲内に措かざるべからず。かくして我国は天然の資源豊富なる土地を得、cheap materials を得て我産業を発達せしめ、以て自給自足の政策を実現せしめ得んか」とも述べ、日満の「自給自足」政策をも提唱した。帝国内「自由貿易」を日満で実現しようという発想であった。「自由通商が実行不可能なれば、我国は生きんがため、勢満蒙の地に出陣せざるべからず」というレトリックは平生の基本的発想となっていた[29]。

(三) 軍事研究会と第四師団

一二月一二日、若槻内閣が崩壊し政友会内閣が成立すると平生の議論はさらに大胆になってゆく。平生は、満洲の「委任統治」論、さらに軍人政権論を唱えるようになった。満洲の情勢は、関東軍将校の抱いた当初の満洲占領構想から、傀儡国家建設へと変じつつあった。三月一日には「満洲国」を樹立し、九日溥儀の執政就任式が行われるに至る。平生は、このような傀儡国家建設を欺瞞であると見なして直接統治を主張した。

一九三二年一月阿部第四師団長の送別会が開かれた（主人側は高柳、田附、高原、安宅、森、平生）。この場で平生は、自由通商が行われなければ、日本には満蒙に武力拡張をする権利（生存権）があり、欧米諸国に「利害関係なき満蒙占領に容喙するの要何処にある」と説いた。また、この理由を以て「正々堂々各国に声明し」「偽善的口実を解消せざるべからず」と説いた。これに対して後宮は、「かかる徹底せる議論は何人よりも耳にせず、実に正論なり、故に之を宣伝して以て欧米人の専恣なる意見を排斥したしと」と平生を持ち上げた[30]。平生と後宮はこれ以後意気投合し、後宮の関東軍転任後も交流する。

この時点になると、事変をめぐる陸軍軍人と平生たちの考えの差がほとんどなくなっていた。そこで、第四師団長が寺内寿一に代わっても、平生の主張により軍事研究会として両者の懇談会が開かれることになった。

一方満洲国の建設を偽善として直接的統治を行うべきであるとする平生の「委任統治」論は、必ずしも周囲の同意を得なかった。各務は、平生の「満蒙割譲論、委任統治論」に対して、国際連盟、「支那」が不承知の場合どうするのかと反問し、平生の武力制圧論に対しては、国際連盟、九カ国条約、ケロッグ条約に抵触する「暴論」だと応じてかなり激しい議論となっている。[31]

満洲は、日本の「生命線」であるためやむを得ず「占有」したので虚飾の理念で飾る必要はないという満洲領有論には、さすがに陸軍の軍人たちも同意し難かった。八月には真崎甚三郎参謀次長の来阪を契機とした寺内師団長から軍事研究会会員への饗応の場においても、平生は満洲「委任統治」の持論を繰り返した。真崎は、「若し広大なる満洲を我領有とせば之れが治安を維持するには二十個師団の兵力を要す、かかる大兵を満洲に駐屯せしむるの実力ありやと」と反問したが、平生は動じなかった。[32]興奮に駆られた平生は皇道派の真崎よりも過激な言動をするようになっていた。

満洲国の承認は、平生によれば満蒙を「自国勢力の下に置かんとする真意」を明らかにしたものであった。平生は承認に先だっての荒木陸相の声明について、「我国が満洲国の設立を企図し満蒙を自国勢力の下に置かんとする真意を曝露した」として歓迎した。さらに平生は国際連盟も無力化して「威信なき一集団」となったと見なした。[33]平生はいまや「世界は今や弱肉強食の修羅場と変じつつ[34]」あるとまで考えるに至った。

平生の考えは、アジア主義的な解放理念からとはかなり違い、満洲におけるあからさまな抑圧的支配を可とするものであった。平生は、満洲国の五族協和と王道楽土の理念にも反対し、寺内に向かって「満洲は日本の生命線なりとせば満洲の占有は日本の為めなれば統治も経営も日本の利害を第一とせざるべからず。然るに満洲国にある我邦人は日本の利害を顧みずして稍もすれば満洲本位に傾かんとす、之れ大に戒むべきことなり」と述べている。[35]九月、満洲国の承認後の軍事研究会の宴会において、平生は寺内師団長に向い、「他国の民族を征服することは易きも永久に民族を懐柔同化することは殆んど不可能である……この満鮮人五六千万人をcontrolして我国の附属たらしむるには実力を以て抑圧し彼等をして擡頭し反抗する能はざらしむるの外なし[36]」と述べた。

また平生は、開発主義的な発想からも遠く、満洲の資源を利用して新しい工業を興し満洲国は通過貿易国とするという説を展開した斎藤良衛（前満鉄理事）を、平生は「空論家」と断じている。平生は、「現状よりすれば満洲に於ける天産農産の食料原料物資は之をなるべく自由に輸入し、之に対して加工品を輸出することに大方針を樹立することが自然の法則に合致し、両国が共に提携の実を挙げ其利益に均霑する所以と思ふ」「繊維工業が絶滅するが如く考ふるは錯覚なりと思ふ。また満洲国を通過貿易国となさんとするも之は余りに架空の論」であると記している。[37] 平生は満洲を食料原料物資を日本に供給し日本からは工業生産品を輸入する貿易相手国とすれば良いと考えていた。

（四）平生の軍人内閣論

平生には、財界人としては過激な議論をする側面があった。政党、財閥を激しく批判し「皇室中心主義の社会党」を組織して「君国の為めに殉ずる士を糾合し、以て已成政党及び財閥と戦」うなどの議論がそれである。[38] この時期の平生はかなり興奮していた。

他方で、陸軍軍人との接触により、平生は次第に、実業家と軍人の連携論、それに基づく軍人内閣論を抱くようになる。二月の後宮の送別の会において、平生は、政党政治は腐敗しているので第二の維新が必要であり、「しかして第二の維新をして第一の維新の如く余りに血を流がさず、国民に塗炭の苦を与へずして平穏裡に解決せんには、純真なるintelligentの少壮者と小壮軍人と結托し、加ふるに報国尽忠の念熾んなる実業家を以てせざるべからず」と持ちかけている。「純真なるintelligentの少壮者」「小壮軍人」「報国尽忠の念熾んなる実業家」の結合を説いたのである。これに対し後宮は、肯定的に応じ、「四百余名の代議士を一挙に捕獲するは容易なり。如何なる革命も資力なくして実行せらるるものにあらざれば実業家中真に君国のため犠牲を払はんとする人々の加盟を要するなり」と述べたのに対して、「実に頼母しき軍人といふべきか」と平生は記している。[39]「第二維新」のための愛国的軍人、財界人の結合という考え方は、平生のもう一つの側面である。

だが他方で平生は軍内統制の欠如にも強い懸念を抱いていた。東大教授蝋山政道から関東軍における満洲国の国家構想に意見を求められたことを聞き、政府が決定すべきことを関東軍が協議していることに不信感を覚えた平生は、「今や陸海相といひ参謀総長、軍令部長といひ、部下に信用を失ひ統制を欠くに到り、止を得ず両首部に宮殿下を担がざるべからざるに至りたることは実に由々しき大事にして、如此きは下剋上にして天下之より乱れんとするの兆にあらずして何ぞや」と記している[40]。

社交的な平生は、政界にも知人が多かったが、次第に政党に不信感を抱くようになっていた。特に関税引き上げを図る政友会に厳しく、犬養内閣における江口満鉄副総裁の罷免の際にはこれを党利党略として怒り、「政党政治に対する嫌悪が益加はり其結果として fascio が益礼讃せらるるに至るべし」と記した[41]。民政党との関係では、「財政も政治も国際経済も心得ざる浅慮無知の痴漢[42]」により井上準之助が殺されて以来、川崎卓吉を通じて若槻への財政的支援を続けていたものの、以前より距離が生じた。

結局平生は五・一五事件の後、元老西園寺公望が、政友会内閣ではなく、斎藤実挙国一致内閣を成立させたことを歓迎した。平生は「次の内閣は公正高潔の士を以て組織せられざるべからず……仮りにも党臭を帯びたる人は排斥せざるべからず」と信じ主張したと記している[43]。

平生は斎藤内閣成立当初、再び軍の政治関与を排するようになり、「軍人は政治に干与すべからずとは明治大帝が貽されたる遺訓にして軍人たるものは上下を通じてこの遺訓を遵守すべき筈なるに、今や軍部はこの聖訓を忘れたるが如き公然政治に容喙して平然たるが如き観あるは果して国家のため喜ぶべき事にあらざるべし[44]」と日記に記していた。しかし、政党側も統一がとれず、挙国一致内閣に不信感を抱くようになる。

その後平生は内々にではあるが、逆説的な軍人内閣論を唱えるようになった。ことに一九三三年度予算編成において軍と高橋是清蔵相との間で交渉が長引き決着がつかないことを憂慮した平生は、岡部長景に「此際国力が全く衰弱せざる前軍人内閣を組織して自ら国政を爕理せしめ実際につき国力の如何を知悉せしむるの要あり」と述べた[45]。軍人内閣論を危険視する各務にも平生は「若し夫れ自分が其衝に当らんか彼等は必ず彼等の要望が無理にして実行不可能なることを自覚するに至らん」と説いた。[46]平生は軍人も当事者になれば、財政事情も分かり、無理を言わなくなるだろうと考えた。

一九三三年五月、川崎造船所の社長になり軍上層部をはじめ広く政界上層部と接触するようになった平生の情報量は増えていた。

平生は、政党に対する期待をますます低下させていた。平生は民政党の川崎、若槻に対する金銭的援助を「今や軍部の跳梁に対し政党人は何等の威力もなく信望を失ひ、此上両氏を助くるも国家に対し何等の貢献を期待する能はざる」故に、打ち切ろうとした。この支援の仲介者となっていた永野護に、平生は「百弊続出せる政党政治に比し、たとへ多少の過失あらんも真に君国の為め生命を投んとする軍人の政治こそ優れるにあらずや」[47]と再び軍人内閣論を持ち出している。

平生は、当初はその言動に危惧を抱いていた荒木貞夫陸軍大臣に期待を抱くようになる。ことに荒木が一九三四年度予算編成を譲歩により妥結させた手腕を平生は評価し、「荒木陸相が近来濫りに大言壮語せず、重厚なる態度を以て事を処し、精悍の意気を荘重なる態度に包み居ることは、必ず心に期するところあるものの如し」と記した。[48]平生はその後病状に伏した荒木陸相に見舞いを送り、さらに一月には陸軍大臣官邸を訪れて秘書官から荒木が小康を得たことを聞き、「荒木陸相の如き至誠報国の士が倒るることは実に国家の大損失といふべく、天は皇国の為陸相をして危機を脱して平癒に向はしめたるものにして我々は欣喜措く能はず」と伝言を残した。[49]しかし財政面での譲歩は軍内での荒木の立場を弱めていた。平生の期待に反して荒木に軍内の派閥抗争を収める力はなく、直後に辞任した。

第四師団との接触は、さらに陸軍上層部との交流となり、平生に軍部が作り出した危機を軍人に収拾させるという逆説的な軍人内閣論の構想を抱かせることになった。平生は斎藤実内閣期には荒木陸相をその候補として考えることもあった。[50]荒木ら皇道派首脳部の対外政策は、北進論を唱えても中国本土への侵攻を主張してはいなかった。

次章で見るように広田弘毅外相の下で、蒋介石との提携を主張する平生の対外観は、必ずしも荒木への期待と矛盾するものではなかった。

もっとも平生の政治論はこれ以降も振れ幅が大きかった。軍部への批判と接近が同居する平生の政治認識と行動は、その後も紆余曲折の軌跡を描くことになる。

第三節　事変後における自由通商運動：逆風下の運動継続

(一) 事変後における自由通商擁護の論理

平生は「領土拡張」の論理を自由通商協会でも主張し、影響を与えた。この点を一月二六日に開催された東京総会の議論によって検討する。まず平生の日記（一月二八日）によればその経緯は次の通りである。

同会では前年に開催された太平洋問題調査会に出席した猪谷善一、高柳賢三らとの座談会も行われたが、平生は自由通商の問題が十分に議論されていないことに不満を抱いた。平生はこの席で、自由通商か領土拡張かの論理の正当性を唱えた。すなわち「我国は前述の如き到底自給自足を以て独立し得る国情にあらざれば、各国にして口々に正義を唱へ公平を粧ひ、平和人道主義の仮面の下に鎖国主義を決行せんとするなれば、止を得ず武力に依り領土拡張をなし、以て自給自足の道を開くの外なからんか。若し満洲、蒙古の地が我国の領域として自給自足に資する事大なりとせば、我国は此際国際聯盟理事会に於て公然この趣旨を以て我国の態度を鮮明にし、我国運の進展、我国民の福利増進のため、之を占有するの止を得ざる事を説明すべしと思ふ」と、自由通商が実現できないならば、「武力による領土拡張」によって「自給自足」への道を開くことの正統性を国際連盟などで訴えるべしという議論を行った。

しかし、平生のこの議論に対しては、自由通商協会では「之に対し満蒙を占有するも自給自足不可能なりとか、其目的なればもつと豊饒なる土地は世界中少なからずとか、直ちにかかる主張をなすは穏当ならず、しかし国際経済聯盟に於ては我国がかかる立場にある事を明白に説明し、世界各国が現在の如き自給自足主義、延て鎖国主義を執るに於ては、我国は止を得ず干戈を以て自国民の生存権を主張せざるべからざることを高調すべし」などの反論が行われていた。平生は「我国が現在の国情に於て自給自足は不可能なることを認識せるが如し」と述べている。要するに、満蒙領有によっても「自給自足」は不可能であることが確認されたのである。平生もレトリックとしてはともかく「自給自足」そのものが可能であるとは考えていなかったであろう。

『自由通商』第五巻第二号（一九三二年）に掲載されている「東京総会及座談会記　一月二六日」は、平生の議論を紹介した後「若し武力的な領土拡張がいけないといふならば、世界は門戸を開き、自由通商を行ふべきだ」とまとめ、「列国が関税政策を改めねば日本は侵略主義に出でざるを得ないのだといふ事を明かにし、之を旗幟として自由通商運動に努力すべきであり、又努力しよう」ということに大体意見の一致を見たと記している。領土拡張によって自給自足への道を開くという議論の紹介は避けられている。

一方、世界で自由通商が行われない限り日本は「侵略主義」を採らざるを得ない、それゆえ自由通商を行うべきであるという議論は、関係者に受け入れられた。事変正当化の論理が逆転し、自由通商擁護のために用いられるようになった。この議論は、日本の満洲侵攻を正当化しつつ、自由通商を主張し続けることができるという意味で、自由通商運動にとって都合の良い論理であった。

この自由通商か領土拡張かという論理は、対外的宣伝の場において使われる。まず平生自身がこれを実践した。

平生はスムート・ホーレー法を成立させて保護主義への流れを作った米国に自由通商主義への転換を求めるメッセージを発しようとする。平生は、一九三二年六月ホノルルで開催された太平洋ロータリー大会において、世界恐慌の打開策は「世界の金の四割五分を有ち、百数十億弗の外国投資或いは外債を有って居ながら、尚ひ昨年の如きでも三億弗の輸出超過」の米国が自由通商政策に転換することであると訴えた。他方で、もし自由通商が行われないなら、「個人に生存権が認められる以上、国民にも亦生存権が認められなければならぬのであるから、やむを得ず、空き地に向かって進展する外ないのであります」とも述べている（平生釟三郎「世界不況の打開策」『自由通商』第五巻第六・七号、一九三二年）。

平生は、世界恐慌克服のためには世界最大の金保有国、債権国であるアメリカが貿易の自由化を行わなければならないと訴える一方で、自由通商が実現しなければ、「やむを得ず、空き地に向かって進展する」ほかないと主張していた。

(二)「日満ブロック」論批判

日満に「自給自足」圏を築くという議論は抵抗を受けたが、特恵関税などによる「日満ブロック」論は機関誌『自由通商』などに頻繁に登場するようになる。元来自由通商協会の支部が従来から大連に存在したことには、しばしば植民地製品が日本国内の保護主義によって阻止されることへの抗議が含まれていた。帝国内における自由通商の促進という発想は運動初期からあった。

「日満ブロック」論の代表は、大阪自由通商協会理事であった角野久造（満洲福紡専務）である。たとえば、『自由通商』第五巻第一二号（一九三二年）の「巻頭言」において、角野は「我等はこの非常に際して先づ国際的に力ある国家たらしめねばならぬ。経済ブロックを説くのも夫れが為めだ、……速やかに自力甦生するには手近の問題から一歩一歩固めることも必要であらふ。事業本意でなく国家本意に努力することが目下要求されている。国際分業などは当分学者の頭にお預けして日満経済問題からでも進んで見てはどうか」と主張している。角野は「国際分業」は学者の空理空論と論じていた。『自由通商』第六巻第五号（一九三三年）は、「『憂国の旅』座談会　角野氏を囲んで『日満経済』を語る」を掲載している。

他方で「日満ブロック」に対する厳しい見方も有力であった。その代表的論者が、自由通商協会の創立者の一人である上田であった。上田は、一九三二年初頭という比較的早い段階から、日満ブロックへの懐疑を表明していた。上田は「内外政局と自由通商」（『自由通商』第五巻第二号、一九三二年、二～五頁）において、満洲事変後の日本の通商政策について次のように論じている。「満洲は日本の生命線といはれるが満洲だけで自給自足が出来ない」とすれば、日本は「その生命線を満洲以外南支、北支、印度、豪州、アメリカ等の販路に認めなければならぬ。換言すれば世界の自由通商は依然として日本の生命線である」。一の生命線を得ても、ほかの生命線を捨てるわけにはいかない。「日本、朝鮮、台湾に満蒙を加ふれば一大ブロックが出来るといふ見地から日満関税同盟の説をなすものもあるが、そんなことが果たして出来るか何うか分からない。日本は多年支那の領土保全と門戸開放を唱えているのである」。仮に日満関税同盟ができるとしても、日本の工業は満洲ぐらいの販路で満足することはできない。「況んや現に米国へ売っている所の生糸を満洲へ売るわけにはいかない。又米国から買ふだけの棉花を満洲で作るわけには行かない。日本は依然として世界の貿易に依存せねばならぬ」。

上田の「世界の自由通商は依然として日本の生命線」という観察は、一九三〇年代の日本経済に対する鋭い洞察を含んでいた。実際、為替低下を利して、日本の綿製品、雑貨の輸出が伸びて、不況からの脱出に大きな役割を果たす。たとえば、一九三四年九月、名和統一「最近日本貿易躍進の根拠と貿易政策の動向」（『自由通商』第七巻第九号、一九三四年、二三～三四頁）は、「満洲事変当時、日満統制経済論、日満ブロック論が日本の指導者軍の見解を代表したかに見えた」として松岡洋右などの名を挙げた後、次のように指摘している。「満洲事変後、金本位離脱を契機とする日本インフレーションの進展はそれを裏切って一見意外の方向に日本経済を導いた。すなわち日本商品の広く世界市場への進出＝依存である。生産諸条件から見て有利な地域からの原料の大量輸入は、当該地域へ向かっての日本商品輸出の条件であり、それを約束するものである。……そのため日満経済ブロック論がいくらか影を薄くし、事実に於いて原料供給地としての満洲の開拓、日満経済統制強化が遅滞している事は争へない」。このような「日満ブロック」批判は、満洲国と満洲開発を是認する一方で、ブロック経済を「時代逆行」と批判する石橋湛山とも軌を一にしていた[51]。

上田の「日満ブロック」批判には、事変への批判が隠されていた。上田は、一九三三年六月の日記において満洲事変から連盟脱退までの道のりを回想している[52]。当時上田は事変に反対で、その理由は「満洲を取っても大した資源はない。石炭や鉄は重要だが、国を取らないでも利用しうる。国を取るときは非常な費用を要するのみならず、日本が侵略主義の汚名を衣て国際的孤立に陥る」と考えたことにあった。しかし、「国民の与論は軍部を後援し、後援せざるものは軍部を恐れて沈黙してしまった」。連盟脱退に至り、日本は国際的に孤立したが、アメリカは「経済断交」をすることもできず、「差向きの処軍部の大成功である」。

上田はこの「満洲国」の成立承認という既成事実を前提に今後の問題を考えるようになる。上田は翌年の日記でも、「今更元へ戻ることは出来ないから、満洲を日本の手で平和にして諸般の改革を行ひ、近代支那の模範国に仕上げるより外はない[53]」と述べている。上田は北はソ連との関係改善、南は中国への本土進出を抑制し、満洲の治安回復を優先させることが今後の課題であると考えた。そこで、「日本を再認識して国際協調に還れ」という主張を行う。上田は「経済国策の基調：人口、資源、貿易」（『中央公論』一九三三年七月号、三七～四八頁）を発表し、日本は「孤立外交でまっしぐらに進んできた」が、「自己を再認識すべき時期」であると論じた。そこでは「満洲の開発は我が国民経済発展の一大支柱」ではあるが、その資源は不十分であり、日本は「世界市場と称する経済的生命線」を有していると主張した。

上田は日本の世界市場の必要性と関連させて、国際協調を説いた。この主張は、「日満ブロック」不可能論を前提としたものであった。また上田の主張は、一九三三年九月斎藤実内閣の外務大臣に就任する広田弘毅による連盟脱退後の外交政策を先取りする主張である。政府内の政策決定においても、日満ブロック論の説得力には限界があった[54]。

一方、一九三三年になると平生の国際政治への見方にも揺り戻しが起こっていた。一九三三年初頭、平生は「米欧の脅威を排撃して東洋の平和を確立し、真に亜細亜は亜細亜人の亜細亜なりとの理想の下に我日本は東洋の盟主として亜細亜民族の興隆を図り、白皙人種の不当なる軽侮に対しては断乎として峻拒の覚悟を要す、かくて我民族の使命たる世界の平和を成就し得るのであるといふ如き大言壮語」を「自家陶酔の態をなすは、実に狂酔者の譫言」と東洋盟主論を批判している。しかも、「亜細亜民族中尤も多数なる人口を包容する支那本土を敵として亜細亜の平和を確立せんとするも不可能ならずや、国際聯盟に於て世界の各国が承認せざる行動を敢てして世界の平和を企図せんとするも不可能ならずや」と記しているように、対中国関係の見直しのみならず、国際連盟への配慮の必要も記している。さらに平生は、「共存共栄」の下に、自由通商とロータリーの理念に尽くす覚悟も記していた。[55]

関東軍の熱河攻略以後、連盟脱退の趨勢が見えてくると平生の周囲では、これを懸念する声が増えていた。外務省などにあった脱退による大国間の国際協調を期待する論よりも、[56]財界などではむしろ不安感が強かったものと思われる。平生との対話の中で、各務は連盟を脱退しても経済断交、武力制裁などはないだろうが、「世界を相手に自ら進んで孤立せんとする如き無謀なる軽挙をなす日本人国家の財政をも無視せる日本国民に向つて credit を与へざる」と金融的観点からの悲観論を唱えていた。これに対して平生は「何等この誤れる方針の下に国家が混沌たる闇黒世界に陥らんとするを知りつゝも軍部の暴挙に怖れて身を挺して国家の急を救はんとするものなく、所謂偸安に耽るに於ては恰も幕末と何の択むところなし」と皮肉に応じた。[57]軍部を恐れる人々を皮肉る平生も、以前と違って各務の国際協調論を正面から批判することはなかった。「軍部の暴挙」による危機を荒木のような軍人内閣によって収拾することを考えた平生もまた一時の興奮からは冷めつつあった。

満洲事変後も、自由通商と外交政策の調整が必要であることは、運動関係者に共有されていた。

(三)関税引き上げ反対運動の継続

すでに見たように満洲事変後しばらくして自由通商協会は事変を支持する方向へ舵を切るが、自由通商運動は継続した。満洲事変以後も通商の自由を唱える必要性は存在していた。一九三二年のオタワ会議以後英帝国圏のブロック経済化が明らかになる一方で、日本は「日満ブロック」に閉じこもることはできなかった。実際、金輸出再禁止以後の為替低下を利用して、日本の綿製品、雑貨の輸出が伸びて、不況からの脱出に大きな役割を果たした。「世界の自由通商は依然として日本の生命線」（上田貞次郎）という見解には説得力があった。

事変直後の自由通商運動の活動の継続は、関税引き上げ反対運動に見ることができる。自由通商運動は、設立当初から保護主義的な国内関税の引き上げに反対しており、政党内閣期には鉄関税の引き上げを阻止してきた。しかし一九三〇年代には、日本においても保護主義と関税引き上げの動きは強まる。犬養毅内閣において選挙で政友会が多数を取ると、関税引き上げの検討が本格的に始まった。その後五・一五事件による斎藤実内閣下の最初の臨時議会において引き上げ法案が提出された。

このような動向に自由通商協会は、関税引き上げ反対運動を継続して行った。大阪自由通商協会は、一九三二年『関税引上の裏に』『誤れる保護政策の下に』などのパンフレットを発行し、保護関税の動きに反対している。そこでとりあげられているのは、関税引き上げの動きにさらされていた銑鉄、線材、木材、ブリキ、農産物、砂糖、毛糸、染料、曹達灰などであった。

自由通商運動をはじめとする諸団体の反対運動にもかかわらず、関税引き上げは、実施された。その結果従量税による関税を軒並み引き上げ（三割五分の関税賦課）、小麦、小麦粉などの農産物、工業品では銑鉄関税が引き上げられた[58]。政治情勢の変動とともに自由通商運動の影響力は、一層限定的なものになっていた。

しかし関税引き上げ後も自由通商協会の反対運動は継続した。特に染料関税の引き上げは大きな問題となり紡績連合会、織物業者、織物輸出業者が染料関税撤廃期成同盟を結成して撤廃を決議し、大阪自由通商協会も一九三二年一二月に同様の決議を行った。さらに大阪自由通商協会は翌一九三三年一月に三割五分の関税の廃止を決議し、首相以下各関係大臣全国各方面に送達している。廃止すべき理由は「為替相場の下落は通貨膨張の傾向と相俟って物価の騰貴を国民大衆の生活を脅かしつつあ」るというものであった（『自由通商』第六巻第二号、一九三三年）。

銑鉄に対する関税の撤廃運動も継続された。元来鉄鋼特に銑鉄関税の引き上げは、恐慌下の製鉄合同のために中島久万吉ら財界主流によって主張されてきた。製鉄合同は一九三三年四月に「日本製鉄株式会社法」（日鉄法）が施行されて以後資産評価が進み、翌年一月に日本製鉄株式会社（日鉄）が発足する。しかし、景気恢復、輸入障壁が高くなったことにより銑鉄不足（「銑鉄飢餓」）と鉄鋼価格の高騰が生じ、これに対して関税引き下げの動きが起こった。一九三四年後半には自由通商協会は、この関税引き下げ運動に参加する。一九三四年一〇月、大阪自由通商協会は木材関税と並んで鉄鋼関税の引き下げを決議した（「大阪協会報告」『自由通商』第七巻一一月号、一九三四年）。鉄鋼関税の引き下げ要求は自由通商協会だけでなく、鉄加工業者の多い大阪財界に広く共有され準戦時体制期まで継続された。特に自由通商運動の担い手でもある栗本勇之助などによって「鉄鋼国策」が唱えられた。大阪工業会を中心に組織された「鉄鋼国策研究会」は、銑鉄や鋼材の関税引き下げを唱えた[59]。「鉄鋼国策研究会」は自由通商運動とも関係が深かった。

平生はこの時川崎造船社長となっていたが、造船会社は銑鉄の需要者であり、関税引き下げによって利益を得るので自由通商とは矛盾しないと主張していた。この製鉄合同は財閥系のぼろ会社救済であり、それとペアになった関税引き上げは消費者の利益を損なうものであるという認識を、平生は持っていた。平生は日鉄発足時、「彼の製鉄合同の如きも関税の引上、為替の低下等に依りて莫大なる利益を得せしめたる上、稼高を基準として買収価格を定めたるが如き、決して公平なる処置といふべからず。製鉄合同は之に依り鉄価を引下ぐるの保証の下に両院を通過し、陸海軍の承認を得たるものなるが、今日の価格は実に製鉄業者に巨利を与ふるものである。しかして之に依り恩典に与りたるものは三井、三菱、東洋製鉄、安川、松本等である[60]」と記している。平生たちは、日本製鉄を財閥系の非効率な製鉄会社の救済策と見て、その改革を唱えていた。これら一連の経緯は後日平生の日鉄会長就任の背景となる。

自由通商協会は、一九三三年九月に本部の大阪移転がなされ、同時に理事長が志立鉄次郎から平生に代わることになった。

(四) 協会本部の大阪移転と平生の理事長就任

平生によれば東京では政府の保護に頼る財閥が中心であるために活動が不活発になったのに対し、大阪では経済的な自由主義がまだ強かった。すでに見たように関税引き下げ運動は、大阪を中心に行われた。また、通商紛争によって影響を受ける紡績業者などからの支援もあてにできるようになっていた。たとえば大阪自由通商協会の昭和九年度予算の赤字四千円補填のために、平生は自身、鉄商の岸本、人絹組合、紡績連合会から各千円を募集しようと考えた。平生は続けて「今や我国産業は隆々として進歩し、世界各国は驚異猜疑の眼を以て我商品の進出をwatchしつつあり。此時に於て我国は自ら進んで門戸を開放し、各国に向つて自由通商の理論交益を宣伝し、以て各国に対し偏癖の意なき事を示さざるべからず」と記しているように[61]、協会の活動は日本製品の海外進出を背景としていた。

一方、東京支部も、志立、上田を中心に活動自体は継続していた。たとえば一九三四年一月開催の第六回通常総会は次のように開催されている（「各地協会報告」『自由通商』第七巻第二号、一九三四年）。参加者は、理事として矢野恒太（第一生命）、山室宗文（三菱信託）、志立、会員として石橋湛山（東洋経済新報）、筧三七、高島誠一（日本経済連盟会）、簗田銈次郎、山川端夫（貴族院議員）、守谷正毅（守谷商会）であった。このほか政友会の芦田均なども参加することがあり、「自由通商」を鍵とする財界に縁のある自由主義者の緩い結束による会合という性格がうかがわれる。

総会ではこの後前駐米大使出淵勝治を主賓とする午餐会が開かれ、スピーチにおいて出淵は米国の失業問題など国内事情とともに通商問題に触れ、大統領は保護主義であるが国務長官は著しい自由通商論者で、互恵協定によって関税を下げようとしていること、また建艦競争の懸念などについても言及している。

東京協会の参加者は多くはないが、外務省との関係もある自由主義的色彩を持った集まりと評することができよう。

他方大阪協会の活動が活発であったことをほぼ同時期に開かれた大阪協会第六回の様子を記録から見てみよう（「大阪協会第六回定期総会記」『自由通商』第六巻一二号、一九三三年）。一九三三年一一月に開かれた本総会は、大阪に移った最初の会合であった。当日は役員の改選も行われ、常務理事は平生、村田、高野、飯島幡司（大阪朝日）、幹事は加藤小太郎（関西信託）、伊藤竹之助（伊藤忠商事）となった。理事は阿部藤造（又一）、安宅弥吉（安宅商会）、岩崎清次郎（岩崎商業）、角野久造（満洲福紡）、岸本彦衛、栗本勇之助、車谷馬太郎（日本信託銀行）、松崎寿（大阪商科大学）、中川勝平（中川商行）、中津海靖元（所属不明）、永井繁（東洋リノリューム）、能島進（大阪電報通信）、坂田幹太（阪神自動車）、下田将美（大阪毎日）、荘田雅雄（日本郵船）、高碕達之助（東洋製罐）、高柳松一郎（大阪商工会議所）、塚本義隆（新聞聯合社）、和田信夫（大阪朝日）、吉原定次郎（吉原定次郎商店）（以上重任）、岡田源太郎（内外綿）、岡田治（所属不明）、二川仁三郎（二川商店）、杉道助（大阪商工会議所）、上野福三郎（三菱商事）（以上新任）となった。

この後平生を座長として座談会が開かれ「時勢の推移と共に自由通商の主旨に就いて多少の変更、修正、追加の必要ありや、如何にすべきや」について討議を行っている。平生が、日印会商などを背景に自由通商の陰が薄くなり、通商審議会が設けられる状況について説明を行った後自主的な産業統制の必要などについて議論が交わされた。しかしこれによって自由通商を主張する必要性が薄れたと認識されたわけではなかった。

財界関係者に加えて大阪朝日、大阪毎日からも参加しており、理事クラスは新陳代謝が行われているなど大阪側がそれほど活気を失っていないことがうかがえる。また通商摩擦を反映して、綿業関係者の参加が目立つようになっている。

平生やその後理事長となる村田は、一九三〇年代半ば以降、財界活動も活発化させてゆく[62]。その存在感が自由通商運動を継続させる契機の一つとなった。

平生は、再建途上にあった川崎造船所の社長に就任し（一九三三年三月）、その名は中央の政財界でより広く知られるようになる。満洲事変後の軍需景気もあって、川崎造船所の再建は順調に進んだ。

一方平生は批判をしつつも有力軍人との関係を深める一方で、官界とも接触を保ち、商工省のほか、移住組合連合会会頭を務めた関係で拓務省上層部、外務省では通商局や重光葵などとも連絡があった。他方で平生は、政友会、民政党の幹部との関係も有していた。造船所再建が一段落した一九三五年には、平生は訪伯経済使節団長を務め、帰国後は貴族院議員となる。二・二六事件後、広田内閣の文部大臣を務めた後、一九三七年六月には日本製鉄株式会社取締役会長に就任する。

平生が広田内閣の文部大臣になると理事長は村田省蔵に交代した。村田は一九三四年に大阪商船の社長に就任し、その後一九三六年日本船主協会会長、一九三七年海運自治連盟を結成し理事長に就任する。村田も財界における影響力を広げつつあった。

（五）宣伝活動の活発化：『自由通商』執筆陣の拡大と英文パンフレットの発行

本部の移転に伴い機関誌『自由通商』の編集も大阪に移った。これ以後同紙は大阪毎日、大阪朝日、大阪商科大学、神戸商業大学、大原社会問題研究所関係のジャーナリスト、研究者が中心となって編集されることになった。

ここから幅広い執筆者の顔ぶれが見られるようになり、『自由通商』はある意味で経済誌として活気づくことになった。雑誌の編集方針をめぐって議論した座談会の記録「『自由通商』座談会記　昭和十一年五月一一日」（『自由通商』第九巻第七号、一九三六年）から、一九三六年時点での顔ぶれを見ると関与した人物は次のようになる。瀧谷善一（神戸商業大学）、福田敬太郎（神戸商業大学）、尾形繁之（関西学院）、四宮恭二（立命館）、豊崎稔（大阪商科大学）、名和統一（大阪商科大学）、武内文彬（東京朝日）、横田千秋（大阪朝日）、阿部賢一（大阪毎日）、横山吾、福本福

一、平尾弥五郎（エコノミスト）、川村和嘉治（大阪毎日新聞社）、安本宣雄（同盟通信社）、鮫島健夫（報知新聞大阪支局）、浜田甲一（読売新聞大阪支局）、新田直蔵（日本織物新聞社）、岡田正次（神戸協会）、村田省蔵、飯島幡司（大阪朝日）、山本幸枝（日本郵船）、武田鼎一、小菅金造（東京海上）、角野久造、和田信夫、永井繁、高碕達之助、荘田雅雄、田口八郎、正木茂（大阪協会）である。これら以外に東京や京都の学者にも依頼し、多彩な顔ぶれの執筆者が見られるようになっている。座談会において、『自由通商』は一九三六年の時点で発行部数一二〇〇部の雑誌で、会員を中心に配布され、それを手にしている人があればそれはインテリの印であると言われている。ところで、『自由通商』の諸論考には伏せ字が見られないのは、会員配布を原則（一部の書店でも販売）としたためであろう。執筆者からすれば、一定の範囲内であれば比較的自由に書ける利点もあったものと思われる。

他方東京自由通商協会でも上田を中心に英文パンフレットの刊行を行い、海外に向けて宣伝を行うようになった。その資金は三井貿易奨励会から得ることができた。三井物産の安川雄之助が、海外に向かって自由通商を宣伝することを条件に寄付を行い、英文パンフレットが発行されるようになったためである。ブロック経済化や通商紛争頻発の動きは、経済界の一部に自由通商宣伝の必要性を感じさせるようになっていた。三井物産常務の南條金雄は、今になって寄付をする理由を、協会設立当時は日本の世論が共鳴しなかったが、今日においては日本としては自由通商主義を以て進むことが得策なることを多数が認めてきたからであると述べている。[63]

この方針の下東京自由通商協会では、"Liberty of Trading" Buletin. として、No. 1. The Japanese Population Problem and World Trade. No. 2. Japan's Trade with Australia and New Zealand and Its Future. No. 3. Occupational Change in Japan（A Contribution to the Study of So-called "Social Dumping."）No. 4. A Brief Analysis of Japan's Foreign Trade. No. 5. Japan's Foreign Trade Policy. No. 6. Japan's Trade with the South Sea Countries. No. 7. The Economic Development of the Japanese Fishing Industry. No. 8. The Trade agreements between Japan and Some other Countries. などを次々と刊行した

（正木茂「自由通商十年史」『自由通商』第一〇巻第一〇号、一九三七年）。

英文パンフレットは、日本の事情を説明しつつ、自由通商の必要性を説くものであった。上田は「東京協会の英文パンフレット創刊に関し」（『自由通商』第六巻第一二号、一九三三年）において、パンフレットの趣旨を「日本の人口が今後二十年間如何の程度に膨張するかを余の推算に基づいて数字的に示し、この人口増加の圧力の下に日本の社会的不安が惹起せられ、一般国民をして対外進撃の止むなきを感ぜしむる次第を述べ、さてこの形勢に対して外国が所謂ブロック政策を取り、日本品を排除するときは日本の産業発展は行き詰まりとなり人民の成果何時は不安となり、太平洋の平和を脅かすに至るの恐れあることを警告したものである」と述べている。日本の人口過剰問題から、自由通商か軍事的拡張かの論理で対外的に警告を行おうとしたのであった。なお上田は満洲事変以後、研究面でも人口問題に力を入れるようになり、第五回太平洋会議（一九三三年、バンフ会議）では、「日本の将来人口」を報告、日本の将来人口の増加を統計的に実証しつつ、国際的に極端な自衛政策は世界戦争をもたらす可能性があると警告し、国際的反響を呼んだ[64]。

ただし上田は、人口問題解決のために「対外進撃」を好ましいと考えていたわけではない。外国貿易でのみ生活水準が維持できるので自由通商こそが行くべき道であると力説し、「翻って日本自身の立場を見れば現在の人口を現在以上の生活標準で維持するの道は外国貿易の外にはない。故に日本は他国以上に自由通商でなければならぬ。これも疑問の余地はない。日満小ブロック論などはつまらぬ空論である」と述べている。「日満小ブロック論」を排して、自由通商を促進することが、その本意であった。

なおほぼ同時期に石橋湛山は、列国の経済ナショナリズムに警告を与え日本理解を促進するために The Oriental Economist を創刊している[65]。対外的宣伝を趣旨とする自由通商協会の英文パンフレット発刊と類似した発想が認められる。石橋も人口問題に関心を持っており、この時期の上田との間には共通点が多い[66]。

小括　まとめと考察

自由通商運動をめぐる環境は、満洲事変前後に大きく変化した。民政党内閣期には、自由通商運動関係者は「経済更新会」の主流を占めて、井上財政の重要な支持基盤となり、軍縮支持を運動として展開していた。しかしながら満洲事変は、事態を一変させ、民政党政権とともに国際協調路線が崩壊し、満洲国の成立から連盟脱退への道をたどる。

井上蔵相とともに満洲に対する軍部の動向へ危機感を持っていた平生は、一九三一年一一月以降、その姿勢を転換し第四師団の軍人と接触する中で満洲攻略を肯定して軍部に同調していった。五・一五事件による政党内閣崩壊から連盟脱退へと向かう中で、平生は、満洲の「委任統治論」、少壮軍人と財界人の結合による第二の維新の遂行など、かなり過激な国家主義の様相を見せている。

平生は自由通商か「領土拡張」かのレトリックによって、満洲事変を支持しつつ、自由通商を唱えていた。このレトリックは自由通商運動全体に影響を与えることになった。元来自由通商運動は、「国際分業」の普遍的な経済的合理性と「天然資源に乏しく且人口稠密」な日本では自給自足は不可能であるという固有条件を根拠としていた。また大国ではない日本にとってある程度の国際的な通商の自由それ自体が日本の自由通商の条件になった。自由通商か領土拡張かという論理は、国際的な通商自由が揺らぐ中で、「天然資源に乏しく且人口稠密」な日本の特殊性に訴える論理であった。それは自由通商の必要性を訴えると同時に満洲事変を肯定するレトリックとして用いられることになった。

ナショナリズムと保護主義が台頭して、自由通商運動には逆風が吹き始めていたが、自由通商運動の主要な担い手は、満洲国を否定せずに自由通商運動を継続した。自由通商運動では、一方で軍部と接触しながら満洲国の「委任統治論」、軍人内閣論を唱える平生のような行き方があり、他方でやむを得ず満洲国を追認する上田のようなリベラル派も存在し得た。自由通商運動は、積極的にあるいは消極的に柳条湖事件から満洲国建設に至る道を肯定する。

一方で、「日満ブロック」に対する上田らの批判は、世界経済における自由通商の必要性と同時に連盟脱退後の協調外交を訴える主張となった。冷静さを取り戻した平生も国際協調的主張に耳を傾けるようになる。自由通商か領土拡張かのレトリックは、転じてこれ以上領土拡張に至らないように自由通商の必要性を訴える論理にもなったのである。平生とリベラルな上田は、満洲事変後においてもともに自由通商運動を推進することができた。

他方で日本でも保護主義的潮流が高まる中で協会本部は東京から運動の活発な大阪に移され、機関誌も大阪で編集されるようになった。新たに理事長となる平生や村田は、次章で見るように通商審議委員会にも参加して自由通商を訴える。東京の上田たちも、財政的支援を得て、英文パンフレットを発行した。自由通商か領土拡張かという論理は、後者の可能性を示唆しつつ自由通商の必要性を訴える根拠となった。英文パンフレットに対する財界の寄附に見られるように、通商紛争が激化するほど、「自由通商」を唱える必要が認識されるという側面もあった。協会は、綿業関係者、商戦・商社など通商関係の経済界から支援を受けられただけでなく、外務省特に通商局と密接な関係を持った。通商局は通商紛争に対抗する政策の導入を図る一方で、自由通商を唱える必要性を認識していた。関税引き上げの潮流に対しても、協会は反対運動を継続した。関税の引き上げは物価の高騰を引き起こし、需要者、生活者に害を与えるという運動の論理は健在であった。

第五章　自由通商運動と大東亜共栄圏への道
――日中戦争以前と以後――

はじめに　対象と課題

本章では、満洲事変、日中戦争を経て対英米戦争に至る時期の自由通商運動の軌跡を考察する。一九三〇年代の自由通商運動は、満洲事変と日中戦争の勃発により二度その性格を変化させながらも継続した。

第一節では満洲事変後、満洲国を支持する方向へ転換した自由通商運動が、広田外交期の政治経済情勢にどのような対応をしたのかについて考察する。一九三三年五月の塘沽停戦協定により日中の軍事的衝突が停止された後、広田外交の下で相対的安定期が訪れた。一九三三年九月、広田弘毅が斎藤実内閣の外務大臣に就任し、次の岡田啓介内閣が二・二六事件で倒れるまでその任にあった。この時期重光葵外務次官とコンビで展開された広田外交は、国際連盟脱退後の国際関係を、満洲国を前提に安定させようとしたものであった。それは、日米関係などにも配慮しつつ、天羽声明に見られるように、東アジアの安定勢力としての日本の主導権を中国や列強に承認させる「アジアモンロー主義」的側面を持っていた。[1] この時期はまた国際通商上の紛争が多発した時期でもあり、政府だけでなく関係業界もこの問題に巻き込まれた。自由通商運動は、基本的には広田外交に沿いつつ通商自由の旗を降ろさず、活動を続けた。

第二節では、さらに状況の厳しくなった準戦時体制期における自由通商運動について考察する。広田外交は、出先陸軍による華北分離工作によってその基盤を突き崩された。一九三五年一一月、出先陸軍は圧力をかけて、華北に冀東防共自治委員会及び冀察政務委員会を成立させた。特に冀東密貿易は、中国政府だけでなく極東の貿易全般に打撃を与えた。これにより日中関係は決定的に悪化した。一方国内政治では、二・二六事件後、準戦時体制期に入った。自由主義の基盤がさらに狭まると同時に、不安定な内閣が続き、広田弘毅、林銑十郎、近衛文麿へと短期間に首相が移り変わった。このような状況においても自由通商運動は、従来の路線をなんとか維持し、日中関係調整の試みにも好意的姿勢を取った。総じてこの時期までは、自由通商運動は自由主義的側面を残した活動を行っていた。

第三節では、盧溝橋事件以後、日中戦争から対英米戦争へと至る時期の自由通商運動について考察する。日中戦争が深まるにつれて「東亜新秩序」が唱えられ、さらに第二次近衛内閣下の南進政策による「大東亜共栄圏」形成政策が採られる。自由通商運動は、このような情勢に追随し、それを「自由通商」の名目のもとに肯定する。このことは日中戦争勃発後、自由通商運動は逆風が強まる中で実質的に大きく変貌したことを意味する。それでも自由通商運動は、日米開戦後も「共栄経済協会」と名を変えて存続した。平生・村田の動向を中心に、自由通商運動が大東亜共栄圏に同化してゆく要因を考察する。

第一節　広田外交下の自由通商運動

(一) 通商紛争と「自由通商」

一九三二年の金輸出再禁止の後、為替相場の低落などの要因により、日本から綿製品雑貨などの輸出急増をもたらした。一方で、貿易相手国からの通商条約の廃棄など通商障壁を高める措置を受け、通商紛争が起こり、日印会商、日英会商、日蘭会商、日米会商などの交渉が持たれた[2]。しかし自由通商運動の関係者は、バーター、クオーター制と通商紛争と会商は自由通商の理念に打撃を与えた。自主統制を受け入れてゆくことになる。

会商の中でも最初に衝撃を与えたのが日印会商であった。一九三三年、インドが産業擁護法を成立させたことを受けて英国政府は日印通商条約の廃棄を通告し、六月英本国品を除く輸入綿布に対して差別関税を実施した。これに対して大日本紡績連合会はほかの関連諸団体と協議の上でインド綿不買を決議した。ここに通商紛争が勃発したが、日印両国は交渉の開始し、日本からは沢田節蔵特命全権公使ら政府代表に加えて民間代表も同行しシムラ会商が始まり、七ヶ月に及ぶ交渉の結果、妥結した（第一次日印会商）。

綿業関係者は、日印会商から強い衝撃を受け、それは自由通商運動に影響を与えた。伊藤竹之助（伊藤忠商事専務）は「会商の足跡」（『自由通商』第七巻第二号、一九三四年）において、日印会商が「徹頭徹尾日本側の不首尾に終わったことは甚だ遺憾」であり「結局日印協定の成立に依て購ひ得たものは対印貿易の消極的安定と今一つは互譲友好の精神を具体的に世界に表明し得た誇りとであるが其の代償として払った我が国の譲歩は余りにも大きなものであった」とその衝撃を表現している。

他方でバーター制（求償制）、クオーター制（割当制）の採用により、自由通商の原則が変質したことを伊藤は指摘し、「嘗ては通商自由主義首唱者でありその実行者であった英帝国との通商協定に於て自由通商主義とは極めて隔たりのある如上物々交換的割当制度を容認せなければならぬ程に今日世界の情勢は変わって来た。吾人は尚ほ主義として自由通商を尊重するものではあるけれどもそれと同時に又よく今日の世界情勢を認識し相手の出方如何に依りては一概に自由通商主義を固執せず時勢に善処する事が肝要で斯くて暫らく時勢に忍従し各国との協調を図」るほかないと、容認する姿勢を表明していた。

通商協定による自由通商の修正は統制容認をもたらした。それは一九三四年初頭の座談会「時勢の推移と共に自由通商の主旨に就いて多少の変更、修正、追加の必要ありや、如何にすべきや」にも表れていた（「大阪協会第六回定期総会記」『自由通商』第七巻第一号、一九三四年）。もっともそれは、あくまで自主統制であり、たとえば阿部藤造は、先年、産業統制はいけないと主張したが、インドとの交渉の結果、「自由通商主義其のものが今日已むをえずいけなくなったと言ふ事になり自然我々は自制しなければならぬと言う事になればそこに止むを得ず統制と言ふことが起こるのではないか」と発言している。

だが日印会商の妥結は、見かけほど歓迎されていないわけではなかった。会商の妥結後に交渉の政府代表である沢田節蔵を神戸に迎えに出た平生は、「日印会商の成立に対しては、鐘紡社長津田信吾氏の如き外面強硬論を唱へて人気を博せんとせし人を除きてはこの協商を歓迎し、沢田氏の労を謝せざるものなかりし」と印象を記している。[3] ここには鐘紡の津田信吾の攻撃的言動を冷ややかに見る、関係者の冷静な対応がうかがえる。東洋紡績社長の阿部房次郎なども、ビジネスライクな交渉の必要性を説く平生に対して、津田の攻撃的な言動を「鐘紡は印度棉を使用すること少なく、為めに印棉不買の急先鋒なれども、印棉を主要材料として使用する会社は不買に依り大影響を蒙むるものあり。蓋し津田氏近来の態度は少しく増長の気味あり」と内々では冷ややかに評していた。[4] 業界の強硬論をなだめつつ行われている政府の外交交渉を「八百長式交渉」と平生は呼んでいた。[5] 難航する会商が外交交渉と国内圧力の two-level game であることを平生は直感的に見抜いていた。

貿易摩擦にもかかわらず、貿易量は一九三六年まで伸びていった。このような通商事情を背景に上田は、互恵協定による貿易を国際的分業には変わりないとして肯定するに至った。人口問題について関心を深めていた上田は、日本の人口増を吸収しているのが農村ではなく大都市であり、また都市における「工業化なくして国民的子孫繁栄は不可能」であるが、そのためには通商の自由が不可欠であると述べている。一九三六年初頭において、上田は「黙々として移りゆく国政を大観し自由通商論者としての自信を語る次第である」と述べることができた（「国民的子孫繁盛は自由通商にあり」『自由通商』第九巻第一号、一九三六年）。ここでは互恵協定による貿易もまた自由通商の一種であると認定されている。

（二）通商審議委員会と自由通商の主張

通商紛争は、政府当局者にも政策的対応を迫っていた。外務省は日印通商条約が廃棄された後、新たに総合的な通商政策を立てるために、一九三三年通商局の下で通商審議委員会を設けた。通商政策は広田外交の重視する政策でもあり、委員会はその後押しを受けていた。

この通商審議委員会は大蔵省や商工省など関係各庁のみならず、民間からも有力委員を招いて政策立案を行うことになっており、平生、村田も委員として参与した。その背景には自由通商協会と、外務省、特に通商局との協力関係があったと考えられる。自由通商協会は、たびたび外務省関係者を招いて会合を持った。通商の自由を維持する目的において自由通商協会と通商局は比較的近い位置にいた。もっとも両者のスタンスは、全く同じではなかった。

通商審議委員会は、一九三三年一〇月第一回会合を開いた。平生は、初会の劈頭から「品質に於ても価格に於ても他国品の競争する能はざる商品を製作し得る日本が従来乱りに保護政策を執りて自由通商に反対したることは誤なりしのみならず、今後は益自由通商の主義を以て我国際通商の方針とすることが尤も肝要なりと思ふ[6]」と自由通商の理念を唱えた。

通商審議委員会は以後会合を重ねて答申を行い、その結果一九三四年四月公布の通商擁護法（「貿易調節及通商擁護ニ関スル法律」）が成立した[7]。同法は、議会の審議を経ずに臨機応変に税率などを変更して、相手国の輸入防遏に対抗することを主眼とし、伸縮関税を導入することを主たる目的としていた。

だが本来通商局は、伸縮関税のみならず複関税制度や輸出入統制を可能にする法的制度の導入を構想していた。

特に無条約状態にある国に自動的に高率の関税を課すことのできる複関税制度の導入の必要性は、通商局出身の川島信太郎公使や来栖三郎通商局長が訴えたことであった。これに反対したのが、関税の全般的上昇を危惧する大蔵省であり、平生であった。

平生の通商紛争への対処策は、「伸縮関税しかも現行率低下の権限をも附与する法律案」の提起であった[8]。平生は複関税などにも反対し、「巻頭言」(『自由通商』第七巻第一号、一九三四年)でも「複関税とか報復関税と云ふが如きは、暴に代ふるに暴を以てするもの、国際平和を主義とせざるべからざる国際通商の本義に合致するものではなく、権道とも云ふべきものである」と主張している。平生の念頭にあったのは、税率の引き下げを主眼とする伸縮関税であった。平生は続いて「我国産業の元凶は技術的進歩的労銀の低率に加ふるに為替低落の拍車を以てするの好条件の下によるものであるから、須らく高低自在なる伸縮関税を以て互恵的に協定税率を設定し個々の商品につき精査し品種によっては進んで税率の引下げをなして以て我が商品に対する関税障壁を軽減し又は引き上げを中止せしむることが執るべき策といはなければならない、高関税を以て報復せんとするが如きは相手国が故意に我が国の権利を侵害せんとする場合にのみ適用すべきものである」と述べている。結論として「兎に角我が国としては多少の犠牲を払ふも自由通商を国際貿易に実現せしむることが国運の進展上唯一の手段なり」と主張している。したがって、報復的色彩の強い通商擁護法の原案が成立すると、平生は「やはり自由通商の思想が未だ納れざるに依るか[9]」と失望を抱いた。通商局は商工省などよりも自由通商への志向が強かったが、平生はさらに関税引き下げを重視していた。

しかしその後引き続く通商紛争と会商の結果は、さらなる対策を要求することになる。通商擁護法は、機動性に欠け通商戦争を引き起こすことになるため、一九三五年に対カナダ、一九三六年に対オーストラリアに発動させただけであった。準戦時体制期には複関税制度のみならず求償貿易に対応する貿易統制や「原料国策」が政策課題に挙がることになる。

(三) 訪伯経済使節団と互恵的貿易促進構想

この時期の平生が互恵的通商協定の締結により、貿易の促進を図ろうとしていたことは、訪伯経済使節団の責任者としてブラジルを訪れた際のブラジル綿買い付けからも分かる。

同使節団は、ブラジルの対日移民制限政策に衝撃を受けた政府により、日伯の友好関係を樹立するために通商関係を促進することを目的として計画された。その際、海外移住組合連合会の会長としてブラジル移民問題と関係が深かった平生に団長として白羽の矢が立ったものであった。平生は高齢で多忙を極めていたのにもかかわらず、岡田内閣の児玉秀雄拓務大臣や広田外相の依頼を受けてこの使節を引き受けることになった。

ブラジル綿を買い付けることによって、互恵的に日本の綿製品を輸出する計画は新ブラジル大使となった沢田が平生など関西実業界の意向を受けて立案したものであった[10]。

使節団の使命は自由通商運動とも結びつけられ、その出発にあたって大阪自由通商協会は送別茶話会を開いた。平生は、そこで使節団の目的として「余が使命は先以て棉花其他のブラジル産物を買はんとするものにして、所謂give and take の方針を以てブラジルに臨まんとするものにして、自由通商主義の実現を期するものなり」と述べた[11]。使節団の団員のうち関桂三、伊藤竹之助、渥美育郎は自由通商協会員であった。

平生は同時に、ブラジル綿をアメリカ綿の代用品とすることによって、輸入超過となっている対米貿易を少しでも調節しようとする意図を持っていた。たとえば帰国後の通商審議委員会でのスピーチにおいて、平生は次のように述べている。「如此く多額の棉花を輸入するに於ては、これが対象として我工業製品をブラジルへ輸出するを得て我国としては輸入超過国よりする米棉の代用品としてブラジル棉花を輸入し之に対して相当の輸出をなすを得て国際貸借の不均衡を幾分にても調整するを得んか。今や各国共に為替管理とか輸入制限とか割当とか、種々の手段を以て輸入超過を是正せんとするの傾勢激しく、或は協定を求め、或は条約破棄をなして収支を valance せんとし、自国の国産を買ふ国よりのみ其同一額の輸入をなさんとすることを原則とせんと試みつつある今日、日伯間の貿易増進は国家のため軽視すべからざることなるのみならず、延て国際親善をcementするにも緊要事なり」[12]。

以上のような平生の構想は、民間主導で互恵的貿易を進めようとするこの時期の「自由通商」の考え方を示すものである。

（四）米国・互恵通商協定法への期待

自由通商への期待は、世界的な反保護主義的潮流の存在にも支えられていた。一九三三年時点では、世界各国の通商政策は、保護主義化、ブロック経済化の進行とそれに対抗する反保護主義的潮流が交錯していた。

前者の代表が、一九三二年に開かれたオタワ会議において、自由貿易の代わりに、本国、自治領、植民地といった英帝国の結びつきを強化し、特恵の相互付与によってブロックを形成する政策の採用が決定したことである。さらに、一九三三年四月には、インド政府が日印通商条約の廃棄を通告し、日印会商、日英会商での厳しい交渉が始まる。金輸出再禁止以後の綿製品、雑貨などの日本からの輸出増大は、激しい通商摩擦を引き起こしていた。

これに対して、反保護主義の復活の兆しも見られた。アメリカでは、一九三二年三月、党内に自由貿易路線を抱える民主党のフランクリン＝ルーズベルト政権が誕生し、コーデル・ハル国務長官は互恵通商政策への転換を図っていた。この動向への期待を高柳松一郎は「巻頭言」（『自由通商』第六巻第五号、一九三三年）において、「自由通商主義を奉する本協会はルーズベルト大統領の活動を衷心より慶賀すると同時にその竜頭蛇尾に終わらいように祈る」と述べている。アメリカからの要請により日本経済連盟会に関税引き下げを行うべき品目が諮問されると、「双手をあげて歓迎」するとした。これに応じて横浜自由通商協会編「日米関税協定の基礎」が作成された（同号所収）。

また、戦債問題、通貨問題、関税休戦などを論じる国際会議の準備が進んでいた。このジュネーヴでの予備会議を経て開かれる予定のロンドン国際経済会議（一九三三年六月～七月開催）への期待は大きかった[13]。

「巻頭言」(『自由通商』第六巻第一号、一九三三年)において、平生は保護主義的潮流が「資本主義をして帝国主義的粉飾に強化し、或いは、似而非なる計画経済統制経済への誘因をなして居る……恐慌の打開策は決して斯くの如きものであってはならない」と断じた後、「北米合衆国大統領選挙は民主党の勝利に帰し、米国関税政策の転換が暗示せられて居る事もさることながら、この気運は漸く国際政治経済上の表面的問題なり、現に一月ジュネーヴに開催の国際経済会議および二月ロンドンに開催の国際通貨経済会議等に於て討議せらるべき各準備議定書について見ても、関税障壁の引き下げが各所に強調せられていることは吾等の密かに心強く思ふところであって、数年来逆行しつつあった世界経済の動向が、漸く正道に転ぜんとするは誠に結構至極である」と強い期待を表明した。

結果的には、国際経済会議は成果を得ることができないままに終わるのであるが、一九三四年アメリカでは互恵通商協定法が成立する。アメリカへの期待は、一九三五年の総会における自由通商運動と外務省関係者とのやりとりにうかがうことができる。平生が訪伯経済使節団団長として出発する際、総会には来賓として外務省アメリカ局長・堀内謙介、同通商局第三課長・若松虎雄、政友会代議士・芦田均が招かれた(「大阪協会報告」『自由通商』第八巻第五号、一九三五年)。

この座談会において座長の平生は、大戦後「非常に狭い範囲のナショナリズムが又一時的と雖も世界を風靡するやうになった為に自由通商が行はれませぬ、それが今日の世界の悩」であると述べる一方で、ルーズベルト政権への期待を表明した。堀内アメリカ局長も、「最近の世界的風潮である統制経済といふものが果たして何時まで存続出来るものであるかということには非常に疑問を持っている」と述べて、ルーズベルト政権には二潮流があり、自由主義派の経済拓務長官ホーテンハルト、農務長官ボレルスがかなり有力であると期待を述べていた。

(五) ソシアル・ダンピング問題と高野

以上広田外交の下で継続した自由通商運動の集会には、石橋や芦田のような自由主義的傾向を持つ人物が顔を見せていた。なお、京都・福知山を選挙区とする芦田は、平生とは旧知の間柄でもあった。特に芦田が経営に苦しんだJapan Timesについては、平生は相談にのって資金援助を行い、その株主となっていた。同紙の経営について激励を受けた芦田は「平生さんはエライ人だと思ふ」[14]と日記に記し信頼を寄せていた。後に同紙が政府に買収される時も、芦田は平生に相談に行っている。[15]

自由通商運動の幅の広さを示すものとして労働者の利益を重視する左派の潮流があった。理事の高野岩三郎やその門下の大内兵衛、笠信太郎などは『自由通商』にも執筆者としてしばしば登場している。

各国からの日本商品の輸出増加への非難として、為替ダンピングのほかに、低賃金を非難するソシアル・ダンピング論があった。日本の産業界の主流は、ソシアル・ダンピング原因論に反論したが、高野はこの非難を是認した。高野は「巻頭言」(『自由通商』第七巻第三号、一九三四年)において、「社会立法協会」の記事を参照しながら、ソシアル・ダンピングの存在を認めて次のように労働政策の革新を行う必要があると述べている。「『ソシアルダンピング』論者の当否を考慮するに方ては、単に現行の賃金や労働時間のみならず、更に社会保険其他の労働保護制度の実況や乃至我労働者大衆の労働の自由の獲得・進歩を陽に陰に我が法制の状態をも併せて攻究して、公正なる立場を採るに努めなければならぬ」。これらを考慮すると「我労働の結晶たる我商品に対する『ソシアルダンピング』論の批判は容認せねばならぬと考へる。乃ち我国の通商上の自由を主張しようと思へば、必ずや之と共に我が政府資本家の労働政策の革新を要すると叫ばざるを得ない」。

高野が触れている社会立法協会は、国際労働条約批准促進を趣旨とする国際労働協会を一九二九年に改組したものであった。社会立法促進を趣旨とする社会立法協会は、財界、労働界、研究者が参加し内務省社会局・協調会とも近く、労働組合法案にも賛成していた。社会立法協会は「我國輸出貿易ニ対スル各国ノ圧迫ト我国労働条件ノ改善ニ就テ」(一九三四年二月)において、労働条件改善を訴えていた。[16]同協会は東京と並んで大阪で会合を持ち、理事長と大阪側の支部長は自由通商協会の下村宏(海南)であった。大阪支部には、高野、平生、栗本、坂田、飯島、村田、瀧谷など自由通商協会の関係者が名を連ねていた[17]。当時大阪朝日の副社長であった下村は、戦後村田との交友を回想する中で、真っ先に大阪時代の「自由通商と社会立法」に言及し、協会が「労使問題の協調によりて少なからず効果をあげた」と述べている[18]。

大原社会問題研究所所長であった高野と大阪自由通商協会の中心メンバーとの間には、信頼関係が成立していた。大阪朝日の飯島、下村は研究所の東京移転問題に一肌脱いでいた[19]。平生も高野に敬意を払い、彼の病気の際には見舞金を送っていた。

『自由通商』には、このほかにも笠信太郎が「『ソシアル・ダンピング』をかう見る」(『自由通商』第七巻第四号、一九三四年)、「我が綿業が、為替低落＝輸出増進以来、さらに時間延長と賃金低下とをもっていかに搾取強化に赴いたか」と現象としてのソシアル・ダンピングが生じたことを認めていた。また向坂逸郎も「貿易国策に就いて」(『自由通商』第九巻八号、一九三六年)においてソシアル・ダンピングに言及していた。

少なくとも日中戦争以前までは労働政策の改善を求める高野人脈が存在していたことは、自由通商運動の幅広さ、新自由主義的側面の残存を示すものであった。

(六)　日支経済提携：自由通商と「日満支ブロック」

ブロック経済的な潮流への対処としては、直接的には紛争国との互恵的な協定の促進、そのための法制度の整備などがあった。同時に、対抗的に日満支の経済ブロックの形成が言及されるようになる。

連盟脱退後、平生は自由通商と並行して「日満支ブロック」論を説くようになった。ロンドン国際経済会議を前に、平生は重光葵外務次官に対して次のように自由通商かさもなくば武力拡張かの議論を展開し、その中で日満支ブロック論に言及した。「国際的自由通商主義を各国が今回の国際経済会議に於て承認し、之を実行するに於ては軍縮に賛成すべく、若し国際的自由通商が実行せられざるに於ては軍備縮小は日本として応諾するを得ず。国土狭小、天然の資源乏しき人口過剰なる日本は、止を得ざれば、武力を以て領土を拡張し、原料と食料を求め加工品の市場を開き以て一の大ブロックを造り、以て自給自足の道を開かざるべからざればなり、今や日本はこの主張をなすべき好機会に遭遇す[20]」。

ここで平生は国際会議による自由通商の実現を期待する一方で、「一大ブロック」すなわち「日満支ブロック」を説いている。一九三三年八月、関東軍に転出した後宮淳に対して平生は書簡の一節で次のように説いている[21]。「小生は持論として日満ブロックにては今日の間に合ひませぬ。どうしても日支満の経済ブロックでなければなりませぬ。夫には我国としてはこの際支那に於ける軍閥、又は政権のある者を武力を以て徹底的に援助し、支那の統一を図ることが急務なりと思ひます。小生は支那の軍閥や政権の内情を熟知しませんから何人を擁立すべきやを断言すべきにあらざるも蒋介石こそ其一人なりと思ひますが如何です。彼は国民政府の軍領であり長江筋（支那の中枢）に在りて共匪に苦められつつあるのである。共匪はソビエト　ロシアの手先として支那の赤化に成功せば必ずや満洲及び朝鮮を風靡せんとするや必せりと思ひます。されば共匪の跋扈は我国に於ても決して対岸の火と看過すべきにあらず。また我国が国民政府を後援するには共匪の掃蕩こそ好個の名義と思ひます。英米にして参加を希望せば聯合軍として出征するも可なりと思ひます。しかし現下の事情にては欧米各国は自国に大なる利害関係なき支那や東洋問題のため出兵する如きことは不可能と思ひます」。

この平生の日満支ブロック論は、軍事的圧力を背景としつつも「共匪の掃蕩」のための蒋介石への支援を説き、また欧米との協調も排除していない。平生の日満支ブロック論はこの時点では国際協調を無視するものではなかった。満洲事変時の興奮は沈静化していた。五月に塘沽停戦協定が結ばれており、柳条湖事件に始まる軍事的衝突は停止されていた。蒋介石政権の安内攘外政策や九月に外相に就任する広田の時代の雰囲気を反映していると考えられる。

また、日満支ブロックへの期待は、一九三三年六～七月に開催されたロンドン国際経済会議の後で高まった。会議が停滞した時期になされたと推定される講演「ブロック経済の結成と日支関係」[22]では、平生は「斯くの如くして日支の親善が復旧せられ我製品が満支に於て莫大なる販路を獲得するに於いては、たとえ欧州各国が其本国及殖民地委任統治地域に於て関税の障害を高うし、為替管理をなし、または他の輸入防止策を講ずるも、我国は日満支経済ブロック内に於て自由通商主義に依りて通商貿易を盛にし、以て自給自足の計をなすを得んか」と述べている。平生は、「自足自給」という言葉を使っているが、厳密な意味での「自足自給」が可能であるとは思っていなかったであろう。「ブロック」の形成による通商の促進という発想は、通商審議委員会を立ち上げる通商局にも見られた。[23]これは「日支の親善」による経済ブロックを前提として、互恵協定を促進するものであった。それは広田外交の下での日中関係の緩和が前提であり、この時点では必ずしも関内への軍事的侵攻を前提としたものとは思われない。

だが出先陸軍主導の華北分離工作が展開され始めると『自由通商』紙上でもやや軍事的色彩を帯びたブロック形成論が登場し始める。たとえば阿部藤造は「巻頭言」（『自由通商』第八巻第九号、一九三五年）において、「ここ数カ年の貿易対策としては広くは自由通商を主張し乍らも事実は貿易統制主義を採らねばならぬかと思はれる。殊に満洲事変以後国際連盟脱退後の事情を貿易のみ国際自由の歩行を許されず、次第に英米を始め各国の圧迫を感じつつある時代である。即ち最早貿易良品廉売主義のみでは進めぬ。外交、軍事と協力した大方針に進まねばならぬ。それには日満支経済ブロック、進んではアジア経済ブロックの主義に進まねばならぬ」と「外交、軍事と協力した大方針」による「アジア経済ブロック」の必要を説いていた。その理由は「今日の如く世界各国の軍備競争のある時代に経済のみの協定成立は不可能かとも考へらるる」からである。一方で関西で有力な綿業関係者の言動に軍事力への期待が見られるようになるのも確かであろう。[24]

他方で、紡績業などにおいても、中国の工業発展を前提とした「日支経済提携」の可能性も検討されていた。[25]

自由通商運動内に見られるようになる通商交渉を念頭に置いた「日満支ブロック」「アジア経済ブロック」論は、蒋介石を相手とする「経済提携」と軍部による華北工作の両方の契機が交錯する中で展開されていた。

第二節　準戦時体制と資源問題

（一）馬場財政と関税改正問題

準戦時体制期には「原料国策」の名の下に、貿易統制が強化されようとしていた。これに対して、自由通商協会は、全面的にではないが、批判的な観点を維持した。

二・二六事件後に成立した広田内閣の所謂馬場財政は、「広義国防」の名の下に急激な財政膨張を行うと同時に、関税改正を行おうとした。関税改正の眼目は、第一に重要産業保護のための関税引き上げ、第二に複関税制度の導入、第三に外国貿易統計税、輸出統制税の創設である。広田内閣では「原料国策」すなわち液体燃料の自給、鉄鋼の自給、繊維資源の確保が掲げられた。これらは七〇議会に提出されたものの内閣崩壊により実現を見なかったが、財界に大きな反響を呼んだ[26]。

輸出に税をかける外国貿易統計税、輸出統制税の創設には、反対が強かった。輸出統制税は求償主義の貿易に際して特定国からの輸入を増やすために輸入補償制度の財源確保、輸出価格の調整のために創設するものであったが、輸出税は前例がなく経済界に反対が強かった。

自由通商協会も、一九三六年一二月議会開会前に反対決議を行った。その反対の根拠は、貿易の伸展を阻害すること、国際的な関税引き上げをもたらすこと、大衆課税的な性格を持つことであった。声明書は次のように述べていた。「輓近我国の貿易は列国の輸入統制、関税引上、其他諸般の抑圧政策によりて何れの方面に於ても超ゆべからざる障壁に当面し其結果数年来順調に発達しつつありし輸出産業も頓にその前途を危慮せらるるに至れり。かかる重大なる時機に当面しつつある際徒らに統制の空論に駆られ、又は微々たる租税の増収に仮託して敢て自ら貿易の伸展を阻害するが如きは断じて策を得たるものに非ざるや論なき所なり。殊に今般増税計画の一部として伝へらるる輸出統制税及統計税の如きはその影響の及ぼす所甚大なるものあり。すなわち、輸出統制税はそれ自体において既に重き負担なるのみならず外に対しては日本商品の担税力を過信せしむるの機因となり、輸入国における賦課の加重を誘発する虞れ少なからず、統計税に至つては原料課税並びに大衆課税の上に新なる端緒を開き将来に向つて更に通商障害の弊を醸すに至るべきを信ず。両者共に貿易振興の大策に逆行し、非常時局の国策として当を得たるものと認むること能はず。国内国外の両情勢より再検討と反省を必要とするものと認む。昭和十一年十二月七日」[27]。

ブロック経済と求償貿易の一般化により複関税制度の導入は、もはや自由通商協会でも排斥の対象にはならなかったが、一方的な関税高や統制強化には、依然として抵抗を示していた。

一九三〇年代半ばには、商工省が軍部の圧力を背景に国防の観点から直接的な国内産業育成に乗り出していた。一九三四年には石油精製業の統制、国内資本の育成を目的として石油業法を成立させた[28]。一九三六年制定の自動車製造事業法は、許可制度により直接的に、アメリカメーカーを日本市場から閉め出し日本の自動車産業を育成しようとするものであった。ただこの時点では、「アウタルキー（自給自足）路線が国際協調路線に対して勝利した」[29]とまでは考えられていなかった。

盧溝橋事件勃発直後において戦時貿易統制が強化されようとしていた時、瀧谷善一は「自由通商十年」（『自由通商』第一〇巻第一〇号、一九三七年）において、次のように主張した。「吾人は貿易産業に関する非常時立法の制定は之れを止むを得ざる措置なるを認むると共に、之れが運用は輸入の制限により国際収支の均衡を企図することに重きを置かず、寧ろ互恵的通商自由主義の活用により輸出増進により、之れが均衡を計ることに最高の努力を希望せざるを得ないのである。是れ吾人が依然として貿易省等の有力なる中枢機関の設立及之れに対応する有力なる民間対外貿易統制機関の組織を主張せざるを得ない所以なのである」。これは強化されてゆく貿易統制を非常時立法として容認しつつも民間の関与が可能な中枢機構の創設を求めるものであった。

準戦時体制期の統制強化に対してはそれを一定程度容認しつつ民間の意見を取り入れる仕組みを作り、「互恵的通商自由主義の活用」による貿易促進を求めることが、自由通商運動側の基本的姿勢であった。

(二) 山川端夫、上田貞次郎の日中関係認識：第六回太平洋会議の報告

一九三六年八月、準戦時体制と通商紛争、原料・資源問題、日本の華北進出など極東の問題を国際的に議論する機会が訪れた。ヨセミテで開かれた第六回太平洋会議である。そこでの雰囲気は、通商の自由や、資源分配の平等、また人口食糧問題などの主張は、日本の帝国主義的進出のための口実にすぎないという厳しいものであった。[30]

英米や中国などの有力者が集まった民間会議の場に、日本からは団長として山川端夫、上田貞次郎ら自由通商運動関係者が参加していた。東京協会では彼らの帰朝歓迎会と両名による報告がなされた（「東京協会報告」『自由通商』第九巻第一一号、一九三六年）。

山川の報告は、通商問題よりも華北分離工作に対する列国の反応の厳しさと「曲解」を伝えつつ、次のように「反省の要」に言及している。「この会議で日本につき列国は如何に考へているか、如何に日本を曲解しているかを知ったことは非常な収穫である。日本に対する非難は、日本は将来何をするか、どこまで進出しようとしているか、といふ事に就ての疑惑が強いためであると思はれる。伸びるためには此の点も大いに反省の要があらう」（山川端夫「太平洋会議と其問題」『自由通商』第九巻第一一号、一九三六年）。山川は日本の大陸政策について「反省の要があろう」と述べたのである。

上田は、ヨセミテ会議で日本にとっての貿易の重要性を強調していたが、同会議では冀東政権の密貿易問題など大陸問題が焦点であったと報告した。上田は、他国の立場からして「日本の大陸発展が何処まで行ったらケリがつくのか」が問題とされたと述べている。満洲のことは「既成事実」となっているが、それから先が問題であると述べ、また中国の統一進行が今後ますます容易になると予想していた。もっとも上田は「この辺のことが今行はれつ

つある日支交渉で解決されるならば、非常な幸いで東洋の空は相当明るくなるのではないかと」と希望的観測も述べている（上田貞次郎「太平洋を繞る列国の立場」『自由通商』第九巻第一一号、一九三六年）。上田は一九三六年九月から行われていた川越茂大使と国民政府外交部長張群との国交調整交渉に期待をかけていたのである。その後交渉そのものは失敗に終わったが、上田が日中関係を懸念し、その改善を強く望んでいたことがうかがえる。

（三）佐藤尚武外相と自由通商

自由通商運動における国際関係改善への期待の存在を示しているのが、林銑十郎内閣の佐藤尚武外相の協会での演説である。

佐藤外交は林内閣が短期間で崩壊したために長くは続かなかったが、日中戦争前における国際関係改善の試みとして知られている。佐藤外相は、平和主義・国際協調主義の堅持、中国との平等な立場での交渉と紛争解決、対ソ友好、対英米関係の立て直しの四つを条件に入閣していた。佐藤の外交政策は、軍部内の石原莞爾を中心とする大陸政策転換の動向などを背景としていたが、その議会演説は早速紛糾をもたらしていた[31]。

一九三七年五月二四日、佐藤外相、松島肇通商局長を招待して自由通商東京協会主催の会合が持たれた[32]。最初に志立常務理事から挨拶があり、「一九二七年の「国際経済会議」がその決議の中に自由通商を強調してからここに十年の歳月が流れたが其間世界の潮流が全く逆の方向に流れ行きつつあるを遺憾とし十年の間自由通商の精神の発揮に力むべきを主張し、次いで該『国際経済会議』に我国代表の一人として列席された佐藤尚武氏を外相に迎へたことは全くの喜びであり、是非責任ある政治家が思を本協会の主旨に致されんことを希望す」と述べた。志立は自由通商協会が発足する契機となった一九二七年の「国際経済会議」に佐藤も出席していたことに言及して、自由通商の精神発揮を望む演説を行ったのである。

これに応えて佐藤外相は、自らの外交方針を自由通商問題と重ねて演説を行った。佐藤は自分の戦争を避けようとする外交が「軟弱」であると誹謗されるのは当然であり、「軟弱の誹謗が起こること自身がむしろ自分の抱負の証左」と信じているると述べた。

佐藤は戦争ではなく通商によって年々増え続けている人口を養わなければならないと強調し「戦争はできるだけ避け、その間平和を保って通商の促進をやり、そして万年殖える人口を養ってゆかねばらぬ」と述べる。また「資源の開発、原料の輸入、国内における加工、その輸出のための市場の開拓等が日本のために最も必要」であると言う。

しかし、資源の開発、原料の獲得については、日本のような後進国は「先進国が勝手にはった縄張り」のくびきをはめられている。佐藤は経済的に縄張りを変えさせたいとして、来月ジュネーヴにおいて開かれる国際連盟の第二回原料品問題調査委員会において首藤安人商務官を通してこの問題を主張すると述べた。最後に佐藤は日本の労働条件について先進国の非難を浴びていることに触れ、公正な貿易のために労働条件の改善、生活水準の向上が必要であることを強調した。

またここで佐藤は当時国際的に問題とされていた原料資源問題に言及している。一九三五年以降、資源再配分、植民地再配分問題が提起されるようになっていた。イタリアのエチオピア侵攻と国際連盟の制裁問題が注目され、ファシズムの台頭と関連して「持てる国」と「持たざる国」の対立が喧伝されるようになる。『自由通商』紙上でも、高柳松一郎「世界の資源と世界の市場の開放」(『自由通商』第九巻第一号、一九三六年)などで、資源と市場の開放のための国際会議の必要性が主張されていた。国際連盟では一九三六年に原料資源問題に関する専門家の委員会開催が決議され、原料品問題調査委員会が設けられた。国際連盟を脱退していた日本からも首藤商務官が本委員会に出席していた。この会議には外務省通商局が取り組み、佐藤も外相就任前から関心を示していた[33]。これらの動向を前提に佐藤は、自由通商を妨げる原料資源問題を戦争ではなく国際連盟下の国際会議で解決することを訴えたのである。佐藤外相の演説は、「自由通商」復活の可能性と平和への希望を結びつけるものであった。

佐藤の演説終了後、矢野恒太、田川大吉郎、ヒュー・バイアス、清沢洌、山川端夫、上田貞次郎が交々「心懐を吐露」した。広田内閣への入閣を拒否された下村宏、石橋湛山なども出席したこの会合は、日中戦争直前でありながら自由主義色の濃いものとなった。

自由通商協会は必ずしも哲学的な意味での自由主義者の集まりではなかったが、「心の構え」としての自由主義を説く清沢や「思想的傾向」としての自由主義を説く石橋湛山[34]が心を寄せる場となっていたことがうかがわれる。[35]

一方佐藤外相の自由通商と国際親善を結びつける考え方は、四月に開かれた欧米派遣経済使節団の送別会において、「自由貿易、自由通商への復帰はできないまでも、現在の流れをせきとめたい」と挨拶をしていることからもうかがえる。[36] 佐藤外相の挨拶は、門野重九郎・大倉組副頭取が団長を務め、紡績業を代表して小寺源吾・大日本紡績社長が参加し、英国バーンビー・ミッションなどへの答礼の意味をも含めた使節団に向けたものであった。

(四)『自由通商』一〇周年：盧溝橋事件前後の認識

一九三七年は、自由通商運動一〇周年にあたっており、『自由通商』第一〇巻第一〇号が「拾周年記念特集」として刊行された。七月の盧溝橋事件直後の刊行となった本号からは日中戦争が本格化する直前の自由通商関係者の考えや雰囲気が分かる。特に巻頭言には、自由通商運動の立役者となってきた志立、平生、村田、上田、高野の五人が執筆しており、彼らおのおのの考えが分かる。

志立鉄次郎「平和と通商」は、設立時からの理念である自由通商と平和、そして政治的自由・立憲政治の間の不可分の関係を訴えるものであった。「大事変に際して猶ほ通商の自由を談ずるが如きは狂痴の沙汰と考ふることにする者多かるべきも、現時の難局は益通商自由の光を放つこそすれ聊かもその真理を暗ますものでない。十年前の国際会議に於いて決定せられた事項が実行せられて居たならば、国際関係は今日と著しくその趣を異にし、遙かに幸福なる生活をなし得たであらう」、「平和と通商とは不離の関係を有し、通商自由なれば世界平和となり、然らざれば風波起り易い」、「而してこの経済的自由の達成には政治的自由の実行を必要とし、国民の自由意思を基としたる立憲政治の確立を絶対条件とするが故に、独裁政治の下に於いては決して行ふべからざる事である」などは、事変にあたってなお原則を曲げない、志立の性格がよく表れている。しかしこの後事変の深まりとともに原則を曲げない志立は『自由通商』上に書くことがなくなる。

平生釟三郎「自由通商の道」は、やはり自由通商を説くが、さもなければ自給自足から領土的拡張・戦争行為が待っていると説く。平生は「世界各国の趨向は、戦時に於ける経済政策を目標とその産業的自給主義を以て指導精神とするの形成を生じ、世人をして、自由通商の如きは痴人の夢なりと嘲笑する」と嘆き、「世界の平和と、人類の福祉を招来するには、自由通商を主義とする、国際貿易の振作を措いて他なしと思ふ。然るに現在、各国政府が、採りつつある政策は、総て之に反するものにして、かくては、各国は自給自足主義より延て鎖国の状態に入るの外なからんか」と述べる。さらに「風土を異にし、社会的事情を異にし、経済的状況を異にせる各国が、鎖国的対立をなすとせば、領土的拡張か、旆海賊的略奪、換言すれば戦争行為に出づる外なからん」と予言する。平生の文章は、満洲事変期の自由通商か領土拡張かのレトリックを想起させ、日中戦争拡大後における自由通商のさらなる変貌を予期させるものであった。

村田省蔵「時代の薬餌」は、自由通商の旗を降ろさないまま、時代の流れに棹さす方向を示唆している。村田は通商障碍を病気にたとえ、腫れ物は十分化膿しなければ根治しないと述べ、「関税の障壁は彌が上にも高からしめよ、他国に対する輸入割当制の如きも更に厳酷ならしめよ。貿易統制可なり、為替管理可なり……持たざる国は益々持てる国へ激突せよ」と述べる。他方で薬餌を与えなければ、病は膏肓にいるかもしれないので「通商自由の大旗を更に更に高く掲げ其の声を更に大にすることを忘れてはならない」と締めくくっている。村田も、自由通商の旗を掲げつつ、さらなる事態の悪化を予期しているようであった。

上田貞次郎「東亜の自由通商」は、日中関係の回復を祈念する文章となっている。日本の人口問題、農村問題の解決のために工業の発展、自由通商が必要であり、中国は貿易相手として最も重要である。しかるに北支事変の全面衝突が起こったのは仕方がないので、「願わくはこれを通商障碍撤廃の方向に導きたい」と上田は述べる。

上田は、世界経済の方向は自由通商かブロック化の二つであるが、完全な自給自足は不可能であるとして、次のように述べる。「今の世界で自由通商の途は二つある。一は世界中を平等に取扱ふやり方で昔からの自由通商の行き方であるが、これは世界経済構造の崩壊と国民主義の勃興、国際政治の不安のために絶えず脅かされる。それ故世界経済は頼むに足らずとして一のブロック内に自由通商の安全なる範囲を作らんとする。これが第二の途である。しかしブロックは如何に大きくあつても、やはりブロックに過ぎないから完全にその中へたてこもるわけに行かない。そこで大国は皆この二の途を何とかして組合はせやうとしている。日本も臺灣朝鮮を完全に帝国ブロックに入れ、満洲にも共通の貨幣を行つたり、資本を入れたりしてこれを仲間に入れつつある。しかしこのブロックだけでは日本の力を伸ばすには足らない。たとへ支那全土を入れるとしてもまだ自足自給は出来ない」。日満支ブロックが仮にできたとしても、自給自足はできない、自由通商は必要ではないかと上田は主張した。

上田の卓見は、尾崎秀実などと同様、長期的には中国が民族的統一に成功するであろうと見ていたことである。曰く「近代の技術たる鉄道、自動車、飛行機、ラヂオと小学教育の普及、国語の統一は悉く支那民族の国家的統一を助けるところの力である。南京政府の抗日宣傳以上の力である。この力は過去四五年間に既に大なる變化を支那の政治上には現はしたものであるが、今後十年間には益々大なる變化を生ぜしめるであらう。一の中央政府が倒れても又次の中央政府を成立せしめるであらう」。ブロックによる自給自足が不可能であり、中国の民族的統一が必然であるとすれば、日中関係の改善に期待をいだくよりほかにない。上田は次のように文章を締めくくっている。「幸にして日本人は支那人を憎んでいない。……日本政府も支那民衆を敵としないことを明言している。願くは今度の事件速かなる結末により両国民の感情を更に悪化させることなく、雨降つて地固まるやうにさせたい。而して東亜の自由通商が促進せられ、それが更に政治上にもよき反響をもつに至らしめたい」。

高野岩三郎「勤労大衆の期待」は、従前同様自由通商と社会政策を「勤労民衆」の利益と結びつけている。「固より近時に於ける国際状勢、殊に又我国の現状に顧みて、将来に尚ほ通商の自由を叫び続けんとするは、甚だしく時勢外れの感なきにしもあらず」と考えられるが、「現下の国際的窮状を打開せんとするのは希望が世界各所に勃興しつつあるは人の知る所、そして我国も亦何時までも孤立的状態を固執すべきではなからうとすれば吾々の提唱を将来に続行するのも決して無用ではあるまい」と自由通商の将来へ期待を示す。ただ「断然之に進歩的新味を帯ばしめるの要ある」。それは「適正なる労働政策、社会政策を強調する商品自由交換の主張でなければならぬ。かくしてこそ始めて通商の自由が勤労民衆の要求と眞に良く合致し、此の運動が大衆的となるの期待を懸け得られるであらうと確信するのである」。しかし日中戦争が始まると高野は会合には顔を見せるものの『自由通商』への執筆は跡を絶つ。時代状況はさらに厳しくなり、一九三七年一二月・翌年二月の人民戦線事件において、「労農派教授グループ」が検挙された際、『自由通商』にも執筆していた大内兵衛、美濃部亮吉、向坂逸郎らが検挙される[37]。高野人脈の執筆は途絶える。

盧溝橋事件直後においても、重鎮五人はそれぞれ強調する観点は異なっているが自由通商運動の旗を降ろしていない。このほか「拾周年記念特集」には、自由通商に深い関係を持った人々が短文を寄せていた。たとえば「自由通商の再検討」のコーナーでは、阿部賢一、飯島曼史、井上貞蔵、下田将美、白石幸三郎、塚本義隆、和田六瀰子が、「自由通商を語る」のコーナーでは、阿部藤造、伊藤竹之助、藤井松四郎、岡崎忠雄、武内文彬、野村次夫、正木茂が執筆している。そのほか、川島信太郎、名和統一、横山五市、平尾弥五郎、桑野仁、池松勝、木村孫八郎、木村喜八郎、殿木圭一、小穴毅、藤井茂、今井義一、尾形繁之、新田直蔵、尾崎秀実、嘉治隆一、野村宣、山元伊与二、和田伝五郎、横田千秋、笠信太郎、武田鼎一、栗本勇之助、車谷馬太郎が執筆している。

専門的論文も含めてその内容は様々であるが、戦争がこの先どうなるかの予測ができない中で、当面「自由通商」の「開店休業」（伊藤竹之助）を予想しつつ、長期的に自由通商の時代が回復することへの期待を語る、というほうに向はんとする気運の動きつつあることだけは看取し得るのである」とかなり自由通商回復への期待を示しているものもある。

「拾周年記念特集」は、日中戦争前の自由通商運動の包容力を示す最後の機会となった。

第三節　東亜新秩序から大東亜共栄圏へ：日中戦争以後の変質

(一) 日中戦争と自由通商運動への逆風

盧溝橋事件後、北支での戦火は、やがて上海事変を経て華中、華南へ飛び火した。和平工作も失敗して一九三八年一月近衛内閣は「爾後国民政府ヲ対手トセス」との声明を発表し、長期戦化していった。

日中戦争の初期から、戦争の帰趨に懸念を抱いたのは上田であった。上田は日中戦争初期の日記（一九三七年七月八日）に、日本が戦争を始めるのは愚かなことで、スペインで内戦が起こっている欧州よりも戦争を先に始めたのを「遺憾なこと」と記していた。ただ一方で「戦争が既に始まった以上致方ないから、何としても勝たなければならない、といふだけだ」とも記している。[38] 上田は戦争の終結を望みつつ、戦局が拡大すれば、日本に有利に展開することを望んでいた。他方で、内外の政治状況、日本の経済力に懸念を抱いていた。上田は九月には、講和をする力が政府にあるか、「華北を第二の満洲にすれば国内は治まるかもしれない」が、外国がそれを忍ぶか、「日本の経済力がそれを許すか」とその懸念を記している。[39] 上田は貿易に依存する日本が長期戦を戦えるか、早くから疑念を抱いた。また、戦争が長期化するにつれて、リンク制の導入など貿易統制が強まってゆく。上田は「巻頭言」（『自由通商』第一一巻第一二号、一九三八年）において海外の文献を紹介する形で懐古的に「（財界の）中でも冷静な人びとは日満支ブロックに余り力を入れすぎて、広い世界の貿易を失ふの不得策なることを知ってゐた。しかし普通の日本人にはかやうな説は聴かれなかった。オタワ協定などあまり大げさに伝へられたには相違ないけれども、兎も角もそれが日本の実業界を脅かし、自由主義の希望を捨てしめたことは事実」と述べている。日中戦争前には自由通商への展望を語っていた上田も、開戦後一年で希望が失われたことを認めるようになった。

日中戦争下、自由通商運動は下火になっていった。日本製鉄会長となった平生は、東京自由通商協会の会合に顔を出すようになり、その様子を日記に記している。一九三九年一月の東京自由通商協会役員会に出席したのは、上田、志立、田口八郎、伊藤忠兵衛、平生のみであった。平生は「志立、上田の両氏が辛ふじて残骸のため御通夜をなすの観あり」と記している。また、運動の不振の原因を「東京の実業家の大多数は政府の威光に恐怖せる三井、三菱等の財閥の家の子にあらざれば其縁故の陪臣共なれば、現時の如き自由通商といふ名称すら忌諱に触るる時機に於て公然として其会の supporter として来現することを憚るものの如し。かかる実業家が多数にして心中には現在の如き軍部万能を喜ぶものにあらざれども、其忌諱に触れて禍が其身に及ぶを恐るるものなり。かくして実業界は半可通の軍人経済論のため其領域を蹂躙せらるるも、何等の protest するものなきは慨嘆の至なり」と記している。[40] 平生自身は軍上層部との関係がかなり密になっていたが、他方でその軍を恐れる財界人に批判的であった。同年一月の東京自由通商協会総会では、出席者は上田、志立、山川、名取利策、高野らで「真に淋しき会合」となった。[41] 上田は日記に「自由通商は最早実際政策ではなくなったので、役員会も雑談会に外ならぬ」と記している。[42] 実際問題として戦時統制が強化されつつある中で、本来の意味での通商の自由を論じる余地がなくなっていたのであった。

翌一九四〇年二月の東京自由通商協会総会開会の参加者は、山室、志立、上田、正木、村田、高野、平生となり「実に poor attendance といふべし」と平生は記している。[43] また資金的にも苦しくなった東京自由通商協会は田口の会社に間借りすることになった。

平生の華北経済開発の基本方針は、資源小国としての工業国日本のために「属領地」である北支を一方で農業生産地、原料供給地とし、他方で日本の工業製品の市場としようというものであった。たとえば板垣征四郎陸相、東条英機陸軍次官と面会した際に平生は次のように述べている[48]。

まず平生は華北は棉花小麦羊毛亜麻塩など日本で産出しない農産物を産出する一方で、不足しているものもあるので、農産物の増産・輸出振興を図るとして、次のように述べる。「北支経済方針としては先以て農事の改良に力を用いざるべからず、農事の改良に依り農産物の増産に力を用いんか、之に依り八九千万人に垂んとする北支の農民の生活の安定を得増産せる農産物の余剰は之を日本に輸出して其代償を得苛斂誅求の廃止と共に彼等の生活程度を向上し彼等一般の福利は自ら増産すべきや必せり」。

他方で華北を日本への工業原料の供給地とすれば、外国製品に対抗するのに有利になり、日本と北支の間には相補う関係が生じるとして「日本としては各種工業の原料を低廉に北支より得て之に加工し其製産物を北支に輸出し母国の工業をして益伸張せしめ低廉なる原料の余沢に依り外国市場に於て外国製品と対抗して有利の地位を占むべく、殊に現在外国より購入するため金貨を以て仕払はざるべからざる原料を邦貨と同一価格の北支中央聯邦準備銀行の紙幣を以てするを得国際貸借の調節に質するや大なりといふべし、如此くして日本と北支間には有無相通じ長短相補ふの依存関係は益親密となり以て恒久的に日支国民親善の実を挙ぐるを得べし」と述べていた。

人口過剰、資源小国の日本は、「領土を拡大」して原料食料を得た上で「工業立国」の大方針を樹立しなければならない。「日本国民は徒らに他国民を征服し他国の領土を奪取せんとするものにあらず。我国は国土狭隘にして人口稠密天然の資源に乏しくしかも年々八九十及至百万人の人口増殖あり、この狭少なる地域内に跼蹐して満足なる生活をなす能はず、故に低廉なる原料食料を産出して我国に供給し得る領土を拡大して以て工業立国の大方針を樹立」[illegible]せば、その商品が日本の市場に進出して日本の工業は不振に陥り、「領土拡張」の趣旨と反すると主張する。その結果、日本内地の産業が衰製鉄業との競合関係であった。平生は「日満一如」を唱えて特に満洲重工業傘下の昭和製鋼所への対等出資を求めて交渉した。また同じく満洲重工業傘下の密山炭鉱を満洲炭鉱から切り離して、日鉄の影響力を強めようとした。[52]

平生は後に「属地」低開発論を修正し「適地適業」主義を主張するようになるが、やはり現地で工業を興すことには慎重であった。たとえば、一九四〇年七月新京の講演会において、「日満支が一団となり One Bloc となり広範囲に於て自由通商相互依存主義を以て経済問題を処理せん」ことを主張する際に、「適地適業」論が誤解されているとして、それは資源があるところで工業を興すべきというのではなく、「資源資本資材労力交通の便否、港湾の良否、運輸機関整否其他産業に関係ある factor を綜合し以て適地適業を決定せざるべからず」という主張をしている。[53] 平生は同様の説を「東亜経済懇談会」の講演でも述べて『自由通商』に掲載した（平生釟三郎「東亜経済建設の根本義」『自由通商』第一三巻第一号、一九四〇年）。

平生は日中戦争期において軍事占領した日満支の経済圏を自由通商圏と見なすようになり、しかも「属領地」を一方で農業生産地、原料供給地とし、他方で日本の工業製品の市場としようという発想を抱いていた。それは日中戦争前の通商促進のための日満支ブロック論の軍事的発展とも言えるが、もはや本来の「自由通商」の意味とはかけ離れたものとなった。「自由通商」は日中戦争後本格的に変貌した。

東亜新秩序が唱えられるようになると、平生はこのような日満支ブロックを、「長期建設」によって時間をかけて実現しようと考えた。平生は出先軍部による和平工作などには否定的であった。日中関係にも関心を抱いていた石原広一郎が日本政府軍の不統一に鑑み蒋介石との講和は不可能であると述べたのに対して、平生はそれを否定せず、「軍人が政事上に於て謀略を用ひんとする悪習あるに於て、軍人が政治経済に深入することが国家の将来を誤る」と応じた。[54]

平生は、基本的に占領地の地方政権の上に総督府を設けて統一を図り「長期建設」に備えるという構想を抱いていた。一九三九年三月、[illegible]

十年乃至百年を要したりと聞く。されば今回の事変も一気呵成に終局せしめんとするも不可能と思ふ」と述べている。さらに戦局の見通しについて「長期抗戦に伴ふ長期建設の必要あれば大仕掛の戦闘は之を中止し……、しかし[illegible]の手に委ね[illegible]るも[illegible]の後援なき支那新政府は到底中央政府たる能はざれば其総轄者は日本人たらざるべからず。故に支那事変が終了するまでは仮りに総督府を設けて各地の諸政権を統一せしむるの外、他に適当なる統治策あらざるべしと」と述べている。[55] なお平生は汪兆銘にも期待をかけなかった。一〇月、阿南惟幾陸軍次官を訪れた平生は、汪兆銘には中国を統一する力はなく、「蒋介石が下野せざる以上」、軍政と地方政府を併存させ、その上に日本が総督を設けたらどうかと提言した。[56]

他方、第一次近衛内閣末期から平沼内閣期にかけて問題となった日独防共協定強化について、平生は批判的であり、「日本として欧州に於ける錯綜せる国際紛糾の渦中に intermingle することは何れの点より見るも不利益にして何等の効果なき事」[57]と日記に記していた。さらに交渉中に独ソ不可侵条約を締結した（一九三九年八月）ドイツに強い不信感を抱き、「実にあきれ果たる不徳義、不信義の国」[58]とまで述べていた。

平生は特に反英的でもなかった。平生自身は、英国人について、give and take で互恵の精神に富んでおり、「極右的の愛国者」のいる「感情的日本人」と異なると冷静な判断をしていた。[59] 一九三九年七月の日米通商航海条約の廃棄通告、九月の第二次世界大戦勃発という状況の中で、日中戦争の長期化に治安などの不安を吐露する野村吉三郎外相に対し、平生は英国を仲介した蒋介石との和平を提案している。ただ平生自身排英思想の蔓野する状況の中で外相も英国の仲介を言い出す勇気はないであろうと考えていた。[60] 平生にはアジア主義的発想は希薄であった。

欧州の国際情勢とは切り離された「東亜新秩序」建設は日本の国際的孤立を意味するものであったが、それもやむを得ないと平生は考えていた。一九四〇年初頭には、平生は援蒋工作をなす英米、北方からの脅威であるソ連、あてにならない独伊がもたらす国際状況を念頭に、「日清日露の際の如き有力なる味方もなく、孤独にしてこの世界情勢の下にこの大任を尽くさざるべからず」と記している。[61] まだこの時点では平生の頭には、南進による大東亜共栄圏も日独伊三国同盟も姿を現していなかった。

(三)　東亜新秩序と「自由通商」の変質

日本のブロック圏を自由通商圏と見なすようになるのは、平生だけではない。理事長の村田をはじめとして『自由通商』は、東亜新秩序を自由通商と関係づけるようになった。

一九三八年一〇月の広東、武漢陥落後戦線が膠着すると、汪兆銘の重慶脱出前後に東亜新秩序の建設を掲げる第二次第三次の近衛声明が発せられた。一九三八年一二月の第三次近衛声明は、日満支三国による東亜新秩序の建設は「相互ニ善隣友好、共同防共、經濟提携ノ實ヲ擧ケントスルモノ」と経済提携に触れていた。この後、昭和研究会をはじめとする東亜協同体論などが出てくる。またこの東亜新秩序における「経済提携」は、日満支のブロック経済と結びつけられることになる。

『自由通商』(第一二巻第一号、一九三九年)は、「一九三九年の展望(長期建設問題特集号)」と銘打って、東亜新秩序について特集し、その態度を明らかにしている。村田は「巻頭言」において、東亜新秩序に呼応する日満支ブロックの完成が理想であると、次のように述べている。「東亜の黎明は何を告げる、東亜の新秩序建設こそは其の叫びである。日本も満蒙も支那も一体を目的とする共同体制の具現である。……東亜の新秩序建設の眼目は矢張り経済問題の解決に存する、即ち日満支三国ブロック経済が完成せられることが理想の境地である。……之が理想は、日満支三国の特異性をして十分発揮せしめることである、即ち特地特産主義を重んじて先づ三国間に於て有無相通の経済の原則を生動せしむるに在る。而して東亜新秩序の地域が更に拡大することになれば、此の主旨を更に徹底せしむるのである、世界人口の四分の一乃至三分の一弱を包含する東亜の新天地は優に此の地域内で通商の自由が行はれ得ることを確信する」。「斯くて東亜に自由通商のブロックあり、世界各方面に此種のブロックが育成せらるるに至らば、応て茲にブロックとブロックとの間に有無相通の通商理想を顕現し得るに至るべきを信じて疑はないものである」。

佐藤善郎「吾等の主張」（同号、二〜五頁）は、日本が企図しつつある日満支ブロックは「日本の排他的、独占的欲求の現象」ではないと主張する。新秩序の「建設途上にある支那に於て、ある期間若干の不便は忍ばねばならぬ」が、「建設完成の暁、吾等は新大陸に於て、否満洲に於ても、通商自由の大信念の下に正々堂々たるファインプレーを演じつつ、人類生活の発達向上に貢献せんことを今から楽しみにしているのである」と述べている。新秩序と日満支ブロックは、究極的には自由通商と矛盾しないとの主張である。

ブロックを前提としリンク制を使った輸出振興も、綿業関係者によりしばしば論じられたところであった（杉道助「巻頭言」『自由通商』第一二巻第六号、一九三九年、庄司乙吉「外貨獲得と輸出振興」『自由通商』第一二巻第七号、一九三九年）。そのための統制も積極的に肯定されるようになり、「自由通商主義は絶対に国内統制経済方針と矛盾するものでなく」（庄司乙吉「巻頭言・自由通商と統制」『自由通商』第一二巻八月号、一九三九年）と宣言される。

自由通商運動も、東亜のブロック経済建設を是認し、日満支ブロック内における自由通商だけでなくブロック相互間の通商を掲げることになった。

一方村田は、「東亜経済圏」を作るために日支事変を起こしたのではなく、それは世界の保護主義に強いられたのだと言う。翌一九四〇年の「巻頭言・日本の標識」（『自由通商』第一三巻第一号、一九四〇年）では、「日支事変は決して日本が排他的な経済圏を建設しやうとする計画的な意図から起こったものではない。支那の理由なき抗日を停止せしめる国家当然の要求から出発したものである。しかしながら世界恐慌以来の各国貿易政策変化の経過を通観すると、事物の必然を自ら了解せしめるものがある」と述べている。中国の「理由なき」反日と保護貿易政策が事変を引き起こしたのだと言う。村田は「少なくとも最近の通商史にあっては日本のみが自由通商主義を強調し、世界諸国は保護政策を採って、この日本の自由通商政策を圧迫した。日本はこれに敢然として争ひ、今日といえども争ひ続けている。吾等の掲ぐる『自由通商』の標識をみよ」と締めくくっている。村田はブロック内、ブロック間貿易によって自由通商を実現するのだと言う一方で、日支事変は計画的に起こしたものではなく世界の保護主義に強いられたものだとも述べていた。世界において自由通商が行われない故に、日本はブロックを建設せざるを得ないが、同時にそれを通じて自由通商を広めるのだという論理は、満洲事変以後の運動が行き着いた地点であった。

この時期の村田は、天津租界事件を期として盛り上がった反英運動にコミットしていた[62]。補論三で論じるように、日中戦争前には比較的冷静であった大阪の「東方文化連盟」も反英から次第に汎アジア主義的色彩を強めていった。反英一色であったかについては疑問の余地はあるが、『自由通商』における東亜新秩序の肯定と大阪におけるこれらの動向は表裏の関係にあったと考えられる。

（四）大東亜共栄圏と「自由通商」

新体制運動が起こった一九四〇年は、平生と村田が一層戦時体制に関与する節目となった年である。

一九四〇年初頭に日本の中国戦線は伸びきり日中戦争が行き詰まっていた。汪兆銘との交渉も難航し、汪側で交渉していた高宗武は香港を脱出し、日本の交渉条件を暴露して、傀儡化の危険を訴え、大陸政策は行き詰まっていた。

このような状況において、平生は軍、政党、財界の信頼すべき有力者が一体となり滅私奉公の信念を持つ「人傑」を首班とする内閣が成立せず、「従来の如く単に一時を糊塗し苟且偸安的の内閣なれば幾度交迭するも結果や一にして、其間徒らに国力が消耗せられ、終に日本は自ら衰退するの外なく、この大犠牲を払ふたる支那事変は徒らに空疎なる宣言や声明書を残して無意味に終局するの外なからんか」と代議士道家齊一郎と芦田に述べていた[63]。平生もこのままでは事変が「無意味に終局する」ことを懸念せざるを得なかった。

二月には、斎藤隆夫がいわゆる「反軍」演説を行った。「『弱肉強食』的な戦争観と近衛声明批判をあからさまに結び付けた」（有馬学）[64]演説により斎藤は議会から除名された。一九四〇年二月の東京自由通商協会総会に集まった山室、志立、上田、正木、村田、高野、田口、平生は、斎藤除名を口々に批判した。平生は、皆「一同齋藤氏の所説に同意を表し、かかる真率なる言論こそ議場に於て許さるべきものなるに、議員自らが氏の所論に反対し、軍部に媚びんとするが如きは実に其意を得ず」と述べたと記している。平生自身も、このような状態では正論の表明ができず「民衆は心窃かに不平を包蔵するに至らんか。真に痛嘆の至なり、とは一同の叫なりき」と批判した。[65]『自由通商』の論調からは政府批判は影を潜めていたが、内輪ではまだ軍部批判がなされていた。

他方上田は、日本の「戦争耐久力」が限界に達したと観察していた。もし欧州の戦争が終結した場合「支那人の恨みを買っただけ」に終わるかもしれず、「かくして三年間死力を尽くした戦争が失敗と分かったとき、日本の軍隊と民衆は如何なる態度を取るだらうか。これが近来自分がひそかに考へることである」と二月一五日には記していた。[66]国力の限界に関する懸念は正鵠を得ていたと思われるが、もはや公表はできず、日記に書き付けるしかなかった。さらに同年五月、上田は東京商科大学学長在任中に病死した。「上田博士追悼号」となった『自由通商』第一三巻第七号（一九四〇年）には、志立の巻頭言、山中篤太郎、平生、南郷三郎、瀧谷善一、井上貞蔵ほかの人々が追想文を寄せている。平生は上田と自由通商運動との関係に触れ、「其後東京自由通商協会が其主張が時流に副はざりしと見え、会員の数も漸次減退して孤城落日の観を呈せしも、上田君は志立氏と共に孤城に拠りて敢て敗退せざりき」[67]と振り返っている。東京自由通商協会は支柱を失った。

自由通商協会の面々が情勢の停滞を憂慮する中で国際情勢が動いた。ヨーロッパ戦線でヒトラーが活動を再開すると、国際情勢の変化に便乗すべく軍部や親軍勢力が動き出して米内内閣を倒し、七月には第二次近衛内閣が成立した。自由通商の関係者は、行き詰まった状況の打開を国際情勢の変化と近衛新体制に期待した。

この「新体制」に平生、村田ら自由通商協会首脳部は積極的に参画した。第七章で論じるように平生は日本製鉄、鉄鋼統制会、重要産業協議会、大日本産業報国会の会長などを歴任する。村田は第二次近衛内閣に逓信相兼鉄道相として入閣、第三次近衛内閣にも留任し、配電統合、海運統制を手掛けることになった。

『自由通商』は第二次近衛内閣の新体制、大東亜共栄圏樹立、日独伊三国同盟締結の国策に沿って論を展開した。村本福松（大阪商科大学教授）による「巻頭言」（『自由通商』第一三巻第九号、一九四〇年）は、日独伊三国同盟について、「欧亜に跨る日独伊の強大ブロックの形成は、拮抗せる世界四分の経済勢力の均衡を得せしむべき世界史的意義を有する宿命的なるものと云ってよかろう」と述べていた。経済ブロックの日独伊三国同盟関係への発展は、「宿命」と論じられるようになっていた。『自由通商』第一三巻第一一号（一九四〇年）は「新体制の展望」を特集している。たとえば名和統一「世界の変局と国内及び東亜諸問題解決の動向」は、「日本国民が「一億一心」となって国内に於て新体制を確立さへすれば、日本は東亜諸民族に於ける最も進んだ民族としてその指導者として東亜解放及び大東亜建設を実現しうるであろう」（一五頁）と述べている。名和の論考は「東亜解放」と「新体制」を結びつける「戦時社会変革」[68]の論理を展開していた。

『自由通商』には、勢力圏の発想がもたらす危険性の認識は希薄であった。この点は、ナチス・ドイツの唱える「広域経済」計画が世界強国同士の競争を激化させ「世界に大なる戦争を惹起する」危険性があり、その中でも「単純でない複合体」である大東亜共栄圏ほど「之を形成するのに容易ならざる地域は、他にあるまい」[69]と論じた石橋湛山と対照的である。

大東亜共栄圏、日独伊三国同盟などの政策は、日米関係を悪化させた。日本の南部仏印進駐に対して米政府が経済制裁を決定し、在米日本資産の凍結、対日石油全面禁輸を行った。『自由通商』の論調は、あくまで政府決定に従順であった。杉道助は、「巻頭言」（『自由通商』第一四巻第九号、一九四一年）において「資産凍結、通商条約廃棄、来たるべき時が来たのだ」「政府は既に腹が決って居ると言ふ、……国民は何にも言ふことはない、唯だ国民的感激と情熱のみを要す」と述べた。下田将美は、「巻頭言」（『自由通商』第一四巻第一〇号、一九四一年）において「指導者の立場にある者」は、「この国の根強い実践力を萎縮せしむることなく、之に正しい方向を与えることが大切である」「断乎たる政策に躊躇してはならない」と述べる。政府の「断乎たる政策」に従う用意が国民にあるというのがこれらの趣旨である。対英米戦争の可能性が生じる事態に、政府の決定に従うという表明であった。もっともこの時点では、石橋でさえ対英米戦争不可避と見るようになっていた。[70]

（五）平生の対英米開戦論

『自由通商』は、戦時経済の解説を行うとともに政府の決定に従順な意思を表明する場となった。そこで平生によって、英米との開戦への道がいかに考えられたかを検討する。

平生は、最終的に対英米戦争に積極的な態度になるが、それまでは国際政治に対する見方は揺れ動いた。戦時統制の中枢にいた平生は政府要人と懇談する機会がたびたびありそこで私見を述べ、公の場でも発言していた。以下開戦に至る平生の国際政治観の変遷を検討する。

第二次近衛内閣が成立して南進による大東亜共栄圏の形成が国策となると平生は、これを前提として国際関係と新体制を考えるようになった。一九四〇年末には「（新体制をめぐる）この大艱難を克服せば、東亜の新秩序も確立し、東亜共栄圏も形成せられ、広範囲の圏内に於て東亜の民族は自給自足、生活の安定をenjoyするを得、日本は其覇主として　皇威は六合に輝き、八紘一宇の大理想も実現する至らんか」[71]と記している。しかも、その手段として軍事力の行使に言及するようになる。北部仏印進駐問題について平生は、援蔣政策の中止を申し入れて受け入れられなければ、「仏が仏領印度を独以に譲渡するやも知れず、我国は先手を打つて武力占領をなすこそ機宜の処置と思ふ」と「武力占領」を説いて、その場の面々を驚かせている。[72]大東亜共栄圏建設と南進政策に平生は積極的になるのである。

他方で、松岡洋右外相が推進した日独伊三国同盟の締結は、英米との関係悪化と戦争の長期化を予想させ、国民に耐久生活を強いるとして危機感を平生は強めた。[73]一九四一年二月、ドイツに対する警戒感を持ち続けていた平生は、松岡外相が日中戦争解決も含む楽観論を述べたのに対し、「ドイツ人位奸譎なる民族少し」と独満通商条約を例に挙げて、注意を促した[74]。

しかし、六月の独ソ戦勃発後平生は対米交渉に反対する松岡の外交に同調するようになった。独ソ戦勃発後、平生は豊田貞次郎商工大臣に向かって、早速対ソ戦をしてはどうかと提起し、豊田から、北進は米国との戦争を誘発すると反論されている[75]。七月に日米交渉に消極的な松岡洋右外相を排除するために、第二次近衛内閣が総辞職し、第三次近衛内閣が成立すると、平生はこれに批判的意見を抱いた。平生は松岡を型破りの快男児と評価するようになっており、「現に枢軸同盟に反対して我国に向って経済圧迫を試みつつある米国さへ松岡の存在には恐怖を抱き居る際に、この更迭はたとへ米国より使者を以て窃かに和平運動を閃めかせるとはいえ之に応じて強攻策を緩めるが如きは、果たして国威を辱むるものにあらざるか[76]」とその更迭を批判している。

肝心の日米関係については、平生の見解は揺れていた。日本の南部仏印進駐に対して米政府が経済制裁を決定し、在米日本資産の凍結、対日石油全面禁輸を行うと、平生の見方はいったんはより慎重な方向に振れ、英米との戦争において「勝算に多少共疑惑を挟む余地ありとせば此際戦端を開くは好ましからず」「対米交渉はたとへ多少の譲歩をなすも平和解決をなすべき」と述べることもあった[77]。

しかし、日米交渉に展望を失った第三次近衛内閣が崩壊すると、平生は対米戦を覚悟した蘭印侵攻を唱えるようになった。故各務鎌吉が主催していた「平和論者、対英米戦争不賛成論者」の財界人の多い東京の「卓子会」において平生は次のように論じたと記している。「近衛内閣の如き、最初より平和を訴ふるが如き態度を以て交渉に臨まんか彼等は日本の国力が消尽して英米を相手として闘ふの力乏しと見縊り益居丈高になりて我国応諾しがたき申し出をなし益援ソ、援蔣の態度に出で我聖戦の完遂を妨害するや必せり、しかして我国は益物資の欠乏に逢ひてぢり貧の道を辿る外なし。坐して餓を待たんより進んで蘭印を我傘下におきて同国が持てる豊富なる資源を開発して我不足を補ふの外なしと思ふ。夫れには吾には一億一心断乎として所信に猛進する内閣を設立して之に呼応するに如かず、夫には余の宿論たる現役将官をして総理たらしむるの外なし」[78]。平生は、このまま日米交渉を続けていれば見くびられてじり貧になるとして、軍人首相の下で、経済的圧迫を加える英米に対抗し戦争を覚悟して蘭印を傘下に置くことを主張するようになっていた。

だが開戦後の見通しについて彼自身確たる見解を持っていたわけではない。住友財閥の小倉正恒と開戦後の見通しについて議論を戦わせた際、小倉が「たとえ武力を以て蘭印を占領し、油田を奪取」しても、海上輸送に問題があるので「英米相手の戦争は無謀なり」と強調したのに対して、平生は「まさか我陸軍海軍の枢機に参画せる人々が国運を賭しても戦はんとするにあらざるべく、必ず英米の海軍、航空軍に対して勝算ありとするものならん」と、軍部が勝機なしに戦争するはずがないと反論した[79]。

当時アメリカと日本の国力に大きな差があり長期戦になれば圧倒的に不利であることはよく知られていた[80]。国際的視野を持つ財界人が、英米相手の戦争に強い懸念を持つのは当然であった。鉄鋼増産の中心にいた平生も大きな国力差を知らないはずはなかった。

平生の意図は、戦局の見通しよりも「軍人内閣」である東条内閣の下戦争を覚悟して挙国一致協力すべきというところにあった。鮎川との会談において平生は「軍人内閣成立は内国民をして時局の重大さを認識せしめて真に挙国一致の実を挙げしむるに足り、外英米に向つて日本は援蒋の為にする敵性国家の経済的圧迫を此以上忍ぶものにあらず、武力的解決を敢て辞するものにあらざることを示すに足る」と主張している[81]。

平生において、東亜新秩序、大東亜共栄圏の建設支持は一貫していた。これは「自由通商」のアウタルキー化と不可分であった。他方で、同盟関係、日英米関係に関する見方は揺れ動いた。当初平生はヨーロッパでの戦争への不介入、持久戦を唱えていたが、南進によるアメリカの経済制裁を受け最終的には政軍を統合する強い指導力があると想定された東条内閣の下で、じり貧論による開戦を唱えるに至った。政府首脳による「経済封鎖打開としての戦争決断[82]」、「『確実な敗北』よりも『万一の僥倖』にかけて開戦する」[83]選択は、平生の開戦論にもあてはまるであろう。同時に経済新体制を推進すべく邁進していた平生が東条英機首相に大きな期待を抱くようになっていたことも影響したように思われる。

もっとも、平生の交友範囲においても、小倉のように本音では対英米開戦を危惧した財界人は少なくない。平生に反対はしなかった鮎川も、東条首相と武藤章軍務局長に開戦回避の建白書を提出していた[84]。その彼らも公然とは開戦に反対する議論をすることはできなかった。いずれにしても変質した「自由通商」の論理は、開戦決定に歯止めをかける根拠となることはなかった。

(六)「共存共栄協会日本連盟」への改称

開戦後、『自由通商』は「大東亜戦争」勃発に伴う諸特集を組む。一九四二年一月号「大東亜戦争と日本経済」、二月号「戦果拡大と米英崩壊論」、三月号「大東亜物資交流問題と戦時議会」などである。

他方でここに至って「自由通商」の名称が問題になり、改名することになる。大阪自由通商協会から「共栄経済協会」への改称が発議され、一九四二年の村田招待の会合で持ち出される。平生も同意し、「共存共栄の主旨を以て其居住民を遇せんとの意を明にせられた」大東亜共栄圏の趣旨、開戦の勅語にもそうとして賛成した[85]。二月の東京協会の出席者は、石橋湛山、飯島、白石、高野、武内、田口、村田、山川、山室、岸本彦衛、志立、平生であった。大阪協会では、岸本、下田、白石、永井、中根、山本が出席し、将来の方針が協議された(「東京協会報告」「大阪協会報告」『自由通商』第一五巻第三号、一九四二年)。

その結果同年四月一日、自由通商協会が発展解消し、「共存共栄協会日本連盟」(理事長は村田、顧問として志立、平生)が設立された。機関誌『自由通商』は五月号から『共栄経済』と改題された。

「(大阪)共栄経済協会趣意書」(『自由通商』第一五巻第四号、一九四二年、所収)はその趣旨を次のように宣言している。

大東亜戦争の進展に伴ひ久しく米・英・蘭の搾取の対象であった南方諸国は、いまその桎梏より放たれ更生の第一歩を印せんとしてゐる。かくて満洲国・中華民国・タイ国、および仏印とともにわが国を中心とする大東亜経済圏は漸やくその輪郭を明らかにしその速やかなる樹立が翹望されるに至った。昭和三年三月吾ら同士によって結成されたる自由通商協会は、第一次世界大戦後に疲弊した世界経済の回復を計り、また正常なる国際通商関係を打ち立てることによってわが国および世界経済の発展に寄与せんがためのものであった。しかるに米・英諸国は自己陣営の利害にのみ終始し遂に第二次世界大戦の勃発となり、世界経済はここに攪乱される結果となった。而して世界経済は今後我が国を初め独・伊その他各勢力を中心とする広域経済圏および相互関係に置換へられんとし、大東亜圏経済の確立および諸他経済圏との提携は喫緊の問題となった。

従ってこれを実現せんがためには、その経済通商関係の基礎を共存共栄におくことを第一義とするとともに、その方策の決定実施に当たっては慎重なる検討が要請される。すなはち同士合計りここに自由通商協会を発展解消し共栄経済協会を結成、吾が国および世界経済の今後に聊か寄与せんとするものである。

「自由通商」は、「広域経済圏」としての「大東亜共栄圏」の確立及び、そのほか経済圏との提携に置き換えられている。東亜のブロックとブロック間貿易の論理がさらに拡大したものと言えよう。

平生も大東亜共栄圏内の自由通商主義から将来における全世界の自由通商への道を研究するために会の存続が必要であるとして次のように述べている。[86]「本協会の主張は世界戦争の為自由通商主義は排斥せられ autarky 即ち自給自足主義が謳歌せられ居る際、自由通商の名を冠することは強て世の風潮に激するの嫌あれば改称は機宜の処置なるも、自由通商主義は絶対に排除すべきものにあらず。大東亜共栄圏が全部我国の勢力範囲に帰するとしてこの広大なる範囲内に於て自給自足を行はんとせば、其範圍内に於ては自由通商主義に依つて物資の交易が実行せられざるべからず。若し進んで八紘為宇の御神勅が後日顕現するとせば、全世界が自由通商主義の実現を見るに至らん。

自由通商と否とは国と国との間に税関を設け各国が自己の discretion に依り他国商品の輸入を中止し、また輸出を禁じ得るや否である。故に世界の平和を企図せんとせば国と国との間に自由通商を確立せざるべからざることは世界戦争前と異なるところなし。故に現戦争は何時完了するやは神ならぬ身の知る由もなけれども、其間従来通りの研究を継続するの必要ありと思ふ」。

共栄経済協会は村田理事長を中心にその後も続き、機関誌『共栄経済』も刊行される。ただ村田は、一九四二年一月フィリピン派遣軍最高顧問、翌四三年一〇月には初代駐フィリピン特命全権大使に就任し、日本を留守がちにしていた[87]。それでも村田の帰朝の際には協会の会合が開かれている。一九四二年九月には、東京・大阪の協会で帰国した村田を迎えて懇談会が催された（「各地協会報告」「大阪共栄経済協会会員有志茶話会記」『共栄経済』一九四二年一〇月号）。東京では東洋経済倶楽部において村田を迎えた午餐会を開き、村田の南方事情に関する談話と会員の懇談がなされた。出席者は、村田、平生、志立、井上、石橋、田口である。出席者は少ないが、コアメンバーに加えて石橋の出席が目を惹く。日米開戦前には広域経済でも通商が必要になるとの観点から大東亜共栄圏を批判していた石橋もやむを得ず大東亜共栄圏内の分業と貿易を説くようになり[88]、自由通商（共存共栄）協会の会合にも顔を出していた。大阪でも村田を迎えて下田将美理事の司会で茶話会が開かれた。出席者は、五二名を数え、関桂三など綿業界の有力者の顔も見られる。村田は南方事情を報告し、開発問題のほか大東亜共栄圏におけるフィリピン独立の必要性を強調した。そのほか会員から活発に木材、綿花など実業に即したやりとりがなされているのは、大阪経済界の南方への関心が反映されていると思われる。翌四三年六月にも村田を迎えて共済栄経済会は午餐会を開き、南方情勢に関して懇談会がなされた。集まったものは石橋、高橋亀吉、志立、高野、高碕、田口その他雑誌記者数名であった[89]。

戦後構想に向けて動き出す石橋湛山などが会合に引き続き参加していることは注目されるが、ここでの活動は経済情勢に関する情報交換にとどまった。

共栄経済協会は名称問題の後資金問題にも見舞われた。資金問題は、戦時の企業合併から生じた。元来協会は、田口八郎が常務を務めている岸本商店傘下の日印通商から毎年六千円の補助を受け、これを主たる資金源としてきた。しかし岸本商店、伊藤忠商事、丸紅商店の三社が合併して、三興（株）が設立され、資金の寄付が自由にできなくなったことから問題が生じた。資金問題は村田、志立、田口、平生で話し合いが行われた。貿易振興会への統合も考えられたが、会の継続を希望する平生は、住友、三井、三菱、三興社のほか、村田、平生、高碕、関、伊藤忠兵衛及び竹之助、岸本彦衛、田口が各千円を負担する案を出した。[90]しかしその後もこの問題はなかなか解決がつかなかった。[91]名称問題に続く資金問題は、自由通商協会の運営が楽ではなかったことを意味している。

小括　まとめと考察

一九三〇年代の自由通商運動は、満洲事変と日中戦争の勃発により二度その性格が変化した。

満洲事変後、自由通商運動は、満洲国を前提としてその活動を継続した。国内外の情勢は保護主義的傾向を強めてはいたが、広田「和協」外交の下で「自由通商」を主張する余地はあった。

第一に「日満ブロック」では経済的には十分ではなく、ほかの市場を必要とした。実際金輸出の再禁止以後、日本の綿・雑貨などの各地への輸出は飛躍的に増大した。この輸出増加は、経済摩擦を引き起こした。その結果日印会商などの通商交渉が行われ、通商協定が結ばれた。外務省では、通商紛争への対抗手段を審議する通商審議委員会において通商擁護法などの立法化を図った。自由通商協会の理事長となる平生、村田は委員として審議会に参加し、関税引き上げにつながる立法には反対した。しかし、自由な貿易は困難になりつつあり、自由通商運動側でも互恵的な協定により貿易を伸展させようとした。平生が団長を務めた訪伯経済使節団は、移民問題を直接的な契機としていたが、棉花の輸入による互恵貿易を進めることを意図していた。通商摩擦と協定による制限にもかかわらず、貿易自体はむしろ増加しており、上田などは互恵協定も一種の自由通商と見なして「自由通商論者としての自信」を持つことができた。自由通商運動の関係者たちは、会商の結果出現した通商協定による自主的な統制をも容認した。

第二に世界の動向も、保護主義、ブロック化一辺倒ではない自由通商への期待を持たせる試みが存在した。大英帝国におけるオタワ協定に見られるような動向の一方で、ルーズベルト政権のハル国務長官による互恵通商政策、国際経済会議等には、光がさしてきているようにも見えた。

また自由通商運動には、自由主義者の連合戦線的側面が存在した。会合に石橋湛山や芦田均、清沢洌の名が登場するのはその証左である。また高野岩三郎がソシアル・ダンピング論を肯定し、労働保護政策の必要性を訴えているのは、この運動の新自由主義的側面が三〇年代にも残っていたことを示している。

他方で、自由通商運動の中でも平生のような「日満支ブロック」論が登場してくる。大英帝国圏や米国の大国など経済的に依存している場合には、通商交渉においても日本側に脆弱性が存在した。日本が必要とする資源国との通商紛争では、日本の輸入超過にもかかわらず、相手国から制裁を受けた。通商交渉においても経済ブロックの形成は有利に働くはずであった。平生は「日満支ブロック」と自由通商を同時に主張していた。もっともそれはこの時点では蒋介石を相手とする日支提携によって実現することが期待された。しかし、華北分離工作以後、軍事的色彩を帯びた議論も登場してくる。大阪財界には華北分離工作に便乗する動きも存在していた。通商交渉を念頭に置いた「日満支ブロック」には、軍事的圧力と蒋介石を相手とする「経済提携」の両方の契機が反映していた。

準戦時体制期には、馬場財政での関税引き上げの試みなどが示すように、自由通商運動には一層不利な状況となった。関税引き上げ、統制強化に対しては、自由通商は一定程度容認しつつ「互恵的通商自由主義の活用」による貿易促進を求めることとなる。さらに華北分離工作以後日中関係は悪化し、国際場裡では資源と植民地の再配分を唱える「持てる国」「持たざる国」論が登場した。ヨセミテで開かれた第六回太平洋会議に出席した山川や上田は日本への国際的非難を報告し憂慮を示した。

そのような状況でも、東京自由通商協会に招かれた林銑十郎内閣の佐藤尚武外相が「自由通商」復活の可能性と平和への希望を語る一幕は、自由通商の火が消えていないことを示していた。盧溝橋事件とほぼ同時期に発行された『自由通商』の「拾周年記念特集」では、志立、平生、村田、上田、高野がそれぞれの自由通商へ託する思いを吐露した。しかし、これは自由主義の連合体としての自由通商運動の志を示す最後の機会となった。

日中戦争後においては、自由通商運動は一層衰微すると同時に変質し、東亜新秩序、大東亜共栄圏を正当化していった。高野ら左派の発言の余地はなくなり、リベラル色の強い上田は戦争の成り行きを憂いつつ、もはや懸念を公に示すことはなくなった。蒋介石を相手とした「日満支ブロック」は、軍事的占領を伴う「日満支ブロック」となった。「自由通商」もそれによって作り出されたブロック内、しブロック間の通商を意味することになった。運動の指導者平生は、日鉄会長、北支派遣軍司令官の最高経済顧問として華北の経済開発に関与した。日満支ブロックを軍事的に作り出すことを当然視するようになった平生は、植民地を日本の工業の資源と市場、そして食料供給地と見なし、拙速な開発に反対した。それでもこの交易を自由通商と見なした。理事長村田も東亜新秩序におけるブロック間貿易を自由通商の代替物と見なした。

日中戦争前には自由通商への期待を語っていた人々も、世界的な保護主義が日本を東亜のブロック形成に追い込んだのだと見なすようになった。通商紛争によるストレスの蓄積は、日中戦争拡大を後追い的に肯定する要因となっていた。満洲事変の際に用いられた自由通商か領土拡張かの論理は、中国本土に向けられた。

ブロック経済と自由通商を矛盾したものとは見なさなくなった自由通商運動は、東亜新秩序を経て大東亜共栄圏へと至る道を同伴した。実業界の平生や村田は、「新体制」以後戦時統制の重要局面を担うことになった。日米関係悪化から開戦にあたっても、政府の決定に従う姿勢を見せた。当初欧州情勢から切り離して東亜新秩序を長期的に建設することを説いていた平生も、第二次近衛内閣の大東亜共栄圏建設と南進政策に積極的に賛同し、東条内閣が成立すると、軍人内閣の下で日米開戦を辞さない姿勢を取ることになった。大東亜共栄圏下の自由通商を唱えるようになった協会は、開戦後に「共栄経済協会」へと改称したものの存続した。

「天然資源に乏しく且人口稠密」な日本では自由通商は不可欠であるという根拠に基づいて発足した自由通商運動は、ブロック経済化する世界経済の中でも、貿易の必要性に関する認識を放棄したわけではなかった。しかし日中戦争勃発後、それは軍事的侵攻を後追いし、ブロック間貿易と大東亜共栄圏のような広域圏の「自由通商」へと変質したのであった。

補論三　東方文化連盟
――一九三〇年代大阪のアジア主義――

はじめに　対象と課題

東方文化連盟は、一九三一年末「東方諸民族の理解と親和を計る」（同連盟規約）ことを目的として、大阪の財界・新聞関係者を背景に組織された。同会は講演会やアジアとの国際交流に力を入れ、管見の限りでは『東方文化聯盟会報』（以下『会報』）一〜三号、『東方文化聯盟会誌』（以下『会誌』）四号〜一九号を一九四一年まで発行している。これらの資料は一九三〇年代大阪における財界、文化、新聞界のアジア主義を知るための格好の材料である。

東方文化連盟に関する研究としては、陶徳民によるものがある。同氏の研究は、連盟成立過程の紹介と内藤湖南との関連に焦点が当てられている。[1] しかし、「文化」団体を標榜したとはいえ、東方文化連盟の活動は同時代の外交、大陸政策と関連しており、この観点からさらに究明する余地がある。また日中戦争以後については言及されていないが、本稿ではこの点も紹介することとする。また大阪の財界人とアジア主義の関係については、松浦正孝などの研究が言及しているが、[2] 東方文化連盟の動向を明らかにすることによって、大アジア主義とは異なったアジア主義の存在を明らかにすることができるであろう。

他方で当初は比較的穏健なアジア主義を基調としていた東方文化連盟も日中戦争以後次第に大東亜共栄圏への道を歩む。以下、第一節では東方文化連盟発足の経緯とその趣旨、理念を明らかにし、第二節では日中戦争以前の比較的穏健なアジア主義の立場を取っていた時期の活動を紹介する。第三節では日中戦争が深まるにつれて次第に大アジア主義化する活動について考察する。

第一節　「東方文化連盟」の発足

（一）発足に至る経緯

規約によれば、東方文化連盟は、事務所を大阪に置き、「各種の事業を計画し遂行する」ための理事若干名、「理事会の協議に参与」する評議員若干名を置き、経費は会費（一カ年五円）と寄付によることになっていた。

まず東方文化連盟の主導的人物を理事によって見てみる。発足当初の理事は、岩井勝次郎（岩井商店創業者）、末広重雄（国際法学者、京都大学教授）、神尾茂（大阪朝日新聞記者）、内藤湖南（東洋史家、元京都帝国大学教授）、栗本勇之介（栗本鉄工社主）、平川清風（大阪毎日新聞記者）、佐多愛彦（元大阪医科大学長）、村田省蔵（大阪商船副社長）、清水銀蔵（代議士）、森平兵衛（大阪商工会議所評議員）である。[3]

すべて大阪に由縁のある人物であり、文化人（末広、内藤、佐多）、新聞関係者（神尾、平川）、財界人（岩井、栗本、村田、森）、政治家（清水）に分類される。

この中でも、清水、内藤、佐多が東方文化連盟の発起を主導しており、特に清水が中心人物であった。清水銀蔵は、犬養毅に師事した滋賀県選出の政友会代議士である。清水は、東京専門学校を卒業後、愛国生命保険などを経て、第一五回衆議院補欠選挙（一九二四年）に革新倶楽部から立候補して当選し、所属政党の合同により政友会に移った。清水は大陸に関心を持ち、「日露戦争直後に朝鮮及び満洲の視察をなし、大正八年には北満、南支の視察を試み、更に昭和四年には孫逸仙の慰霊祭に時の政友会総裁犬養木堂氏に随行して渡支した」[4]。

殊に一九二九年孫文の移柩祭に犬養が招かれた際に清水が同行したことは、彼が連盟を発足させる契機となった。清水は設立経緯を述べた文の中で、上海市長張群によって開かれた歓迎会の席上「木堂先生の挨拶中、孫中山と自分は東亜の大局に付て共同の目的を有し、共通の境遇にあつた為め自然深き交りを訂し、互に力になりあつた云々の辞」に刺激されたと述べている（以下の連盟設立経緯は、清水銀蔵「東方文化聯盟会報設立に至るまでの経過」『会報』第一号、一九三二年、一～一一頁による）。蔣介石の主催したこの移柩祭には犬養と頭山満が招かれ、古島一雄、萱野長知、犬養健なども同行した[5]。周知のように犬養と孫文の関係は、明治末年に孫文が日本に亡命して以来、頭山や大陸浪人とともに革命派を支援したことに由来した。

清水は、犬養のアジア主義に共鳴して連盟を発起することを発想した。「亜細亜」は中国にとどまらず、インド、中近東まで及んだ。「日支両国のみとは云はず、印度も暹羅も安南も比律賓もアフガニスタン、ペルシャ、トルコ、アラビヤも全部亜細亜に国をなすものは、共通の目的を有つ事に想到すれば、日本の使命が真に重大であることを痛感する、先生に随行した事によりて、一大啓発の機会を与へられ、爾来自分の脳裏を往来して止まなつかつたのは実に此の問題である」と清水は述べている。

清水は関西を中心に犬養の人脈をたどり、組織化を図った。きっかけとなったのは犬養とも関係の深い萱野との談話であった。萱野は宮崎滔天、平山周らと革命評論社を設立して孫文を支援し、満洲事変期には犬養首相の意を受けて、成功はしなかったが関係調整のために中国に出向いたことが知られている[6]。

連盟発足の直接の契機は、一九三〇年二月インド政府が関税引き上げを発表し、ガンディーが逮捕されたことであると、清水の回想では述べられている。萱野との談話中、「殊に阪神両市のごとき毎年数億の通商取引を持続してゐながら、商取引以外は無理解無交渉であることは寧ろ不思議の沙汰」であるとして、「各種の気運を醸成すべき穏健なる一実体機関を大阪に創設する事」になった。

まず相島虚吼（相島勘次郎）に連絡を取り、協力を得ることになった。相島は大阪毎日新聞入社後副主幹、顧問などを務め、一九一二年に国民党から立候補して当選した経歴を持っていた。[7] 相島は、犬養系であると同時に、在阪の新聞、財界に人脈を持つ人物であった。

さらに清水は犬養とも縁の深い内藤湖南と連絡を取った。[8] 湖南は京都帝国大学文科大学にて東洋史講座を担任し、定年ののちは京都に隠棲していた。湖南は「世界最高にして最古の文化を有する印度を浅薄なる文化国たる英国が支配せる杯、之れ位ひ不合理なる事あるべきにあらず、早晩世界の此不合理は、合理に復するが当然である。印度さへ独立せば、他は風をのぞみて解決し得らるるべし、斯くて初めて日支の問題も真面目に解決を得られん」と英国のインド支配を批判して援助を約束し、会の名付け親ともなった。かつて大阪朝日に在籍したこともある著名な東洋学者湖南の参加は重みを持った。湖南は、東方文化連盟の創設に関与し、理事となる。

さらに、清水らは日本に帰化していたインド独立の運動家、ラス・ビハリ・ボースと連絡を取り、協力を得た。ボースは、一九一五年に日本に亡命した時に犬養、頭山らの援助を受けており、やはり犬養と関係のある人物であった。[9] ボースは神戸の貿易商でインド独立を志す、エ・エム・サハイを紹介する。サハイも東方文化連盟に関与した。ボースやサハイは、太平洋戦争期にかけて、日本政府や軍部との関係を深めてゆくことになる。[10]

また清水は大阪医科大学長を務めた佐多愛彦の協力も得た。大阪の医学界、大学関係を代表し財界にも広い人脈を持つ佐多の協力も重要であった。[11]

かくして東方文化連盟の発起に際しては、清水、湖南、佐多の三人が呼びかけ人となった。

だが、連盟の発足は順調には進まなかった。中心人物として予定された相島は病が重く、彼の紹介による大阪商工会議所理事の高柳松一郎、大日本紡績連合会会長の阿部房次郎、日本綿花社長の喜多又蔵が連盟の中心となることを断ったためである。大阪財界が動かなかった理由の一つに、この時期の政治状況があったことが推測される。ちょうど、浜口雄幸、若槻礼次郎を首班とする民政党内閣の時期であり、大阪財界は同内閣と関係が深かった。党勢拡張とは関係なかったとはいえ、政友会の代議士である清水の運動には、好都合な時期ではなかった。またアジア主義は幣原外交とも平仄が合わなかったであろう。

それでも、一九三一年に入ると清水・湖南・佐多を中心に、四月には第一回目の、六月には二回目の会合が開かれた。

四月の会合の案内状では、「東洋問題は帝国存立に関して重大なるものにして、殊に経済上に立脚して一層切実なるもの有之候、而も現状に顧みて如何の状態に相成居るか、封支関係封印関係は更なり、其間露国の進出、亜米利加の策動等観じ来れば正に帝国の大計を樹つべく、国民の覚悟をなすべきの秋と存じ候」と国際情勢への切迫感を表明している。

さらに満洲事変が勃発すると状況は一変し、同年一二月には政友会の犬養毅を首班とする内閣が成立する。清水たちの運動に追い風が吹き始めていた。

このような政治状況の中で清水たちは、一一月九日に大阪倶楽部において創立委員会を開き、一二月一〇日発会式を開くことにまでこぎ着けた。

(二) 趣旨：大阪を中心としたアジアとの親善活動

追い風が吹いていたとはいえ、財界人の賛同を得ることができたのは、この連盟の政治色が薄められていたことによるだろう。会報各巻冒頭に掲げられている「東方文化聯盟設立の趣旨」は次のように宣言している。

支那は方に国家の自彊とその統一に傾倒して日も足らざる活動を続けて居る、印度の独立の要求、洵に涙ぐましき切実なるものがある顧れば日露の対戦を転機として東亜の自覚を喚起し、正に光復の時代に入らんとする極めて大切の時に進みつゝある、而も光復の大事は東亜生民十億の固き結束を見ねば出来るものではない。

今や東方に生存する各国民が民族的に互に理解し合ふて東亜大局の共同目的に邁進することが最大急務である。

而して亜細亜民族相互の理解と其親和を計るべきが本会の目的である。斯くして我等の希ふ所は人種平等権を確立して経済上共存共栄の実を挙ぐると共に人類全般の真の向上と幸福の庶幾にあるは勿論である。

「趣旨」の前半こそ盟主論的アジア主義の色彩を残しているが、後半ではむしろ「亜細亜民族相互の理解と其親和を計る」などアジアとの交流に力点がある。

連盟がアジアとの通商を念頭に置いていたことは間違いない。事務局の戸田芳助主幹は、「正義の為の商戦を開始し、東部地中海以東を大阪商人によって占領し、全白人をしてその勝利を失はしむることは、まったく利益の為に唱へるのではない、大阪商人の正義感の満足のために提言するのである」（戸田芳助「我観東方文化連盟」『会報』第一号、一九三二年）と高い調子で「商戦」を宣言している。ただし、「亜細亜の奪回は木堂の晩年に残された最大の事業」と述べているように戸田自身は犬養系のやや癖のある言動をする人物であり、この一節は大阪財界へのアジテーションと理解するべきである。

むしろ時期は少し後になるが、大阪財界と深い交流のあった佐多の次の発言の方が連盟の真骨頂を示している。「我々共の団体は、斯の如き半ば政治上の累を受けるやうな形に非ずして、純真なる文化的親善の目的を実行したいと、そして殊に之を政治上の中心たる東京を避けて、国民経済の中心たる大阪にその本部を置きまして、さうしてその目的を達成したい、殊に大阪は、支那とは申すまでもなく、或いはインド、或いはその外の東方諸国とは寧ろ東京よりも、交渉の密接なところでありまして……国民の手を握らうとするのには、寧ろ東京よりも大阪が適当である」（佐多愛彦「文化的親善運動の意義」『会誌』第一〇号、一九三七年、一五頁）。

政治的状況の厳しい時こそ、経済貿易都市である大阪を中心にアジアと交流し国民外交を図る、これが連盟の中心人物の考えであった。

第二節　日中戦争までの活動

（一）大阪財界への浸透

東方文化連盟の主な活動は、年一回の総会、国際交流、講演会、留学生支援を行い、機関誌を発刊することであった。一九三三年一一月には財団法人化し事業計画を立て、一　東方文化の闡明、二　国民使節の交換、三　東方諸国における文化の連絡、四　東方諸方視察団の交換並に留学生旅行者の誘致、五　東方諸民族内地居住者の保護事業とそのほかの支援を掲げている（「財団法人東方文化連盟事業計画」『会誌』第三号、一九三三年、八八〜八九頁）。

連盟は数年の内に大阪財界へ深く浸透していった。会員数は、一九三二年末に二〇〇名、三三年末に三五〇名、一九三四年末に五〇〇名、三五年末には八〇〇名と順調に伸びていた（清水銀蔵「会務報告」『会報』第七号、一九三六年、三六〜三七頁）。一九三六年末の評議員名簿には、阿部房次郎、稲畑勝太郎、野村徳七をはじめとして大阪財界を代表する人物の名が連ね（「評議員」『会誌』第九号、一九三七年）、「大抵の会社の課長級は連盟の会員となっている」[12]と評されるほどであった。

特に外交官やジャーナリスト、研究者などによる経験や見聞に基づいた講演・午餐会は、貿易を軸に広くアジアに関する知見を得、ネットワークを広げようとする大阪の聴衆の需要に応じるものであったと思われる。一九三六年末の時点において創立以来五カ年の活動を総括した清水は、海外からも中華民国人三六名、インド人一〇名、ソ連人五名、満洲国人四名、シャム人一名を招請したと述べている[13]。

中国、インドのほかにソ連関係が目につくが、これらは連盟の関心を示している。これらの国に関連する活動を見てゆく。

(二) 日中関係

満洲事変後の極度に悪化した日中関係の中で、連盟は民間から関係改善を図ろうとした。前外相芳沢謙吉は、一九三二年一〇月に行われた連盟主催の講演において、日中関係悪化への危機感を表明しつつ、通商の重要性、その意味で「支那は日本にとって一番大切な国である」と説き、次のように東方文化連盟への期待を語った。芳沢は「一面に於ては日本は各国との通商貿易を盛んにすることを務め而してこの日本の財政経済といふものを回復して本筋に戻すといふことをしなければ私は日本の将来は非常に危険な観が致すのであります」。「差し当り東方諸国との関係を一層密接にし双方の諒解を遂げ進んで貿易の発展に貢献するといふことは誠に双手を挙げて賛成をせざるを得ないのでありまして蓋し之は日本の国是であると考へるのであります。この意味に於きまして私は東方文化連盟の御目的の対し非常に共鳴」すると述べた(芳沢謙吉「雑感」『会報』第一号、一九三二年)。

東方文化連盟は、芳沢が期待したように民間レベルで中国との関係を密接にすべく、交流活動を行おうとした。特に清水は、日中双方で運動の支持者を募りたいと考えていた。だが、満洲事変直後の日中関係は極めて悪化していたため、「支那の京阪神にある人々の加盟を得る」という清水の意図は困難を極めた(清水銀蔵から戸田芳助宛書簡「会務記事」『会報』第三号、一九三三年)。

それでも、塘沽停戦協定後の一九三三年九月に広田弘毅が外相に就任すると、日中関係は安定し始めた。中国共産党に危機感を強めた蒋介石の「安内攘外」政策と広田外交は呼応する形となった。

この機を捉え、清水は、中華民国公使として来日した蒋作賓を萱野とともに訪れ、東方文化連盟の精神について語り、「同志の誘因を計らん」とした。蒋作賓は「之れ全く先年孫中山、木翁と手を握られ候主意に外ならずと悦ばれ候」と清水は伝えている。[14] 明治末年に日本留学経験のある蒋作賓と萱野を通して旧交を温めたのであろう。

しかし日中提携は簡単ではなかった。年末に清水たちは公使館を巻き込んで「日支交換会」を計画したが、実施直前に中国側から欠席が伝えられた[15]。

日中関係の現実は厳しいものであった。一九三四年四月の外務省情報部長天羽英二の談話（天羽声明）は国際的に波紋を広げた。こうした情勢の中で同年五月に行われた在中華民国国特命全権公使・有吉明の講演は、中国政治情勢の複雑さ、依然として日中関係の「暗礁として残る」満洲国の問題に言及していた（有吉明「中華民国の近状」『会誌』第四号、一九三四年参照。本講演は、日本経済連盟会でなされたものを特に参考すべきという理由でここに掲載されたものである）。

東方文化連盟の思想の普及を目指す清水は、一九三四年一〇月から約一月あまり満洲、北支、上海と訪問し、帰国後顛末を報告した。この講演で、有吉明や船津辰一郎在華紡績理事などが大アジア主義の評判が悪いことを理由に反対したのにもかかわらず、清水は上海市長・呉鉄城などと面会し、大アジア主義とは異なる連盟の思想について説いたことを報告している。また、中国は統一するだろうかと問い、「蒋介石が統一しては困る」と考える現地の日本人有力者の意見があることに懸念を示した（清水銀蔵「満支視察帰朝談」『会誌』第五号、一九三四年）。清水の中国統一化をめぐる問題意識は、有吉とともに論壇における中国統一化論争の先駆けと言えるかもしれない[16]。

ただし中国統一の支持といっても、満洲は別であった。連盟の戸田主幹は、当初から「亜細亜主義の実現は実に満洲国の独立を契機として更に大なる一歩を踏み出したのである」[17]と説き、内藤湖南は「日満文化協会」を推進していた[18]。理事の一人である栗本は「満蒙開発及び大亜細亜主義の国民的理想の統一結成に就て」（『会報』第一号、一九三二年）において満蒙開発の意義を説いていた。さらに三四年後半には満洲国は日中関係の障害にならないという認識が広がりつつあった。北平を飛行機で訪問した神尾茂朝日新聞東亜部長・理事は、一九三四年一一月の講演で「矢張り満洲は満洲として支那本土から切り抜けて独立させるんだということが段々と明らかになって参りました、その結果は従来の排日宣伝は非常に其力を失った」と述べていた（神尾茂「北平訪問飛行と最近支那の印象」『会誌』第五号、一九三四年)。一九三五年一月には満洲国民生部大臣・臧式毅らによる講演午餐会が（臧式毅「空談を排して現実へ」『会誌』第六号、一九三五年)、同年三月には、加藤完治らによる満洲移民に関する講演午餐会が催された[19]。

その後一九三五年五月には、日中両国が公使館を大使館に昇格させ、有吉と蔣作賓が初代大使となった。日中関係は一歩前進したかに見えた。東方文化連盟では、有吉が駐華全権大使として「日華親善は文化提携から」と題する講演を、駐日中華民国大使となった蔣作賓が「大阪の隆昌は儒教文化から」と題する講演を行い、ともに「文化」による日中提携を強調した（『会誌』第六号、一九三五年)。

だがそれ以後の展開は清水の懸念が現実化するものであった。陸軍の圧力により華北分離工作が進み、同年一一月には冀東防共自治委員会、一二月に冀察政務委員会が成立すると、日中関係は再び暗転する。同年末の「会務報告」において清水は、東方文化連盟の会員数の着実な増加の一方で、日支関係については「東方文化連盟がその使命として居ります国民外交が未だ徹底致して居らぬ」と報告した（清水銀蔵「会務報告」『会誌』第七号、一九三六年)。

清水は、大アジア主義、アジア盟主論的な考えを嫌い、武断的大陸政策にも批判的であった。彼の徹底した立場は東方文化連盟の中でも際立っていたが、大阪財界にもその基盤はあった。

一九三六年九月、上海駐在総領事であった石射猪太郎が駐羅特命全権公使としてタイに赴任する際に、大阪商工会議所、大日本紡績連合会と共同主催で東方文化連盟が歓送会と講演会を行った（石射猪太郎「中国要人の対日態度の一考察」『会誌』第九号、一九三七年)。石射は、蔣介石が日中関係調整の意思を持っているのに対して、「軌道を外れた考をしてゐるのは寧ろ此方ぢゃないか、日本側ぢゃないか」と日本の大陸政策を批判する発言をした。講演の後大阪商工会議所副会頭・大阪工業会会長であり連盟の評議員でもある片岡安は、「殊に最近冀東政権以来我国の支那に対する外交は益々難渋を極め、この難渋を極めた結果が我国に多大の損害を及すんではないかと、この機会に我々当局を鞭撻するといつては甚だ相済まぬのでありますが、当局のやり方に何等かの是正を加へるやうなことをお互いに研究して、将来の支那の外交関係に過なからしめんやうにしなければならぬことではないかといふ感を非常に強くしたのであります」と日中関係の悪化を招いた大陸政策を批判し、石射の発言に応じた。

もっとも、このような大陸政策批判が大阪財界の支配的見解であったとは言えないであろう。華北分離工作に便乗するかのように、大阪商工会議所や実業組合連合会は早速華北に慰問・調査団を派遣していた[20]。連盟でも栗本は、華北分離工作を前提に「日満支経済ブロック」について論じていた（栗本勇之助「大陸政策の合理性と日満支経済ブロックの結成」『会誌』第一〇号、一九三七年）。

中国では幣制改革後統一化の基盤が作られ、一九三六年一二月には西安事件が起こり、抗日と第二次国共合作への動きが強化される。日中関係がさらに厳しいものになる中で、日本では林銑十郎内閣の外相佐藤尚武や陸軍参謀本部第一部長の石原莞爾らによる外交、大陸政策の見直しを図る動きも一方にあった。十分な成果は上げられなかったが、一九三七年三月には、日華貿易協会会長児玉謙次を団長とする使節が中国に送られた[21]。

悪化する日中関係の中で、東方文化連盟は大使、領事やジャーナリストを招待し講演会を開催するなど「国民外交」に務めた。

一九三七年に入って、神戸から訪中経済使節団を率いて出発する児玉、油谷恭一の歓送会を連盟は行った。さらに三月には中央通訊社東京特派員の陳博生を招待して講演会を開き、四月には北平記者団歓迎会を催した（「会務記事」『会誌』第一一号、一九三七年）。陳博生は、日本への留学経験があり、戦時期には重慶の「中央日報」社長に起用される国民党系の大物ジャーナリストであった[22]。

だが日中交流の場として設定された陳博生を囲む座談会でも、認識の亀裂が浮かび上がるようになっていた（「陳博生氏を囲んでの座談」『会誌』第一一号、一九三七年）。この座談会では、陳博生が「日本は先づ領土に対して侵略といふ心がない、それから支那の主権に対して損害する意思がないといふこと」を行動によって示してもらいたいと述べたのに対し、長岡克暁・大阪毎日新聞社東亜通信部長は、中国が英米に経済的特権を与えることが日中間の政治問題になると論じ、また「支那自力に依ってソヴエトの勢力を防ぎ得るんだ」ということを事実で示せば「領土的野心といふものも、持つに至った原因がなくなる」と応じた。末広理事も「或る程度以上に大陸政策をやるのは不賛成」だが、日本が華北から撤退したらソビエトが入ってくるのではないかと懸念を示した。両者はまず相手に行動を求めた。末広は「迚も見込みがないとして投出してしまっては駄目で、飽迄もお互が提携して日支関係の改善を図らなければならない」とまとめたが、亀裂はかなり大きくなっていた。

準戦時体制期には日中連携を図る清水の活動基盤は狭まっていた。

(三)　日印関係

インドに関する講演や交流は、連盟が中国に次いで力を入れた問題であった。

『会報』『会誌』の誌面には、連盟創立時から関与しているビハリ・ボースやサハイが「印度志士」として登場し、白色人種や西洋による有色人種、東洋の支配を糾弾した。たとえば、ボースは「文明の母亜細亜」（『会報』第一号、一九三二年）、「通商時象から見た文化の差異」（『会報』第二号、一九三三年）、「東洋の国家主義と西洋の国家主義」（『会誌』第四号、一九三四年）、「有色人種の崛起と白色人種の衰微」（『会誌』第五号、一九三四年）などを講演または執筆している。サハイも「オリエンタル、カルチユア、リーグ（英文）」（『会報』第一号、一九三二年）、「亜細亜問題（英文）」（『会報』第三号、一九三三年）、「印度に於ける仏教の現状」（『会誌』第四号、一九三四年）、「満洲国及比率賓の独立と亜細亜」（『会誌』第六号、一九三五年）などを講演または執筆した。特に神戸の貿易商であるサハイは、理事にはなっていないが、連盟の各種活動に精力的に参加していた。

東方文化連盟としては、一九三三年四月にイギリス政府が日印通商条約廃棄通告を行ったことによる通商紛争に対する対応が目立つ。朝日新聞後援の下に日印問題講演会が四月に開かれ、栗本、伊藤竹之助、サハイ、カブールらによる講演が行われた。五月には「ガンディー翁が印度の不触民族の平等待遇実現を祈願して断食行を刊行した」ことに「感謝の電報」を送った（「会務記事」『会報』第二号、一九三三年、七八～八二頁）。

清水、佐多、村田、末広の各理事のほかにサハイが出席した連盟の理事会は、「印度の少数産業支配者が産業保障法を拡大強化して日貨を防遏せんとするは、数層高き消費税を三億五千万民衆に課するの結果となり、さなきだに印度国庫収入の七〇％以上が関税及消費税と云ふ、無比の悪税制下に喘ぎつゝある民衆を致命的に重圧するものである」と声明書を発した。この関税引き上げはむしろインド民衆を苦しめるものであると論じた声明書は、『大阪朝日』（一九三三年四月二〇日）にも援用され、注目を浴びた。

だが、この声明書は、英国に対して「互譲協定」の締結を希望し必ずしも攻撃的なものではない。声明書は、「会商に互譲協定ありとすれば必ずや、此の基礎による相互の末長き将来性と合致する所に依存すると信じる」と論じていた（「会務記事」『会報』第三号、一九三三年、八五頁）。

そのほか、インドの災害への義援金募集や文化交流など連盟の趣旨通りの活動も多い。またインド以外でもシャムや日蘭会商に関する講演、西アジアの情勢など広くアジアの文物、情勢の紹介が行われていた。

東方文化連盟は、英国のインド支配を糾弾しアジアの解放を叫ぶ「印度志士」との密接な関係を持ち、日英の通商紛争に敏感に反応した。だが他方で紛争の「互譲協定」を望んでおり、アジアとの文化などの幅広い交流に力点を置いていた。

（四）日露関係

東方文化連盟は、一時期日露関係にも通商促進の観点から興味を示した。日露関係は、満洲事変後緊迫の度合いを強めていたが、広田外相の下で、北満鉄道の満洲国への譲渡交渉が進行した。一九三五年一月には、北満鉄道譲渡に関する満洲・ソ連両国の協定が成立した。

これを契機に、駐日ソ連大使・(コンスタンチン・)ユレーネフによる講演「北鉄委譲が齎らす画期的効果」(『会誌』第六号、一九三五年)がなされ、また中ソ大使・太田為吉による講演「蘇国内外情勢と日蘇経済提携」が行われる。太田は日露関係の緩和、通商促進の余地があることを強調した。さらに連盟では、大阪毎日のモスクワ駐在員をしていた小林英生の講演や「ロシア」事情座談会が行われた(『会誌』第八号、一九三六年)。この背景には、大阪財界におけるソビエトロシアとの通商拡大への期待があった[23]。理事の岩井は社会主義国との貿易に商機ありと考え、鉄工業を営む栗本は銑鉄の輸入、鉄製品の輸出を期待した。そこでソ連経済使節団派遣の計画がなされた。

しかし陸軍の横やりが入り、この計画は挫折した。大阪・第四師団司令部外事課主任・川口大佐の依頼により、六月二一日、参謀本部ロシア班長・神田正種の講演が開かれ、日露貿易への期待に冷や水を浴びせた。すなわち神田大佐は、「太田駐露大使の親露説に一撃を与へて、大阪商人はロシアでなく支那の民衆と経済関係を結んで東洋人のブロックをつくれと叫んだので、神戸の毛織物輸出商なる印度のサハイが壇下から拍手をおくった[24]」。

大阪における日露通商への期待は、軍事政治情勢の壁を乗り越えることはできなかった。「反共」の潮流は、一九三六年一一月の日独防共協定調印に至る。

(五)　大アジア主義との距離

満洲事変後、アジア主義的潮流は強まっていた。このような時代に「東方文化連盟」のアジア主義はどのような位置を占めたのか、大亜細亜協会との比較において考察する。

大亜細亜協会は、一九三三年四月、連盟脱退を契機に「亜細亜の再建と秩序化の重責は、職として皇国日本の双肩にかかる」として、松井石根、近衛文麿、広田弘毅ら有力な政治家、軍人を創立メンバーとして設立された。最近の研究は、同協会を「大東亜共栄圏」に至る道をイデオロギー的に形作った組織として重視している[25]。

確かに大亜細亜協会設立に関与した矢野仁一、鹿子木員信らは東方文化連盟の評議員でもあり、両者は一部メンバーが重複している。だが、清水をはじめとする東方文化連盟の主要メンバーは、大アジア主義とは異なる考えを持っていた。

一九三六年、大亜細亜協会の松井大将らが来阪し、講演会を開いた。この動きに対して「アジア主義運動　健全なる発達と大阪の役割」（『大阪朝日』一九三六年五月二一日）は「大阪には東方文化聯盟があって、アジア諸民族の文化的提携を策し、これによって各民族間の親善を計り、ひいて世界人類の平和と幸福の増進に寄与しようとする目的で、昭和六年創立されて以来、緩慢ながら徐々に発達を遂げつつあり、アジア主義運動の平和的な且つ実際的な第一声はまず大阪から掲げられた観がある」と大阪がアジア主義の第一声を上げたことを指摘する。また記事は大亜細亜協会との違いを念頭に、次のように述べている。

わが大阪はいうまでもなく産業日本の中心地であり、貿易躍進の策根地である。随って大阪人の眼界は、支那はもとより南洋、インド、アフリカにおよび、今では世界的制覇を目指している関係上、必ずしもアジアの一角に跼蹐たるものではない。アジア主義の運動が大阪において共鳴を得そうで必ずしもそうでないのは、大阪人の眼界がすでにアジアの天地を超えて世界的に拡大されたことを語るものではあるまいか。しかし大阪人のこの傾向は、アジア主義運動者にとって失望の原因となるものではなく、吾人の見解によれば、大阪人のこの傾向を通じて該運動は強化され、国際的に普遍化されることによって、アジア主義運動の前途に却て光明を齎らすものであろうことを信じ、それに多大の期待をもつものである。

この記事は、大阪を中心とする貿易がアジアを越えて「世界的制覇」を目指しており、狭いアジアに盤踞するものではないこと、むしろアジア主義の国際的「普遍化」を目指すものであることを強調している。大阪朝日の有力記者が連盟の理事を務めていることを考慮すると、連盟の平和主義的性格を内部から擁護した記事と言えるだろう。

それでも、東方文化連盟が大アジア主義と同一視される傾向があったことに、清水は次のように述べて反発している（清水銀蔵「東方文化聯盟の使命に付て」『会誌』第七号、一九三六年、四八頁）。「何かの雑誌で、東方文化連盟の志す所、所謂大アジア主義者の唱ふるものや、軍部一部のイデオロギーや外務次官等と同じものである様に書かれてあったが、自分は所謂軍部一部のイデオロギーなるものを熟く知らないと共に、大亜細亜主義者の唱ふる所や、重光氏の抱懐せる特異なるものであるや分からないが、もし亜細亜主義に立つと云ひ条、亜細亜に号令する意味を以ての、所謂亜細亜の盟主を以て任じたり、問題を我れの優越なる力のみよりて解決せんとするにありとせば、我等の主張と根本に於て相違があるのである」。清水は、東方文化連盟の志が、軍部や大アジア主義、重光葵外務次官とは無関係であり、アジア盟主論や軍事力による問題解決への志向とは根本的に異なっていることを明確に述べている。

もっとも日中戦争前になると連盟内にも、清水が強調する連盟の主張とは異なった考えが目立ってきていた。たとえば一九三六年一二月に開催された新聞関係者と清水らの匿名座談会（出席者は神尾、平川、松本鑓吉、三池亥佐夫、小林英生、清水、戸田）でも食い違いがうかがえる（「自由座談会　日独協定、対蘇対支外交問題」『会誌』第九号、一九三七年）。日独防共協定の背景に現状維持に対する現状打破勢力の台頭があると捉え、後者に与するのもよしとする意見が見られた。これに対して清水とおぼしき発言者は、ドイツの現状打破は英仏米に取って代わろうというのにすぎず、「我々は支那を反対側に廻すといふことは非常に損害がある」と述べている。これに対して、防共協定が中国を敵側に追いやるとは限らないという発言も見られた。

「立憲主義、自由主義で来た我々」と述べる人物（おそらく清水）のファシズムへの警戒と必ずしもそうではない意見の食い違いが、ここでは見られる。ナチスの台頭とアジア情勢への関連が問われ、同時にパワーポリティックスの論理が顔を出している。大阪朝日、大阪毎日に次ぐ第三勢力であった大阪時事が、『米国怖る、にらず』で名をはせた池崎忠孝を顧問に迎え国際的危機を煽る方向へ進みつつある時代でもあった[26]。

第三節　日中戦争期の活動

（一）盧溝橋事件後の情勢への反応

一九三七年七月の盧溝橋事件以後の情勢は、穏健なアジア主義ともいうべき連盟の方向性に変化をもたらす。その前提として、事変以前に創設以来の理事が死去していたことを考慮に入れておく必要がある。内藤が一九三四年六月、岩井が一九三五年一二月、清水が一九三七年四月に死去した。特に清水の死去は、決定的な意味を持つことになったと思われる。それでも連盟には、当初中国との関係悪化に対する懸念があった。

盧溝橋事件直後の大阪商工会議所の決議などには「対支膺懲」など強硬な文言が見られるように、会議所の姿勢は強硬論一辺倒になる[27]。

しかし東方文化連盟の講演会での雰囲気はこのような商工会議所などの公式声明とは少し異なっていた。そこには日中関係の将来について不安感がただよっていた。一九三七年一〇月、創設期の理事で大阪毎日満洲北支通信総局長・楢崎観一の講演会が開かれ、多数の聴衆を集めた。この時開会の辞を述べた末広理事は、事変の見通しに言及し「支那を徹底的にやっつけ」た場合、戦意を失わせるかもしれないが、「排日抗日といふようなことは一層甚だしくなるのではなからうか」、「我が国と支那の関係は或いは一八七一年以来の独仏両国、戦後の独仏関係のやうになるぢやあるまいか」と懸念を示した。楢崎も、「将来日支の関係を独仏の関係にしたくないという我々の念願」を表明しつつ、日本政府の決心は不明であり、現地に引きずられているという懸念を表明している（楢崎観一「北支の将来」『会誌』第一二号、一九三八年）。

多くの聴衆が集まったこの講演会からは、「事変」の先行き、日中対立が長期化することへ不安を抱く人々も相当数いたことをうかがうことができる。

(二) 神尾茂と汪兆銘工作

不安が的中して日中戦争が拡大してゆく中において、東方文化連盟はあまり活動ができていない。この間、軍部は傀儡政権を作り出し、一九三七年一二月に中華民国臨時政府、一九三八年三月に中華民国維新政府を成立させた。

一九三九年一二月に催された東方文化連盟の八周年記念講演会には、中華民国臨時政府の顧問を辞したばかりの湯沢三千男が招待されて中国情勢について講演を行っている。内務官僚でやがて大日本産業報国会理事長、東条内閣下で内務次官となる湯沢も、大阪では日中関係に関して厳しい認識を示した。湯沢は、「第一に支那人は日本人が嫌ひである。徹底的な反対であると共に和平派の人も帰するところ抗日派と同一の気持を持ってゐるといふことと、第二は和平派も抗日派も愛国の至情から事をやってゐるといふことを考へねばならぬこと、第三は日本の言ふことを全然信用してゐない、この三点を基礎判断の前提」としなければならないと述べている。司会の佐多が「今日の話ほど深刻な声を聞いたことはない」と感想を述べるほど、湯沢は中国では日本人の信用が失われていると明確に述べたのである（湯沢三千男「民心の把握が専要」『会誌』第一六号、一九四〇年）。

さらに日中関係に関する連盟の活動で、目を惹くのは、汪兆銘工作に関する神尾茂の講演である。東方文化連盟理事でもあった神尾は、大阪朝日から東京朝日に論説委員として転任した後香港に派遣され、宇垣一成外相下の和平工作、さらに汪兆銘工作に関与した[28]。一九三八年一二月重慶を脱出し対日本和平声明を行った汪兆銘と日本側との交渉がなされ、一九四〇年三月に汪兆銘は国民政府の南京遷都を宣言し、新中央政府成立が成立する。

新政府設立宣言直前の一九四〇年二月、東方文化連盟に招かれた神尾は汪兆銘との「和平運動」と新政権の樹立についての経緯に関する講演を行った（神尾茂「和平運動の本質と新政府の使命」『会誌』第一七号、一九四〇年）。機密にわたる内容を含んだこの講演は聴衆の強い関心を惹き、神尾自身この講演会について「従来何人によっても語られなかった事実に基いて、日本のとるべき態度を示したので、来会者二百名最後まで席を立つものがなかった」と日記に記したほど聴衆の関心を惹いた。[29] 同年五月に行われた講演では、陸軍の梅機関、民間有志、新聞記者と汪兆銘らの限られた人々で交渉が進められたこと、「之を拡大してゆけば必ずこの少数の人たちに成立った和平の精神といふものが、日支全国民に徹底してゆけるものだと、かういう精神を以て茲に漸く政府が現れ」たと神尾は述べている（神尾茂「汪先生伝言の二三」『会誌』第一七号、一九四〇年）。実際には汪兆銘工作は影佐禎昭に率いられた陸軍梅機関の手になる謀略的要素も含んだ複雑な運動であったが、ここではあくまでも「和平運動」として語られている。

東方文化連盟のアジア主義は、日中関係について言えば、紆余曲折を経て汪兆銘との「和平運動」に行き着いたと言っても良いだろう。なおこの運動には「民間有志」として犬養の息子であり清水とも交友のあった犬養健が参加していたことも想起される。

（三）大東亜共栄圏への道

日中戦争期には、『会誌』の紙面においても次第に大東亜共栄圏への道が浮かび上がってくる。まず日中戦争と反英、アジア復興の見通しを結びつけるという大アジア主義的論理が目につくようになる。

戸田芳助執筆と推定される『会誌』第一二号（一九三八年）の「巻頭言」は、「今回の支那事変は英蘇の極東攪乱の魔手を徹底的に芟除し東亜永久の平和を招来せんとするもの」「反英は我等が十年以来一貫した主義主張であって亜細亜の解放が世界平和の唯一の基礎で、英魔が地中海以西に退却せざる限り世界に平和がない」などと事変の意義を「英魔」の追放に求めた。

またこの「巻頭言」は、当時流行のユダヤ陰謀説を展開し、「我等はこの黎明期に際して英米仏蘇の最高指揮命令権を掌握する猶太財閥を完全に理解認識して彼等の動向を未然に察知し、世界和戦の決を左右する猶太黄金王に戒心と防備を怠ってはならぬ」と述べている。さらに戸田の司会によって国際政経会理事・桜沢如一「世界を独裁する猶太財閥のグリンプス」[30]、国際政経学会理事・若宮卯之助「時局と猶太人問題」[31]などの講演会が開かれている。戸田が広めようとしたユダヤ陰謀論は連盟の中では広がりを持ったようには思えない。だが連盟の催しは基本的には戦争の拡大に伴う政策に追随してゆく。

インド関連の催しもさらに多くなるが、「回教民族」に関する講演会も登場するようになった。佐多の司会で行われた回教民族の国際対策講演会では、大日本回教協会理事長・松島肇らの講演が行われた（『会誌』第一五号、一九三九年）。大日本回教協会は、陸軍大将林銑十郎が会長を務める占領地政策の一環として育成された政府系の研究機関であり、村田省蔵も関与していた[32]。佐多の司会は、あくまでもイスラム文化の紹介を旨としているが、占領地拡大に伴う政府の政策に追随するものである。

そのほか東南アジア関係の催しも増えていた。南進論者で大亜細亜協会のイデオローグでもあるジャーナリストの竹井十郎の講演なども行われた（竹井十郎「蘭印の国際関係と東印度民族」『会誌』第一八号、一九四一年）[33]。これらは、大東亜共栄圏に至る道を踏み固めるものであろう。

さらにやがて日独伊三国同盟を推進する大島浩がドイツ全権大使として一九四〇年七月に講演した（「欧州の近状に就いて」『会誌』第一八号、一九四一年）。大島はドイツ有利のヨーロッパ情勢を説き、最後に「日本が八紘一宇の大精神に基き独逸と共に世界新秩序の建設に協力すると云ふ根本精神を定むれば日独の提携は成立する」、蘭印、仏印については「既にドイツが其所有者を征服しこらからしようとして居るのでありますから成るべく早くドイツに我が企画を告げ希望の達成に協力をせしむることが必要である」と述べている。司会の佐多は、「殊に大阪の如きはこれまで大体親英米依存の意見が今日尚随分多かろうと思」うが、（この講演が）「大阪の世論をこしらへる上に於て多大の動機となることを確信」していると述べている。大阪には「親英米依存の意見」が多いという佐多の発言は、反英運動の根拠地としての大阪のイメージとは異なっていて興味深いが、他方でナチス・ドイツとの提携による南方進出を説く大島の講演が今後の指針となると説く発言は、東方文化連盟も「大東亜共栄圏」建設まであと一歩というところまで来ていたことを示唆している。

小括　まとめと考察

東方文化連盟は、犬養毅に師事する政友会の代議士清水銀蔵が、アジア主義的思想を現実化すべく、湖南や佐多の協力を得て、大阪の財界、新聞界を背景に創設した団体であった。中国、インド、ソ連などと民間交流を図り、アジア各地に関する講演会を開催する連盟の活動は大阪財界に浸透してゆく。

東方文化連盟には、アジアの欧米帝国主義からの解放がうたわれ、サハイのようなインド解放の活動家も参加していた。しかし連帯の契機が強い清水のアジア主義は、盟主論的大アジア主義とは異なっていた。日本の大陸政策を批判する清水が主催する連盟の活動は、現実との緊張感をはらみ異彩を放っていた。

連盟は外交官の講演も多く催しているが、連盟の主導者はその独立性を自負した。佐多理事は、東京のアジア主義団体の多くは軍や政府の援助を受けているのに対し、東方文化連盟は独立して活動していると述べ、さらに「この国と国との交渉を、日本の斯の如き歴代無能家なる、外交官に放任して、国家の前途は如何なることになるか」（佐多前掲「文化的親善運動の意義」一六頁）と言い放っていた。政治都市東京から離れた経済貿易都市大阪で本来の国民外交を行うという清水や佐多の自負は、日中戦争が始まるまでは意味を持っていた。

このような東方文化連盟の活動が大阪経済界で一定の支持を得たことからは、平和の下で通商、ビジネスを行うことへの彼らの願望を推し量ることができるのではないだろうか。ロシアとの通商への期待、日中戦争初期の不安感や汪兆銘との「和平工作」への期待もその表れであったと解釈し得る。しかしそれは、対支膺懲を掲げる大阪商工会議所などの攻撃的な言説からはうかがうことができない。軍事的占領地域の拡大に便乗した大陸進出もまた別の一面であった。

清水の死後、日中戦争が深まるにつれて連盟の活動は次第に変質し、反英的言説が幅をきかせ、次第に大アジア主義的な講演が増えていった。東方文化連盟も時局に追随し大東亜共栄圏への道を歩むことになった。

第三部
自由通商運動の変貌と翼賛体制

第六章　栗本勇之助の「積極的全体主義」への軌跡
――大阪財界の戦時体制化――

はじめに　対象と課題

自由主義経済の色彩が強かった大阪財界も、一九三〇年代になると次第に戦時体制に関与し、戦時には大阪商工会議所が、「いまや高度国防経済の確立、東亜共栄圏の育成に対する積極的寄与を任務として、日夜全力を傾倒しつつある」と述べるに至った[1]。

だがこの過程は、「長年自由主義経済の基盤の上に華々しい進軍を続けて来た日本産業経済、就中軽工業を中心とし商業資本的特徴を以て成長し来った大阪財界は苛烈なる試練を身を以て体験せしめらるるに至った」（大阪銀行集会所会長・岡橋林[2]）と回顧されるものであった。綿業や貿易を中心に発展を遂げた大阪経済も、経済の軍事化、重化学工業化が進展すると、三〇年代半ばには職工数において機械器具工業が紡績工業を凌駕するに至った。その結果一九四〇年には、かつては綿業、貿易業者が主流を占めた大阪商工会議所の会頭に大阪工業会の片岡安が就任した。紡績資本も多角化を模索し、貿易は統制され、中小企業は転業を余儀なくされる「試練」の時代であった。他方で、同時期に大阪経済は、大陸へ進出して日本の膨張政策とも密接な関係を持った[3]。

戦時体制化し大陸膨張に関与する大阪財界の政治経済的側面を考察するために、本章は鋳鋼管、機械工業の経営者であり、大阪工業会の有力指導者であった栗本勇之助の財界活動に着目する。

栗本は一八七五（明治八）年に和歌山市内で生まれ、京都高等中学校などを経て東京帝国大学英法科を卒業した。京都時代に高浜虚子と、大学では同郷の下村宏（海南）と親しくなっている。大学卒業後は司法官試補を経て大阪市南区にて弁護士を開業した。その後栗本は知遇を得た吉野鉄工所を継承し、一九〇九年水道・ガス用を中心とした鋳鉄管を製造する栗本鉄工所を創立する。一九一五年には大阪製鉄株式会社を創設し、常務理事に就任した。一九三四年には、合併などにより機械工業へも進出して株式会社栗本鉄工所を創立し、大陸にも進出して鞍山鋼材株式会社取締役となる[4]。

栗本は事業を拡大する一方で、大阪工業会、大阪商工会議を通じて財界活動を行い、自由通商運動でも活動した。満洲事変後に財界活動を活発化させた栗本は、満洲問題などについて発言すると同時に、鉄鋼国策研究会を率い、準戦時体制には内閣調査局、企画庁の参与なども務める。さらに日中戦争期には政治経済研究会を背景に活動して全国的に注目を集めるようになり、一九四一年に病で倒れるまで旺盛な活動を見せた（一九四八年死去[5]）。

栗本の財界活動を体系的に分析した研究はほとんどない[6]。だが彼は、活動的で執筆活動も盛んに行っており、これらを参照してその軌跡を追うことが可能である。財界活動と言論活動が結びついただけでなく、政治経済に関する栗本の言説は、対外政策にもわたっており、この意味でも注目される。

以下では、第一節で満洲事変前における栗本の財界活動を、大阪工業会、自由通商運動などとの関連において跡づける。第二節では栗本が満洲事変後における時局の動向に対応しつつ活動領域を広げる過程を、第三節では日中戦争後の対外政策論などについて跡づける。第四節では、近衛新体制期において「積極的全体主義」を唱える過程を分析する。これにより自由主義的貿易から戦時経済と大陸膨張政策に対応するようになる大阪財界全体の動向に、栗本の財界活動を位置づけてゆく。

第一節　満洲事変前の活動

（一）大阪工業会での活動

栗本の財界活動の主たる基盤となった大阪工業会は、一九一四年七月に発足した。彼はその趣意書、会則を作成した七人の委員の一人であった。金属工業、化学工業、紡織工業関係業者などが発起人となっていた中で、栗本は当初より常議員（三〇名）・理事（一〇名）の一人であり、一九一六年には四人の常務理事の一人となった。栗本は同年に発足した大阪鉄工同業組合の組合長にも就任した。同組合は鉄工業と造船業界を中心に結成された。第一次世界大戦期には、大阪でも紡績業のほか、造船業、機械、金属、化学工業が急成長した。大戦期の鉄材不足に対処するための「製鉄所拡張並に民間製鉄事業発達促進に関する建議書」を一九一四年に大阪工業会が政府に提出した際、鉄工業界を背景とする栗本は、説明委員の一人として上京した。この時期の栗本の活動の基礎は、鉄工業にあった[7]。

一九二二年に片岡安が大阪工業会の理事長に就任すると、栗本は片岡理事長とコンビを組んで企画力を発揮してゆく。ただし片岡の次の理事長となる吉野孝一によれば片岡が「徹底した自由主義者」であったのに対して、栗本は「柔軟性」を有していたという[8]。この対比は戦時統制に対する両者の対応の違いを示唆している。

一九二〇年代の大阪工業会は、労働問題、労働組合法案への対応にかなりのエネルギーを割いていた。大阪工業会は、農商務省が作成した労働組合法案には賛成であったが、内務省社会局のリベラルな労働組合法案には反対であった。一九二九年に浜口内閣が成立し社会局案が原案を作成した労働組合法案が提出されると、日本工業倶楽部などとともに大阪工業会が全国的に反対運動を展開した結果、労働組合法案は審議未了に終わる。

労使協調のために労働組合運動にも一定の理解を示した栗本は、一九二一年、労働組合の総同盟への加入を容認していた。西尾末広との直接交渉により、総同盟金属労働組合の栗本支部が誕生し、大阪で初めてユニオンショップ制が採用されることになった[9]。

だが栗本も労働組合法案に関しては大阪工業会の立場から出ることはなかった。栗本は一九二八年六月より工業会に設置された「労働委員会」の委員長代理に就任し、この委員会の下で政府案に対する大阪工業会の反対意見を作成した。その後、一九三〇年ジュネーヴで開かれた第一四回国際労働会議では使用者代表として栗本は、紡績工業の労働条件について労働代表の鈴木文治と激しい応酬を展開した[10]。

ただし大阪工業会や栗本は、左翼的労働組合の台頭や労使紛争の激化を懸念したのであって、元来は日本工業倶楽部の労働法案不要論とはニュアンスを異にしていた。栗本は、私的自治による労使協調促進を強調していた。「私の眼に映じた欧米の労働問題　顧みてわが国の現状を語る」(『大阪毎日』一九三一年一月九日〜一七日)では、栗本は日本的な温情主義を批判しつつ、産業平和、秩序ある労使関係のために、争議調停の促進の必要性を強調していた。

(二)　自由通商運動への参画

栗本は、自由通商運動の熱心な支持者であり、大阪支部の理事に就任していた。自由通商運動は、栗本が代表する鉄加工業の利益とも合致していた。中央の鉄鋼業界、商工省は、銑鉄を含む鉄鋼保護政策を展開しようとしていた。だが、インドなどからの安価で良質な銑鉄に高関税をかけることは、それらを原料とする鉄加工業をはじめとする諸業界の利害に反しており、その将来性も疑わしいとして大阪を中心に反対運動が展開された。第一部で論じたように政党内閣下の鉄関税引き上げの動きは、このような運動によって阻止された。田中義一内閣下の鉄・木材関税引き上げに対して、栗本たちは「関税引上反対同盟会」を組織して反対運動を行い、鉄関税引き上げを断念させた[11]。また、浜口内閣における、産業合理化運動、製鉄合同に伴う鉄関税引き上げの動きにも大阪の業界団体を総動員して反対運動を起こした。「鉄鋼関税引上反対決議」では、「製鉄合理化の美名の下に一部の製鉄事業家の独占的利益を保護する為め一般産業及国民経済に大なる犠牲を払はしむるもの」と主張していた[12]。

反保護主義は、栗本の自由主義的改革の信条にも合致するものであった。栗本は世界不況の中での「オランダ、デンマーク等の小国の繁栄」の原因が「自由政策を本義として保護政策を排し、専ら、堅実なる基礎の上に国民経済の発達を計ったため」であることから学ぶべきであると述べた（前掲「私の眼に映じた欧米の労働問題　顧みてわが国の現状を語る」）。また「第十四回国際労働総会席上帝国使用者代表栗本勇之助氏のなしたる演説」（『自由通商』第三巻第八号、一九三〇年）では、労働問題と自由通商の関係を強調していた。

なお、自由通商運動との関係は、大阪商工会議所において栗本を一時微妙な立場に立たせることになった。栗本は、一九二三年大阪商工会議所評議員に当選し、一九二一年～一九二三年には副会頭を務め、その後も議員、顧問となって常に存在感を示していた。ただし栗本は反稲畑（勝太郎、一九二二年から一二年間会頭に在任）派の頭目の一人と目されていた。合成染料の国産化に成功し染色加工業を営む稲畑会頭と自由通商運動に与する栗本は立場を異にしていた。栗本らの「革正運動」も稲畑会頭の地位を覆すことはできなかった[13]。平生釟三郎は、栗本に大阪商工会議所の「革正」の実が挙がらないことに警告を与える書簡を送っている[14]。

（三）台湾南支視察と中国観

次に栗本の満洲事変前における対中関係への見方を台湾南支視察団報告によってうかがう。一九二〇年代の中国統一化の過程により、日本の権益は危機に立っていた。大阪財界は、在華紡など権益を抱える一方で貿易も盛んであり、硬軟両論の間で揺れ動いた[15]。

一九三一年四月、栗本は大阪商工会議所の台湾南支視察団を率いて、台湾、廈門、汕頭、香港、広東、上海、南京等南支一帯を視察した。この時期は、第二次幣原外交の下で、日華関税協定を締結し条件つきで中国の関税自主権を承認していた。他方で対満洲問題が次第に激化しつつあった。このような時期に栗本は、中国南方との経済関係に注目し、訪問団を率いて同地を訪れた。

栗本は帰国後視察報告と対中国関係の見通しを「建設途上の支那を視る」（『大阪毎日』一九三一年五月二九～六月七日）において述べている。栗本は、国民政府が確固とした政治的基盤を築いていること、上海など大阪とも距離的に近い地域を中心に経済的発展の可能性も高いと評価した。日本は競争上厳しい立場に立ち、また関税自主権を得た中国は関税引き上げを図るであろうが、「我経済関係の親密を一層増進する」ことによって「交換的関税協定をその時に応じてやって行くことの外に策がない」と言う。他方でむしろ租界などにこだわらず、積極的に経済的取引を伸ばしてゆくことが必要であると述べ、「消極的保守的現状維持の口ばかり強硬な退嬰策」を批判した。外交においても、「満洲問題のごとき単純なる経済問題以外に国防その他種々の重要な関係あるもの」は別として、「一般経済上の利害関係にのみ繋る問題は上述フェア・プレーの原則から出発して一日も早く列国に先んじて、これが公正なる解決を望んでやまない」と結論づけた。

栗本は、対中国問題についても妥協可能な通商問題に着目し、「フェア・プレー」の精神で問題解決を図ることを主張していた。だがこのような国際協調志向は、満洲事変後に大きく変化することになる。

第二節　満洲事変後の活動

(一) 自由主義的満洲開発論と華北への関心

一九三一年九月の柳条湖事件以後、初期には軍の動向に批判的な意見が存在した大阪財界でも、急速に強硬な事変支持に意見統一されてゆく。大阪財界に特徴的なことは、事変を商機に結びつけて満洲の経済調査を行っていることである。たとえば中山太一らを中心として「対支経済問題調査会」が結成され市場調査がなされた。[16]

事変後栗本は満蒙開発に関する論考を新聞紙上で発表した（「経済的に見た諸種の問題　満蒙開発」『大阪毎日新聞』一九三一年一二月八日、一二九日）。さらに一九三二年四月には、大阪工業会・満蒙経済視察団の団長として、栗本は約三週間経済状況を実地に調査した。[17]

栗本は、事変後は世界的な関税引き上げの動向を理由に、満蒙の「新生命線」を重視する方向に舵を切っていた。たとえば「世界不況の回復策」として「国際経済の協調」が難しい現状では「自国の国民経済の構成充実に対する努力」が必要であり、「我国が満蒙に於て新生命線を確保し得た」ことは、「天佑といふべき」と述べていた（「世界不況と社会政策」『社会政策時報』第一四六巻、一九三二年）。さらに栗本は、満洲国の開発を日本民族の責務であるところの「アジア諸民族の経済生活の向上を計る平和的事業」の「一段階」であるとアジア主義の中に位置づけていた（「満蒙開発及び大亜細亜主義の国民的理想の統一結成に就いて」『東方文化聯盟会報』第一号、一九三二年）。

一方栗本は自由主義的満洲開発を主張する。たとえば前掲「経済的に見た諸種の問題　満蒙開発」では、栗本は開放的、競争的満蒙開発を主張していた。そこでは「機会均等、門戸開放主義」「公明正大なる経済的開発」とともに、交通・電気などについても独占の弊害を避けて、満洲を「工業の楽土」とすべきなどと主張していた。

他方で栗本は、鉄と石炭の二大資源に着目し「満蒙の豊富低廉な鉄鉱と石炭をもって鉄鋼と鉄製品に仕上げ東洋南洋におけるわが国の海運上の優勝的地位を利用して……、これらの市場にわが製品を供給するとせば、英、米、独、仏の主要鉄産国と十分競争に打勝つ」とその有望性を強調した。栗本は満蒙の鉄鉱と石炭を原料とする鉄鋼、鉄工業を軸に海外市場の獲得を描いていた。

さらに栗本が重視するのは、中小商工業者、農民の満洲への移住であった。「政府当局が独り大工業や大資源をのみ目標とせずこの種中小商工業の進展と農民、労働者の移住につき徹底したる政策を遂行するにあらずんば、満蒙開発は一般国民生活力の拡張に寄与するところ少」ないと論じていた。栗本は中小企業の進出を促進しようとして日満実業協会で活動し後に理事となっている。

帰国後に執筆した「我国民経済上より観たる満蒙経営論」（『工業』第七六号、一九三二年）では、満洲開発が直ちに実現するものではないとトーンダウンしつつも、その必要性を強調している。そこでも満蒙移住と「日本民族の任務」を説き、またブロックの「自給自足」は「迷妄的空論」であり、自由競争に任せるのが良いと述べていた。

だが実際の満洲開発は、栗本の自由主義的開発論とは異なったものになった。栗本は、一九三六年初頭、「満洲経済統制一難」（『ダイヤモンド』一九三六年一月一一日）において、満洲国では統制と関税のために「温室的産業」が見られるとして、第一に関税の引き下げ、第二に産業統制を最小限にとどめることを提言し、「満洲は今日、かなり冷静に再認識再検討を要すべき時代に逢着している」と主張した。

栗本の批判は、財界の不満を代弁していた。関東軍や満洲国官僚が主導する統制による満洲開発は、財界との関係を「不安定な提携」（L・ヤング）にしていた。[18] また満洲国への移民は農業移民が主であり、商業移民は多くはなかった。一九三六年に大阪実業組合が派遣した視察団の参加者からは、満鉄や官庁の消費組合が保護されているため、商人の進出の余地が少ないという指摘がなされていた。[19]

それにもかかわらず、大阪経済と満洲との関係は飛躍的に緊密なものになった。一九三一年から三七年にかけて大阪港からの輸出は、関東州向けが六・九倍、満洲国向けは一三・三倍に急増し、輸出先としてはそれぞれ一位、二位を占めるに至った。[20] また、企業進出の面でも、小畑忠良（当時住友電線製造所支配人）の建言により、住友財閥は、三井、三菱よりも早く満洲に進出し、その幹部は資本の誘致に努める小磯国昭関東軍参謀長とも良好な関係を取り結んだ。[21]

さらに栗本は、同時期に進行していた華北分離工作に同調するようになる。前掲「満洲経済統制一難」附属の「北支経済地帯の特殊性」において、「日本は満洲だけで国防線を維持することが出来るのであるが、経済的には、満洲だけでは完全なる経済地帯を構成することが出来ない」として、「北支を包含した日満支合同組織に依る一つの経済的地帯」の設定が必要であり、そのために「確乎たる政治権力」がこれに随伴する必要があると述べていた。

栗本の日満支の経済的結合への期待は、大阪財界の華北に対する関心の高まりに対応していた。一九三六年初頭に栗本たちが北支視察を行い、九月には大阪商工会議所が第四師団の後援を受けて安宅弥吉を団長とする満洲北支特別視察団を送り込み、冀東政府の殷汝耕からも歓迎を受けた。中小企業も関心を持ち、中山太一を会長とする実業組合連合会は、「皇軍慰問」を兼ねた満洲北支視察団を送り込んでいた。視察後の座談会では、問題点を指摘しつつも日満支ブロックの有望性が語られている[22]。綿業においても華北綿花の確保によるインド綿花への依存緩和に寄せる期待があった[23]。

大阪の第四師団や陸軍省、満鉄、満洲国関係の官民団体の後援を受けていることから分かるように、視察団派遣には陸軍、満洲国の意向が反映していた。

もっとも、津田信吾（鐘淵紡績社長）に代表される強硬論が存在したにもかかわらず、華北への軍事的侵攻論を大阪財界全体が主張していたわけではない。たとえば津田の伝記も、大阪財界と朝鮮総督時代の宇垣一成との関係を指摘しつつ、「宇垣と大阪財界とのつながりは、宇垣が大阪の第四師団以来のもので、宇垣が主張していた中国に対する平和政策は、軽工業を主体に中国に進出している大阪財界の強い支持を受けていた」と述べている[24]。他方で大陸との経済的関係が強い大阪経済界には、穏健派と目されていた宇垣支持の一方で軍部の華北分離工作に便乗する空気も強かった。

満洲事変以後の栗本は、資源の移入と人や企業の進出を軸とした開放経済とが両立する日満ブロックへの指向を持ち、やがて北支進出も視野に入れることになる。栗本の論理は、軍部の資源に着目する日満支ブロック論と類似しているが[25]、この時点では必ずしも軍事侵攻を主張していたわけではない。

（二）「鉄鋼国策研究会」における活動

満洲事変後に生じた軍需と為替低落による輸出増加を柱とする景気回復は原材料の需要を急増させた。陸軍造兵廠大阪工廠（旧大阪砲兵工廠）を抱える大阪地域では、軍需の増大によって金属業を中心に重工業化が進展した。陸軍造兵廠大阪工廠では、ほとんどの兵器生産に民間工場を利用していた。[26] 他方で銑鉄の製造は後になるまで可能にならず、それらを素材とする加工業が発達した。[27] そのため石炭・鉄不足は特に大阪経済の足かせとなり、大阪工業会、大阪商工会議所は対策を講じる働きかけを各方面に行った。その活動の中心にいた一人が栗本であった。

石炭問題に関しては、大阪工業会が一九三二年九月「石炭委員会」を設置すると、栗本はその委員長に就任して、「石炭問題に関する緊急意見書」（一〇月二三日）を作成し関係当局に送付した。さらに大阪商工会議所工業部会座長に就任した栗本は、大阪工業会燃料委員会と協同で「石炭需給に関する声明書」（一九三三年一〇月三日）を出す。そこでは、日満統制経済の上で石炭の重要性を指摘し、九州地方など内地の石炭業者の圧力によって満洲炭、特に撫順炭の日本への移入が制限されていることを問題視していた。[28]

他方、鉄鋼需要増大による「鉄鋼飢餓」問題も深刻化していた。当時商工省は「日鉄中心主義」と呼ばれる政策を展開していた。高橋是清、中島久万吉ら製鉄合同推進派の閣僚を擁した斎藤実内閣は、関税引き上げを実施した後、一九三三年四月に日本製鉄株式会社法を成立させた。しかしその結果誕生した日本製鉄との合同に、業績の回復した民間製鋼企業は参加せず、所謂アウトサイダーとなった。日鉄中心の鉄鋼政策を推進する商工省は、アウトサイダーの設備増設を認可しなかったが、この政策は鉄不足を解消できず、産業界の不満を引き起こしていた。

鉄不足に対処すべく、一九三四年一二月、大阪工業会は栗本を中心に外郭団体鉄鋼国策研究会の創設を決定した。一九三五年一月鉄鋼国策研究会は、「製鉄国策上の諸問題に関する意見書」「銑鉄関税引き下げに関する意見書」を作成し配布した。アウトサイダーによる増産への配慮、日満製鉄協調、製鉄事業奨励法改正、銑鉄関税引き下げが提言された。

特に銑鉄関税引き下げは、大阪工業会と鉄鋼国策研究会の一貫した要望であった。斎藤内閣の関税引き上げに対して自由通商協会は、反対運動を展開するものの、政治状況が変わり今度は阻止できなかった。日鉄成立後「鉄鋼飢饉」を背景に鉄鋼国策研究会は関税引き下げ運動を展開した。栗本は、鉄関税の引き下げは鉄鋼の増産が需要に追いつくまでの一時的なものであり鉄鋼自給の「国策」には反しないと論じた（「鉄鋼関税問題と製鉄国策に就て（上）」『時事新報』一〇三五年三月二四日）。

栗本は、ロシアから銑鉄を輸入し鉄鋼製品を輸出することも考えたようである。一九三五年に北満鉄道のロシアから満洲国への譲渡が決まった際、大阪財界にはロシアとの通商に期待をかける「親露熱」が台頭し、ソ連経済使節団の派遣が計画された。しかし、参謀本部が大阪財界とソビエト・ロシアとの接近にブレーキをかけた。[29]

準戦時体制期に鉄鋼不足は一層深刻になった。鉄鋼国策研究会は「鉄鋼国策確立に関する建議書」「銑鉄関税引下に関する建議書」（一九三六年四月）を決議、各方面に配布した。軍部の鉄鋼増産要求と増産要求とあいまって、本問題は商工省などによってとりあげられ、一九三七年四月、ついに政府は緊急勅令によって銑鉄ならびに鋼材関税を免除する決定を行った。[30]

他方で、準戦時体制期には栗本も鉄鋼統制の必要性を強調するようになる。鉄の需要が増大しているにもかかわらず、くず鉄、銑鉄の輸入が限界に達している中で、製鉄業の組織化、日満製鉄業の協調などの課題を挙げて、「国家的統制の道を講ずること」が緊急問題であるとする（「非常時日本の鉄鋼需給の現状を述べて広田内閣の財政経済政策に及ぶ」『自由通商』第九巻第六号、一九三六年）。

栗本が重視したのは、日満製鉄業の協調であった。鉄鋼統制は販売面では「銑鉄共同販売会社」（一九三二年）が成立していた。栗本は銑鉄共販事業の成果を「当時我が国の製鉄業と対立の立場にあったところの満洲銑鉄との協調を図って、日満製鉄業の協調統一の礎石を作ったこと」及び価格抑制にあったとしていた。[31] 満洲で昭和製鋼などにおいて鉄鋼生産が本格化し、内地の鉄鋼会社との生産調整の必要が生じていた。

もっとも商工省によって立案された「製鉄事業法案」による鉄鋼業の全面許可制に、大阪工業会も反対決議を行っているように[32]、全面的な「統制経済」を認めるものではなかったが、栗本は、石炭や鉄など工業製品の原料、素材を入手するために、日満関係の緊密化と貿易、そのための統制を重視した。鉄鋼国策研究会での活動は、石炭・鉄不足を解消するための満洲との関係強化、さらに準戦時体制期には経済統制強化の主張に帰結した。

金属加工業の比重が高い大阪経済にとって、鉄・石炭不足はその後も重要な問題であった。栗本自身にとっても鉄鋼業への関心は継続しており、一九三七年には鉄鋼政策の研究を推進する財団法人鉄鋼報国会を組織し会長に就任している[33]。また原料不足に悩む大阪の製造業の満洲への強い期待は、東洋製罐を経営する高碕達之助が鉄不足から満洲にわたって結局満洲重工業の副総裁に就任したエピソードからも分かる[34]。

(三) 内閣調査局参与就任と「綜合国策」

栗本は一九三五年五月に首相直属の内閣調査局参与に、一九三七年五月には企画庁参与となった。内閣調査局、企画庁は企画院に至る国策統合機関の系譜に位置づけられる。またここを舞台に「新官僚」が脚光を浴びていた[35]。栗本は社会政策担当部門などで活動した[36]。

栗本の参与就任の契機は大阪代表として村田省蔵が断ったことにあった[37]。栗本は、大阪の実業家は政治に関係して経済知識をもとに中央に働きかける必要があると述べたと言われる[38]。結局関西からは、栗本と庄司乙吉（東洋紡績社長）が参与となった。内閣調査局の参与になる契機からは栗本が大阪を代表し得る実業家として認知され始めていたことが分かる。

一方国策統合機関での経験は、彼が準戦時体制期に「綜合国策」の必要性を強調する契機になった。たとえば「綜合国策下の新日本産業政策」（『実業の日本』三九巻四号、一九三六年）において、栗本は「非常時」の今、綜合国策が必要であるとして、国民実業教育政策、日満経済融合強化策、労働政策、鉄鋼政策、電力及び燃料政策等に言及した。この論考において栗本は、貿易政策、中小企業政策を論じている。貿易については、日満支経済ブロックと国際経済の両者を考慮しなければならないとして、貿易に関する行政組織、輸出長期信用機関の設立、輸出補償の強化、複数産業にわたる統制、輸出振興のための関税政策の是正について論じている。栗本が貿易統制論を論じる背景には、前述の鉄鋼問題のほか、日印会商、日蘭会商、オーストラリア、カナダなどへの通商擁護法の発動などに代表される通商摩擦があった。徐々に浸透する管理貿易に対応した総合的な統制機関の必要性を説いたのである。なお、栗本の貿易論は彼のブレーンでもある同郷の商業経済学者谷口吉彦（京都帝国大学経済学部教授）の影響を受けていた[39]。他方で貿易、基本産業との連携、雇用などの観点から中小企業の重要性を説いた上で、その発展策の必要性を強調した。教育、科学的研究の助成、労働政策、統制、金融、販売組織の強化と基本産業との協調などであった。

もっとも栗本は、この時点では全面的な統制経済論者になったわけではない。栗本は、「綜合国策」の前提となる「計画経済」と「統制経済」とは異なることを強調していた。

他方で、国策統合機関での経験、非常時における「綜合国策」の必要性の認識は、次に述べるように民間・財界による政治経済研究会を組織する契機になったと考えられる。

(四)「政治経済研究会」の創設

栗本は、一九三七年一月大阪工業会の「最有力な外郭団体」として政治経済研究会を設立し、常任委員長に就任した[40]。常任委員には、吉野孝一を筆頭に、片岡安、林安繁、伊藤竹之助、村田省蔵など大阪工業会の枠を超えて大阪財界の有力者が網羅されていた。

「政治経済研究会」設立の意図について、趣意書は「我国内外の情勢に照し政治と経済の緊密化を図ることは刻下の重大急務なり、吾々産業人は国民としての責務を尽す上に於て単に従来の如く自己の職業にのみ没頭するを以て足れりとすへきに非ず、宜しく旧套を脱し非常時日本の政治と経済の相関連せる諸問題に対し真摯なる調査研究をなし以て各般の綜合国策決定の上に万遺漏なからしむべきなり」と述べ[41]、「非常時日本」の政治経済の緊密化を図るために「綜合国策」の決定に資するための調査を行うことの必要性を説いていた。

さらに栗本には大阪財界と政界との関係を強化する意図があった。吉野によれば、栗本は「われわれ大阪人も、もはや従来のように政治に無関心の立場にあることは許されない」と警告し、さらに実現はしなかったが、同会には「政党への個人的献金を、この会を通じて公的の献金としてしようという含み」もあったという[42]。

商工会議所などとは異なって、政治経済研究会は時局の動きに対応して機敏に活動することができた。政治経済研究会の活動の幅を広げるために、栗本は元満鉄理事・貴族院議員の大蔵公望を通じて国策研究会と連携した。国策研究会創設者の一人である大蔵は満洲問題に詳しく大阪財界の各方面との関係も深かった。大蔵の日記（一九三七年一月二〇日）には、大阪で政治経済研究会を設立した栗本が国策研究会との連絡を求めてくる記述がある。同年六月二三日には、吉野信次商工相らを招いた国策研究会懇談会において栗本が演説したこと、七月三日には、大阪より二〇名が国策研究会に入会したことなどが記されている[43]。

もっとも、軍部との関係を深めてゆく国策研究会と自由主義的色彩を残していた大阪財界とでは、方向性にずれがあったのではないかと思われる[44]。政治経済研究会の活動記録によれば、両者合同の催しが行われているのは一九三八年までである。

準戦時体制期における大阪財界の空気は、「大阪財界人対時局座談会」（『文芸春秋』一九三七年四月）からうかがうことができる。出席者は、伊藤忠商事専務・伊藤竹之助、住友銀行常務・大島堅造、大阪商工会議所副会頭・片岡安、栗本鉄工所社長・栗本勇之助、東京電灯社長・小林一三、阪神国道自動車社長・坂田幹太、日本電力副社長・内藤熊喜、大阪商船社長・村田省蔵など当時の大阪を代表する活動的財界人であった（肩書きは雑誌掲載のもの）。当時大阪財界には、朝飯会、二十一日会などのインフォーマルな研究会が組織されていた。たとえば、朝飯会のメンバーは、庄司乙吉、津田信吾、小倉正恒、中根貞彦、小林一三、栗本、村田、安井英二（大阪府知事）、大阪海軍監督官長、第四師団参謀長などである。[45] 本座談会もこのような集まりが前提となっていたと考えられる。ここでは、鉄鋼や石炭問題など関西財界独自の国策提言がなされてきたこと、広田内閣の馬場財政と比較して民間の意見を取り入れた林内閣の結城財政が評価できることなどが語られ、さらに経済の統制にも資本や民間の力が必要であるとして政治経済研究会が生まれた背景にも言及されている。政局については片岡が「政党であらうが、軍部であらうが何でもいい」と述べ、大阪財界と宇垣との関係に話題を振られても個人の問題であると消極的に反応して距離を取っていたが、経済政策については民間・財界の意見を聞くべきだという点は彼らの共通認識であった。坂田は露骨に「軍部の推進力となって居る基が怪しい」から「民間に於て研究会をつくらうという機運が生まれた」と述べていた。

栗本は、折衷的に軍部の大陸政策の認識は立派だが「経済的な一つの平面の上に載せた議論に乗っていない」と述べ、大阪では通商自由を右手に、経済ブロックを左手に進むことができると述べていた。ここで栗本が言及しているのは、管理貿易である。栗本は、通商の自由を唱えながらブロック経済の時代に備える「中庸」の方策を唱え、総合的自主的貿易国策策定のために官庁を超えた「国策審議機関」が必要であると論じていた（「自主的貿易国策確立の急務」『自由通商』第九巻第一一号、一九三六年）。

他の大阪財界人と比べても、栗本には政治経済全般に対する危機感があった。「財界人の態度を宣明す」（『日本評論』一九三七年五月号）では、現在は世界的に「自主的経済ブロック」が登場する「世界的非常時」の時期であり、他方で日本では特に「政治と経済」が著しく緊密を欠いているとして、統制経済、政党政治の問題などについて財界人が「新たなる政治的使命」を負っていると論じていた。

政治経済研究会発足の背後には、時局の動向と大阪財界とのギャップを縫い合わせる栗本の意図があったと考えられる。

第三節　日中戦争期の活動

(一)「日満支ブロック」論

一九三七年七月盧溝橋事件の後、日本軍は華北から上海、南京を占領し、政府は翌年一月「爾後国民政府ヲ対手トセズ」とする第一次近衛声明を発した。「事変」が拡大してゆくと、占領地の開発、日満支ブロックが盛んに論じられるようになった。

大阪財界も支那「膺懲」の時流に乗って対応した。一九三七年七月一二日大阪商工会議所は「北支事変ニ関スル建議」を決議し政府の政策を支持する。また一九三七年一二月には大阪商工会議所は、中山太一らの対支問題調査委員会において作成された「対支工作ニ関スル意見書」を総会で承認していた。同意見書は政治工作では蒋介石を排撃し「極東ブロック」を結成すること、経済工作では華北を中心とする諸資源に注目し、「日満支ブロック」の結成を目指すことなどが提言されていた[46]。

栗本も「北支事変」の初期から活発に「日満支ブロック」形成に関する提言活動を行った。「北支事変とわが経済」(『日本評論』一九三七年九月)では、政治経済研究会が七月一七日に排日抗日全滅の決議を行ったこと、事変が貿易に与える影響は致命的ではないこと、日満支ブロックの結成、北支開発の方法などについて論じている。華北の開発については、「我国の国防経済と日満支ブロック経済を中枢として統制経済と資本主義経済の抱合せを緊密にして行かねばならぬ」として、たとえば交通については、計画経済の線に沿って満鉄に委任するが、鉄、石炭、綿、塩、電力の産業は計画経済と資本主義の「抱き合わせ」が必要だと主張した(「北支開発をどうするか (一) 政治経済的官民一致が必要」『ダイヤモンド』一九三七年一一月二一日号)。

一九三八年に入り日中戦争が長期化し始めると、政治経済研究会も第一次近衛声明後に「日満一如並に日満支三国経済ブロック強化に関する決議」（一九三八年一月）を採択した。

栗本は日満支ブロックの確立を主張する一方で、占領地域の開発が統制一方になることを警戒していた。たとえば華北は満洲と異なって経済が発達しているので「日支国民の民衆的参加」を基調とすべきであり、完全な統制は「内外資本の誘致を妨げ、敏活な企業の発展を阻害する虞」があり、また外国資本も一概に排除すべきではないと主張する（「北支建設を如何にするか　北支開発の具体策」『世界知識』一九三七年一二月号）。

占領地の開発は、一九三八年四月に成立する北支那開発株式会社法・中支那振興株式会社法に基づき、これら国策会社を軸に行うことが決定された。これに対して政治経済研究会は、「支那経済開発の方針」（一九三八年四月）を決議し、「北支経済開発会社の任務、其の機構、運営、運営担当者の人選」に慎重な考慮を払うこと、特殊会社の活動範囲を交通、逓信など「最少限度の事業」とするように主張していた。栗本たちは国策会社により事業が官僚化することを警戒していた。

一方同年五月には内閣改造が行われ、外相に宇垣が、蔵相兼商工相に親英米派の池田成彬が就任し、日本経済を安定化しつつ、戦争収拾の道を探る路線が採られた。[47] しかし租界回収問題での強硬論に見られるように「親英米」ではなく、蒋介石打倒を唱え、大陸進出を図る栗本らのスタンスは、池田の路線に対応していたとは言いがたいだろう。円貨圏への貿易抑制に対しても、大阪商工会議所は、緩和要望を出していた。

日満支ブロックの障害となる蒋介石の打破を、栗本は当然の前提としていた。七月刊行の『時局の線に立ちて』（日本評論社、一九三八年）六六〜六七頁において、栗本は、蒋介石らを「徹底的に屈服打破することに依って、飽く迄も我国策の遂行を期すると共に、日満両国永久の安固を計るは、日本国民の当然の責務であり、正しき権利である」と述べている。

栗本は、「民族精神」に基づく大陸への人的進出を重視していた。前掲『時局の線に立ちて』五五〜五六頁において、「三国経済ブロックの更生には、日本・満洲・支那を通じてその境域内に生を享くる民族の精神的交流の中心活動力としての日本国民の指導精神を確立せねばならぬ。しかしてこれと共に、絶対必要なることは我日本民族の大陸への進出である」と説いている。実際日中戦争以後、統制による収益低下を補う活路を求めて、大手商社や百貨店、繊維・塗料・医薬品・電気関連の企業が大陸に進出していった。[48] しかし栗本が「民族精神」を強調したのは、その実態に問題があったからであろう。

一九三八年後半には、栗本は中国本土での開発に慎重になる。栗本、杉道助、吉野らが出席した「大阪財界人に時局を聞く座談会」（『大陸』一九三八年九月）では、北支での商売も簡単ではないこと、短期的には資源開発も困難であること、「道義国家」と現実のずれ、北支の将来性への疑問などの指摘も見える。この中で栗本は、長期戦を前提として、指導方針としての「道義心」が必要であること、「重工業の資源獲得と言ふ事にのみ重点をおいた観方は、もう一ぺん補正する」必要、中国で平和産業を発展させ、占領地の「対支和平経済工作」の必要性などについて述べて座談会をまとめている。また宇垣外相を評価しながら、経済工作により英国を諦めさせる必要を唱えていた。

栗本は、満洲に再度目を向け、さらにその生産資材調達のために北海道に着目した。「北海道開発の急務」（『中央公論』一九三八年八月）において、栗本は「満支の経済開発は、一方に於て我が金円ブロックの拡充、強化に依り我国の貨幣資本を以て開発の資に供することが企図されるとともに、他の一面に於いて生産資材の供給が是非とも必要である」と述べ、後者の生産資材供給には輸入か、国内資源の開発が必要であると主張する。栗本は北海道、特に石炭などの道内外の資源に注目し、政府が資金を出して開発するべきであると主張した。実際に栗本は、北海道開発調査団を自ら団長となって派遣し、一九三九年一二月小倉正恒、津田、伊藤忠兵衛、藤原銀次郎らを設立発起人として、北海道開発株式会社を設立していた。[49]

栗本の国内開発構想は、外貨節的開発によって円ブロックを強化する意味を持っていた。事変初期には外資導入を可としていた栗本も、戦争が長期化するにつれて円ブロック強化に傾いていた。

（二）東亜新秩序と日満支経済懇談会、満支使節団への参画

一九三八年後半、宇垣外相の和平工作が頓挫し、日本軍が武漢、広東を攻略すると、一一月近衛首相は第二次、第三次近衛声明を発した。この後汪兆銘が重慶を脱出し、東亜新秩序の建設が唱えられた。

東亜新秩序を背景に、賀屋興宣を委員長とする日満支経済懇談会が組織され、東京、名古屋、大阪、広島、門司及び新京において、各地の政財界を集めた懇談会が催された。栗本は、一一月二六日から三日間にわたって大阪で開かれた懇談会の第一分科会第一部において日満支ブロックについて演説を行った[50]。

栗本は最も重要な「日満」の経済力の拡充のためには「もっとゆっくりと東亜建設に邁進」しなければならないとして、北海道の資源を以て満洲開発を行うことを主張していた。また国内の人材と資金を活用するために「日本の企業陣営をばそのまま満洲へ延長さす」、すなわち日本企業の自由活動の必要性を強調している。また、日満支ブロックの特徴として、「道義心」の上に立脚する「民族的国防」が重要であると述べていた。

またアメリカの主張する門戸開放、機会均等には「世界の何処に行われているのか」と反発した。当時問題となっていた租界問題と英国への対応について、本懇談会でも津田が強硬意見を述べていた。一九三九年六月、日本軍が天津租界を封鎖すると、政治経済研究会は「天津租界問題に関する決議」（一九三九年七月一日）を行い、政府に「英国の援蒋政策」の打破を求めていた[51]。

一九三九年四・五月、政治経済研究会は栗本を団長とする「満支使節団」を派遣した。視察団には、関西有力企業の中堅以上の幹部や大阪朝日、大阪毎日の経済記者など二〇人が含まれていた。一行は、満洲から華北にかけて視察し、青島から帰阪した[52]。

新京では大阪朝日によって満洲国首脳と使節団有志との日満経済対談会が催された。満洲国側では関東軍の片倉衷中佐、秋丸重信中佐、満洲国政府からは星野直樹総務庁長官、岸信介総務庁次長兼産業団部次長らが、視察団からは栗本、斎藤大吉、小畑忠良、星野行則らが参加した。座談会では満洲国側からは、満洲開発の現況と将来につ

いて報告があり、視察団からは国内と満洲との経済の緊密化について、感想と注文が出ていた。栗本は大阪への連絡事務所を作るように要望し、岸次長の同感を得た。

栗本は帰国後「躍進満洲と新興北支を視る（上・下）」（『大阪毎日』一九三九年五月二五日・二六日）、「産業人の観た満洲と北支」（『大阪朝日』一九三九年六月一四日・一五日）など視察報告を行った。前者では民間人による親善事業の推進、租界問題の「徹底的解決」などを要望し、「日満支の東亜建設はその出発点において日満を先ず固め、しかるのち日満支の経済強化に移るが順序」と述べている。後者では、「日満支経済の一体化」の必要性を強調し、「大中小の企業そのままそれぞれにこれを満洲国に誘導」し「資源開発に、電力の利用工業に、それぞれ適材適所の面に発展せしむる」ことを説いていた。

栗本は「日満」ブロックの確立を最も重視していた。北海道開発論も満洲開発のためのものであった。また日満の緊密化においては大企業だけでなく中小企業を重視していた。実際に栗本は、「日満企業株式会社」を創設し、重工業中心の満洲において民間資本による軽工業の育成を行おうとした[53]。

なお栗本は厳密な意味でのアウタルキー（自給自足経済）を構想していたのではない。さきほどの座談会においても栗本は「経済上のアウタルキーということについては必ずしもこれに囚われて考えなくてもよいのじゃないか。現下の状態では貿易の発展が急務だと思う」と述べていた。

一方で日本、特に大阪と満洲国との経済的連関はさらに密接となっていた。大阪港から満洲国への輸出量は、一九三五年と一九三九年で比較した場合に七一九〇万円から二二一六八万円へと、関東州へは一〇八二五万円から二八〇七四万円へと急増していた。だが他方でイギリス領インド、オランダ領インドなどへの輸出、アメリカをはじめとする諸国からの綿花、機械類の輸入も依然として重要であった[54]。

一九三九年前半には、栗本たちは日満支ブロック強化のために、日満関係の緊密化の必要性を再度強調するようになった。国内開発と貿易の維持はその前提であった。

（三）大東亜共栄圏へ

一九三九年九月の第二次世界大戦勃発は、貿易にも依存する日満支ブロック構想に打撃を与えた。後に大阪商工会議所の会頭となる杉道助は、日満経済懇談会に言及した後、「こうして満洲の事業の基盤は着々と出来上がり、もう少しで完成という時に第二次欧州大戦が勃発したのである、かえすがえすも惜しいことであった」と回想している。[55]

栗本は大戦勃発によって、機械やくず鉄の輸入が減少して重工業に打撃を与え、生産力拡充に影響が出ることに警鐘を鳴らし、統制強化の必要性を主張した（「欧洲大戦とわが重工業（上・下）」『大阪朝日』一九三九年九月八日、九日）。

栗本は、ブロックを強化するために朝鮮半島の「再認識」を唱えた。栗本は一〇月に朝鮮を視察し、その重要性を再認識したと言う。朝鮮の人的資源、開発の進展を前提に「彼の鴨緑江水電の開発、東辺道の開発、密山炭の開発等鮮満相接せる地域における大企業の発展が両国物資の交流を促し、東亜建設の面に重要なる役割を荷うことが期待せられる」と主張している（「朝鮮の再認識（一〜四）」『大阪毎日』一九三九年一一月二九日〜一二月五日）。同様に一二月に開催された第一回東亜経済大阪懇談会でも、栗本は日満一体化は「内地日本と満洲の一体化」と「半島朝鮮と満洲との一体化」の両面があると述べた。[56]

栗本は、大戦によって重要物資の輸入が途絶えることを懸念し、その対策を統制強化や「満鮮一体化」に求めた。北海道、東北の開発を含めた国土開発、日本海を越えた満鮮開発を総合的に行うことによって、大戦による物資の流入減を補うことを考えていた。

一九四〇年のナチス・ドイツによる欧州席巻以降の国際情勢は、第二次近衛内閣の成立と松岡洋右外相が主導する日独伊三国同盟、南進による大東亜共栄圏の建設という大きな軍事外交的な状況変化をもたらした。

政治経済研究会は、「外交の強化に関する要望」（一九四〇年七月）において「欧州戦争の拡大とその動向は我東亜建設の国策遂行の範囲を更に拡大強化すべき事態に直面せり」と決議した。第二次世界大戦の勃発により行き詰まっていた状況を、ナチス優勢の国際情勢に便乗することにより打開しようとした。

日独伊三国同盟は、英米依存経済からの脱却の機会と捉えられる。「日独伊同盟に対処　関西財界の期待　紙上座談会」（『大阪朝日』一九四〇年九月二八日）において、伊藤竹之助、津田、小倉とともに栗本は、「東亜共栄圏の確立をめざす現在の日本にとっては今度の枢軸強化は必然的のものであると思う」と述べていた。他方で対米関係については憂慮しているものの、「日本が不退転の決意をもってすれば対米関係においても自ら途が開かれて来るのではないか」と述べて楽観的であった。

ただ南進に対しては、日満支ブロックとは異なってしばらく栗本は具体的行動には出ていない。戦争が始まると栗本も、南方殖産資源調査会の理事長に就任しているが[57]、おそらく病気のせいもあって積極的な活動は見られない。

他方で栗本は依然として日満支ブロックと大阪との関係を重視し、「大東亜共栄圏の経済建設にあたっては、日、満、支がその主軸でなければならぬのであり、その中核体をなすのは大阪である」（「二つの大きな足跡」五七頁）[58]と述べていた。

第四節　財界活動と近衛新体制

（一）統制と「積極的全体主義」

大阪財界にとって、日中戦争期に本格化する経済統制は、死活問題であった。栗本や政治経済研究会も統制に関する政策提言活動を行った。

日中戦争期の統制は、貿易統制から始まる。一九三七年九月公布「輸出入品等ニ関スル臨時措置法」によって、輸入に関連する戦時統制が始まり、三八年三月以降政府当局は製品の義務輸出を条件として原料輸入を許可する輸出入リンク制を、羊毛・綿花などで実施するようになる。生産力の拡充のために輸入の制限、他方で必要な機械などを輸入するための外貨の獲得を必要としていた。

政治経済研究会は、輸出促進策を建言しつつ、政府に先んじてリンク制の採用を提言していた。政治経済研究会の諸決議「主として重工業方面より見たる輸出促進策」（一九三八年一月）、「主として繊維工業並に軽工業方面より見たる輸出促進策」（一九三八年一月）、「リンク制による繊維工業輸出増進策」（一九三八年二月）、「資料　商品別輸出増進に対する業者の意見」（一九三八年一月）などである。栗本は前掲『時局の線に立ちて』（二一四頁）においても「戦時貿易」のために「輸出第一主義」を採るべきであるとして、リンク制の重要性を強調していた。

政治経済研究会は、その後貿易省など総合調整のための機関を設置する建言を行い「貿易省設置に関する要望」（一九三九年二月）などを決議する。だが阿部信行内閣でとりあげられた貿易省設置問題は、外務省通商局をはじめ関係各庁の反対に遭って挫折した。さらに第二次世界大戦による状況悪化に対して、政治経済研究会は「世界事変下に於ける我国戦時貿易推進力強化の急務」（一九四〇年二月）など戦時貿易政策に関する要望を継続的に出していた。一方で、長期化する戦争に応じて一九三八年四月には、国家総動員法が公布され、国家統制の本格化の法的根拠が与えられ、統制が拡大していった。

このような状況の中で栗本は「日満支経済ブロックの完成は我々日本民族に課せられた永久の使命であることに間違いない限り、過去の自由経済への復帰は断じて再び来ないものと思う」（前掲『時局の線に立ちて』一五～一六頁）と断じ、自由主義から全体主義への移行を唱えるようになる。

他方で栗本は官僚統制を厳しく非難し、それは電力統制における国家管理（民有国営）批判として表れた。一九三八年四月に電力管理法、日本発送電株式会社法となって実現する同案には財界からの批判が強かった。関西の一部には国営賛成論もあったためか[59]、政治経済研究会の決議はなかったが、栗本は「革新政策の観点から　電力問題批判」（『読売新聞』一九三八年一月二七日～二月一日）などにおいて、「革新政策遂行の観点」から批判を行っていた。

第一に、低コスト政策ではなく供給の増加を重視すべきこと、第二に日満支ブロックの観点から日本国内だけではなく「電力工業の企業地を内地以外に普く鮮、満、支の広い地域に選択」すること、第三に官僚の独断的統制に対する批判である。

官僚統制批判は、主として官憲の独断専行及び各官庁が「国民経済をチリチリバラバラに引きず」るセクショナリズムに向けられていた。独断専行批判は、民間からの官吏登用の要望となる。政治経済研究会は「官吏任用令の改正に就て」（一九三八年二月）などの決議を繰り返し行っている。セクショナリズム批判は、総合調整のための機関や制度の要望となって現れていた。内閣総理大臣をトップとする「産業調整委員会」（一九三八年四月）や、「官民協力」による「長期国家総力戦に関する決議：官民協力の中央経済機関設立の提唱」（一九三八年九月）、東亜新秩序に対応させる「長期国家総力戦に対応する一般産業計画樹立の急務：東亜建設と失業対策の根本問題」（一九三八年一一月）などが提案されていた。

官民協力問題は大阪経済の実力への自信も反映していただろう。たとえば栗本は「産業に対する科学の協力」（前掲『時局の線に立ちて』一四九頁）を唱えたが、それは大阪財界の産業科学研究所設立運動を背景にしていた。片岡・栗本を中心に大阪産業科学研究所期成同盟を結成しての政界への働きかけがなされ、一九三九年一一月、大阪帝国大学産業科学研究所官制が公布される。この間財団法人産業科学研究会（理事長小倉正恒）が設立され、募金活動で四〇〇万円の資金を集めた。[60] 寄付金によって資金の相当部分を集めたのである。

だが大阪経済は限界に達していた。日中戦争期には、軍需産業が大きく伸びたものの大阪の工業生産額は、一九三八、三九年をピークに減少し始め、東京とその地位が逆転する。統制により繊維産業はドラスティックな縮小をよぎなくされ、「金属工業に特化した大阪工業」は、東京を中心とする「機械器具工業への素材と部品の供給基地としての性格」を強めた。[61]

このような経済的行き詰まりをもたらす諸問題への対処を政治経済研究会は要求した。統制が中小企業に与える打撃に対しては政治経済研究会は「中小工業救済国策会社案」（一九三八年七月）を決議していた。栗本は「国策的問屋機関」を創設し中小企業に低利の融資を行うことを提言していた。この国家的信用制度は、地方長官に中心人物の選択を任せることとしていた（「物資統制の運営に関する改善策（国家的信用制度の創設）」『工業国策』一九三八年一一月）。

さらに深刻なのが物価の上昇、電力、石炭の不足であった。関西方面における「電力飢餓」は深刻であり、政治経済研究会は逓信省の政策を厳しく批判する「電力飢饉問題に対する意見」（一九三九年九月）などの決議を行った。電力不足は、栗本が資源開発のために計画した栗本重工業の計画をも頓挫させた。[62] 石炭不足には、「石炭問題に関する建議書」（一九四〇年二月）、「石炭共販会社の機構と運営に就て」（一九四〇年二月）などの提言が行われた。物価上昇、電力・石炭「飢餓」を前提に、官僚統制のあり方を「従来の統制が稍もすれば法規的画一主義に傾き、その結果千態万様なる実際と離反」していると主張する「産業統制の再出発点」（一九四〇年三月）のような政治経済研究会の決議がなされる。

一方官僚統制と自由主義をともに批判する栗本は、現場を知る産業人自身による統制、しかも利潤原理を否定しつつ個人の創意を生かす経済運営を提唱し、これを「日本精神」の再認識による「積極的全体主義」と呼んだ（「積極的全体主義の提唱」『実業の世界』一九三九年一〇月）。

（二）近衛新体制：統制行き詰まりの打開を求めて

栗本の言動には、統制問題など中央との関係を意識したものが増えていた。これは大阪財界の東京進出と評される現象が起こっていたこととも関係していた。東京では山本為三郎（朝日麦酒）を世話役とする「大阪会」が組織され、一九三九年二月の村田の勅撰議員就任を祝う会では、日本製鉄会長の平生が、「今や大阪商工界の実力は官僚は勿論民間政治家に於ても認められ実業に縁遠き軍部方面に於ても漸く其潜勢力を認識しつつある」と挨拶をしていた[63]。

その背景には戦時統制の強化に伴う業務の東京集中により、在阪企業でも官庁や統制団体との接触が増加したことがあったと考えられる[64]。

また、官僚出身者や金融界の財界世話人に代わって実業に通じた「産業人」が表舞台に立つ時代とも関係していたであろう。一九四〇年初頭の「財界四巨頭の経済提言　津田、小倉、村田、平生諸氏に聴く米内内閣」（『大阪毎日』一九四〇年一月一七日～一九日）では、藤原銀次郎商工相、桜内幸雄蔵相などの米内内閣の経済閣僚が、事業家、「産業人」出身であることが評価されている。津田、小倉、村田、平生ら自身が「産業人」であった。

一九四〇年七月第二次近衛内閣が成立すると、大阪財界と関係の深い小林、村田、途中から小倉が入閣した。近衛内閣の「新体制」に、大阪財界は、統制行き詰まりの打開を期待した。政治経済研究会は「近衛内閣に対する要望」（一九四〇年八月）を決議し、官庁と政策の総合化、国土計画、一元的産業政策、産業団体の新編成、日満支の調整、内地、朝鮮、満洲の産業開発の一元的統制、北海道拓殖計画など従来の要求をとりまとめていた。

栗本が最も力を入れたのは、官界新体制と経済新体制に関わる問題であった。官界新体制については特に熱心に政府に働きかけていた[65]。政府に「官界新体制に関する意見」[66]を提出し、第一に内閣制度、行政機構の一元化、第二に地域的行政の改革刷新、第三に各省日常行政の簡易敏速化、第四に経済アタッセの設置、第五に委員会制度、第六に軍需省の設置、第七に経済省の設置、第八に官民人事の交流、第九に民間人の登用と準官吏制度、第一〇に科学、技術その他の才能を重用すること、第一一に担当事務の永続性、第一二に下級官吏の待遇向上、の各点にわたり意見を述べている。栗本は、大政翼賛会の臨時協力会議でも、革新官僚と民間人の人事交流に関する発言を行った[67]。栗本らの官民の人事交流に関する要望は一定の進展を見、小畑忠良の企画院次長就任は、その実現と見なされた[68]。

他方で栗本は皇道国家における新しい「産業指導原理」を提唱した。政治経済研究会の「新政治体制下の政治経済上の基本問題」（一九四〇年八月）では、「産業が直接国家機関たることの新産業指導原理を確立し、皇道国家に於ける産業人の国家的職分を明確にすべきである」として、栗本の「新政治体制下に於ける産業指導原理」が参照されている。そこでは官僚統制、法令的統制を批判し、高度国防国家の完成に重要な生産増強のためには「各産業部門の個々の企業の運営は産業人自らに全部の責任を持たしむることが不動の原則」であると主張する。「産業人」に責任を持たせる一方で、「皇道国家の臣民としてその職分」を果たすように求めていた。

官僚統制と利潤原理をともに否定するとすれば、日本主義や皇道などを持ち込まざるを得なかった。新体制期において国体論を統制経済論に持ち込むことはしばしば行われていた。[69]

周知のように同年後半には、企画院起案の「経済新体制確立要綱」をめぐって、財界との間で激しい論争が起こり、妥協案が作成されて一二月に閣議決定がなされる。村田、小林らは経済閣僚懇談会のメンバーとして軍部大臣らとの折衝を行った。[70] ある意味で大阪財界関係者が交渉の矢面に立っていたとも言えよう。しかし、大阪財界が全体として自由主義的立場に立っていたとは言えないことは、栗本の言動からも分かる。

「部局的、権力的官僚統制の時代は明らかに過ぎ去った」（『産業皇道と統制経済』目黒書店、一九四〇年一二月、七〇頁）として、皇道主義と官僚統制批判を混交する栗本の立論は、この論争に棹さすものであった。時代は観念右翼の平沼騏一郎の入閣から企画院事件に至る流れの中にあった。

この後栗本は、中央の財界でも活動するようになった。一九四一年四月、日本経済連盟会に設置された「時局対策委員会」に参加し、第一委員会（財政問題小委員会）の第二分科会（株式公社債課税問題）、第二委員会（物価と増産小委員会）の第二部会（増産と価格政策の改定問題）の委員となっている。[71]

小括　まとめと考察

戦時期には、栗本の存在感はかなり大きくなっていた。たとえばある記事（前掲「栗本勇之助と彼をめぐる人々」）は、「金が物を言ふ財界で、僅か資本金五百五十万円の栗本鉄工所の社長栗本勇之助が、関西財界の代表者になりすまし、今や日本の栗本たらんとしている」と指摘している。同記事はその躍進の原因を、彼が「台頭する官僚軍部に進んでタッチしようと考へた」財界人の一人であること、また希有な「政治的な頭」を持つ財界人であり、財界のオルガナイザーゆえであると指摘していた。

本章で検討したように栗本は、大阪財界を自由主義から大東亜共栄圏と戦時体制へと導く活動を行い一定の役割を果たした。さらに「〝政経研究会〟を土台に、〝参与〟を登竜門として〝中央〟に乗り出し、〝革新陣営〟の花形として顔を売るようになった」[72]、「早くから統制経済の立場に立ち、民間経済人と革新官僚の中間に介在して、両者に対して指導的意見を吐露していた」[73]、「『革新は関西から』のお先棒を担いで東奔西走」[74]などと論評されているように政治経済研究会創立以降、「革新」財界人として全国的に注目を浴びるようになっていた。彼の特色は、財界人の立場で、経済と政治の一体化を唱えて、経済統制と大陸政策の論陣をはったところにあった。

この過程における栗本自身の軌跡は直線的ではなく、時代の波に乗りつつ斜行するものであった。一九二〇年代に栗本は、自由主義的で、中国とは「フェアプレイ」で交渉すべきと主張していた。満洲事変後は、大陸膨張政策を支持しつつ、原料不足から次第に自由主義に修正を加えていった。日中戦争後は、日満支ブロックから大東亜共栄圏を前提とする活動を行った。他方で、官僚統制を批判し、「産業人」中心の「積極的全体主義」や「皇道経済」を唱えた。

栗本の軌跡は新体制とは自由主義から革新派への転換でもあったことを示している。栗本だけでなくかつては自由通商運動を支えた平生、村田のような自由主義的改革運動の支持者もまた第二次近衛内閣と関係を持ち、大東亜共栄圏を支持するようになる。

他方で活動が全国化したとはいえ、栗本の基盤は主として大阪の地方財界にあった。彼の財界活動は大阪地域で伸びていた鉄加工業をもとに幅を広げていった。この活動は軍需産業の台頭に棹さすものであったが、独占的な大企業のそれではなく、創業者としてのバイタリティを伴っていた。戦時期に一代で事業を拡大し、政治に関心を持つ企業家という意味で、栗本は石原産業海運を興した石原広一郎と比較されることがあった[75]。それゆえ彼の活動は戦時化を先取りする形で、政治経済研究会を率いる「オルガナイザー」として、業界横断的に大阪財界を組織することになった。中央と比べて比較的コンパクトで緊密な大阪財界のネットワークがその背景にある[76]。

栗本の議論が日満ブロックから日満支ブロック論に拡大していったのと同様に大阪財界は、第四師団や関東軍とも連絡を保ちつつ軍事的膨張に追随し、その結果占領地域を経済的に支える役割を果たすことになった。栗本の日満関係を核とする日満支ブロック論の背景には大阪経済と朝鮮、満洲との密接な関係があった。栗本自身「対支問題についての本当の知識、経験をもったのは大阪の会議所であり大阪人である」と回顧していた（前掲「二つの大きな足跡」五七頁）。

ただし栗本の「日満支ブロック」論も言葉通りのアウタルキー化を目指したのではなく、貿易の継続を前提としていた。大阪・神戸は貿易都市であった。しかし通商環境の厳しさは、一方で貿易統制から経済全体の統制へと、他方で大陸膨張とともに拡大する経済ブロック論の要因となった。

栗本の議論には、急速な戦時化に適応しようとしたことに由来する矛盾が見られる。貿易を前提とするブロック経済、官僚統制を否定する「積極的全体主義」や「皇道経済」などの議論は矛盾を反映していた。その矛盾は貿易や自由主義経済によって発展した大阪経済が抱えていたものでもあった。

大陸への膨張が戦時体制化を伴い、同時に貿易が縮小し、「平和産業」や中小企業が整理されたことは最大の矛盾であった。栗本は戦時化の犠牲となる「平和産業」への救済策を論じたが、最終的にはブロックの拡大によって補償されると論じるよりなかったであろう。たとえば武田鼎一（大阪商工会議所理事）の「（大阪が）中小企業の整理統合によって蒙ったる打撃を大東亜共栄圏なる広域経済の中心として立つことによって、償って余りある如く施策されんことを切望せざるを得ない[77]」という発言は、戦時化のもたらす打撃と大東亜共栄圏の逆説的な関係を示唆している。自由主義者から戦時体制の推進者となった栗本の活動の背景には、この大阪財界のパラドックスが存在した。

第七章　平生釟三郎と「新体制」
――政・官・財の既成勢力を批判する財界人――

はじめに　対象と課題

自由通商運動において指導的な役割を果たした平生は、「新体制」期の財界指導者としても大きな役割を果たすようになる。

平生は、第二次近衛文麿内閣から東条英機内閣初めにかけて、その老齢（一九四〇年の時点で七五歳）にもかかわらず財界人として精力的に活動し、少なくない影響を与えた。特にその「革新」的言動は、財界人としては異彩を放っていた。また平生はこの時期、日本製鉄の会長・社長、鉄鋼統制会の会長、重要産業協議会会長、大日本産業報国会の会長に就任した。さらに政治面では、大政翼賛会総務、翼賛体制協議会委員、翼賛政治会顧問にも就任している。平生が要職を占めたこれらの経済、労働、政治の領域にわたる組織は、戦時体制の形成の上で重要な役割を果たした。平生は第二次近衛文麿内閣から東条英機内閣初期までを「新体制」の建設期と見なしていた。経済新体制に呼応して平生たちの活動が引き起こした財界の変動は、東条内閣を支える政治経済的ファクターとなっていった。産報や統制会など経済新体制の個別領域に関して平生の果たした役割については、それぞれの研究分野で言及されている。しかし平生の政治経済諸分野の横断的活動を総体として検討する試みは十分ではない。

本章では政治経済を横断する活動を見せた平生の行動原理とその影響について考察する。第一節では新体制期における平生の言動を分析する前提として、そこに至る彼の思想と経歴を考察する。第二節では大日本産業報国会の会長に就任する平生の行動原理について考察する。第三節では重要産業協議会や鉄鋼統制会の責任者として経済新体制に大きな役割を果たした平生の活動とその意図について検討する。第四節では新体制に強力な指導力を求めた平生が、軍人宰相としての東条英機を支持する経緯を考察する。第五節では、東条政権下の翼賛選挙における平生の活動を分析し、その意味について考察する。

第一節　「新体制」への道

（一）思想・パーソナリティー

自由主義的改革を目指した時期と新体制期の平生には、相当大きな懸隔がある。しかし大正期以降の平生の発想の基底には一貫している要素もある。以下では、これまでの平生研究を参照しつつ、平生の思想・パーソナリティーと平生のキャリアの変遷を検討する。[1]

第一に「日本主義」と（人類全体に及ぶ）「共存共栄」が融通無碍に同居していることである。平生は一九二〇年頃から、日本主義を自称し始めるが、それは「日本主義即ち、忠孝主義が人類社会の基本を形成にあらざれば、人類は恒久的安胎を得る能わず」という発想に基づいていた。[2] 逆に「共存共栄」の見地から「共存共栄の精神さえ培はれんか、君国に忠に、父母に孝に、兄弟に友に、夫婦相和し、朋友相信じ、恭倹己を持し、博愛衆に及ぼし、以て天壌無窮の皇運を扶翼するに至らん」[3]と学生たちに説くこともあった。平生にとって「日本主義」は伝統の墨守を意味するのではなかった。たとえば教育の効率化の観点から漢字の廃止を唱えるかな文字運動にも共感し積極的に関与している。ただその比重は、時代とともに大きく変化した。政党内閣期にあっては、日本主義は立憲政治とは矛盾せず、政友会の天皇中心主義は時代遅れと感じるようになり、議会中心主義を掲げる民政党内閣を支持する差し支えにはならなかった。しかし、一九三〇年代半ば以降国体明徴の声が高くなると「国体」を叫ぶ潮流に染まった。

第二に、利益至上主義を否定し、反面として国家・社会への「奉仕」を重視する発想がある。平生は東京海上を退社する際、「利己心の権化ともいうべき人々の手に富が集中」する現状を憂い、「危険化せんとする民衆の思想を緩和し我国を過激主義、共産主義、社会主義の中毒より救済せん」との決意を述べている。[4]利益至上主義批判は、不労所得に対する重課税論、さらに財閥批判となって表れた。[5]ただし、平生の利益至上主義や不労所得批判は、結果への平等主義というよりは、「実力本位の社員採用」に見られるように公正な実力主義に比重がかかっていた。

他方で平生は国家・社会への「奉仕」を唱えた。この点に関して安西敏三は、平生が尊敬する人物として父田中時言、明治天皇、日蓮上人を挙げていることをとりあげ、「武士的精神・教育勅語・向王法がそれぞれ彼の尊敬る人物と結びついているのであり、正にここにある一貫したものは、公に尽くすエトスであり、しかもエスタブリッシュメントとしてあればある程それは希求されるものである」と評している。[6]実際面でもそれは彼が甲南学園や甲南病院の創設などの社会事業を行う主要な動機となり、また「社会奉仕」に身を捧げるために東京海上火災保険の専務を退任したほどであった。[7]さらにその後関西財界の世話人として活動中に請われて川崎造船所の再建のために社長に就任した時には、「奉仕」を強調してその報酬を受け取ろうとはしなかった。この「奉仕」のエートスが、新体制期に「私益」を否定する「公益優先」「滅私奉公」などの観念に共鳴する基盤となったのである。

第三に大正デモクラシーの風潮から影響を受けて形成された主体的契機（自発性）と指導力を重視する発想の併存である。平生は甲南高等学校の経営に際して、官学とは異なる個性尊重、画一主義の打破を目標として掲げた。[8]自由通商も、保護主義の依存性に対する自立性として、倫理的観点から擁護した。ただし幕末に生まれ「武士的精神」[9]を引きずる平生にとって、それは個の完全な自立を意味するものではなかった。彼にとって忠孝の儒教道徳は重要であったし、「国体」観念も身に付いたものであった。主体的契機が個人の放恣に結びつくことには強い反感を持ち、それが国家や社会の共同性と一致することを重視した。[10]しかも一九三〇年代後半になると平生は、「個人主義」を「物質主義」「利己主義」という「西洋の病弊」に結びつける「日本主義」的傾向を強めた。にもかかわらず、新体制期にも彼の「自発性」を重視する思考スタイルは失われなかった。それは戦時動員における産業人の主体性の確保と結びついて平生独自の立場を形成することになるのである。[11]

他方で一見「自発性」の重視と矛盾するようであるが、人々を導く「指導者」を重視する傾きを平生は持っていた。平生は伝統的な社会秩序の維持を望んでいたわけではないが、自発性が放恣に流れることは強く警戒した。そこで重要になるのが「偉人」や「指導者」の存在である。平生の明治天皇などへの思い入れは、人々に感化を与え導くカリスマのイメージをそこに託していたからであると思われる。優れた指導者は公共性に対する「奉仕」を行う「自発性」を喚起する。また優れた指導者は、組織をして流動的な状況に対応させることができる。平生は官僚を批判し続けるのであるが、上からの機構や制度の運用を得意とする彼らが民間人の「自発性」を喚起できず、また柔軟で迫力のある指導性を発揮できないと考えていたからである。おそらくこのような指導者の観念は、事業経営の中から会得したものであったのであろう。新体制期の平生は指導者原理を盛んに唱えるようになる。これはもちろんナチスから輸入された流行の用語であったが、平生にとっては自分の独自の経験と思想を表現する契機になったものと思われる。

同時にこの「指導者」の重要性を強調する考えは、平生自身のパーソナリティとも適合的であった。平生は、負けず嫌いの極めて頑固な性格で、果断な決断力に富んでいたと言われる。[12]さらに平生は他人についても官僚タイプの人物よりも独立独歩で気迫ある人物を評価した。自分と同様なタイプを組織経営者や社会運動家、政治家として優れた人物であると見なした。

(二)　川崎造船所社長から日本製鉄会長へ

経済的自由主義からの変化は、畢竟平生が同時代の思潮から影響を受けやすかったことを示すものであるが、満洲事変後の軍部との接近を契機としつつも、さらに川崎造船所の社長として再建にあたったことが転機になったものと思われる（一九三三年三月から一九三五年一二月まで社長）。川崎造船は、海軍との関係が深く、しかも事業の性格も多数の従業員を抱える重工業であった。川崎造船、日本製鉄の経営を通じ、平生は中央における軍部や官僚とのネットワークを築き、かつ国家権力による介入の必要性を学習していった。

また川崎造船所再建にあたって実践した経営手法が成功したことが、後の彼の活動のスタイルに影響を与えた。神戸に本拠を置く川崎造船所は、関西経済に大きな地位を占めていた。しかし川崎造船所は第一次大戦後の不況と軍縮の中で松方幸次郎の放漫経営もあって経営危機に陥った。結局同社は昭和恐慌、世界恐慌によって決定的な打撃を受けて、一九三一年和議を申請し、翌年認可された。同社の破綻は、関西のみならず東京にわたる債権者へ打撃を与え、さらに多数の失業者による社会問題を引き起こすだけでなく、陸海軍から受注していたため国防上の問題にもなっていた。

川崎造船所整理再建のための和議に際して、整理委員の一人となった平生は、債権者、債務者、日本銀行など各方面と折衝し、整理案の作成に尽力した。整理案が整った頃、平生は社長候補者となり、老齢のためもあって躊躇したが、「小にしては川崎家及び神戸市並びに一万人の職工のため。大にしては国家の為」に一肌脱ぐことを決心した。平生にとって、同社社長への就任は社会奉仕の一環であり、そのことを明確にするために無報酬で社長に就任した。

川崎造船所経営にあたって、平生は病院を建設し、幼年工のための学校、栄養食配給所を設けるなど、労働者のための福利施設にも資本を投じた。平生はもともと、労資の協調を重視していたが、同社で「労使一体・産業一家」を実践した。

平生は、以前から保護主義に反対する一方で早くから労使協調論の考えを抱き、自由主義と社会改革を共存させる上田貞次郎の「新自由主義」と同じ潮流にいた。平生は民政党内閣における労働組合法案についても基本的に賛成であり、「最早阻止運動の如き愚策を取らず、進んで労働組合の組織を賛成し、団体と団体との交渉に依りて条理に依り法令に拠りて争議を調和することにせば却つて好結果を得べし」と述べている[13]。

平生の「労資協調」論はやがて「労使一体」論となった。後に平生は産報運動に関する講演の中で「私は大正七～八年頃、屢発生する労働争議を見て、かかる欧米輸入の自由主義経済を放任するに於ては、我産業は結局萎縮沈滞して国力は減退し、由々しき困難を惹起するならん、労使は一体、産業一家の思想を以て我産業は育成せねばならんと信じ居りました[14]」と述べている。川崎造船所にあたってはこの「労使一体・産業一家」を実践した[15]。平生は、再建の成功は「資本家即ち株主は無配当を忍び、余が福利施設と工場の改善機械の新調に利益を投じたるため、職工は喜んで其仕事に勉励したる結果に外なら[16]」なかったと信じた。産報運動ひいては新体制運動は、彼にとっては、以上のような「労使一体」論を国レベルに拡張して実践するものであった。

これら「産業一家」の観念や「指導者」の強調は、「奉仕」や「自発性」を重視する平生の思想と密接に関係していた。「産業一家」の観念は、経営者が全体の指導者として資本家の利益を犠牲にすること（「奉仕」）によって労働者の「自発性」を引き出すことを期待するものであった。また優れた「指導者」は、フォロアーの「自発性」を高め組織の志気を高める契機になるはずであった。

川崎造船所の再建は、関西経済界にとって意味が大きく、平生は注目を浴びるようになった。同時代の評は、それまでの平生の活動と併せて「（平生は）住友の小倉や八代、野村財閥の野村徳七、あるひは昔の中橋徳五郎にも匹敵して大阪商工会議所と云ふより、大阪財界にフリーな大親分」（佐藤善郎編『財界親分乾分物語：人物から見た日本財閥の解剖』一九三四年）であると述べている。それだけでなく、川崎造船所の再建は中央の政財界にとっても重要であった。社長の銓衡にあたったのは、川崎造船所の顧問・郷誠之助と日銀総裁土方久徴であり、最終的に平生は彼らから依頼を受けて就任を受諾した。満洲事変後の軍需景気もあって、川崎造船所の再建は順調に進み、平生の名は中央の政財界でも知られるようになる。

満洲事変後は大阪の第四師団の軍人たちと交流を持った平生は川崎造船所社長時代に陸海軍首脳との関係も深めていった。他方で平生は、批判的になってはいたが、政党有力者との関係も継続していた。政友会の床次竹二郎（岡田啓介内閣入閣時に政友会からは除名）、民政党の川崎卓吉、町田忠治など有力政治家と接触を持ち、金銭的援助を行っていた。平生は彼らの推薦もあって、一九三五年一〇月貴族院議員になった。平生は官界とも接触を保ち、商工省のほか、移住組合連合会会頭を務めた関係で拓務省上層部、外務省では自由通商運動との関係で通商局や重光葵次官などとも連絡を有していた。教育問題に強い関心を持つ平生は、一九三六年三月から一九三七年二月まで広田内閣の文部大臣を務めた。この時、第四師団以来旧知の仲である寺内寿一陸軍大臣と接近した。

一九三七年六月、平生は日本製鉄株式会社取締役会長に就任した。日本製鉄は、一九三四年、官営八幡製鉄所に、東洋製鉄などいくつかの製鉄会社が合併して設立された。二・二六事件後の準戦時体制下、「製鉄国策」遂行のために、川崎造船再建に実績のある彼に白羽の矢が立った。かつて製鉄合同と鉄関税引き上げに反対した平生が合同によってできた日本製鉄の経営者になるというのは皮肉であるが、彼は「腐敗」した製鉄所社内を革新して「製鉄国策」を遂行することを考えていた。平生は、この製鉄合同を財閥系製鉄会社などの窮状を救うためのものであり、その後も合併時の問題を引きずっていると見ていた。日鉄会長就任後しばらくして盧溝橋事件が起こると日鉄会長在任のまま旧知の寺内寿一北支那方面軍司令官の経済顧問となった。

一九四〇年、近衛文麿を中心とする新体制運動が起こると、日鉄の要職にあった平生は新体制を推進した。以下では、こうした思想、エートスとパーソナリティ、経歴を持った平生が実際にどのように新体制について考え行動したかを検討する。

第二節　大日本産業報国会会長

（一）平生と産業報国運動

一九四〇年一一月、大日本産業報国会が成立すると平生は会長に就任する。平生の産業報国運動（産報運動）への本格的な関与は、一九三九年に産業報国連盟の参与に就任して以来のことであった。

一九三〇年代半ばに誕生した産報運動は労働者の戦時体制への動員強化のために内務・厚生官僚が主導して展開し、一九三八年七月中央機関である産業報国連盟を誕生させた。

以後産報は警察の圧力などにより地方での組織化を急速に進めた。一九四〇年になると厚生省は、近衛新体制の一環として「高度国防国家」の実現を図るため「資本、経営、労務の有機的一体を具現」することをうたって大日本産業報国会を成立させた（大日本産業報国会）。これにより中央本部―道府県組織―支部産報―単位産報の組織を完成させた。労働組合は解散し、一部の活動家は合流した。大日本産業報国会は全労働者の七〇％を会員とする組織となった。経営側もこれに追随し全国産業団体連盟会（全産連）の膳桂之助らも大日本産報に参加した[17]。

日本製鉄の経営者である平生の産報運動への参加は、一見財界を代表したもののようであるが、平生の見解は同じ財界人でも全産連のそれとは異なっていた。全産連が労務管理の見地を前面に押し出していたのに対して、平生の「労使一体」論は、資本家にも一定の犠牲を要求する側面を含み得るものであった。事実産報への参加早々参与会において、平生は資本家の跳梁を防止する規約を設けるべきであると主張した[18]。

他方で平生の官僚批判もまた激しいものであった。たとえば国策研究会主催の新体制準備委員に指名された人々を招いた昼食会において、平生は産業報国会を「新体制」の精神と同一であり、「我々産業人は資本家も経営者も労務者も滅私奉公の精神を以て国家に尽くさんとすることに決意せるものなれば新体制に順応して勇往することは敢て辞せざる処」であるが、これに対して「旧慣を墨守し、旧体制より離脱しがたきものは寧ろ官僚なりと思ふ。国民の指導者を以て任ずる役人が旧体制を固守するに於て折角の新体制も如何に巧妙なる組織を編成するも其効果あらざるべし」と述べた[19]。ここで平生は新体制に邁進する「産業人」と対比して「旧体制」を固守する存在として官僚に言及している。

産報における官僚勢力への平生の批判は、人事問題の形を取って現れた。以下では平生の会長就任の経緯及び小畑理事長登用問題を中心にこの点について考察する。

（二）会長就任の経緯と官僚批判

平生は米内光政内閣の吉田茂厚相時代から総裁に擬せられていたが、会長に就任する直接のきっかけを作ったのは内務省出身の湯沢三千男による強い推薦であった。湯沢と平生の関係は日中戦争初期に就任した北支経済顧問時代以来のものであった[20]。他方、大日本産報会の結成にあたって主導権を握っていた厚生官僚は、湯沢を組織の中心に据えるつもりであった[21]。安井英二厚生大臣より大日本産業報国会の理事長に就任することを求められた湯沢は、平生の出馬を条件に承諾した。しかし当初の厚生省側の案では、厚生大臣を会長にして、平生は副会長になることになっていた。この厚生省案を伝えた湯沢に対し平生は、「新体制を実現せんとする政府なれば総理が会長となり、厚生大臣、鉄道大臣、逓信大臣、陸海軍大臣を副会長とし、之に民間よりの副会長二名位を配置し、民間工業団体、鉱山団体、鉄道従業員、海員組合、官業労働団体等も一の産業報国会の下に参加せしめ、一大同団結を組織することとせば尤も理想的のものである。若しかかる大計画が即時実行困難とせば、現状の儘として湯沢氏が理事長たるに於ては余は最初吉田君より交渉かありし時に余が決意せる如く会長として就任すべし」[22]と答えている。この平生の応答は、すべての職能集団を政府・産業報国会の下に組み入れる国家コーポラティズム的な発想の上に、首相の会長就任を求めたものであるが、それは実現困難であった。ということは、実際には平生自身の会長就任を要求したことになる。厚生省はなおも湯沢を介して厚生大臣を会長にするために交渉しようとしたが、平生は「会長、副会長とあれば世間より見て、殊に産業人の眼にはこの運動が官製運動なりとの感を抱かしめ真味に協力するを好まざるに至れるやの恐あり。若し機構上厚生大臣を会長とする必要あれば余は現在の通り参与として働くべし」[23]と答えた。会長に就任できないなら参与のままで良いと応じたのである。結局平生の主張が通り、九月末には平生が会長に就任し厚生大臣は総裁になることが内定した。

平生は自ら会長就任を求める理由を、産報運動が官製運動であると見られるならば産業人の真の協力を得られないことに求めていた。この点は膳が産報の官僚化について警告したのに対し、平生が「余が老齢と微力を顧みず会長の地位を占めんとするは産報会に魂を入れんとするに外ならず。夫が為には民間より出でたる理事其他が常に其心持ちを以て熱心に努力し、官僚をして干渉するの余地なからしめざるべからず」と答えていることからも確認できる。[24]膳の要請そのものは官僚の介入から経営権を守ろうとする財界の希望を述べたものであるが、彼とは立場を異にする平生もまた官僚批判という点では一致していた。

平生にとって人事こそ事業経営の要であった。一〇月初めに厚生省幹部との会合において組織問題が話し合われた際、平生は「機構の如きは抑も事業経営の末梢である、適所に適材を得る事こそ尤も大切なれば人事問題を第一とすべし」[25]と主張した。組織の形態そのものよりも優れた人材の登用、特に指導者の質の問題こそが鍵であった。その意味で、平生自身の会長就任を含めて、官僚臭のない人材の配置は彼がもっとも重要視したところである。

もっとも、会長としての平生の実権には限界があった。実際問題として実務レベルでの運営は、内務・厚生官僚に依存せざるを得なかった。平生が重視した人事についても、中央本部の事務局幹部の人選は北村隆厚生省労政課長と湯沢理事長によって行われ、その大半は内務官僚とその縁故者に独占された。[26]また予算の作成も厚生省中心に行われ、「予算は已に調製済にして余には何等の協議をなさず」と平生自身が記す状態であった。[27]

産報の官僚主義は、人事、予算のみならず、労働者の実状を把握できず、文書行政に流れていることにも表れていた。平生は産報の幹部会において「会員の大多数は工員なれば多数会員の内的事情にも通暁し、大多数の工員に利益を与ふる種々の仕組みをなし、たとへば職長教育とか通信教授とか技能競争とか五人組常会の指導といふが如き、以て工員をして産業報会に関心を有せしめ、其御利益を感ぜしむることに力めざるべからず。徒に規則とか職制とか規約とかいふ如き机上論を上下するが如きは後廻しとし、実行を先にすることとすべし」と警告を発した。[28]

(三) 協調会解消と産報の法制化をめぐって

もとより平生の官僚批判は、産報が国家機構から自立化するのが望ましいと考えていたことを示すものではない。そもそも内務省管轄下の知事や警察の強制力がなければ産報が短期間で組織を拡大できなかったことは平生自身がよく承知していた。平生が国家権力を積極的に利用しようと考えていたことは、産報を新体制の先駆となる国家事業と位置づけ、湯沢、持永義夫(厚生省労働局長)に産報予算を議会に提出するよう指示していることからも明らかである。[29]

同様の観点から平生は協調会や全産連など同一分野におけるほかの団体を吸収・解消することに意欲を燃やしていた。産報の常任顧問会の場において、平生は全産連について「全産連は労働運動熾盛なる当時資本家が之に対抗して自己の地位を固めんため組織せる団体にして労働団体が解消せる今日存立を要する事実は解散せるにあらずや、対手なきに団体の保存は必要なきにあらずや」と論じていた。[30]

全産連はやがて解散するが、協調会は解散に抵抗した。協調会は一九一九年に労使協調をうたって設立され、財界からの寄付と政府の拠出によって運営されていた財団法人であった。平生はその解散が困難であることを知ると、それを産報の法制化によって達成しようとした。たとえば一九四一年六月産報常任顧問会において協調会解消問題を論じた際に、広瀬久忠(元厚生大臣)が「産報には何等の強制力を有せざれば斯会を強要して解消せしむる能はず」と述べたのに対し、平生は「産報が法的根拠を有し、強制力を有するにあらざれば産報会には実力小なりといふべく、随て万事意の如くならざるべし」、故に「産報会を産業統制会の如く不日発布せらるべき産業団体統制令の下に法的根拠を得ることにしたし」と応じていた。広瀬がさらに法律にすると「議会の協賛を経ざるべからざれば次の議会を待たざるべからず」と言うと、平生は産業団体法が財界の反対を回避するために勅令を以て統制会を作りつつある経緯を説明し、この勅令の「発布早々産報も其一に加はり、以て統制団体として行動することとしては如何」と提起して、湯沢に検討を約束させた[31]。平生は、統制会と産報を同列の統制団体として位置づけ、強制力を持たせようとした。

平生はその後金光庸夫厚生大臣からも協調会の解消が困難である旨の返答を得ると、「大日本産業報国令なる単行法令を発布してこの会に法的権限を与ふることは本会の目的達成の上に於て必須なりと思ふ」と産報の法制化を提起した。これに対して厚生次官は、「目下法制局とも協議中なり」と答えた[32]。厚生省でも法制化の検討は進められ、やがて「産業報国会法制化の要領（一九四一・一二・一九）[33]」などが作成されるものの、結果的には実現しなかった[34]。

平生は統制会や産業報国会の下にその分野の権力を一元化しようと考えていた。国家の財政力、強制力を利用して、集団を一元化するという意味で国家コーポラティズムの形成を目指していたと言える。しかし他方で官僚主義を抑えることによってでき得る限り産業人に「公益」へ奉仕する「自発性」を発揮させようともしていた。当然この国家の強制力と官僚主義批判には矛盾する面がある。当時の日本において、国家権力を利用しようとすれば官僚機構に依存せざるを得ないからである。それを産業人出身の指導者によって克服するというのが平生の基本的な姿勢であった。

（四）小畑忠良理事長就任問題：大阪財界出身の会長、理事長の誕生

平生の官僚批判は、湯沢理事長の後任問題において再び噴出した。一九四一年一〇月に東条内閣が成立すると、

湯沢は内務次官に転出することになった。後任の理事長にはやはり産報に関係の深い内務官僚出身者が就任することが当然視されていた。しかし平生は、官僚出身者が後任の理事長になることを警戒し、住友財閥から企画院の次長に転身していた小畑忠良を推薦した[35]。平生は、小泉親彦厚生大臣に、「官僚、即ち政府の属僚こそ尤も旧体制の固執者として国家の大事を外に見て、先づ自己の利害に囚はれて居るものは官吏である、故に度胸もあり先見の明敏く迫力ある人物にあらざれば産業指導精神を産業人、即ち事業主、経営者、及び労務者の心底まで浸透せしむる能はず[36]」と述べて官僚を批判しつつ、度胸、先見性、迫力を備えた人物の登用を説いている。さらに平生は、児玉正介、河原田稼吉、吉田茂、広瀬久忠ら候補者の名前を具体的に挙げて「何れも官僚色鮮かなる官吏の古手にして産業人を指導管理すべき産業報国理事長として適任者にあらず[37]」と排斥した。

しかし小泉厚相は、武井群嗣厚生次官を現職のまま産報の理事長に据えることを提起してきた。小泉はその理由として「産報会の内部には派閥の争闘ありまた思想上にも疑はしきものあり、一大刷新をなすの要ありと認む。かかる煩はしき人事問題を余に処理せしむることは迷惑なるべければ、厚生省吏の手を以て之を決行せんとする」ことを挙げた。要するに派閥、思想問題を理由に産報の人事権を厚生省で握ろうということであった。これに対して平生は、「産業人殊に地方に在る会員殊に事業主」をして「自由主義経済時代に於て養成せられたる個人主義より脱却して国家本位、公益優先の方向に邁進せしめんには理事長は民間出身たる」を要し、「産報会内の刷新の如きは余と小畑氏との協力を以てせば寧ろ易々たるものなりと思ふ」と述べて厚生省側の提案を拒絶し、民間からの登用の必要性を唱えた[38]。産業人を「公益優先」の方向に導くためには同じ産業人出身の指導者でなければならないというのが平生の論理であった。

結局、その翌日小泉厚相は、小畑を理事長に登用することに同意した。急転直下の決定であった。平生が厚生省側を押し切れたのは、東条首相の支持をあてにできたからである。湯沢が産報理事長から内務次官に転出するのに平生会長の了解を条件にしたため、平生は武藤軍務局長より湯沢の次官就任の承諾を求められていた[39]。その際平生は東条首相から後のことは迷惑をかけないからという伝言を聞き、理事長人事に官僚を拒絶する根拠とした[40]。結果的に平生は「小畑氏を理事長に推薦することは、岸商相、星野幹氏、武藤軍務局長も同意して結局東条総理より小泉氏に余り平生老人を苦しむるなとの助言ありたる結果なりといふ[41]」と記している。

ところで産報研究が指摘しているようにこのような民間人出身の会長、理事長のラインが誕生した後も「形式的には民間組織、実質的には官僚主導組織[42]」と評されるような官僚依存の体質そのものは残存してゆく[43]。また翼賛会の傘下に入り、労務動員の下請け機関化してゆくことも事実であろう。

しかし他方で産報関係者の回想の中には、平生―小畑の非官僚的傾向を評価するものもある。たとえば「生産力理論」の提唱者として産報運動にも影響力を持っていた大河内一男は、平生・小畑の両者が関西財界出身であることに注目して、「関東の財界が、一般的にいえば、官僚機構との癒着が割に自然に行われてしまう。関西の財界は異質なものを持っている。官僚主義反対という性格を何となしに共通に持っていた。……ですから、たまたま戦争中の産報の首脳部に平生さんが居られ、又その下に小畑さんが出てこられたことは、産報にとって非常に良かったと思う。又、日本の戦中・戦後の連続性を辛うじて保つことに、最適の人がそこに居たと思います。もし、関東の財界人とか、官僚機構の中からの人が産報をやっていたら、産報はとうに崩壊していたと思います[44]」と述べている。平生の秘書を務めた中林貞男の回想や桜林誠の研究によれば、産報運動には長期の生産力の保持（したがって労働者の保護）を重視する「合理主義派」と金鶏学園や修養団に代表される精神論の流れ（錬成派）があった[45]。中林自身前者の潮流を代表する人物の一人であり、「小畑さんは、やはり平生さんと同様、産業人として、労働者の福祉という事を先ず考えられる。その中で小畑さんは大河内先生の思想を非常に大事にされました。小畑さんがそうであり、三輪〔寿壮〕さんがそうだからこれが主流になっちゃったんですよ[46]」と回想している。これらの位置づけからは、平生・小畑のコンビが、産報における大河内の影響を受けた労働力保持（福祉）の運動を庇護していたことがうかがわれる[47]。

実際にどこまで実現したかは別問題とするなら、確かに平生の労使一体の精神そのものには労働者保護の契機も含まれていた。たとえば湯沢理事長時代に平生は産報を批判するパンフレットに危機感を持ち「産報中央本部がかかる serious の問題（賃金と生活費問題…著者）を研究せずして工場の慰問隊と称して万才や浪花節や紙芝居を以て労働者の歓心を収攬し得たりとせば大なる誤認といふべし。深刻なる生活問題に対し産報が研究調査して、之が救済策を講じてこそ労務者も産報こそ彼等の同情者なりと信ずるに至るべし」[48]と日記にも記している。

また三輪寿壮などは、無産運動出身であるが故に非難にさらされており、平生・小畑の執行部が成立していなければ退陣を余儀なくされた可能性が高かった。前述のように小泉厚生大臣も思想問題から粛正人事の必要性に言及していたが、これが旧無産系活動家の排除を指していると考えられるからである。実際湯沢理事長は、右傾からの批判を受けた三輪より身を引くとの申し出があったとして、平生会長に「産報全体に迷惑を及ぼす懸念ありとせば三輪氏の退身を聴許するの外なからんと」申し出ていた。これに対して「湯沢氏が理事長として飽迄自己の所信を固守するの力なしとせば止むを得ざることなれば同意を表しおけり」と平生はやむを得ず同意はしたものの、湯沢に対して突き放した発言をしている。[49]しかし結局三輪の産報からの引退は実現しなかった。その後翼賛選挙の時に、小畑理事長より「三輪寿壮氏は代議士たるの故を以て常任理事としたるも同氏は次の選挙には立候補せざるやの言明をなせるとの事なるが果して然れば同氏を専ら宣伝に従事せしめんとするの考へ」が表明され、平生はこれに賛成した。[50]湯沢と小畑とでは三輪の処遇に対する考えが異なり、また平生が小畑と同様三輪を活用する考えを持っていたことが分かる。

ただ、平生自身も精神主義的な傾向を多分に有していたことには注意しておく必要がある。たとえば一九四一年二月の産報中央本部における訓諭において、「この運動は形態の変化にあらずして精神的変化でなければならぬ、根本たる指導精神の変更をなすことは恰も一種の宗教運動の如し」[51]と述べていた。また大政翼賛会錬成部長簡牛凡夫が、禊ぎの行を勧めに来た時、平生は「修養団　蓮沼氏が考案せし禊祓の行こそ適当ならずやと考へ居りたるが、筒牛氏の談を聞き愈実行せんとの決意を固むるに」至った。[52] 禊の導入には、平生自身が積極的であった。中央錬成所の設立に際しても平生は「我が国では資本主義に感染せる事業家経営者またなっぱ服を着て炭坑や鉄鉱内の暗黒世界にハンマーを持ち、鉄塊が溶けて流るる炉辺に於て力働する労働者の人々の心臓には、民族的血潮が脈々として流れ居るのである。この国体に民族的精神即ち大和魂が、事に当りいっさいの利害を超えて私利私欲を投げて公益に向かって邁進せしむるのである」[53]と挨拶をしている。平生は国体精神こそが、西洋の「私利私欲」の精神を克服して「公益優先」を実現する契機になると考えていたのである。

したがって産報の組織だけではなく平生個人としても、精神主義と合理主義の両方の契機を持っていたと言わなければならない。平生においては、増産への労働者の「自発性」は「国体」からも、生産環境への一定の配慮からも調達され得るものであった。[54] この両者の契機をあまり矛盾を感じることなく使い分けていたことは、平生が合理主義と日本主義や自発性重視とパターナリズムが共存する傾向を持っていたことに対応していた。

以上のように、平生はその官僚批判を産報の会長、理事長などの人事問題において「産業人」の登用という形で反映させた。その根拠となったのは、官僚では「産業人」の自発性を喚起できないということであった。「産業人」出身者の強く迫力のあるリーダーシップによる自発性の喚起こそ平生が求めたものであった。また産業人の指導者は、国家権力によりつつ官僚機構を抑えるためにも必要であった。だがそのことは、平生が単に財界の立場を代弁したことを意味するものではない。平生の立場は、上からの統制を貫徹しようとする官僚勢力とも経営権、労務管理の実権を保持しようとする経営者の立場とも異なったものであった。そのことは、労働条件を重視する「合理主義」的要素が産報の中で一定程度展開する余地を残した。

また小畑理事長実現の際に見られたように、そのためにはさらに上位の国家レベルでの「指導者」が必要であると考えた。平生はその実現を東条首相に見るようになる。平生・小畑体制自体も東条内閣と一体の関係にあり、進退を共にした。[55]

第三節　経済新体制の推進

平生は、経済新体制において重要な意味を持つ重要産業協議会や鉄鋼統制会の設立にも不可欠な役割を果たした。そこでの平生の活動には、「産業人」の主体性を重視する点で産報における類似の発想が見られる。

（一）経済新体制と平生

近衛新体制期における平生の財界活動は、経済史研究において、経済界における「革新的ブルジョアジー」もしくは「修正派」のそれとして知られている。

従来近衛新体制の一部として構想された経済新体制の過程は、経済の計画化を推し進める企画院や商工省の革新官僚と自由主義経済に固執する財界の対立が強調されてきた。統制会の設立も革新官僚と財界の妥協として理解される[56]。

これに対して「経済新体制」に肯定的な対応をする経営者たちの動向に焦点を当てた研究がなされてきた。長島修の研究では、重要産業統制団体懇談会（重産懇）の役割が重視される。重産懇は、重要産業統制団体協議会を経て、やがて統制会の連絡機関である重要産業協議会になる。同氏によれば、重産懇は、重工業のカルテル団体によって構成され、商工省の革新官僚と呼応する「革新的ブルジョアジー」として行動した。たとえば重要産業団体令の制定にあたっては、商工省が推進する一本立ての勅令案に賛成した。また、統制会の設立において重産懇と鉄鋼業者の関係は特に重要であった。ただし軍部・革新官僚が計画経済を目指したのに対して、重産懇は民間主導の再編成を目指した[57]。宮島英昭は、このような動きを財界の中でも自主統制論に固執する「主流派」に対抗する重工業部門の専門経営者を中心とした財界の「修正派」として捉える。彼らは、企画院官僚よりも現実的で利潤を全面的には否定しない岸信介次官ら商工省革新官僚と協調して戦時経済の運営に参画しようとしていた。修正派は、企業目的としての利潤追求の承認、企業の人事・経営面での政府からの自由、一業一社主義や機械的なコンツェルンの分離反対という点では従来の主流派と一致していたが、次の点で異なっていた。まず、公益優先を唱え、私益の追求が公益の実現を可能にする機構の実現こそ重要であるとする。また、革新官僚が唱えた所有と経営の分離にも専門的経営者として理解を示した。特に統制団体の再編問題への関心、経済計画の企画、運用への参加に関心を示した[58]。

これらの研究は、「経済新体制」における「革新的ブルジョアジー」「財界修正派」としての平生に言及している。特に重産懇副会長、日鉄社長、鉄鋼連盟会長である平生の果たした役割は決定的であった。本節では、「新体制」に対する平生の思想と行動原理を内在的に検討する。

(二) 重要産業統制団体懇談会・重要産業協議会

平生は重産懇の方針を確定するにあたって帆足計事務長とともに中心的な役割を果たした。重産懇は、鉄鋼、石炭、電力、セメント、海運などのカルテル団体の「自治的統制」のための団体として、日本経済連盟の会長である郷誠之助を会長に、鉄鋼連盟会長である平生を副会長として出発した。郷会長は病気で出席せず、実質的には副会長である平生が議事運営の中心であった。

平生は一九四〇年八月二九日の重産懇発会式において「国家的公益優先的見地」を強調して次のように挨拶をした。「(重産懇の目的は) 統制の強化を眼目として、各産業団体の縦の組織を整備強化し、同時にこれを横に連繋し、それらの団体相互間の緊密な連絡協調を図るとともに産業統制に自立性を与へ、その責任において民間の溌剌たる創意を十二分に活用して戦時経済の円滑なる運転を期するにありますが、私はそれだけでも不十分であると考へます。と申しまする所以は、何よりも先に統制の根本精神は国家的公益優先的見地によって貫かれて居らなければならないと思ふのであります。従来の自由主義的な見地から出発しては、謂ふところの自治統制も遂に旧体制的性格を脱することができぬのでありまして、結局この危機を乗切ることは不可能であります」「本懇談会は未だに自由主義から脱却してをらぬ産業人があったといたしましても、さういふ人々を具体的な仕事を通じて公益的見地に立つようにし向けて自ら進んで国家に貢献せんとする熱意を持つやうに指導する使命を併せ帯びてゐる次第であります」[59]。この挨拶は、自由主義的な自治統制を望む財界人に対して、「新体制」に呼応しつつ「国家的公益優先」の見地からの統制に進むことを宣言する意味を持っていた。ただし平生は「我々に接触する官僚の中には旧思想より脱却せしものは少しといふべく、故に政府は先以て其部下たる官僚をして新思想に転向せしむる」[60]ことを警告したとも記している。平生は産報運動に対する時と同様に、経済人に対する「国家的公益優先」と官僚主義批判の両方の契機を同時に強調した。

以後革新官僚とも連絡を取る帆足計事務局長と協力しつつ、平生は「公益優先」を前面に出して統制の強化とそれへの民間団体の参加を基本方針に議事を進めた。その結果、九月一〇日第三回常務委員会において「民間経済新体制要綱（案）」が決定された。それは公益優先、指導者原理、営利偏重の排除を強調した案であった[61]。

だが、財界内部の情勢は未だ不安定であった。帆足事務局長は企画院の美濃部洋次宛の書簡（一九四〇年九月一六日）において、「革新的政治指導部の結集に先だち札附旧体制連中の策動は、（その一部は主観的善意を以て、他の一部は最悪の反動意識を以って）今後いよいよ劇しくなる」として、「平生副会長は全く小生等の線を諒解、善意的支持を示され、郷会長も大体同一方向にあるも、高島＝井坂氏等が会長を牽制し、時には、激しい妨害を示し居ります」と現状について述べている。また「何卒一日も早く新体制『中央指導部』を確立し、（国民組織（国民運動）としての経済再編成は、中央指導部に花を持たせ、官庁は緊密に之をバックするが適当と考へられます）革新気鋭の実践者を糾合し、強力に、経済再編成運動をリードすることが急務」であると訴えている[62]。帆足は、「革新的政治指導部」結集への平生らの支持にもかかわらず、「札附旧体制連中」、高島（誠一）と井坂（孝）による巻き返しがあることを伝え、官庁側の背後的支援を要請していた。

「大体同一方向にある」はずの郷会長も、平生が主導した懇談会の方針に反発するようになった。前述の「要綱（案）」を決定する委員会に出席した郷会長は「自分は箱根、鎌倉に在りて本会の進行につき少しも知る処なく、今日決定せられたる要綱には……根本主張に於て賛意を表する能はざるもの少なからず」とこの案に反対の意向を示した。平生からすれば「意外の提言」であった[63]。これに対して平生は、「この企は郷氏の主張に依り高島誠一氏を介して余に賛同を求められたるが、余は産業は国家本意ならざるべからずとの意見を有するものにして、二年前より産業報国運動には全面的の支持其宣布に努力せるが、この方針は今回近衛公によりて高唱せられたる新体制の指導方針と揆を一にするものなればなり。故に先日の発会式にも郷氏の代理として井坂君が来場せられ、郷氏の指名なりとて余を副会長として就任すべく申し出でられたれば、余は之を引き受けたるなり。其後郷氏は健康上出席不可能なるより自分は副会長として preside し、本日提出せる案を作成するに至りたるなり」と経過を説明し、「会長出席ある以上は郷氏に於いて議長として議事を進行せられたしと直言」した。郷は平生の要請にもかかわらず「自分は今日迄の成行を詳知せざれば引続き議事の進行を図られたし」と議事進行を拒否した。結局平生がそのまま議事を進行し、原案に多少の修正をほどこして議決した。会議後、平生はさらに「六団体に於て案を完成したる以上之を日本商工会議所、銀行集会所、日本経済連盟会に送り同意を求むる順序となるが若し此等の団体に於て反対せば之を公表すべく政府も新聞社も新体制の精神に順応して作成せる本案に反対を唱ふるものは維新の際に於る幕府及其附属者と同様の取扱を受くることを覚悟せざるべからず」と述べた。平生は自分の方針が新体制の政治的動向と合致していることを誇示し、露骨に圧力をかけ、郷を憮然とさせた。

だが、「新体制」は平生の予想に反して停滞し始めていた。平生は、郷の方針転換について「氏の側近者にして日本経済連盟会の常議員たる井坂、宮嶋氏の忠告を納れ変説せるが如し[64]」と記しているが、財界でも現状維持的意見が優位に立ち始めていた。実際この後、企画院が立案した「経済新体制確立要綱」の内容が明らかになるにつれて、財界内部において「経済新体制」に対する反対論が高まっていった。一一月一二日の経済閣僚懇談会に「要綱」が提出されると、財界の反発を背景に小林一三商工相などから猛烈な反対が起こって修正された。さらに財界は「七団体意見書」を出して「経済新体制」への反対意見を表明した[65]。周知のように財界の「新体制」に対する反感が翼賛会に対する資金源を断つ要因の一つになる。

しかし重産懇はこの「七団体意見書」に名を連ねなかった。重産懇は「一方には財界一部の現状維持勢力を、あるいは批判しあるいは説得して、経済新体制の中へ組み入れてゆくとともに、他方には、いわゆる『革新』勢力のはね上がりをおさえて財界乃至産業界として現実に容認しうる線で新体制の理念をおさえてゆくという、言わば調停者的立場を貫いており、その意味で、商工省次官岸信介氏等を中心とする官僚層ともっとも近い立場にあった[66]」からである。重産懇は、一九四一年一月には「重要産業統制団体協議会」（重産協）と名称を改めたが、以後も商工省を後押しして、統制会の設立に向けた活動を行う。この間郷会長はけがのため引きこもりがちで、平生副会長が会務を執り仕切った[67]。

平生は、利潤動機の活用が産業の発展につながるという主張は財界人が私利私欲を追求しているという印象を与え、軍人や革新官僚の過激な議論を招くと考えていた。たとえば、松永安左衛門の利潤動機を前提とした自主統制論に対しても「如此き意見が流布せらるるに於ては、実業界の実状を知らざる少壮軍人などの矯激なる思想を刺激し、彼等をして少年推鋒の議論を上下して、実業家を以て貪婪飽くなきものと誤解せしむるの恐なしとせず、慎むべき事とす[68]」と記している。このような観点から平生は「産業人」が滅私奉公に邁進していることを示すことが重要であると考えていた。たとえば平生は日鉄社長の報酬を辞退するが、その理由を「労務者」を奮起させると同時に政府者へ産業人の心境を理解させ産業人に対する「人々の思惑を矯正する」ためであると説明した[69]。

一方、平生は自由主義的財界人を批判しつつ革新的「少壮理論家」からも距離を置いた見方をし、「余が尤も憂ふることは自由主義経済に依り巨富を得て豪奢なる生活に馴れたる実業家の大多数が新体制の ideology に拠り公益本位を主張する現政府の経済新体制に対し悪評をなし、攻撃の矢を放ち、之を以て社会主義の具現なりと高調するに至りては、政府を繞る少壮理論家が実業家を以て利益追求の団体なりと絶叫すると同様なりと言はざるべからず」[70]と述べている。

平生にとっては、国家の強制力を利用しながらも、あくまで「産業人」が主導して「公益優先」を図らなければならなかった。この点は、次に述べる鉄鋼統制会の性格をめぐって平生が固執した点でもあった。

(三)「鉄鋼国策」の推進

平生は、「経済新体制」の停滞が明らかになると、鉄鋼統制会の設立を先行させようとした。一九四〇年後半にはアメリカからの屑鉄の輸入が困難になる中で、戦時体制強化のために「鉄鋼国策」が急務になっていた。このような状況の中で、平生は日鉄の会長としてその社内改革を行うと同時に鉄鋼統制会を設けることにより「鉄鋼国策」を実現しようとした。

平生による日鉄改革の核は首脳陣の刷新にあり、関係官庁や財閥から天下りした古手の重役を排除して新たに内部から有能な人物を任命した[71]。その上で平生は会長から社長に就任した。しかし日鉄は国策会社であり、関係各省や軍部の意向を汲む必要があった。平生の重役陣刷新の提案に対して、岸商工次官は「二重 board の system を改め社長をして独裁的位置に置くこと」を提案してきた[72]。両者の思惑は社長の権力の強化という点で一致しており、人事の刷新、二重ボード制の廃止はともに基本的には合意された。しかし天下りの廃止には関係各官庁の抵抗があった[73]。中でも問題であったのは軍部であり「陸海軍に対しては猫に対する鼠の如き商工省役員」は、軍部からの天下りの廃止を申し入れることができなかった。そこで、陸軍省・海軍省・商工省次官の間で、「一．新体制理念を具現する為、日鉄運営の総てを社長に一元化し、所謂指導者原理を確立すること。二．陸海軍より推薦する常務取締役も他の常務取締役同様社長の部下として積極的に協力すること」を取り決めた[74]。人材の登用と経営者のリーダーシップ(「指導者原理」)の確立を目指そうとした平生の強い決意の表れであった。

他方で平生は鉄鋼統制会の設立のためにも奔走していた。鉄鋼業の再編については、第二次近衛内閣成立当初から問題になっていた。その方法として一方に官僚側の単一合同論があり、他方に日鉄を除く民間業者の自主統制によるカルテル再編論があった。結局民間業者の強い反対により単一合同論は実現しなかった[75]。平生は、単一合同論には与せず、官民共同の強力な統制機関の設立を目指した。日鉄の常務会で平生はその構想を「一元的原料生産製品配給を統制するの強力にして法的根拠を有する官民合同の一機関を設け政府よりは陸海軍、商工省、企画院より代表者として現役現職にある有力なる人物を選任し民間よりも有能にして本業に知識ある公正なる有力者を推薦しまた一面本業に十分なる知識と体験を有する技術的権威者を選定しこの三者が主脳者の brain trust として斯業の運営に当たり主脳者は見識高邁にして斯業に関して相当の知識経験を有し公平無私にして公益本位を motto とせる高潔なる人格者を選抜するを要す[76]」と説明している。要するに平生は強力な権限とスタッフを持った官民合同の統制機関を設立し、「経験知識」を持つ「人格者」がこれを運営する構想を抱いていた[77]。この点は、産報でも見られた国家権力の強制力を利用しながら「産業人」の手で「公益優先」を実現するという平生の考え方が端的に出ているところである。

「産業人」によって鉄鋼国策を実現するという平生の考えは、小林商工大臣とかけ離れたものではなかった。小林は、大阪出身者の東京での集まりである「大阪同人会」の席上において、次のように挨拶している。「今回平生先生が日鉄社長の推薦を受けたるは新体制の指導原理たる Führeer system を具現せんと同氏に全権を一任したるものである。……実に製鉄鋼業の振否は時局に大影響を及ぼすものにして、国防上は勿論、産業上にもあらゆる努力を払ふてこの窮境を脱却せざるべからず。石炭と鉄鋼こそ国の安危盛衰を担へる二大資料である、しかしてこの両種の資料は日満支を一環として有無相通じてあらゆる方法を以て増産をなさざるべからず、満洲重工業の副総裁としては高碕達之助氏が其任に当らんとし、小畑忠良君が企画院次長として其衝に当り、石炭、鉱石の運送に関しては村田逓信大臣あり、石炭鉄鉱の増産に関しては大阪出身者が其中核体をなせること、大阪同人会のため気を吐くものとして慶賀に堪へず」[78]。高碕、小畑、村田ら大阪財界出身者が日満支にわたる鉄鋼増産のキーパーソンとなっていることを寿ぐ小林の挨拶は、鉄鋼増産における産業人の役割の重要性を前提としている。

しかし平生の産業人の貢献を重視するこの考えは「政府を頂点とした一方的指令権を伴う位階制組織に経済機構を再編しようとしていた」[79]商工省当局の統制会構想とは異なるものであった。商工省は「鉄鋼統制会組織要綱」を立案して、平生には統制会会長就任を打診してきた。しかし平生は商工省案に満足せず、かつ統制会の設立が遅れていることに危機感を抱くようになる。平生は、一九四一年一月初旬に星野直樹企画院総裁と面会して、統制会の設立は「逡巡猶予を許さざるものなれば先以て鉄鋼より始め石炭をして之に follow せしむるに如かず」と述べ鉄鋼統制会の設立を先行させるよう要請した。また統制会のあり方についても商工省案を「其統制力鈍くして現在の鉄鋼連合会と大差なかるべし」と批判し、「何処までも鉄鋼に関する問題は一切其会に於て処理するが如き強力なるものにあらざれば其効果なかるべく、故に余は官民共同して官省側の理事（仮称）は現任現職のものにして少くとも局長以上の有力なる人々ならざるべからず」[80]と要請した。平生は鉄鋼統制会の設立を急ぐと同時にその統制力の強化を求める点からむしろ商工省の案を批判し、あらかじめ官庁側の理事を統制会に入れておくことを主張した。商工省の案は「民間当業者の抑制する力もなくまた官憲を bind する力もなくどっちつかずの物にして真の統制力を欠」いているというのが平生の見方であった[81]。

このような平生の立場は鮎川義介の専任国務大臣設置論とも異なっていた。鮎川は「鉄、石炭問題の解決を専行すべき Führer としてこの部門に限定せる国務大臣を置き政府は之に全権を委任し独断専行し閣議決定事項の実行に当らしめざるべからず」という構想を抱き東条陸相に談判していたが、平生はこれは不可能であると考えていた[82]。

商工省は一月下旬に鉄鋼業者との官民懇談会を開き、その統制会案を提出した。そこで権限の委譲問題などにつき、民間業者との間で協議が行われ了解が得られた[83]。官僚機構内部の調整にも時間がかかっていたので、鉄鋼統制会の設立を急ぐ平生は小金義照鉄鋼局長に督促した。[84]その後一応の調整がついて四月二六日に発会式が行われ、会長には平生自身が就任した。

以上のように「鉄鋼国策」の実現にあたって平生は大きな役割を果たした。しかし平生の主張した官民一体の産業人が主導する強力な統制組織には矛盾もあった。加盟各社の異なる利益が何が「公益」かをめぐる見解の違いにもなったからである。このような観点から日鉄社長と鉄鋼統制会会長を兼務する平生の立場が問題とされた。たとえば一九四一年半には鉄鋼価格の引き上げ問題に際し、日鉄主導の価格決定への日本鋼管などの批判に軍部や企画院の官僚の一部が同調する動きがあった。鉄鋼統制会の定款には指導者原理、公益優先の原則が貫かれ「公益優先」を実現するためには「私益」を犠牲にする建前ではあったが、実際には何が「公益」かをめぐって紛争が発生していたのである。平生は鉄鋼価格や銑鉄の補償価格の決定をめぐる大蔵省、商工省との交渉のために奔走しなければならなかった。[85]平生の日鉄社長と鉄鋼統制会会長を兼務する立場には、他社や官僚から見れば「鉄鋼統制会の運営に日本製鉄と日本鋼管の対立が反映し其の運営に支障が生じた事は事実」（美濃部洋次）[86]と評される余地があった。なお日鉄辞任を求められた平生は、初期の段階では小島新一商工次官に「実務の知識経験なき者を以て現実の業者と折衝の任に当たらしむるに於ては、事務は円滑敏捷に進行せられず……、故に outside に於て適任者を探求し得るまでは当業者中の適任者をして兼務せしむるに如かずと思ふ」と反論したが受け入れられなかった。[87]結局平生はこれに応じ東条内閣成立後の一九四一年一二月に日鉄社長を辞任した。

この鉄鋼統制会の設立が先駆けとなって、重要産業各分野の統制会設立が動き始めた。重産協はその調整役を務め、平生はこれにもエネルギーを注いだ。しかし統制会に法的根拠を与える産業団体令の制定公布は、政府内部の調整に時間がかかり遅れていた。重産協は産業団体令の制定のために動き、平生も鈴木貞一企画院総裁に制定を急ぐように陳情を行った。[88]やがて八月末に重要産業団体令が成立したが、今度は、統制会を設立すべき重要産業を指定する閣令の公布が官庁間の調整に時間がかかり遅延した。そこで重産協は官庁と連絡を取って指定の促進に努めて運動をする。結局第二次指定がなされたのが一九四二年七月であった。同時に統制会の設立が一段落すると重要産業統制団体協議会は「重要産業協議会」と名称を改めて統制会の調整役を務めることになった。この間一九四二年一月には郷会長が死去し、平生がその後を襲った[89]。

「経済新体制」は、当初の企画院の構想から見れば挫折したのであるが、商工省と平生たちが摩擦をはらみながらも推進した鉄鋼業をはじめとする重要産業の統制会を通じた統制の強化は実現した。重産協や鉄鋼統制会の設立を通じて平生がこの過程において発揮した指導力は大きいものがあった。椎名悦三郎商工次官は、「新体制の要綱も平生氏の如き達観の士にして実力強き人が音頭取となりて統制経済の実行に挺身せられたるこそ、今日各業種に統制会が結成せられ、新体制の要綱が実施せられ、今日にても一昨年の暮頃の産業界、財政界の空気とは丸で転換せるは全く平生氏が頑強にも自説を固守し、其部下として帆足計氏が熱誠と努力と実行の材とを以て運動せる結果である。されば平生氏の功績や大なり[90]」と評価していた[91]。平生は、鉄鋼業界などの利益を背に活動していたのではあるが、その行動力の背景には産報での活動で見せたのと同様の思想があった。

（四）経済界の変動

「経済新体制」は財界の勢力図に大きな変化をもたらした。一九四二年初頭、郷の死の直後に平生は、「郷男の逝去は東京に於ける財界の巨頭を失ひたるものにしてこの位置を継承する資格あるものなし。若し金融業者全盛の支那事変前なれば当然結城氏が其任に当るべきも、今や金融業者は産業人に比して第二位に下らんとするなり。政府が行ひつつある新体制に依れば、国家経済の根幹をなすものは物資を生産する産業であり、金融、交通、保険、倉庫などは輔翼機関である。国家が必要とする産業なれば、若し金融業者が資金の融通を承諾せざれば国家は之に無制限融資を辞せざるものなれば事業家は従来の如く金融業者に即頭平身にして融資を仰ぐの要なし。問題は其産業が国家的に須要なるや否やに在り、殊に今回の日本銀行条例の改正に依り日本銀行は資本一億円の中、現在株主が払込める￥四五〇〇〇〇〇〇〇に対し政府￥五五〇〇〇〇〇〇〇を払込み配当は民間株主に対し最高五％、最低四％となし其余剰金は国庫の収入とすることとなるを以て、日本銀行の威力は著しく減退せることとなり、結城氏の勢力も之に従って失はれつつあるを以てなり。今後は各団体の首脳者の合議に依るの外なく、経済懇談会は之に当るものならん[92]」と記している。

ここで平生は、経済界に君臨した郷の死後彼に代わる人物がいなくなったことを指摘している。また財界人を「金融業者」と「産業人」に区分し、前者の影響力が失われたことを指摘している。平生は「産業人」という言葉をよく用いたが、その意味はサービス産業を除いた戦時物資を生産する事業に携わる人々という意味合いがあった。また「国家的に須要なる」産業とは、特に軍需を直接担う重工業部門であり、それらが経済界において比重を増したということであることは言うまでもないであろう。このことは、もはや自由主義的なイデオロギーに立って影響力を行使する有力財界人の活動の余地がなくなったことを意味する。日中戦争期に金融界出身の池田成彬が、国際収支の悪化を背景に自由主義的な観点から政治経済全般に影響力を行使し得たような状況[93]は、国内の財界の状況からも再現しようがなくなったのである。戦時増産に直接参加する「産業人」がその中心となった。東条内閣期においては、以上のような状況を反映して第二次近衛内閣の頃と比べ財界との関係は安定したものとなった。このような状況の中で平生は重要産業の代表者が政府と相談して経済を運営してゆく構想を抱いていた。

第四節　軍人宰相への期待

（一）近衛文麿首相批判

平生が大きな役割を果たした産報や経済新体制は、近衛新体制の一環として構想されたものであった。その政治的側面を表すのが国民再組織であり、大政翼賛会であった。平生は新体制準備委員会の委員に指名され、大政翼賛会総務も勤めている。政治活動そのものは平生が本領を発揮した領域とは言えなかったが、彼なりに強い関心を抱いていた。彼の財界活動自体も政治状況への認識と密接に関連していた。そこで平生が近衛内閣から東条内閣初期の政治状況をどのように認識していたのかを考察する。

平生の場合、産報運動や経済新体制へのコミットから考えても、翼賛会や近衛内閣に対して好意的であったと考えるのが普通であろう。しかし実際は必ずしもそうではなかった。

平生は、第二次近衛内閣成立後まもなく、「支那事変」を収拾しないままに内閣を投げ出した近衛の再登場を「神勅に依り再び現はれたるものと信じ余も協力を辞せず」と評価している。しかし「近衛公が新体制準備委員としてあらゆる階級、あらゆる思想、あらゆる業界の代表的人物を網羅して八方美人主義の態度を取れることは奇怪に思ふ、今やこの多事多難の時に於ひては決して各方面の代表者を狩集めたりとて国民をして現内閣を支援協力せしむるに足らず、寧ろ近衛公が独得の理想を以て自信ある政体を形成し断乎として処信を決行するの大勇猛心を発揮するを要す、近衛公にしてこの勇猛心を欠くに於ては新体制も学者や官僚や思想家の観念的遊戯に了るを恐る」[94]と八方美人的な近衛への懸念も示した。

この平生の意見は憲兵により新体制問題について所感を求められた時の応答なのでやや韜晦している節もあるが、彼が新体制に何を求めていたかが分かる。それは「勇猛心」を持って断固としたリーダーシップを発揮する「指導者」である。この「指導者」の資質を重視する平生のものの見方は、産報や経済新体制におけるそれと共通している。この観点から近衛の指導者としての資質に暗に疑問を投げかけたのである。

他方平生は組織の形式そのものを、リーダーシップのあり方ほどは重視しなかった。それは国民再組織の性格規定に関する平生の無頓着さとなって現れた。周知のように新体制運動が進むにつれて、ナチス型大衆政治組織を志向する「一国一党」論とこれに国体論の観点から反対する観念右翼の角逐が激しくなっていた。[95] 強力なリーダーシップを求める平生の傾向からは、「一国一党」論の方を支持してもよさそうに思われるが、必ずしもそうではなかった。この点は八月二八日の近衛首相の声明文に対する平生の評価にもうかがえる。平生はこの声明文を「我国体の本旨に順応し、一君万民の国体精神に基き一億の民衆をして天業翼賛の実を挙げしめんとするものにして、従来欧米模倣の結果、政治の体制に於ても経済の方針に於ても自由主義民権主義を基底としたる体制を一変して、国民をして軍官民を問はず総協力に、依り日本国民に与へられたるアジアに於ける新秩序の建設といふ大使命を全うせしめんとするものにして、其宣言の趣旨や何等間然する処なし」と評価し、さらに「殊に一国一党主義を排し其形態が他国に於て如何に優秀なる実績を示したりとはいえ其形態を直ちに日本に於て認むることは一君万民の我国体の本義を紊るものなりと断言せるは大に我が意を得たり」と記している。[96]それは、「分立的政党政治」を否定するとともに、軍部中堅層を中心に唱えられていた「一国一党」論を否定していたが、[97]平生は「一君万民」の観点から「一国一党」論を否定するこの声明を評価しているのである。もっとも平生は観念右翼的立場に与していたわけでもない。黒竜会による翼賛会反対のための資金集めにも応じなかった。[98]

平生は、新体制結成準備会における国民組織の性格をめぐる激しい論争にも冷淡であった。彼自身が委員の一人であったが、新体制準備委員会における論争は、「委員中の一言居士は盛んに意見を発表せるが何れも枝葉末節にして新体制の根本義につき卓絶せる考案を発表せるものなし。思ふに、かかる雑白なる準備委員を集めて其意見を徴するも甲論乙駁して底止する処を知らざるのみ」[99]としか思えなかった。また翼賛会が発足してからも、総務会における要綱案をめぐる議論を「例の通り小林順一郎、中野正剛、井田磐楠、橋本欣五郎の如き右傾派と称せらる一言居士の質問と意見の発表ありしも、要するに辞句の修正に過ぎず。瑣々たる辞句の修正に知名の人士が多数集まりて時間を浪費せるは噴飯の至りなり」[100]と評している。ここでは小林、井田ら観念右翼も、中野、橋本ら革新右翼も「一言居士」として同列に扱われている。

平生にとって重要なのは、近衛首相の精神的指導力であった。断固たるリーダーシップによって国民の「滅私奉公」の精神が喚起されることこそ彼が望んだものであった。平生は、準備会における論争に関する感想を「国民は今や真に君国の為如何なる犠牲をも辞せず、生死を度外に置きて君国に奉公せんとするleaderを求めつつあるものにして、決して組織や機構の完整を要求しつつあるにあらざるなり。若し準備委員各個の意見を採択し、両極端の意見を調和して最後の決定をなさんとするが如き態度に出でんか、国民の信望を失するや必せり」として、「新体制の根本精神は滅私奉公無私協力に在り、この指導精神を確立することを得ば、近衛公は逡巡遅疑せず決行するの外なからんか」とまとめている。[101]

平生はその後惹起した翼賛会違憲論[102]にも関心を示さなかった。周知のように、観念右翼の攻撃に屈した近衛首相は平沼騏一郎を内務大臣として入閣させ、その主導の下に翌年大政翼賛会は改組される。だが平生自身が「国民組織」の形態そのものを重視しなかった以上、翼賛会が改組に追い込まれても、それほど関心を惹くことではなかった。平生は翼賛会の総務会には時々出席するものの、大した関心を寄せなかった。

他方で平生は近衛首相の指導力の欠如に対する懸念を強めていった。岸商工次官の罷免以後その地位が動揺していた小林商工相と共倒れになることを恐れた鮎川から相談を受けた平生は、近衛内閣は「雑木を組合はせたる支柱を初めとし、種々雑多の支柱に依りて辛ふじて立てるもの」であるので「近衛氏に頼つて小林氏が自己の位地を確めんとするも無効である」として、「この未曾有の時局に於て日本の官吏が高下を問はずかかる抗争をなすは実に苦々しき事である」と静観を申し合わせた。[103]木舎幾三郎によれば、近衛首相は小林商工相と平生を交替させようとしたとされるが[104]、辞任した小林の後任には豊田貞次郎が就任した。近衛首相に対して不信感を強めていた平生は、内閣と距離を置いていた。

平生の不信感は、第三次近衛内閣の成立を見越して総辞職したことを契機に一挙に高まった。政変直後に平生は次のような激しい近衛内閣批判を岡部長景に述べた。「今回の政変が予定の計画なりとの説あるがもし、若し然りとすれば実に不臣の行動なり」と述べ、相手方の独、伊、露、米、英などの「統帥者は事変以来変更せず、外交内政共に一定の方針を以て断行しつつ」あるのに比べて、「我国に於ては事変勃発後四年を過ぎたるのみなるに内閣の更迭すること六回に及ぶ、如此き時日は決して対外的信用を得るものにあらず、外侮を招くといふも誣言にあらざるべし」[105]。ここでは平生は、近衛内閣の政変手法を天皇への不忠義であると批判し、さらに日本の政治的リーダーシップは、イギリス、アメリカ、ドイツ、中国のいかなる国より劣るとして内閣の頻々たる交替を批判した。

(二) 東条英機首相への支持：強力な指導力を求めて

平生の日米開戦論は、一〇月一八日に成立した東条内閣への支持と表裏一体であった。たとえば「東条内閣の将来につき疑念を抱く」鮎川に対して、平生は「現役軍人をして総理として万般の政治を行はしむることは余が軍人が策戦用兵以外の政治に関与容喙をなすに至りたるときより余の不動の主張である」と現役軍人首相論を述べた。その理由として、「軍部自ら本舞台に出で自己の主張を公然と強調することをなさず、裏面に在りて首相以下の閣僚を操縦して益我意を逞ふするに至り、国民は軍部の主張明かに知るを得ず如何なる事を計画せるやも知らず」、「傀儡たる近衛内閣」は「外界より軍部の希望を正当に伝ふる力もなく、却って外侮を招」いたと主張した。軍部が間接的に影響力を行使する二重権力状況が、対米交渉においても「日本の弱体を見縊」り日本の要求が通らなかったのだと言う。平生は、軍人内閣が「内国民をして時局の重大さを認識せしめて真に挙国一致の実を挙げ」しめ、「外英米に向って日本は援蒋の為にする敵性国家の経済的圧迫を此以上忍ぶものにあらず武力的解決を敢て辞するものにあらざることを示す」と、現役軍人である東条首相によって「武力的解決」を辞さない決意を示し、国民はこれに協力するほかないと説いた。これに鮎川も結局「他策なしと同意を表」した[106]。

また東条内閣には、平生と関係の深い政治家が入閣していた。湯沢はしばらくして内相に就任し、星野は書記官長、岸は商工相として入閣していた。平生は岸の手腕を高く評価しており、小林商工相が岸次官を更迭した際には、「岸氏は頭脳明敏、手腕ある寧ろ政治家的肌合の壮者にして政府部内にも同情少なからず、かくの如き荒療治は寧ろ小林氏の前途に暗翳を残すものといふべきか」[107]と評していた。東条内閣成立の際、平生は岸に「岸君の推進力に依り今日迄停滞せる事項も必ずや近き将来に於て解決実施せらるるならんと期待す」[108]と期待を表明している。平生は東条自身とも陸相時代から接触を持ち、さらに小畑産報理事長就任問題につき支援を受けたこともあって個人的にも信頼感を深めていた。

平生は第二次・第三次近衛内閣に対して厳しい評価を下し、対照的に東条内閣には大きな期待を抱いた。このような政治状況への認識と評価は、彼の指導者論と密接な関係がある。平生は強力な指導者に率いられた政治によって「挙国一致」の状態が実現されることを求めたが、それが翼賛会のような政治「組織」の形態そのものによって左右されるとは考えなかった。むしろ政治指導者そのものの指導力及び統帥（軍部）と政治の二重権力の解消によってもたらされると考えた。それには現役軍人首班内閣、すなわち東条内閣が理想的に思われた。また指導者として東条個人への平生の評価も非常に高かったのである。

第五節　翼賛選挙への関与

前節で見たように平生は東条首相とその内閣を支持した。平生はさらにその支持を東条内閣が緒戦の勝利を生かして行った翼賛選挙に関与する形で行動に表す。

（一）翼賛政治体制協議会における活動

平生は翼賛政治体制協議会（翼協）を通じて翼賛選挙に関与した。翼協は翼賛選挙のための候補者の推薦会としての機能を果たすべく作られた民間組織であり、陸海軍、翼賛会、財界、農業関係、貴族院など各界から集められていた。平生は、小倉正恒、藤原銀次郎、藤山愛一郎、伍堂卓雄、結城豊太郎、大河内正敏らの財界人とともに選ばれ、一九四二年二月二三日官邸に招請された。[109]この財界人の参加と働きは翼協の特徴の一つであった。彼らは事務局の要請により費用の分担にも応じていた。[110]その中でも平生は特に積極的であった。翼協は建前としては民間組織ではあったが、その背後では内務省、特に警察組織がお膳立てをしていた。平生は、湯沢新内相（二月に内務次官から昇任）と従前の経緯から密接な関係にあり、湯沢との関係が翼協にコミットしてゆく契機となった。

当初平生は翼協を「ナチス党類似」の政党を作る準備と理解していた。橋本清之助（翼協事務長）は、当初翼協内部において選挙後に新政党を結成しようとする武藤章軍務局長と手を結ぶ勢力と、それに反対する勢力が対立していたと回想している[111]。平生は正式に招請されるまえに湯沢内相と会い、翼協の性格について質問していた。その結果「東条内閣、否東条氏を総理として之を支持する選挙母体を形成し、追つて政治結社に発展せしめ、独逸に於けるナチス党類似のものとせん計画なるが如し」という印象を得ている。平生には「ナチス党類似」の政党化の方針が伝えられたのである。これに対して平生は「万難を排して氏を支持し、支持者の獲得に努力することに決意せるを以て、若し政治結社とならんか余は進んで党員として犬馬の労を吝まざるべしと決意を示」した[112]。要するに平生は、当初翼協を東条を総理として政党を作るための政治結社であると了解し、「党員」として協力を惜しまないことを湯沢に約束したのである。

しかし結局新党構想は、時間的制限をふまえた湯沢自身の反対により東条内閣の方針とはならず、翼協は「推薦選挙」の推薦団となった[113]。「衆議院議員総選挙対策　翼賛選挙貫徹運動基本要綱（昭和一七、二・一八閣議決定）[114]」における「実施方策」でも、啓蒙運動の徹底、候補者推薦機運の醸成、選挙の倫理化と戦時態勢化がうたわれているにすぎない。平生も後日湯沢内相より「政府は今回の総選挙を機として旧来の陋習を打破して議員として適当なる資格は大東亜戦争終極の目的を完遂し翼賛議会を確立し、且公正なる選挙を行はんとするもの」であることを示され、翼協はそのための推薦母体であることを理解した[115]。平生は政治組織のあり方にはほとんど無頓着であった。そもそもナチス型の政党への支持は、かつて近衛首相が「一国一党」論を否定したことを平生自身が評価したこととは矛盾する。平生にすれば、東条政権の支持基盤を強化するものであればそれでよかったのであろう。

組織の性格はともかくとして翼賛選挙の成功が東条政権の威信に関わると考えた平生は、その成功に最大限の努力を払った。平生は翼協の役割を知った後湯沢内相に「中央本部に於ては地方の事情に委しきもの少なければ若し地方より推薦せし候補者の中より pick up するとすれば政党時代の首脳部たりし山崎、永井、岡田、前田其他政党関係者の子分ともいふべき人々が推薦することとすべく為めに推薦母体を組成する人々は地方に於ける名望家有力者にして公平無私の人々を知事をして指定せしむることが過誤なしと思ふ」と山崎達之輔、永井柳太郎、岡田忠彦、前田米蔵ら旧既成政党幹部の影響力をいかに排除するかという観点から、知事中心の選考をするよう意見を述べた。しかし実際には、陸軍主流ですら旧既成政党勢力である翼賛議員同盟（翼同）の活用を考慮せざるを得なかった。[116]

このような情勢では平生の期待通りには進行しなかった。以下翼賛選挙に対する平生の関わりを検討する。

（二）産報の動員構想と挫折

平生はまず産報を推薦候補のための選挙マシーンとして利用しようとした。湯沢に対して、「余は大日本産報会の会長として極力之を利用してよく翼賛代議士を選挙せしめ、翼賛議会の実を挙げんと期す」と申し出たのである。[117] 実際、平生の秘書である中林を産報から翼賛候補者に選挙資金を配るための要員として派遣した。[118]

しかし、公然と産報が選挙活動を行うことには、組織内部からの抵抗が生じた。小畑理事長は「労務部長格の人々の意見が消極的」であり、「若し産業報国会中央本部より啓蒙運動をなすべく令達をなさんか、夫れが選挙運動と誤解せられ、工場内に撹乱を惹起するの恐あれば、かかる運動は差控たしとの事なれば、余程巧妙に実行せざれば生産減少の恐れありとの事なり」と平生に伝えた。要するに選挙運動は、工場内部に政治を持ち込んで混乱を引き起こして生産減少を招く恐れがあるというのである。これに対して平生は、「工場長又は事業主が啓蒙運動をなして工員に如何なる人物を選挙すべきやの標準を示すことは寧ろ工場内の人心を結集して一団となすの利ありと思ふ。若しこの啓蒙運動が工場内に撹乱を引起すと考ふるは、旧体制時代と今日の人心の形成を同一視するが為なりと思ふ」と説いたが、小畑理事長を説得することはできなかった。[119]

それでも平生は何らかの形で翼賛選挙のための「啓発運動」を行おうとし、小泉厚相を訪れて「大日本産業報国会が翼賛議会成立の為七万に垂んとする地方産報会及道府県知事に向って啓発運動に努力せんことを総裁及会長の名に依りて要請」することの同意を得た。[120]

結局翼協会員による産報地方会員への「啓発運動」も計画されたが、人手不足を理由に中止になり、通告文だけが地方に発せられることになった。[121] しかもこの時、道府県産業報国会長・地方鉱山部会長に宛てて平生釟三郎会長名で出された「産業報国会の総選挙対策に関する件（一九四二・三・一八）」[122] は、「大東亜戦争完遂翼賛選挙貫徹運動」に協力することを要請しているものの、翼協から推薦されているか否かを問わず特定の候補者の応援に関しては極めて抑制的なものにとどまった。たとえば、「外部の団体その他の働きかけによる職場の動揺を防止し、会員を正しく指導すること」、「他の団体或いは特定候補者の選挙運動が職場内に入ることを絶対に防止すること（例へば特定候補者の演説会やびら貼り）」、「産業報国会は政治団体に非ざる故、会としていはゆる選挙運動に関与したり、その組織を利用して推薦候補たると自由候補たるとを問はず特定候補の応援等することは厳に慎むこと」との項目が挿入されていた。

産報を推薦候補のための選挙マシーンとして使うという平生の意図は、組織の混乱を恐れる内部からの反対により十分には実現しなかった。それだけにまた、産報の翼賛選挙協力における平生会長の突出ぶりは目立った。

（三）翼協東京支部長就任と河野密推薦問題

平生は、三月九日には支部結成委員会一三名の一人として指名された。[123] さらに推薦団の東京府支部長にも就任した。初め平生は阿部信行翼協会長からの就任依頼に対して東京に在住していないことやその地域的特性などから不適任であると断ったが、結局「余は選挙に関係する初より東条総理をして所信を断行せしむることが皇国の為め皇民の為め欠くべからざることゆえ、夫がためには如何なる辛苦をも忍ぶべしと決心し」て受諾した[124]。東条首相を支援するために不本意ながら支部長を引き受けたのである。

平生はなおも「之は余としては不適任なるやも知れず」[125]と不安を抱いていたが、それは的中した。支部幹事会は、推薦者が「甲論乙駁中中に決定せず」という状態に陥った。また平生は「推薦団が希望せる如き人格高潔、識見高邁にして大東亜戦争完遂に協力することに熱中し、情実因縁に囚はるる事なき憂国の士にして、しかも当選の見込ある人は立候補を好まず。……然からば何人を選定せんかといへば、当選の見込多き人にして人物が比較的好良なる人を推薦する」と記している。平生は「新しき議会も旧態を脱せざる鵺式のものとならんか」と失望した[126]。平生は旧既成政党人の地盤の強固さを改めて思い知ることとなった。この地盤の問題は河野密の推薦問題と絡んで平生を憤慨させることになった。

河野は、旧社会大衆党出身で東京一区選出の代議士であった。河野は総同盟副会長を辞任して産報運動に参加し、大日本産報会結成に際しては理事に選出された[127]。平生は、河野や三輪ら無産運動出身で産報運動に協力している政治家を推薦候補にしようとした。三輪の辞退を受けて[128]、河野を推そうとしたのである。

しかし河野の推薦には観念右翼などから推薦反対の動きが起こった。支部の幹事会において平生が「河野密は旧社大党の一人なりしも、三輪寿壮氏と同じく夙に社会主義思想より脱し危険思想を抱懐せず、単に労務者や下級人の同情者にして其生活の安定を図らんため奔走せる人にして、かかる人が議会に入ることは大多数の国民の意志を代表し其意見を陳ぶる機会を与ふるものなれば、翼賛議会の議員たらしめん」と強く主張したのに対して、「国粋主義を固守する」入江種矩が反対した。これに対して平生は支部長の職権を行使して河野を推薦したのであった[129]。

ところが平生が出席できなかった総会において河野の推薦が取り消されてしまった。伍堂卓雄支部長代理はこの間の経緯を、「河野密氏の推薦に対し入江氏が反対の動議を提出し、井田氏が之に賛成を表し、河野氏の著書中、国体を晦冥ならしむる文句なりとて読上げたるが、総会には多数の軍人あるを以て短慮にも之に同じ、また政党の関係者は河野氏を排斥して自党を推薦せんと反対論に賛成し、終に多数を以て河野氏を排斥し、若し支部長が聴入れずんば自分等は辞任せんと脅喝的態度を取り、伍堂氏の弁明には耳を藉さず[130]」と説明して平生に弁明した。これによれば入江、井田磐楠のような観念右翼や軍人のほかに、既成政党関係者も河野擁立に反対し推薦を取り消したのであった。既成政党関係者の反対は自党からの推薦候補者を確保するためであった[131]。

伍堂支部長代理らは、「東京支部の内輪破を公表することは大なる失態なれば曲げて承認せられたし」とこの結果を承認するように平生に求めた。平生は、やむを得ず承諾を与えたものの病気を理由に辞任を申し出た。しかしこれにも、「現に地方に於ても支部長が会員の利己的言動を鎮撫する力なく辞任を申出るものあり若し東京支部長の辞任を容認せんか続々辞任を申出づるもの輩出すべく故に曲げて留任せらるべし」と留任要請を受けた[132]。さらには湯沢内相の説得にもあい、結局支部長の名義だけは残すことになった。平生は「余は最初より東条総理の政府をして大東亜戦争の完遂をなさしむることが現事情の下に於て機宜を得たるものと固信するを以て些かにても労を執らんと参加したるものなれば名義を存することに同意である[133]」と湯沢に告げた。実際にはこの後も平生は翼協のために活動した。たとえば翼賛選挙懇談会に出席し、また渡部善十郎、町田辰次郎など産報関係者や推薦候補者の応援演説を行った[134]。

河野推薦問題の経緯は、産報運動に協力する旧無産系運動家を擁護する平生の意志の堅さを示すものであった。平生は河野が非推薦になってからも資金援助を行った。その際平生は「労使対立時代に於て労働者の同情者たりし人々が社会大衆党を形成し、労務者の為、資本家及之を支持する政府者に対して反抗的態度を取りたるは自然の数なりといへども、今や労使の対立は解消せられ、事業家、経営者、労務者、従前の利己的主張を捨て三者協力し一体となりて国家本位、公益優先主義を以て国家に御奉公をなすことに主義主張を一変したる今日に於ては、社会民衆党も従来の主張も態度も之を改変すること当然にして、河野密氏もまた同様なりと思ふ」と社会大衆党時代とは時代が異なり産報の理念に沿った主張への変化を確認し、「社会主義とか共産主義とかいふ如き、国体の本義と一致せざる主張」を行わないよう河野に釘を刺して激励した。平生は同様の激励を三輪に行っている。[135]

平生は、この一件により既成政党への不信感と危機感を強めた。そこで湯沢内相に会見し、河野推薦問題には旧既成政党の策謀が絡んでいることを訴え、「斯の如く旧政党領袖は政友合体してなるべく多数に与党たる翼賛同盟クラブの現議員を再選せしむべく努力しつつあれば、此際翼賛協議会の主旨を徹底せしむるには政府は府知事、警察部長を動員して新候補者の当選に助力せざるべからず。若し政府が干渉の非難を恐るるが如き行動に出で後退するに於ては、この計画は失敗に帰し、延て政府の威信を傷くるに至り、軍部の内外に蠢動する東条内閣倒潰を企てつつある陰謀家に口実を與ふる事とならん。故に此際東条総理も腹を締めてかからんことを希望す」と、東条内閣打倒の陰謀を牽制するためにも、選挙干渉を強めるように勧告した。[136] さらに湯沢内相から依頼を受けた平生は、実際に翼協が「政府の手先」であることは知られているのだから内閣の威信のために批判にはかまわず推薦候補者を応援せよと、東条首相を直接叱咤激励したのである。[137] だが、河野や三輪ら旧社会大衆党系候補を弾き飛ばしたのは、推薦候補決定過程における「政府と翼同の協調体制」[138] そのものであった。

推薦過程における旧既成政党の影響力は大きく、政党人が培ってきた選挙地盤は平生の想像以上に強固であった。[139] それでも平生は、翼賛選挙で「新体制」を実現すべく各地で講演した。東京支部の推薦議員などの集会において平生は「漸次新体制、新思想に移りつつある選挙人は必ずや旧来の陋習に泥み情実因縁を以て旧政党時代の例に倣ひて当選を企図する立候補者を去つて、我々の推薦する人格、識見共に高尚にして大東亜戦争完遂の熱意に燃ゆる有為の人物に投票するの気勢が漸次高まりつつあるが、政党は解消せられたるも斯くして政府に阿附して名利を漁らんとする輩少なしとせず」[140] と演説している。平生は「新体制、新思想」が浸透しつつある選挙民は情実にとらわれず推薦候補に投票するであろうが、政党が解消されたと言っても油断するなと叱咤激励した。

平生は政党政治家に不信感を持つあまり職業政治家一般を排斥するようになった。大阪での推薦候補者のため応援演説において、平生は排斥すべき候補者として「過去に泥み伝統を墨守する旧政党的観念を有するもの」をまず挙げ、「人格識見の低劣なるもの」「生業を有せず政治を職業として生活するもの」「地盤職域に偏し、又は派閥朋党に囚はれたるもの」「情実、因縁、金力等に依って選挙地盤の強化に汲々たるもの」「利権漁、勢力拡張、猟官運動をなす傾向のあるもの」「欧米主義、即個人主義、利己主義の旧思想より脱却せざるもの」を挙げている。[141]平生は党派的行動のみならず職業としての政治そのものを「私利私欲」を図る行動として排斥するに至った。

平生は翼賛選挙に産報などと共通する「新体制」を見ていた。それゆえ選挙運動に産報を活用し、また河野らを庇護することに躊躇しなかったが、旧既成政党の壁は厚かった。

(四)翼賛政治会と財界

周知のように翼賛選挙の結果は、旧政党勢力の根強さを示す一方、数的には推薦候補者の圧勝に終わった。

選挙後、翼賛政治会(翼政会)が結成されると、平生は東条支持のためにこれに参加した。しかしこの過程で平生の活躍する局面はほとんどなかった。平生は貴族院に議席を持っていたが、「岩倉道倶男の招に依り貴族院出身者にして昨日会合に招かれたる人々(約十九人)の会合をなし、大体に於て追従することに決す。余はかかる政治結社に加入することは本意にあらざるも、東条総理の希望に依り同氏を支援せんと、とにかく表面公表せる会合なれば御多分に漏れず同意す」[142]と記しているように、そこでの活動はあまり熱心とは言えなかった。また東条首相の言う「一億一心の実を示」すためには「非推薦候補者なるも当選せる主要人物なる鳩山一郎、中野正剛とかいふ有力者は之を招致せざるべからずと思ふ」[143]と石黒忠篤に述べているように、当初の意気込みは消えて緩やかな組織形態を支持するようになった。

また平生は要請されて翼政会の顧問に就くものの、実質的な役割はほとんどなかった。顧問就任に際して「単一政党ともいふべき翼賛政治会の顧問たることを求められたる以上、政界の長老たるの資格を得たるものと苦笑を禁ずる能はず」と記しているのは、[144]彼の「顧問」の地位が形式的なものであることを自覚していたことを示していた。翼政会は議会主流派の影響力が大きく[145]、平生に実質的な活動の場はなかった。平生はその後阿部翼政総裁主催の有力政財界人を招待した会合が単なる雑談に終わったことに失望し、その「無気力、無誠意」を嘆いた[146]。

平生は、東条首相の政治基盤強化の観点から翼協、翼政会に参加したものの、熱を欠いていた。政治活動そのものは彼が本領を発揮する領域ではなかったというべきであろう。翼協での彼の政治的行動はいささか直線的でナイーブさを免れなかったし、翼政会での地位は名目的なものにとどまったのである。そこは平生が排斥した旧既成政党人、職業政治家の領域であった。

反面、財界における平生の地位は上昇していた。東条内閣にとって、財界人としての平生の参加の象徴的意味合いのほうが大きかったのではないかと思われる[147]。翼政会結成にあたって、当時の新聞は「従来政治問題に対してとかく消極的であった財界が今回の挙国的政治力結成に際して如何なる態度に出るかはかねてより各方面において注目してゐたところであったが、政府が政治力の結集に関して民間の創意と尽力を要請せんとしてゐるにあたり日銀総裁の結城豊太郎氏が欣然招請に応ずるをはじめとして平生釟三郎、藤原銀次郎、小倉正恒、藤山愛一郎、井坂孝、大河内正敏、悟堂卓雄の諸氏が進んで新政治力結集に対して極めて積極的に協力する態度をとりつつあることは従来の消極的態度に比して注目すべきもの」(『東京朝日』一九四一年五月六日)と財界の協力ぶりを注目すべきものとして報じている。また財界では平生はイニシアティブを取ることができた。たとえば平生は湯沢内相を招いた経済団体懇話会において、「政党解消せられ、一二月八日の大戦捷と米英に対する宣戦の勅詔は共に国民に大感激を与へ、大東亜戦争の完遂の為めには国民の総意を結集して之を完了せざるべからずとは何人も心ある者の異存なき処なり。翼賛政治体制協議会はこの主旨を以て清新公正なる候補者を推薦すと宣示せるを以て殊に地方に於ける有徳有力なる人々を推薦者に選びたれば、政党なき今日何等の目標をもなく推進力を有せざる選挙民が先づ推薦候補者に投票せるは当然の帰結である。次に来るものはこの新選議員が一団となりて大政翼賛の実を挙ぐる外なからん」と呼びかけた[148]。

第二次近衛内閣における政府と財界の関係の不安定さと比較した場合、翼協、翼政会への有力財界人の参加は、東条内閣と財界との関係が安定していることを示すものであった。その前提として、財界の変化があった。依然として統制会の権限委譲問題など摩擦は絶えず、平生自身そのために奔走せざるを得なかったが、近衛内閣期のような大きな政治問題とはなっていない。経済新体制による財界の変動における役割を考えれば、その間における平生の役割は小さくなかったと言えよう。「新体制」期における平生の活動は政治的には財界の側から東条内閣を支えることに帰結したのである。

平生はその後もしばらくの間、「大東亜建設審議会」など各種政府審議会委員を務め、また経済活動及び産報の活動にエネルギーを注いだが、一九四二年末に脳血栓で倒れた。その後病から回復するが、翌年四月における枢密院顧問官就任後は、大日本産報会長以外の主要な役職を辞した。[149]これによって平生の公的活動は産報を除けば終焉を迎えた。東条内閣は、内閣顧問制度などにより内閣機能の強化により生産増強を図ったが、平生は関与していない。[150]しかし平生の東条首相に対する支持は最後まで変わらず、七月内閣が辞任に追い込まれた時には、「我国に於ては支那事変以来七回の更迭あり。我国は天皇陛下玉体健やかに現存ましますを以て幸に国民の不安、不満の為国体に紛乱の恐れなしと云へども斯くの如きは国民に多少の不安を来たすを保せず、余としては不賛成なり」と反対意見を述べている。[151]戦況悪化の中、平生は産報の職も辞し、敗戦直後一九四五年一一月に永眠する。

小括　まとめと考察

平生は、近衛内閣から東条内閣にかけて、大日本産業報国会会長、鉄鋼統制会会長、重要産業協議会会長に就任する一方、大政翼賛会総務、翼賛政治体制協議会委員、翼賛政治会顧問を務めるなど、政治経済面で重要な役割を果たした。

「天衣無縫の国家主義」者[152]とも評される平生の言動は振れ幅が大きかったが、それでも第二次近衛内閣から東条内閣初期にかけての平生の思想と行動にはある程度の一貫性を見いだすことができる。「新体制」において平生が理想としたのは、戦時体制形成のために人々が「私益」を捨て「滅私奉公」「公益優先」の原理によって「挙国一致」へ邁進する社会であった。そのために産報や統制会に国家から強力な権限を付与させ集団を一元化し国家コーポラティズム化することを追求した。しかし同時に国家コーポラティズム化が一方的な上からの官僚統制に帰結することには反対した。なぜなら民間人が国家への「奉公」に対するある種の自発性を持つことを重視していたからである。官僚は生産現場の実際を知らずまたセクショナリズムに陥っているだけでなく、民間「産業人」の自発的な協力を喚起できないというのが平生の見解であった。しかも平生の立場は単に財界の利益を代弁するものではなかった。「公益優先」を掲げて自由主義を追求する既存の財界を厳しく批判したのも平生であった。

この産業人が主導する非官僚主義的な国家コーポラテイズムというある意味で矛盾した理念において重要な意味を持つのが「指導者」の役割である。平生は組織論そのものよりも人材の登用、特に最上層部のそれを重視した。公平で決断力に富む指導者が官僚化を阻止し人々の「志気」を鼓舞するはずであった。

このような発想は産報においては民間出身の平生会長・小畑理事長体制を実現するという形で表れた。その結果、産報内外で排撃されることの多かった旧無産系運動家も庇護された。大河内一男は、関西財界出身の非官僚的な産報執行部によって「戦中・戦後の連続性」が保たれたと評価している。

経済新体制問題では、平生のこのような発想は「公益優先」を強調して旧来の経済界を排撃し、他方で官僚主義を批判する「指導者原理」に基づいて強化された統制会への権限委譲という形で表れた。これによって戦時生産に関わる「産業人」主体の経済新体制を推進しようとした。経済新体制は、郷死後の財界のあり方自体を変化させた。

平生は、政治の世界にも強力なリーダーシップを求め、その実現を東条首相に見た。平生は「新体制」建設を担う近衛内閣そのものには批判的であった。その理由は近衛内閣の政治的リーダーシップを評価しなかったからであり、逆に平生は東条＝軍人内閣の実現に権力の二重構造の解消による強力な指導体制の成立を見て支持した。

平生は、影響力は限定的であったが、大政翼賛会、翼協、翼政会を通じて政治にも関与した。政治組織自体にあまり関心を持たなかった平生は、観念右翼と革新右翼の対立に無関心である一方で、近衛の折衷的な政治姿勢に批判的になっていった。東条体制を支援すべく翼協を通じて翼賛選挙の候補推薦に関与したが、旧既成政党勢力の壁は厚く、河野ら旧無産系・産報関係者を推薦できなかった。翼政会への関与は形式的なものであったとしても、財界の象徴的な体制参与に一役買うことになった。

産業報国会、経済新体制、翼賛政治に横断的に関与した平生は、それらに共通する「新体制」を目標にしていた。平生にとって、「新体制」のピークは、産業報国会、経済新体制が一定程度軌道に乗り、軍人指導者東条首相の下で強力な政治指導体制が実現し、緒戦の勝利に沸く中で翼賛選挙が行われた一九四二年初頭ではなかったかと思われる。翼賛選挙は思うようにはならなかったが、経済界と東条政府との良好な関係を示すことはできた。このような平生の活動を政治経済史的に見た場合、興味深い視点を提供している。大政翼賛会をめぐる政治過程を「一国一党論」を推進した勢力や近衛側近の知識人たちの観点から見た場合、その挫折を強調することになるだろう。また経済新体制についても、旧財界勢力からの反撃を重視すると、それが政治経済システム全体にもたらした影響を軽視することになる。戦時の「翼賛体制」は旧体制への回帰ではなく、新体制運動は国家と社会の関係に大きな変化をもたらしていた。この意味で平生の「新体制」と東条内閣を連続させて見る見方は、限界があったとはいえ、「翼賛体制」の形成過程の重要要因として無視できない視点を提供している。[153]

一方戦後につながる戦時の経済システム変化は、労使関係、業界団体と政府の関係、企業システムが補完的に変化したものと指摘される。[154]他方で戦後の経済成長との関係において戦時における官僚による統制経済を強調する見解に対しては、「誤解された日本の奇跡」（D・フリードマン）[155]のような戦時においても統制に対する民間企業の抵抗力を強調する批判、そもそも「政府の能力」の限界があった（三輪芳朗）[156]、また国家と企業の間の政治的な「相互同意」（R・サミュエルス）[157]の存在を強調するなど批判的見解が強い。

戦時期の政治経済体制の仕組みが単に上からの統制だけで成り立っていたのではないとすれば、官僚の独善と資本による利益追求の両者を批判しつつ「産業人」の観点から広い領域にわたって「新体制」を推進した平生の思想と行動は注目に値する。政官財の既成勢力を批判した平生は戦時統制システムを社会の中に「埋め込む」ことに重要な役割を果たしたのである。平生の戦時における活動は、財界人として自由主義的改革にコミットした一九二〇年代以来の考え方に淵源がある。時代の変化とともに尊皇ナショナリズムは強化されて、「自由通商」が「大東亜共栄圏」下の共存共栄になり、利益至上主義批判や社会に対する奉仕の必要は戦時における「滅私奉公」となった。労資協調は労使一体から産業報国になり、その過程では必ずしも無産運動出身の活動家も排除しなかった。その反官僚主義、自発性重視の発想は維持され、戦時期にも持ち込まれた。

終章　総括

自由通商協会は、一九二〇年代の政党内閣期に、通商の自由と保護主義の潮流がせめぎ合う国際情勢を背景として発足した。その宣言は「天然資源に乏しく且人口稠密の我国が自由通商の主義に拠らざるべからざる」こと、関税低下によって「真の生活の安定を得て国力の発展」が可能になることをうたっていた。運動は「通商」の自由を軸にした幅の広い自由主義者の集まりであり、財界人、知識人、新聞人が分野横断的に参加していた。このことは設立当初の協会首脳部が、志立鉄次郎、平生釟三郎、上田貞次郎、石井徹、村田省蔵、高野岩三郎によって構成されていたことからもある程度分かる。経済界から志立、平生、石井、村田、学者理事として上田、高野が加わっていた。分野横断的な人材を擁したことから、一方で関税引き上げ反対運動を各種団体や外務省のような官庁と提携して行い、他方で専門的な論説や資料の掲載される『自由通商』のような機関誌を発行することが可能になった。

自由通商協会は全国の主要都市に支部を持ち、東京に本部を有していた。しかし実際上活動の中心となったのは、大阪朝日や大阪毎日のような有力新聞の経済記者、平生、村田のような活動的な財界人を抱え、また東京に比べて保護主義の希薄な大阪であった。自由通商協会は、大阪における金属加工業、機械工業などの発展を背景とした大阪工業会との関係が深かった。大阪工業会の理事長片岡安や栗本勇之助は、自由通商運動の支持者であった。戦間期に工業生産高で東京を凌駕した大阪では、綿業以外にも多様な産業が発達していたことは従来から指摘されてきたところである。

戦間期に活動した自由通商運動関係者の多くは、自由主義的改革への志向を持っていた。また社会政策を評価する「新自由主義」を提唱していた上田と大阪財界の平生、村田は東京商科大学（高等商業学校）の同窓生であり、同窓会組織である如水会ネットワークを通じてその関係は親密であった。[1] 学者の上田と財界人である平生たちの言動は、常に一致していたわけではないが、上田の死に至るまでその交友と信頼関係は維持された。運動の幅の広さは、大原社会問題研究所長となっていた高野を理事に迎えていたことからも分かる。高野は関税低下が無産者の利益になると論陣を張り、また日中戦争が始まるまでその人脈は機関誌『自由通商』の執筆陣を供給した。本書では、上田を自由通商運動のリベラル、高野を左派として位置づけて言及した。自由通商運動には、リブ・ラブ連合の側面があったと言っても良い。

自由通商運動は、関税問題などでの国際的協力を前提としており、そのため基本的には政党内閣期の国際協調路線と歩調が合っていた。しかし満洲事変、さらに日中戦争以後とその論理は変化し、経済ブロック圏の形成に追随していった。自由通商運動の軌跡は、満洲事変以前と事変から日中戦争勃発まで、日中戦争以後の三段階に分けて考えられる。また大阪財界の動向も同様である。

第一の満洲事変以前の時期において、自由通商運動は、保護主義に傾く政友会よりも浜口雄幸ら首脳部が自由通商に好意的な発言をする民政党に近くなった。大阪財界としても、特に積極財政を掲げた田中内閣に批判的であり、浜口内閣に期待を高めていた。補論一で論じたように、経済的自由主義を打ち出した武藤山治の実業同志会は、政友会との提携以後、地盤であったはずの大阪で評判を落とした。政党内閣期に発足した自由通商運動は、民政党内閣の井上準之助蔵相の金解禁・緊縮財政政策を支持する大阪財界の「経済更新会」の重要な一角を占めた。「自由通商」に一定の理解を示す井上蔵相は、大阪財界の支持を重視した。補論二で論じたように、緊縮財政を採る民政党内閣下において大阪帝国大学の創設が可能になった背景には、井上と大阪財界の緊密な関係があった。

ただし、この大阪の井上支持勢力と民政党は、経済政策において必ずしも一致するものではなかった。世界恐慌が次第に深まる中、民政党内閣には井上路線とは異なった路線が台頭してくる。一つが商工省と中島久万吉など中央財界が主導するいわば上からの「産業合理化」である。これに対して自由通商に関連する論者には「産業合理化」を民間主導のコーポラティズムや関税障壁の撤廃に求めるアイデアもあった。しかし政府が採用したのは前者の上からの「産業合理化」であった。当初経済競争力を増進させることを目的とする産業合理化は、井上財政とも相互補完的なものと捉えられていた。だが「産業合理化」の具体化の過程で、鉄鋼関税引き上げを伴う製鉄合同が浮上すると対立関係が顕在化した。鉄関税引き上げに自由通商運動が影響力を持つ大阪財界の「経済更新会」が強く反発した。自由通商運動は井上蔵相に訴えて、鉄鋼関税引き上げを伴う製鉄合同を阻止した。

民政党内閣期の経済政策には、閣内・与党で限ってみても亀裂が走っていた。一方で、官庁主導の「産業合理化」や中野正剛など安達派の「国家調整」主義があった。他方で、大阪財界などには、国家主導ではない自由主義的傾向を帯びたアイデアも存在した。後者も井上蔵相を動かし国政に影響力を発揮することができた。この時期の民政党の経済政策を政友会の「産業立国主義」に対する「国家調整主義」として一元化して捉えるのは[2]、単純化しすぎていると思われる。

恐慌が深まる中で、第二次若槻礼次郎内閣期に井上の緊縮財政路線に対する反発が強まり、満洲事変と英国の金本位制離脱後、安達の協力内閣運動により民政党内閣は崩壊する。その後も自由通商運動は井上に期待を寄せたが、暗殺とともにそれも潰えた。以後政友会の保護主義的な産業立国路線が優位に立ち、犬養毅政友会内閣から斎藤実の挙国一致内閣にかけて関税引き上げが実現されていった。

民政党内閣期の自由通商運動と経済更新会は、軍縮運動にもコミットしていた。彼らの軍縮支持は財政的観点の強いものであるが、同時にそれは幣原の協調外交支持を含意するものであった。これに危機感を抱いた大阪の第四師団が接近してくるが、当初井上を支持する大阪側は、批判的姿勢を崩さなかった。しかし、満洲事変後しばらくすると、その姿勢は大きく変化し、事変とその帰結である満洲国を肯定するようになる。自由通商運動では、一方で軍部と接触しながら満洲国の「委任統治論」、軍人内閣論を唱える平生のような行き方があり、他方やむを得ず満洲国を追認する上田の行き方があった。いずれにしても自由通商運動は、積極的にあるいは消極的に柳条湖事件から満洲国建設に至る道を肯定した。その論理は、アメリカにおけるスムートホーレー法の成立など世界的な経済ナショナリズムの高まりを背景に、自由通商が行われなければ「領土拡張」もやむを得ないというものであった。

満洲事変以降自由通商運動は第二期に入る。だが満洲事変の肯定は、必ずしも自由通商の主張を取り下げるものにはならなかった。一部で主張されていた「日満ブロック」論に対して、日満だけで経済は完結せず、したがって「自由通商」の主張をなお続けてゆく必要があるという上田の議論が優位に立つことになった。自由通商運動の主要な担い手は、満洲国を前提としつつ従来の運動を継続した。

上田らの自由通商の必要性に関する議論は、連盟脱退後の広田外交と連続性を持っていた。平生も、やがて「日満ブロック」は不可能であるとして蒋介石の国民党政権との提携による「日満支ブロック」論を唱えるようになるが、この時点では日本を東洋の盟主と位置づけるものではなく、その主張の武断的覇権的性格は希薄であった。自由通商運動は、基本的には広田外相の和協外交的側面に沿うものであった。

世界的動向を見ても、自由通商への希望がなくなったわけではなかった。オタワ会議に見られる英帝国圏のブロック化の一方で、ルーズベルト政権の互恵通商政策、ロンドン国際経済会議の開催等保護主義一辺倒ではない試みも存在した。また金輸出の再禁止以後、日本の綿製品・雑貨などの各地への輸出は飛躍的に増大した。もっともこの輸出増加は、経済摩擦を引き起こし、日印会商、日蘭会商など交渉が行われて大きな問題となる。しかし自由通商運動の関係者たちは、会商の結果出現した通商協定を容認し、上田などは必ずしも自由通商が完全に否定されたものとは見なさなかった。協商の結果、割当制など統制の強化が図られることになったが、次第にこれもやむを得ないものとして是認された。

日本でも一方で関税引き上げの動きは強まったが、他方で通商自由の必要性に関する認識はなくなったわけではなかった。民政党内閣期には実現しなかった鉄関税引き上げと製鉄合同は、自由通商運動の反対にもかかわらず、斎藤実内閣において実現した。強まる逆風に対して自由通商協会は、本部を活動の不活発な東京から大阪に移し、組織の代表者も平生、次いで村田ら大阪財界サイドの指導者に変更した。関税の引き上げによる物価の高騰は、需要者、生活者に害を与えるという運動の論理は不変であった。平生は外務省の通商審議会などで自由通商の必要性を説き、通商戦争を引き起こす可能性のある通商擁護法などに異論を唱えた。他方で、経済紛争によってむしろ対外的に自由通商を訴える必要性が認識されるようになり、経済界からの寄付を得て上田を中心に英文パンフレットが発行される。運動は、綿業、商社などから支援を受けられただけでなく、外務省特に通商局と密接な関係を持った。通商局は複関税、報復関税制度など通商紛争に備える制度の導入を図る一方で、対外的には自由通商を唱える必要性を認識していた。

華北分離工作以後の日中関係悪化の中で、準戦時体制期に資源と植民地の再配分を唱える「持てる国」「持たざる国」論が登場しても、国際連盟の場などでの議論と自由通商の復活の可能性を語る佐藤尚武外相に期待する余地が存在した。盧溝橋事件の直後の『自由通商』一〇周年記念号に中国統一の可能性を論じる上田や尾崎秀実の論考が掲載されていたのは、このことを示している。

この時期の自由通商協会の会合には、自由主義者の連合戦線的側面が継続していた。会合には石橋湛山や芦田均、清沢洌などの自由主義者が参加した。特に石橋と上田の間の状況認識の類似性は高かった。またこの時期には、ソシアル・ダンピングの存在を認め、労働保護政策の必要性を訴える高野などが発言する余地があった。自由通商関係の財界人が参加する「社会立法協会」の活動も社会改革を否定しない「新自由主義」の側面が残っていたことを示唆する。

他方で、日中戦争を支持する諸条件が蓄積していたのも事実であろう。通商紛争によるストレスはマグマのようにたまっていた。特に資源などを依存している相手との通商交渉においては、日本側は不利な立場に立った。日本の必要とする資源を有しているオーストラリアやカナダとの通商紛争では、日本の輸入超過にもかかわらず相手国から制裁を受け、不利な交渉となった。蔣介石との提携による日満支ブロックを唱えていた平生は、日中戦争直前に、自由通商を掲げつつ、さもなくば領土拡張か「戦争行為」の危険性があると警告している。また、特に大陸との通商関係の強い大阪には華北への関心があり、さらに第四師団との関係も影を落としていた。自由通商運動内部でも、自由通商への期待と軍事的ブロックへの誘惑が交錯していた。

盧溝橋事件勃発後、日中戦争が拡大するとその活動が減退するだけでなく、「自由通商」の意味が大きく変化した。これが自由通商運動の第三期である。東亜新秩序について特集した『自由通商』第一二巻第二号（一九三九年）では、村田理事長が巻頭言において、東亜新秩序に対応する「日満支ブロック」を建設し、世界の「ブロックとブロックとの間に有無相通の通商理想」を実現すると述べるに至っていた。ブロックの形成を前提としたブロック間貿易が自由通商の代替物と見なされるようになった。平生も軍事占領によって形成される「日満支ブロック」を自由通商圏と見なした。日鉄会長と兼務して寺内寿一北支派遣軍司令官の最高経済顧問となった平生は、資源や食料の供給地としての大陸と工業国日本の間でブロックを形成することを自由通商の実現と見なした。第二次近衛内閣下、大東亜共栄圏建設が政府の路線となると平生もこれを支持し、南進を唱えた。自由通商圏として東亜新秩序、大東亜共栄圏を肯定した平生は、アメリカからの経済制裁を受けて軍人宰相の下での対米戦を肯定するに至った。

補論三で論じたように日中戦争以後に大阪を基盤とする東方文化連盟のたどった軌跡もほぼ同様であった。日中戦争までは、大阪財界に基盤を持ち民間外交を自負した東方文化連盟の活動は、通商摩擦にもかかわらず穏健なアジア主義の側面を維持していた。しかし事変後は大アジア主義的論理が目につくようになり、大島浩がドイツとの提携と南進、大東亜共栄圏との関連を説く講演を行うまでになった。

自由通商運動は、民政党内閣期に全盛期を迎え、満洲事変を第一の転換期、盧溝橋事件を第二の画期として変質し、最後は大東亜共栄圏を自由通商圏と見なすに至った。自由通商運動は、積極的に戦争を扇動したというよりは、後追い的に日本の大陸膨張を肯定した。同時に戦時体制形成に参画するようになる。それでも理想とする自由通商の旗は降ろさず、運動は日米開戦後も名称を変えつつ継続した。また通商の必要性の認識自体は変わらず、日中開戦後も「日満支ブロック」と貿易の振興が同時に唱えられた。

なぜ、自由通商運動が、なし崩し的にブロック経済を正当化するようになったのか。そこには環境的要因のほかに内在的要因もあった。自由通商運動は、発足当初から日本が特に貿易を必要とする理由を、狭隘な領土、稠密な人口、過小な天然資源に求めていた。だが、もし国際情勢によって通商自由が十分行われない場合、論理的には人口過剰を移民によって緩和するか、あるいは領土の拡張によって解決するかということになる。人口問題は、自由通商運動の主要な担い手にとって重要な関心事であった。上田が人口問題に対する学問的関心を深めてゆくのは、このような背景があった。他方で、平生はより実践的に海外移住組合連合会長としてブラジル移民を推進した。村田も大阪商船の経営者として移民を運ぶ南米航路を推進し、海外移住組合連合会を改組してブラジル移民を促進するために日南産業株式会社が創立された際、取締役としてこれに参画している。それでもそれらが十分でない場合、人口・資源問題を解決するためには、軍事的手段に訴えてでもブロック圏の必要性を持ち出す余地が生じることになった。上田は、満洲事変後は対外的にその危険性を警告し、自由通商の必要性を訴えた。平生は逆に、自由通商が実施されなければ軍事侵攻もあり得ると警告した。会商の結果の互恵協定は容認され得たが、ストレスは残った。自由通商とブロック化の微妙なバランスを突き崩したのが、華北における陸軍の軍事行動であった。日中戦争後は、機関誌『自由通商』でもブロック内、ブロック間の「自由通商」が唱えられるようになった。

ブロック内、ブロック間の通商という考えは、日独伊三国同盟締結の背景にあった勢力圏による世界分割のそれと親和的であった。松岡洋右外相の側近であり通商局長経験者でもあった斎藤良衛は、三国同盟の背景について、他国の鎖国経済に押されて日本もやむを得ず「貿易の行き詰まりから経済ブロックへ」至り、「東亜ブロックの安全と完全な機能発揮のため、他のブロックとの接触を必然」のものとしたと回想している。[3] 斎藤の論理は他国の「鎖国経済」による日本のブロック経済への道を強調している点で自由通商運動のそれと類似している。第二次近衛内閣の「基本国策要綱」は、「数個ノ国家群ノ生成発展ヲ基調トスル新ナル政治経済文化ノ創成」がなされる世界状況を「大東亜ノ新秩序」の前提としていた。「自由通商」も大東亜共栄圏に行き着いた。

しかし周知のように日独伊三国同盟は対米関係を悪化させ、大東亜共栄圏の南進策はアメリカの制裁によってブロックの論理を破綻させて真珠湾への道を決定づけた。日米間の大きな国力差を認識し、密かに危惧を抱く財界人もいる中で、平生はじり貧論的発想から日米開戦やむなしと考えるようになった。開戦後に残るのは、大東亜共栄圏内における交易、分業であり、この観点から「自由通商」は「共存共栄」と名を変えて細々と続いた。国際情勢が変化しても自由通商を永遠の課題であると信じた平生や村田はその旗を降ろさなかった。

自由通商（共存共栄）協会の会合には、石橋湛山も顔を出していた。日米開戦前には広域経済でも通商が必要になるとの観点から大東亜共栄圏を批判していた石橋もやむを得ず大東亜共栄圏内の分業と貿易を説くようになっていた。しかし戦争中から戦後構想を研究し始める石橋に対し、[4] 自由通商関係者にはそのような発想は乏しかった。協調関係にあった石橋、芦田、清沢ら自由主義者が戦時体制の異分子であり続けたのに対し、[5] 上田亡き後、平生や村田らの実業人に率いられた自由通商運動関係者には、戦時体制への同化が顕著であった。

以上の経緯を一般化して見た場合、次のようにまとめることができる。西洋列強と比較すれば「新興国」でありかつ「資源小国」で貿易依存度の高い日本は、通商交渉において脆弱性を有していたが、それでも貿易を維持することはできた。他方で、東アジアでは軍事的プレゼンスのあった日本には、軍事侵攻によってブロック特に「日満支ブロック」を作り出し、ブロック間貿易を行えば良いと考える誘惑があった。しかしそれは、国内的には軍事国家化による経済的負担などの犠牲が伴うだけでなく、海外からは経済制裁を受ける危険性を伴っていた。通商交渉に脆弱性を持つ一方で陸軍の影響力などにより大陸政策において譲歩することが困難な日本は、漸次広域経済、大東亜共栄圏、最終的には「大東亜戦争」と国力不相応な戦争への道を歩むことになった。政治経済的に見た場合の本来の自由通商と名目はともかく軍事的ブロック化の路線の分かれ目は、日中開戦であったように思われる。開戦後、「北支を第二の満洲にすれば国内は治まるかもしれない」が、外国がそれを忍ぶか「日本の経済力がそれを許すか」と問い、事変前の情勢を回顧して「冷静な人々は日満支ブロックに余り力を入れすぎて、広い世界の貿易を失ふの不得策なることを知ってゐた。しかし普通の日本人にはかやうな説は聴かれなかった」と上田は記した。平生や村田らの財界人は、「日満支ブロック」の道を選択することになったが、事変前から軍事侵攻を主張していたわけではない。しかし国際連盟下においても貿易紛争を緩和する安定した通商レジームが未発達であり、かつ国際政治上でもファシズムの影響が増しつつあった中で、彼ら自身も自由通商の将来について展望を持つことができなかった。彼らは政治的統合機能が弱化し、総合的な情勢判断に基づいた国策決定能力が欠如しながら、動員能力を強化しつつあった日本政府による大陸政策の後を追い、その強化を求めて過激化した。

新体制期には自由通商運動や大阪財界の関係者には中央の政財界で重要な役割を担う人物が現れた。日鉄会長として、産報や重産協、翼政会などで重要な役割を果たす平生、海運の戦時体制確立を主張して海運自治連盟を結成した後、逓信大臣兼鉄道大臣として第二次近衛内閣に入閣する村田がその代表格である。高碕達之助は、満洲重工業開発株式会社の副総裁、総裁を務めている。自由通商関係者ではないが、大阪財界関係者からは住友財閥から小倉正恒が第二次第三次近衛内閣に入閣し、小畑忠良が企画院次長、産報理事長などを歴任し、小林一三も商工相に就任している。一方で戦時業務を担う「産業人」が広く求められ、他方で統制の深化とともに中央化する大阪経済のあり方がそこには反映されていた。原武史が「民都」意識の強かった大阪においても一九三〇年代には「帝都」意識が浸透してきたと指摘しているように[6]、そこには文化的な変容も伴っていた。

第三部では、自由通商運動と関係の深い栗本と平生の「新体制」との関係について検討した。当初統制を拒否していた『自由通商』も、満洲事変後には会商による互恵協定に伴う自主統制を容認し、準戦時体制期には官民による貿易統制のための中央機関の設置を唱えるに至り、日中戦争開始後は、官民一体の統制を求めるようになっていた。

大阪工業会に足場を置く栗本は、紡績業や住友財閥のような大資本家ではないが、重化学工業化する大阪経済の動向を反映しまた牽引する経済人であった。鉄加工業を経営する栗本は、自由通商運動の活動家であり、政党内閣期には一定の範囲で労働組合に理解を示し、大陸問題でも経済的妥協の必要を説いていた。しかし栗本も満洲事変後は満蒙の「新生命線」を重視する方向に舵を切った。一九三〇年代半ばになると内閣調査局、企画庁参与となり、また政治経済研究会を組織し、なお自由主義的雰囲気の強い大阪財界と中央の動向をつなぎ合わせようとした。日中戦争後、栗本は「日満支ブロック」と同時に貿易の必要を唱える。大東亜共栄圏の時期にも、大阪と日満支がその基軸となるという主張を行った。一方栗本は新体制期には、「積極的全体主義」、さらに官僚統制と利潤原理をともに否定する新しい「皇道経済」を唱え、「産業人」の参加による新しい経済を主張した。

平生は、戦時には、日鉄会長として、産業報国会、重要産業協議会や鉄鋼統制会の責任者となり、さらには翼賛政治体制協議会、翼賛政治会に参画した。政治経済にまたがる分野で活動した平生が「新体制」において目指したのは、産業人主体の非官僚主義的な国家コーポラティズムによる戦時体制の形成であった。平生は旧来の財界人や政党人を排撃しつつ、同時に官僚統制を批判した。他方で、平生は東条英機内閣下の翼賛体制形成に大きな役割を果たした。

近衛新体制の「自由主義克服の時代[7]」において、栗本や平生は経済的自由を「克服」するにあたって、かなり独自のスタンスで望んだ。彼らが主張した産業人が牽引する一方で利潤原理を排した戦時統制経済、その反官僚主義的な戦時革新主義は、何に由来するのか。自由通商運動の政府に依存する保護主義を批判する自由主義的改革指向に淵源をうかがうことができる。左右の「革新」派以外にも、かつての自由主義的改革に由来する戦時体制への道があった。もっともそれはそれはかつての自由主義からの大いなる逸脱であった。

他方で重工業化しつつあったとはいえ軽工業などの比重が大きかった大阪の多くの企業は統制や企業整理の対象となり、経済統制はその経済地位低下を招いた。日中開戦後の経済統制、大陸進出と大阪経済の地盤沈下は悪循環をなしていた。在華紡の外郭団体に勤務していた佐藤克己は、日中開戦後紡績業者は統制のために儲けられなくなったので、「みんな戦争をよけて中国へ出て行った」、中国では「自由経済」のため一時在華紡は栄えたが、英米への宣戦布告後、特に大東亜省ができてからは行政指導が強まったと回想している。[8] 大阪商工会議所理事・武田鼎一の「（大阪が）中小企業の整理統合によって蒙ったる打撃を大東亜共栄圏なる広域経済の中心として立つことによって、償って余りある如く施策されんことを切望せざるを得ない」という戦時の発言は、経済ブロック拡大とは裏腹の犠牲の大きさを暗示している。

一般の商工業者が、本音のところで「経済新体制」の建前を受け入れたかも疑問である。経済新体制に目鼻がつき始めた一九四一年半ばになっても、「大阪に於ける実業家は経済新体制の原理を具顕せんとする真意なく、かかる理念が実行せらるるは一時的にして結局は自由経済主義に復帰するならんとの意見を蔵するもの少なからず」[9]として、大阪商工会議所理事・浜野恭平は平生に実業家たちへの説明を依頼していた。しかし戦時の大阪商工会議所は、「国民経済再編成の強硬によって惹起せられる諸種の相克摩擦を芟除して、総力戦経済体制の整備に協力すべき新たな使命」「高度国防経済の確立、東亜共栄圏の育成に対する積極的寄与」[10]への努力を当然のこととしていた。建前と本音のずれは大きかった。

戦後、世界の通商秩序は大きく変わる。戦間期の経済ナショナリズムの弊害に鑑み、国際貿易に関する新たな戦後レジームが形成されることになった。一九四七年、関税、輸出入規制など貿易上の障害を低減・廃止し、自由な国際貿易の実現を目指すＧＡＴＴ（関税と貿易に関する一般協定）が調印され、一九五五年に日本も参加した。

一方自由通商協会は、戦後にはほとんど活動できなかった。その中心人物であった平生は敗戦直後に死去し、村田は公職から追放されＡ級戦犯容疑で巣鴨拘置所に収容された。彼らは戦時体制に関わりすぎていた。占領下、日本は主権を失った状態でもあり、活動停止は必然であった。

他方で関西財界は戦後の再出発にあたって、自由主義に回帰しようとしていた。戦後大阪では独自の経済団体を作る動きが強まり、一九四六年には関西経済連合会、関西経済同友会が設立された。そこには東京中心の戦時統制に対する一種の被害者意識があった。自由通商運動の推進者でもあった飯島幡司（朝日放送、関経連第二代会長）は、関経連発足の契機について「戦争中大阪はずいぶん東京に引摺り廻されましたよ。政府というものを背景にしてね。大阪はその為に非常に苦労をしました。さういふものに対する一種の〝これではいかん〟といふ気持ちが盛り上がったことが、この会が出来た主要な理由だと思ふ」と回想している[11]。戦時には「ふるい自由主義が利潤のみを目標としたのに対して、新しい計画経済は自由の目標を、皇運輔翼・国家興隆の奉公に置き直そさうといふのであります」と説いていた飯島ではあったが[12]、戦後には戦時協力の裏の本音を表看板として掲げることになった。同じく自由通商協会の会員であった関桂三（東洋紡績、関経連初代会長）も「統制時代にはなんでもかんでも全国一本にしないと気がすまぬ統一癖があったが、もともと東京と関西とでは経済の事情が違う」と「政府の助成指導を要する業種」が多い重工業中心の東京と「自由企業が多い」関西は考えが違って当然とほぼ同趣旨を述べている[13]。また日向方齋（住友金属、第八代関経連会長）は「やはり関西流の自由主義の本流を維持しなきゃいかんという気持ちがあって、それが関経連が生まれた動機だと思う」と述べている。湯浅祐一（湯浅電池、初代関西経済同友会代表幹事）は関西経済同友会設立の際には、「民主化は、自由企業体制の確立、自由貿易体制と不可分のものであり、アウタルキー的な考え方を払拭しない限り日本の再建は不可能である」と提案したと回想している[14]。実際「日本貿易の進むべき道：日本は関税の全面的撤廃を世界に宣言せよ　二一・一一・三〇」（経済同友会関西支部・国際経済研究会）は、経済的国家主義が軍国主義をもたらしたとして関税の撤廃を提言し、「新憲法の交戦権抛棄の条件として日本が関税を撤廃すると言い出したら日本の平和的、進歩的の意図を更に力強く世界に闡明することになるであろう」と述べていた。「修正資本主義」に近い傾向を持つ同友会は企業を「経営、資本、労働の三者の共同体」として捉える「企業経営の民主化：試案　二二・八・六」（経済同友会経済民主化委員会）も公表していた。[15] 関税撤廃と経営の民主化、自由主義、平和主義を結びつける発足時の関西経済同友会の理念は初期自由通商運動のそれに相通ずるものがある。

一方、村田や高碕のように自由通商運動を推進した経済人の中には公職追放解除後に政治や公的活動に関わる人物も出てきた。彼らは「貿易立国」をその活動の基本に据えていた。その場合、アジアの国々との賠償問題や対共産圏外交と関連していたが、その役割は経済や貿易を通じたものであった。村田は「日本国際貿易促進協会」を作り日中貿易の発展に尽力したが、それは「独自の中国観」と同時に「国際平和、自由通商の理想の実現への涙ぐましい強い努力」[16]に由来するものであった。LT貿易や日ソ漁業交渉を推進した高碕の場合、日本は自給自足ができないので「貿易立国」でなくてはならず、東の国で「一番近くにあるソ連、あるいは中共」とも交流しなければならない、という考えが政治の道に入った動機であると回想している。[17]

戦後中国市場を失い東南アジア市場が伸張しつつも不安定な通商状況の中、大阪財界の貿易論は錯綜していた。[18] そのような中で自由通商運動に参加し戦後大阪商工会議所会頭を長きにわたって務め日韓交渉などで重要な役割を果たす杉道助は、貿易立国論からジェトロ（日本貿易振興会）の創設を推進した。戦後大阪の復興の観点からも貿易拡大が必要であるが、〝満韓支〟市場を失った大阪にとってそのためには世界市場の調査が必要であると考えたことに由来していた。[19] 自由通商運動の関係者の多くが、戦後は「貿易立国」に基づく活動を行っていた。

自由通商運動のたどった道に鑑みて、その貿易や通商に重きを置く考え方は、それ自体では特定の政治経済システムや対外政策を決定的に導く力は弱く、満洲事変、日中戦争期などには現実に追随することが多かった。戦時体制にコミットしてゆく自由通商運動の指導者に欠けていたのは、内外の政治経済状況や安全保障問題に関する総合的な判断力であったと言うのは酷であろうか。この点で同じく「貿易立国」論者で同伴者でもあった石橋湛山との異同を改めて考えざるを得ない。他方でそれは自由さや柔軟性を持つと言うこともでき、戦後にはそれぞれの立場から冷戦イデオロギーを越えて「貿易立国」に基づいた活動を実践することになった。

あとがき

本書は、次の論文に修正をほどこし、再編したものをもとに構成されている（序章と終章は書き下ろし）。

「平生釟三郎と『新体制』（一）（二・完）」『阪大法学』第四七巻第六号、一九九八年、同第四八巻第一号、一九九八年

「実業同志会と大阪財界：武藤山治と平生釟三郎の関係を中心に」『阪大法学』第五五巻第三・四号、二〇〇五年

「大阪帝国大学設立の政治過程：大阪財界と浜口雄幸内閣」『阪大法学』第五九巻第三・四号、二〇〇九年

「民政党内閣と大阪財界（一）〜（三）：井上準之助蔵相と経済的自由主義」『阪大法学』第五七巻第四号、二〇〇七年、同第五八巻第五号、二〇〇九年、同第六二巻第二号、二〇一二年

「自由通商運動と満州事変」『阪大法学』第六四巻第三・四号、二〇一四年

「満州事変後における自由通商運動の軌跡：『大東亜共栄圏』への道」『甲南法学』第五七巻第三・四号、二〇一七年

「東方文化連盟：一九三〇年代大阪のアジア主義」『阪大法学』第六九巻第三・四号、二〇一九年

「大阪財界と戦時・大東亜共栄圏への道：栗本勇之助と政治経済研究会」瀧口剛編『近現代東アジアの地域秩序と

日本』（大阪大学出版会、二〇二〇年）
「民政党内閣期における産業合理化・製鉄合同問題と大阪財界：自由通商運動を中心に」『阪大法学』第七〇巻第三・四号、二〇二〇年

本書出版にあたっては令和五（二〇二三）年度大阪大学教員出版支援制度により援助を受けた。また元になった論文執筆の過程では科学研究費（課題番号：20K01447、17K03539、25380156、22530124）の支援を受けた。また大阪大学法学部卒業生の篤志家の方の寄付の支援を受けた。同基金の支援を受けるについては多胡圭一大阪大学名誉教授のご理解を賜ることができた。

本書で用いている平生釟三郎の日記をはじめとする資料の閲覧に際しては、甲南学園の関係者、特にその刊行が始まってからは著者も参画した「平生釟三郎日記編集委員会」の方々の世話になり、示唆を得た。

論文や本書執筆の過程において研究会などで多くの方からのアドバイスを受けたが、特に本書の構成等に関して、高橋慶吉、矢嶋光、久野洋、醍醐龍馬、野間俊希、田附晃司の方々から意見をいただき、参考とさせていただいた。また校正等にあたって、宮田圭君に助けてもらった。

心より感謝します。

注

序章

[1] 鹿島平和研究所編、佐藤尚武監修『日本外交史　第一四巻　国際連盟における日本』(鹿島研究所出版会、一九七二年)一八〇～一八一頁。
[2] 小野直樹『日本の対外行動：開国から冷戦後までの盛衰の分析』(ミネルヴァ書房、二〇一一年)八一頁。国際貿易や国際金融に依存する度合いの強かった近代日本を「開放小国」状態にある「新興国」として分析する視角も参考になる(鎮目雅人『世界恐慌と経済政策：「開放小国」日本の経験と現代』(日経BPM、二〇〇九年)八三頁)。
[3] 第一次世界大戦後の通商環境については、外務省監修・日本学術振興会編纂『日本外交文書　修約改正関係　別冊：通商条約と通商政策の変遷』(世界経済調査会、一九五一年)四一三～四二八頁、原田三喜雄『近代日本と経済発展政策』(東京経済新報社、二〇〇〇年)三〇九～三四五頁、吉田ますみ「第一次世界大戦後の日本外務省と『通商自由主義』」『東アジア近代史』第二四号、二〇二〇年、一四六～一六四頁など参照。
[4] 拙稿「日英通商航海条約改定交渉と第一次世界大戦後の通商政策：自由通商と保護関税・特恵関税・満洲問題の交錯」『阪大法学』第六三巻第三・四号、二〇一三年、八八一頁。
[5] 濱田徳太郎編『日本貿易協会五十年史』(社団法人日本貿易協会、一九三六年)一〇二～一〇四頁。
[6] 田口の政治思想史上の意義については、河野有理『田口卯吉の夢』(慶應義塾大学出版会、二〇一三年)参照。
[7] 北岡伸一『門戸開放政策と日本』(東京大学出版会、二〇一五年)二二一、四六二～四六五頁。
[8] 小野一一郎『日本資本主義と貿易問題(小野一一郎著作集　二)』(ミネルヴァ書房、二〇〇〇年)二五四～二六〇頁。
[9] 広川禎秀「自由通商主義から領土拡張主義へ：自由通商主義をめぐって」岸俊男教授退官記念会編『日本政治社会史研究　下』(塙書房、一九八五年)。
[10] 石井寛治『帝国主義日本の対外戦略』(名古屋大学出版会、二〇一二年)二八〇頁。
[11] 矢野真太郎「日中『経済提携』と和解」劉傑編『和解のための新たな歴史学：方法と構想』(明石書店、二〇二二年)九四～九六頁。
[12] 杉原薫『アジア間貿易の形成と構造(MINERVA人文・社会科学叢書　四)』(ミネルヴァ書房、一九九六年)一三七頁。

[13] 籠谷直人『アジア国際通商秩序と近代日本』（名古屋大学出版会、二〇〇〇年）四五頁。
[14] 秋田茂、籠谷直人「総論」同編『一九三〇年代のアジア国際秩序』（溪水社、二〇〇一年）一一頁。
[15] 堀和生『東アジア資本主義史論 I（形成・構造・展開）』（ミネルヴァ書房、二〇〇九年）第四章。
[16] 松浦正孝『「大東亜戦争」はなぜ起きたのか：汎アジア主義の政治経済史』（名古屋大学出版会、二〇一〇年）二五八～二六四、七一六～七二一、七六二～七六五、七八四～七九五頁。
[17] 小野前掲『日本の対外行動　開国から冷戦後までの盛衰の分析』第二章。
[18] 江口圭一『十五年戦争小史』（青木書店、一九八六年）第一章。
[19]「平生釟三郎日記」は、甲南学園平生釟三郎日記編集委員会編『平生釟三郎日記』第一巻～第一八巻（甲南学園、二〇一〇年～二〇一八年）として刊行されている。本書では「平生日記」第〇巻と略し、また引用する場合は、カタカナをひらがなに改める。

第一部

第一章

[1] ジュネーヴ国際経済会議の概要については、「ジュネーヴ経済会議」（外務省編『日本外交文書　昭和期国際連盟経済関係会議報告書集』第一巻（外務省、一九九二年）、安達清昭「一九二七年ジュネーヴ国際経済会議：二〇年代の『経済的困難』とその解決策をめぐって」藤瀬浩司編『世界大不況と国際連盟』（名古屋大学出版会、一九九四年）六九～一〇七頁参照。
[2] 同前、二五頁。
[3]「会議における我が方委員の演説要旨報告　昭和二年五月七日　在ジュネーブ佐藤連盟事務局長より田中外務大臣宛（電報）」外務省編『日本外交文書　昭和期一　第二部』第二巻（外務省、一九九二年）一五四頁所収。
[4] 上田貞次郎「国際経済会議の大要」『新自由主義と自由通商』同文館、一九二八年、引用は『上田貞次郎全集』第七巻（上田貞次郎全集刊行会、一九七六年）一九九頁。
[5] 木村昌人『財界ネットワークと日米外交』（山川出版社、一九九七年）一〇四頁では、ジュネーヴの国際経済会議への日本の参加を戦間期における国際協調の試みの一環として位置づけている。
[6] 正木茂「我が国に於ける自由通商運動十年史」『自由通商』第一〇巻第一〇号、一九三七年、三六八～三七五頁。

［7］これらの記事は『通商自由に関する新聞雑誌論説集』（大阪自由通商協会パンフレット第一輯、大阪自由通商協会、一九二八年）にまとめて掲載されている。

［8］「平生日記」第九巻、一九二八年一月一四日。

［9］広川禎秀「自由通商主義から領土拡張主義へ：自由通商主義をめぐって」岸俊男教授退官記念会編『日本政治社会史研究　下』（塙書房、一九八五年）五〇〇～五〇四頁。

［10］「平生日記」第九巻、一九二八年一月一四日。

［11］近代日本の資源問題に関しては、小堀聡『日本のエネルギー革命：資源小国の近現代』（名古屋大学出版会、二〇一〇年）、春名展生『人口・資源・領土：近代日本の外交思想と国際政治学（叢書二一世紀の国際環境と日本　〇〇四）』（千倉書房、二〇一五年）など参照。

［12］上田貞次郎については、『上田貞次郎全集』全七巻（上田貞次郎全集刊行会、一九七五年～一九七六年）各巻解説、上田正一『上田貞次郎伝』（泰文館、一九八〇年）など参照。上田の新自由主義の概略については、西沢保「上田貞次郎の新自由主義・日本経済論」都築忠七、ゴードン・ダニエルズ、草光俊雄編『日英交流史　一六〇〇―二〇〇〇　五：社会・文化』（東京大学出版会、二〇〇一年）一五〇～一六五頁参照。また当時の「新自由主義」に関する文献紹介として、松田義男「一九二〇年代日本の『新自由主義』論争主要文献」（二〇一七年）https://ymatsuda.kill.jp/NewLiberalism.doc（2024.09.04閲覧）参照。ややコンテキストを異にするが、英国の新自由主義と大正期の東洋経済新報社の関係を論じたものとして、宮本盛太郎『日本人のイギリス観：新自由主義・国民主権論のモデル』（御茶の水書房、一九八六年）参照。

［13］『上田貞次郎日記　大正八年―昭和十五年』（慶応通信、一九六三年）一一九頁。

［14］上田「新自由主義の必要」前掲『上田貞次郎全集』第七巻、一四～一五頁。

［15］同前、一六～一八頁。

［16］同前、一九～二〇頁。

［17］同前、二一～二二頁。

［18］同前、二三頁。

［19］戦間期の多様な「新自由主義」については、雨宮昭彦『競争秩序のポリティクス：ドイツ経済政策思想の源流』（東京大学出版会、二〇〇五年）、権上康男編『新自由主義と戦後資本主義：欧米における歴史的経験』（日本経済評論社、二〇〇六年）第Ⅰ部、村上寿来「新自由主義の多様性について：新自由主義における『社会学的新自由主義』の分類をめぐって」『名古屋学院大学論集・社会科学篇』第五八巻第四号、二〇二二年、一五一～一七八頁など参照。

［20］前掲『上田貞次郎全集』第七巻、三五頁。

［21］吉野作造『吉野作造選集　四：大戦後の国内政治』（岩波書店、一九九六年）六〇～一六二頁。

［22］同前、一六三～一六七頁。

［23］前掲『上田貞次郎日記　大正八年―昭和十五年』一〇九頁。

［24］新日本同盟と上田の関係については、伊藤隆『昭和初期政治史研究：ロンドン海軍軍縮問題をめぐる諸政治集団の対抗と提携』（東京大学出版会、一九六九年）四八～五九頁参照。

［25］一九二八年二月頃の上田の感想である（前掲『上田貞次郎日記　大正八年―昭和十五年』一二四頁）。

［26］『平生日記』第九巻、一九二八年二月二四日。

［27］高野は田口八郎から求められて、参加を承諾した（「高野岩三郎日記　第一九冊」一九二八年一月六日、法政大学大原社会問題研究所アーカイブス https://oisr-org.ws.hosei.ac.jp/archives/itakano/diuary/ 2024.09.04 閲覧）。高野の大阪自由通商協会への参加については、大島清『高野岩三郎伝』（岩波書店、一九六八年）三〇三～三〇六頁でも触れられている。

［28］『平生日記』第一一巻、一九三〇年一月二二日など。

［29］『第一回自由通商講演集　第一輯　昭和三年五月』（自由通商協会日本連盟、一九二八年）所収。

［30］『第一回自由通商講演集　第七輯』（自由通商協会日本連盟、一九二八年）所収。

［31］正木前掲「我が国に於ける自由通商運動十年史」三七三～三七九頁。

［32］『平生日記』第九巻、一九二八年三月一三日。

［33］前掲『上田貞次郎日記　大正八年―昭和十五年』一九二八年七月二一日、一二三～一二四頁。

［34］『平生日記』第九巻、一九二八年六月一日。

［35］『平生日記』第九巻、一九二七年一一月二六日。

［36］石橋湛山全集編纂委員会編『石橋湛山全集』第六巻（東洋経済新報社、一九七一年）九四～九八頁。

［37］平生の人脈については、三島安雄「大正期における専門経営者の人脈形成：平生釟三郎の日記を通して」『平生釟三郎とその時代（甲南大学総合研究所叢書　一八）』（甲南大学総合研究所、一九九一年）一〇～一九頁、杉原四郎「平生釟三郎と彼をめぐる人々」『平生釟三郎の人と思想（甲南大学総合研究所叢書　二七）』（甲南大学総合研究所、一九九三年）五三～六五頁が詳しい。

［38］平生の自由通商に対する考えを端的に示す資料として、「余等ガ自由通商協会ヲ創立セシ理由」『拾芳』第一二号、一九二八年八月一日（安西敏三編・解題「〈資料〉平生釟三郎論説論考集　『拾芳』第一一号～第二三号より」『甲南法学』第三

九巻第三・四号、一九九九年、一五三〜一六〇頁所収）がある。また自由通商協会創設期の平生の活動については、杉原四郎「一九二八（昭和三）年の平生釟三郎」『平生釟三郎の総合的研究（甲南大学総合研究所叢書 九）』（甲南大学総合研究所、一九八九年）四四〜五二頁においても紹介されている。

[39]「平生日記」第九巻、一九二七年一一月二二日。

[40]「平生日記」第九巻、一九二八年五月二一日。

[41] 主として一九三〇年代前半までの平生の社会哲学を検討した杉原四郎「平生釟三郎の経済思想」『平生釟三郎の日記に関する基礎的研究（甲南大学総合研究所叢書 一）』（甲南大学総合研究所、一九八六年）三〜一六頁が、その三要素として、自由競争主義、社会改良主義、国民主義を指摘している。

[42]「平生日記」第九巻、一九二七年一二月二四日。

[43]「平生日記」第九巻、一九二七年一二月三一日。

[44]「平生日記」第九巻、一九二八年一月四日。

[45]「平生日記」第九巻、一九二八年一月四日。

[46]『大阪財界人物史 増補版』（国勢協会、一九三一年）三〇六頁。

[47] 前掲『上田貞次郎日記 大正八年—昭和十五年』昭和三年七月二一日、一二四頁。

[48] 村田の人柄と生涯については大阪商船株式会社『村田省蔵追想録』（同、一九五九年）所収の関係者の回想参照。

[49] 松浦正孝「財界人たちの政治とアジア主義：村田省蔵・藤山愛一郎・水野成夫」『立教法学』第九五号、二〇一七年、同「村田省蔵と実業アジア主義：戦前・戦中・戦後を貫くもの」黄自進ほか編『〈日中戦争〉とは何だったのか：複眼的視点』（ミネルヴァ書房、二〇一七年）など。

[50] 長島修『戦前日本鉄鋼業の構造分析』（ミネルヴァ書房、一九八七年）一六四〜一六六頁。

[51]「平生日記」第一〇巻、一九二八年七月一二日。

[52]「平生日記」第一〇巻、一九二八年八月三日。

[53]「平生日記」第一〇巻、一九二八年八月一八日。

[54]「平生日記」第一〇巻、一九二八年九月二四日。

[55] 和田については、「大阪自由通商協会理事和田六瀬子を悼む」『自由通商』第一三巻第九号、一九四〇年、後藤孝夫『辛亥革命から満州事変へ：大阪朝日新聞と近代中国』（みすず書房、一九八七年）四一一〜四一六頁参照。

[56] 下田将美『今なら話せる：新聞人の財界回顧』（毎日新聞社、一九五六年）三三七頁、毎日新聞百年史刊行委員会編『毎

日新聞百年史：一八七二―一九七二』（毎日新聞社、一九七二年）二二三頁。

［57］大阪本社販売百年史編集委員会編『朝日新聞販売百年史　大阪編』（朝日新聞大阪本社、一九七九年）三〇〇～三〇一頁。

［58］駄場裕司『大新聞社　その人脈・金脈の研究：日本のパワー・エリートの系譜』（はまの出版、一九九六年）一五四～一五八頁。

［59］露口四郎編『大阪ロータリークラブ五十年史』（大阪ロータリークラブ、一九七三年）一～二頁。

［60］同前、一一五頁。

［61］同前、三～五頁。

［62］同前、四頁、一八九頁以下。

［63］『毎日年鑑：昭和五年』（大阪毎日新聞社・東京日日新聞社、一九三〇年）一三六～一四一頁所収。

［64］大阪市立大学経済研究所編『データでみる大阪経済六〇年（大阪市立大学経済研究所所報　第三八集）』（東京大学出版会、一九八九年）四二頁所収の「産業別生産額：戦前」の表からは、一九二六年の時点で、東京市の工業生産高が四億三八〇〇万円強であったのに対し、大阪市のそれは八億九六〇〇万円強と東京を大きく上回っていたことが確認できる。

［65］作道洋太郎『関西企業経営史の研究』（御茶の水書房、一九九七年）二六六頁。

［66］杉道助「至誠十話（四）」『毎日新聞』（一九六三年、一一月五日）。

［67］阿部武司『近代大阪経済史』大阪大学出版会、二〇〇六年、七三頁。

［68］第一次大戦期大阪の変貌については、芝村篤樹『日本近代都市の成立：一九二〇・三〇年代の大阪』（松籟社、一九九八年）第一章、第二章参照。

［69］前掲『データでみる大阪経済六〇年（大阪市立大学経済研究所所報　第三八集）』一四四頁。

［70］同前、一四六頁。

［71］稲畑の業績については、高梨光司編著『稲畑勝太郎君伝』（稲畑勝太郎翁喜寿記念伝記編纂会、一九三八年）参照。

［72］「平生日記」第九巻、一九二八年一月四日、同七日。

［73］元来、近代大阪経済は、明治前期の五代友厚と薩派、藤田伝三郎と井上馨ら長州閥との関係を見ても分かるように、薩長藩閥との関係は強かった（『大阪財界人物史』国勢協会、一九二五年、第二章・三章、関西経済連合会編『関西財界外史戦前篇』同、一九七六年、五～一五頁など）。大正期に入ると、大阪財界の一部は台頭する政友会との関係を深めた。一九二三年三月より大阪朝日が連載した「財閥から見た大阪」では、京阪電鉄社長の岡崎邦輔、阪神電鉄監査役の野田卯太郎、

大阪商船社長の中橋徳五郎ら政友会幹部と大阪財界の関係がしばしば言及されている。関西で急速な発展を見せていた電鉄、電力関係の有力会社や各種取引所は、利権が絡んで、中央政界との関係から自由ではなかった（大正期の関西における電気・電鉄資本と政友会の関係については、重松正史『大正デモクラシーの研究』清文堂出版、二〇〇二年、第三章参照）。しかし、このような状況もやがて変化した。特に紡績業と綿関係の問屋・商社の台頭（「綿糸布団」、近江出身者が多かったため「江州系」などと呼ばれた）、営業税撤廃運動を展開した大阪実業組合の活動が目立つようになった。「商船系」においても中橋の影響が薄れて勢力が分散し、かつ村田のような新世代が台頭していた。

大阪市長・関一は、大震災後に大阪経済が膨張する中でそのあり方も変化し、「商船系・宇電系」の台頭を予想した。島徳蔵（大阪株式取引所六代目理事長）が政友会とともに没落して大阪財界の長老片岡直輝、小山健三の時代が終わり、「商船系・宇電系」の台頭を予想した。芝村篤樹は、これを大阪商船社長・堀敬次郎、同専務・村田省蔵、宇治電気社長・木村清、同専務・林安繁ら高等教育を受けた「専門経営者」の台頭への期待を関が示したものと解釈している（芝村篤樹『関一：都市思想のパイオニア』松籟社、一九八九年、一九三頁）。その後島は収監され、「驕児島徳にも凋落の秋が来た」（「悶ゆる島徳」『財界実話』実業之世界社、一九三二年、三頁）。武藤山治は実業同志会を結成する。

大阪商業会議所でも、一級、二級の各組合員の勢力が入り乱れ、稲畑会頭就任時にも、諸問題が紛糾した。このような状況を「財閥から見た大阪」は「島徳が政友会と結託して勝手な真似をする。武藤山治が商工党を組織してこんな手合いを駆逐しやうといふ。民本政治の世の中に官僚政府の諮問機関だった当時の其侭の組織で行かうとするのが抑も時代錯誤だ」と評した（「財閥から見た大阪　三八」『大阪朝日』一九二三年四月二九日）。全国的にも一九二七年には商工会議所法が公布され、商業会議所は諮問機関からより自主的な実行的な機関に変容しつつあった。

[74] 上田貞次郎「国際経済と自由通商」前掲『上田貞次郎全集』第七巻、三四一～三四四頁。

[75] 菊池悟郎編輯、川村竹治監修、山本四郎校訂『立憲政友会史　補訂版』第六巻（日本図書センター、一九九〇年）五二四～五二七頁。

[76] 田中内閣期における産業政策の政治過程については、土川信男「政党内閣と産業政策：一九二五～一九三二年（二）」『国家学会雑誌』第一〇八巻第三・四号、一九九五年、三二一～三六一頁、同「政党内閣と商工官僚」『年報・近代日本研究八　官僚制の形成と展開』一九八六年、一八五～二一〇頁参照。

[77] 日本工業倶楽部の発足については、日本工業倶楽部編『日本工業倶楽部二十五年史』（同、一九四三年）一～四二頁、日本工業倶楽部五十年史編纂委員会編『日本工業倶楽部五十年史』（日本工業倶楽部、一九七二年）二四～二九頁参照。

[78] 前掲『日本工業倶楽部二十五年史』四三～五四頁、通商産業省編『商工政策史　第十七巻　鉄鋼業』（商工政策史刊行

会、一九七〇年）一八九～一九三頁。また、この時期の鉄鋼産業の状況及び鉄鋼政策については、小島精一編『日本鉄鋼史　大正後期篇』（文生書院、一九八四年）三五八頁以下、岡崎哲二『日本の工業化と鉄鋼産業：経済発展の比較制度分析（東京大学産業経済研究叢書）』（東京大学出版会、一九九三年）第三章、安井國雄『戦間期日本鉄鋼業と経済政策』（ミネルヴァ書房、一九九四年）第二章なども参照。

[79] 前掲『商工政策史　第十七巻　鉄鋼業』二一〇～二一七頁。

[80] 川田稔編『浜口雄幸集　議会演説篇』（未來社、二〇〇四年）四七三頁。

[81] 一九二六年関税改正の意義については、三和良一『戦間期日本の経済政策史的研究』（東京大学出版会、二〇〇三年）第五章、一〇三頁以下参照。

[82] 同前、二三五～二四六頁。

[83] 片岡直温『大正昭和政治史の一断面』（西川百子居文庫、一九三四年）三八八頁。

[84] 関税改正準備委員会では、いったん銑鉄関税の引き上げが決定された後、否決されている（「鉄関税問題対策」「鉄関税改正経過概要」（外務省外交史料館所蔵「外務省記録　帝国関税並法規関係雑件　鉄関係（第一巻　昭和六年）」E-3-1-2 J1-5_001）。閣議を受けての決定変更であると思われる。

[85] 英国ナショナルアーカイブ所蔵、英国外交文書　FO371/11705［F 1981/163/23］Sir J. Tilley to Sir Austen Chamberlain, May 14 1926.

[86] 山本条太郎翁伝記編纂会編『山本条太郎（三）　伝記（復刻版）（明治百年史叢書　三一四）』（原書房、一九八二年、原本一九四二年）四九〇～四九二頁。

[87]「製鉄業保護に関する方策」高橋亀吉編著『財政経済二十五年誌　第五巻　政策編下』（国書刊行会、一九八五年）五四七頁、後藤靖ほか編『昭和初期商工・産業政策資料集　第一巻　商工審議会関係資料』（柏書房、一九八九年）九三頁。

[88] FO371/13245［F327/25/23］code teleglam to Sir J. Tilly. Foreign Office, 24th January, 1928.

[89] FO371/13245［F 667/25/23］Sir J. Tilley to Sir Austen Chamberlain, December 31st, 1927.

[90] 日本米材協議会編『米材百年史』（同、一九八六年）一二三～一二五頁、大蔵省関税局編『税関百年史』上巻（日本関税協会、一九七二年）五三三頁。

[91] 高橋隆編纂『大阪木材業外史』（林業新聞社、一九五七年）一〇五頁。

[92] 前掲『米材百年史』一三二頁。

[93] 同前、一二八～一三〇頁。

〔94〕前掲「鉄関税改正経過概要」。
〔95〕「鉄鋼関税引上反対陳情の概要　昭和三年一月一二日　於大蔵省」（前掲「外務省記録　帝国関税並法規関係雑件　鉄関係（第一巻　昭和六年）」）。
〔96〕同前。
〔97〕日本米材輸入組合ほか編『日本米材史』（日本米材輸入組合、一九四三年）二一一～二一三頁。
〔98〕「平生日記」第九巻、一九二八年一月三〇日、同二月一〇日。
〔99〕政実協定の内容は、昭和大蔵省外史刊行会編『昭和大蔵省外史』上巻（同、一九六七年）二七〇～二七三頁参照。
〔100〕『大阪朝日』一九二八年一〇月二日。
〔101〕以下反対運動の概要については、「鉄木材関税引上反対と大阪自由通商協会の活動」自由通商協会日本連盟『月報』創刊号、一九二八年一〇月、二二～二三頁参照。
〔102〕外務省外交史料館所蔵「外務省記録　本邦商工会議所並経済団体関係雑件（第一巻）」B-E-2-6-0-3_001。
〔103〕「平生日記」第一〇巻、一九二八年一一月八日。
〔104〕この会談については、主として「平生日記」第一〇巻、一九二八年一〇月六日参照。
〔105〕「平生日記」第一〇巻、一九二八年一〇月一〇日。
〔106〕創設時の民政党の政策については、奈良岡聰智「立憲民政党の創立　戦前期二大政党制の始動」『法学論叢』第一六〇巻第五・六号、二〇〇七年参照。
〔107〕浜口雄幸「行詰れる局面の展開と我党の主張」『民政』一九二八年一〇月、川田稔編『浜口雄幸集　論述・講演篇』（未來社、二〇〇〇年）九二～一〇四頁にも所収。
〔108〕武内作平君伝編纂委員会編『武内作平君伝』（同、一九三二年）三〇〇頁。
〔109〕前掲「鉄木材関税引上反対と大阪自由通商協会の活動」。
〔110〕「鉄鋼関税引上反対運動に関する件　高親第四五六号　昭和三年九月二四日　大阪知事力石雄一郎　内務大臣望月圭介殿大蔵大臣三土忠造殿　外務大臣田中義一殿　内務省警保局長殿　各庁府県庁殿」（前掲「外務省記録　帝国関税並法規関係雑件　鉄関係（第一巻　昭和六年）」所収）。
〔111〕「平生日記」第一〇巻、一九二八年九月二八日。
〔112〕前掲『税関百年史』上巻、五六三頁。
〔113〕田中内閣後半における産業政策の変化については、土川前掲「政党内閣と産業政策　一九二五～一九三二年（二）」三二一

一～三三七頁参照。中橋が関税による一般工業に対する保護政策に消極的であったことについては、中橋徳五郎翁伝記編纂会編『中橋徳五郎』下巻（同、一九四四年）下巻、四二六～四二七頁参照。

[114]「平生日記」第一〇巻、一九二八年一一月八日。

[115] 前掲『日本米材史』二二五頁。

[116]「大阪協会報告」『自由通商』第二巻第三号、一九二九年、一五頁、「平生日記」第一〇巻、一九二九年三月三日。

[117]「平生日記」第一〇巻、一九二九年三月三〇日。

[118] 同前。

[119] 本宮一男「一九三〇年米国関税改正と日本」上山和雄、阪田安雄編『対立と妥協：一九三〇年代の日米通商関係』（第一法規出版、一九九四年）五七～五八頁。

[120] 前掲『米材百年史』一六二頁。

第二章

[1] 伊藤忠兵衛翁回想録編集事務局編『伊藤忠兵衛翁回想録』（伊藤忠商事、一九七四年）二七四～二七五頁。なお引用にあたっては、読みやすさを考慮して、原文のカタカナをひらがなに直すなど若干の修正を行った。

[2] 同前、二七一～二七三頁。

[3] 経済更新会について、広川禎秀「自由通商主義から領土拡張主義へ：自由通商主義をめぐって」岸俊男教授退官記念会編『日本政治社会史研究　下』（塙書房、一九八五年）でも言及されている。本章は、平生日記などに基づいて、より詳細にその活動を明らかにする。

[4] 中村隆英『昭和恐慌と経済政策』（講談社、一九九四年）三三一～六九頁など。

[5] 金解禁問題に対する各業界の態度については、三和良一『戦間期日本の経済政策史的研究』（東京大学出版会、二〇〇三年）一八三～二〇九頁参照。

[6] 下田将美『今なら話せる：新聞人の財界回顧』（毎日新聞社、一九五六年）一〇八～一一四頁。

[7]「平生日記」第一〇巻、一九二八年七月四日。

[8]『大阪朝日』一九二八年一〇月二七日。

[9] 大阪財界における金解禁消極論の存在について、大阪商工会議所編『大阪商工会議所百年史　本編』（同、一九七九年）四五五～四五六頁、新修大阪市史編纂委員会編『新修大阪市史』第七巻（大阪市、一九九四年）二五九～二六一頁など参

照。

[10] 日本銀行調査局編『日本金融史資料　昭和編：金輸出解禁・再禁止関係資料　第四』第二三巻（大蔵省印刷局、一九六九年）五〇〜五三頁所収。

[11]「平生日記」第一〇巻、一九二八年九月一七日。

[12] 前掲『日本金融史資料　昭和編：金輸出解禁・再禁止関係資料　第四』第二三巻、三一一〜三一三頁所収。

[13] 同前。

[14]「平生日記」第一〇巻、一九二八年一二月二一日。

[15] 中村前掲『昭和恐慌と経済政策』六七〜六九頁。

[16]「平生日記」第一〇巻、一九二九年三月六日。

[17] 一方平生は、預金者などへ損害を与えて「勤倹貯蓄の精神を破壊し、国民の美風を傷け、民心作興の反対を行くこととなり、民心の動揺を来たすこと」になって好ましくないが、政府は平価の切り下げ（revaluation）を行って金解禁を行うのではないかと予想していた（「平生日記」第一〇巻、一九二九年三月一五日）。しかし結局この予想は外れた。

[18]「平生日記」第一〇巻、一九二九年六月八日。

[19] 坂田幹太編『谷口房蔵翁伝』（谷口翁伝記編纂委員会、一九三一年）四四九頁。

[20] 後藤孝夫『辛亥革命から満州事変へ：大阪朝日新聞と近代中国』（みすず書房、一九八七年）二八六〜三一二頁。

[21] 杉山伸也「金解禁論争：井上準之助と世界経済」同編『岩波講座「帝国」日本の学知　第二巻：「帝国」の経済学』（岩波書店、二〇〇六年）一四七頁。

[22] 井上準之助論叢編纂会編『井上準之助論叢』第三巻（同、一九三五年）一三一〜一六四頁所収。

[23] 昭和大蔵省外史刊行会編『昭和大蔵省外史』上巻（同、一九六七年）二九七頁。

[24] 財界世話人としての井上については、松浦正孝『財界の政治経済史：井上準之助・郷誠之助・池田成彬の時代』（東京大学出版会、二〇〇二年）五九〜六六頁参照。

[25] 井上と国際金融資本との関係については、三谷太一郎『ウォール・ストリートと極東：政治における国際金融資本』（東京大学出版会、二〇〇九年）九一〜九四頁参照。

[26] 前掲『昭和大蔵省外史』上巻、三三〇〜三三七頁。

[27]「平生日記」第一〇巻、一九二九年七月三日。

[28]「平生日記」第一〇巻、一九二九年七月二五日。

［29］「平生日記」第一一巻、一九二九年九月二一日。

［30］熊川千代喜編著『阿部房次郎伝』（阿部房次郎伝編纂事務所、一九四〇年）三二三～三二五頁。

［31］「平生日記」第一〇巻、一九二九年七月二五日。

［32］下田前掲『今なら話せる：新聞人の財界回顧』一五〇～一五二頁。

［33］「平生日記」第一〇巻、一九二九年七月三日。

［34］同前。

［35］井上準之助論叢編纂会編『井上準之助伝』（同、一九三五年）四九八頁。

［36］下田前掲『今なら話せる：新聞人の財界回顧』一五八～一五九頁。

［37］朝日新聞百年史編修委員会編『朝日新聞社史　大正・昭和戦前編』（朝日新聞社、一九九一年）三三八～三三九頁、『毎日』の三世紀：新聞が見つめた激流一三〇年』上巻（毎日新聞社、二〇〇二年）六八六～六八七頁。

［38］「平生日記」第一〇巻、一九二九年八月二〇日。

［39］平生によれば発起人を募ったのは石丸素川という人物であるが、『読売新聞』（一九二九年八月二三日）の報道によれば、片岡直方（大阪瓦斯社長）が斡旋の労を取ったという。

［40］「平生日記」第一一巻、一九二九年九月五日。

［41］「平生日記」第一一巻、一九二九年一〇月一日。

［42］同前。

［43］同前。

［44］前掲『伊藤忠兵衛翁回想録』二七一頁。

［45］前掲『阿部房次郎伝』三四〇～三四九頁。

［46］「平生日記」第一〇巻、一九二九年七月二六日。

［47］「平生日記」第一一巻、一九二九年一一月二四日。

［48］「平生日記」第一一巻、一九三〇年三月二日。

［49］経済更新会の設立総会において、東京の実業家は政商であり、大阪の実業家にも誘惑の手は伸びているので警戒を要すると発言した平生に対して、児玉は賛成しがたいと激昂した。児玉が翌年一月末に死去した時、平生は、辛辣に「正直に言へば児玉氏の逝去は大阪実業家を政治に絡んで利益を得せしめんとする有力なる誘惑より flee せしめたりといふべく、大阪実業界の独立のため真に慶すべきものといふべきか」と記している（「平生日記」第一一巻、一九三〇年二月一日）。

〔50〕「平生日記」第一一巻、一九二九年一〇月一日。
〔51〕同前。
〔52〕「平生日記」第一一巻、一九二九年一〇月一三日。
〔53〕同前。
〔54〕前掲『阿部房次郎伝』三二六頁。
〔55〕「平生日記」第一一巻、一九二九年一〇月一六日。
〔56〕「平生日記」第一一巻、一九二九年一〇月二〇日。
〔57〕「平生日記」第一一巻、一九二九年一一月二二日。
〔58〕津島寿一「金の解禁と再禁止」安藤良雄編『昭和政治経済史への証言』上巻（毎日新聞社、一九七二年）六二〜六六頁。
〔59〕「平生日記」第一一巻、一九二九年一一月二七日。
〔60〕「平生日記」第一一巻、一九二九年一一月二四日。
〔61〕川田稔編『浜口雄幸集　論述・講演篇』（未來社、二〇〇〇年）一九一〜一九二頁所収。
〔62〕前掲『井上準之助論叢』第三巻、二六二〜二七三頁。
〔63〕「平生日記」第一一巻、一九二九年一一月二八日。
〔64〕池井優、波多野勝、黒沢文貴編『浜口雄幸日記・随感録』（みすず書房、一九九一年）一九二九年一一月二七日。
〔65〕前掲『井上準之助伝』五六三〜五六六、六四四〜六五四、八〇五〜八〇八頁。
〔66〕同前。
〔67〕FO371/13967［F 5591/814/23］Sir J. Tilley to Mr. A. Henderson. October 31th, 1929.
〔68〕関税審議会の審議経過については、松野周治「昭和初期関税政策の展開：関税審議会を中心として」後藤靖編『日本帝国主義の経済政策』（柏書房、一九九一年）、後藤靖ほか編『昭和初期商工・産業政策資料集　第四巻　関税審議会関係資料』（柏書房、一九八九年）参照。
〔69〕浜口雄幸「行詰れる局面の展開と我党の主張」『民政』一九二八年一〇月。
〔70〕浜口内閣編纂所編『浜口内閣』（同、一九二九年）六二〜六三頁所収。
〔71〕志立鉄次郎「自由通商運動の回顧と展望」『自由通商』第三巻第一号、一九三〇年、三頁。
〔72〕「平生日記」第一一巻、一九二九年九月二四日。
〔73〕「平生日記」第一〇巻、一九二九年八月一九日。

[74]「平生日記」第一〇巻、一九二九年八月二七日。
[75] 綿糸関税撤廃問題は、大正末から実業同志会の支持基盤である綿織物業界と紡績業界の対立をもたらしていた（江口圭一『都市小ブルジョア運動史の研究』未來社、一九七六年、三五七～三七六頁）。
[76]「平生日記」第一〇巻、一九二九年八月二二日。
[77]「平生日記」第一一巻、一九二九年九月八日。
[78]「平生日記」第一〇巻、一九二九年八月一五日。
[79]「平生日記」第一一巻、一九二九年一〇月一六日。
[80]「平生日記」第一一巻、一九二九年一〇月二五日。
[81]「平生日記」第一一巻、一九二九年一〇月二九日。両自由通商協会の建議案は、前掲『昭和初期商工・産業政策資料集第四巻　関税審議会関係資料』四五二～四五五頁所収。
[82]「平生日記」第一一巻、一九二九年一一月一一日。
[83]「平生日記」第一一巻、一九三〇年一月二一日。
[84]「平生日記」第一一巻、一九三〇年一月二二日。「高野岩三郎日記」第二三冊、一九三〇年一月二二日（法政大学大原社会問題研究所アーカイブス）https://oisr-org.ws.hosei.ac.jp/archives/itakano/diuary/（2024.09.04 閲覧）も参照。
[85]「平生日記」第一一巻、一九三〇年二月三日。
[86]「平生日記」第一一巻、一九三〇年一月一五日。
[87]「平生日記」第一一巻、一九三〇年二月七日。
[88]「平生日記」第一一巻、一九二九年一二月二五日。
[89] ただし児玉の伝記は、政友会には三井出身の旧友が多かったが、彼自身は民政党に傾いていたと記述している（萩野仲三郎編纂『児玉一造伝』（同、一九三四年）九九頁）。
[90]「平生日記」第一一巻、一九二九年一二月二五日。
[91] 前掲『井上準之助伝』五八六～五八八頁。
[92]「平生日記」第一一巻、一九三〇年二月六日。
[93]「平生日記」第一一巻、一九三〇年二月一九日。
[94]「平生日記」第一一巻、一九三〇年一月一六日。
[95]「平生日記」第一一巻、一九三〇年二月一〇日。

〔96〕「平生日記」第一一巻、一九三〇年一月二七日。
〔97〕遠山茂樹・安達淑子『近代日本政治史必携』（岩波書店、一九六一年）二二一頁。
〔98〕前掲『新修大阪市史』第七巻、二六四〜二七二頁。
〔99〕「平生日記」第一一巻、一九三〇年一〇月六日。
〔100〕同前。
〔101〕「平生日記」第一一巻、一九三〇年一〇月九日。
〔102〕『武藤山治全集』第四巻（新樹社、一九六四年）七四九頁。
〔103〕「平生日記」第一一巻、一九三〇年一〇月一四日。
〔104〕「平生日記」第一二巻、一九三一年三月七日。
〔105〕大阪工業会五十年史編さん委員会『大阪工業会五十年史』（大阪工業会、一九六四年）二三四頁。
〔106〕「解説」関一研究会編集・校訂『関一日記：大正・昭和初期の大阪市政』（東京大学出版会、一九八六年）九九七〜九九八頁。
〔107〕「平生日記」第一二巻、一九三一年四月八日。
〔108〕前掲『武藤山治全集』第四巻、七七〇〜七七一頁。

第三章

〔1〕加藤祐介「立憲民政党と金解禁政策」『史学雑誌』第一二一巻第一一号、二〇一二年、六三〜八四頁。
〔2〕浜口内閣の政策体系の位置づけを試みたものとして、川田稔『浜口雄幸：たとえ身命を失うとも（ミネルヴァ日本評伝選）』（ミネルヴァ書房、二〇〇七年）第六章参照。
〔3〕通商産業省編『商工政策史　第九巻　産業合理化』（商工政策史刊行会、一九六一年）一七〜一八頁。
〔4〕吉野信次「合理化の唱へられるまで」同前、二七一頁。
〔5〕前掲『商工政策史　第九巻　産業合理化』一二〜一三頁。
〔6〕平井泰太郎編『経済書誌　産業合理化』（ぐろりあそさえて、一九三〇年）序。
〔7〕「平生日記」第一一巻、一九二九年一一月一一日。
〔8〕In Search of Stability : Explorations in Historical Political Economy, (Cambridge University Press, 1987).
〔9〕『大阪朝日』一九三〇年四月一七日。

[10]「平生日記」第一一巻、一九三〇年三月一五日。
[11]同前。
[12]吉野信次『おもかじとりかじ：裏からみた日本産業の歩み』（通商産業研究社、一九六二年）一九〇頁。
[13]吉野信次追悼録刊行会編『吉野信次』（同、一九七四年）二五四頁。
[14]重要産業統制法の成立過程については、池田順「産業合理化政策と官僚制」『歴史学研究』第五一〇号、一九八二年、一～一八頁、宮島英昭「産業合理化と重要産業統制法：日本的対独占政策の成立過程」近代日本研究会編『政党内閣の成立と崩壊　年報・近代日本研究　六』（山川出版社、一九八四年）一〇一～一四二頁。
[15]吉野前掲『おもかじとりかじ：裏からみた日本産業の歩み』二〇五頁。
[16]塚田昌夫編纂『立憲民政党史　下巻（明治百年史叢書二一〇）』（原書房、一九七三年）八三五頁。
[17]「平生日記」第一二巻、一九三一年三月一日。
[18]吉野前掲『おもかじとりかじ：裏からみた日本産業の歩み』二一三～二一四頁。
[19]川崎克「経済受難時代の活路　下」『民政』第四巻第一一号、二六～二七頁。産業合理化には、失業増加、労働強化の問題があることが指摘されていた（河原宏「第二七代浜口内閣」林茂、辻清明編『日本内閣史録　三』（第一法規出版、一九八一年）二〇一～二〇九頁）。
[20]「平生日記」第一一巻、一九三〇年五月二四日。
[21]「平生日記」第一一巻、一九三〇年三月三日。
[22]「平生日記」第一一巻、一九三〇年六月三〇日。
[23]製鉄合同問題については、主として経済史の観点からの研究が蓄積されてきている。たとえば、奈倉文二「製鉄合同政策とその帰結」安藤良雄編『両大戦間の日本資本主義』（東京大学産業経済研究叢書）』（東京大学出版会、一九七九年）一三五～一六六頁、岡崎哲二「一九二〇年代の鉄鋼政策と日本鉄鋼業：製鉄合同問題を中心として」『土地制度史学』第二六巻第三号、一九八四年、一～一七頁、同「一九三〇年代前半の日本鉄鋼業と製鉄合同」『経営史学』第二〇巻第一号、一九八五年、三六～六五頁、長島修『戦前日本鉄鋼業の構造分析』（ミネルヴァ書房、一九八七年）第六章、岡崎哲二『日本の工業化と鉄鋼産業：経済発展の比較制度分析（東京大学産業経済研究叢書）』（東京大学出版会、一九九三年）第五章、安井國雄『戦間期日本鉄鋼業と経済政策』（ミネルヴァ書房、一九九四年）第三章参照。本章は政治過程の観点からこの問題を考察する。
[24]岡崎前掲『日本の工業化と鉄鋼産業：経済発展の比較制度分析（東京大学産業経済研究叢書）』一七四頁。

[25] 答申案については、通商産業省『商工政策史　第十七巻　鉄鋼業』（商工政策史刊行会、一九七〇年）二八六～二八八頁参照。
[26]「平生日記」第一一巻、一九三〇年一一月一五日。
[27]『神戸新聞』一九三〇年一二月九日。
[28]「鉄鋼関税引上反対決議書」（外務省外交史料館所蔵「外務省記録　帝国関税並法規関係雑件　鉄関係（第二巻　昭和七年）」E-3-1-2-J1-5_002）。
[29] 徳本正彦「製鉄合同政策をめぐる中央と地方：八幡における反対運動を中心に」日本政治学会編『近代日本政治における中央と地方　年報政治学　一九八四』（岩波書店、一九八五年）一八七～一九四頁。
[30]「陳情書　銑鉄関税引上げに就て　昭和六年一月三十日　輸出綿糸布同業組合　会長　伊藤忠兵衛　外務大臣幣原喜重郎閣下」（外務省外交史料館所蔵「外務省記録　帝国関税並法規関係雑件　鉄関係（第一巻　昭和六年）」E-3-1-2-J1-5_001）。
[31] 井上準之助論叢編纂会編『井上準之助伝』（同、一九三五年）六四四～六五四頁参照。
[32]「平生日記」第一一巻、一九三〇年一一月二五日。
[33]「平生日記」第一二巻、一九三一年一月五日。
[34]「平生日記」第一二巻、一九三一年一月一九日。
[35]「平生日記」第一二巻、一九三一年一月一五日。
[36]「平生日記」第一二巻、一九三一年一月一九日。
[37]「平生日記」第一二巻、一九三一年一月二一日。
[38]「平生日記」第一二巻、一九三一年二月一二日。
[39]「平生日記」第一二巻、一九三一年二月一三日。
[40]「平生日記」第一二巻、一九三一年二月二〇日。
[41] 石井修『世界恐慌と日本の「経済外交」：一九三〇～一九三六年』（勁草書房、一九九五年）四一～四三頁。
[42]「関税政策の研究」『民政』第五巻第一号、一九三一年一月。
[43] 宮本盛太郎「第二八代第二次若槻内閣」前掲『日本内閣史録　三』二二六～二二八頁。
[44]「平生日記」第一二巻、一九三一年四月三日。
[45]「平生日記」第一二巻、一九三一年五月三日。
[46]「平生日記」第一二巻、一九三一年六月三日。

［47］「製鉄合同論再び」『大阪朝日』一九三一年八月一六日。なお桜内が新たな製鉄合同案を検討し始めたが内閣崩壊のため間に合わなかったと『桜内幸雄自伝：蒼天一夕談』（蒼天会、一九五二年）二九五～二九七頁でも述べられている。

［48］小林道彦『政党内閣の崩壊と満州事変　一九一八～一九三二（MINERVA人文・社会科学叢書　一五七）』（ミネルヴァ書房、二〇一〇年）一四六～一四九頁。

［49］井上敬介『立憲民政党と政党改良：戦前二大政党制の崩壊（北海道大学大学院文学研究科研究叢書　二四）』（北海道大学出版会、二〇一三年）六三～六四頁。

［50］「平生日記」第一二巻、一九三一年一一月二六日。

［51］「平生日記」第一二巻、一九三一年一二月二日。

［52］「平生日記」第一二巻、一九三二年一月一五日。

［53］前掲『井上準之助伝』八三三～八六七頁。

［54］「平生日記」第一二巻、一九三二年一月三〇日。

［55］前掲『吉野信次』二三三～二三四頁。

［56］山本条太郎翁伝記編纂会『山本条太郎（三）　伝記（復刻版）（明治百年史叢書　三一四）』（原書房、一九八二年、原本一九四二年）七五三～八〇〇頁。なお民政党との対抗において政友会の政策が形成、展開されるプロセスについては、手塚雄太『近現代日本における政党支持基盤の形成と変容：「憲政常道」から「五十五年体制」へ（MINERVA人文・社会科学叢書　二一四）』（ミネルヴァ書房、二〇一七年）第一章参照。

補論一

［1］実業同志会の活動の概略については、八木幸吉「議会を中心とした同志会時代の武藤氏」『公民講座　武藤山治追悼号』国民会館、一九三四年五月号、七〇～一〇一頁、入交好脩『武藤山治（人物叢書）』（吉川弘文館、一九六四年）一五六～二一四頁、江口圭一『都市小ブルジョア運動史の研究』（未來社、一九七六年）第四章、山本長次『武藤山治：日本的経営の祖（評伝日本の経済思想）』（日本経済評論社、二〇一三年）第七章参照。

［2］平生の実業同志会支援については、河合哲雄『平生釟三郎』（羽田書店、一九五二年）四三八～四四二頁などにも簡単な記述がある。

［3］実業同志会の結成過程については、市原亮平「実業同志会の結党：日本政党史における実業同志会の役割（一）」『経済論叢』第七二巻第一号、一九五三年、一〇〇～一二二頁、江口前掲『都市小ブルジョア運動史の研究』三一七～三三八頁、

山本長次「財界人・武藤山治の政治革新運動：大日本実業組合連合会における活動と実業同志会の結成」『国学院大学経済学研究』第二三・二四輯、一九九三年、八七〜一一五頁などが詳しい。

[4] 武藤が指名したのは、伊藤竹之助、井上徳三郎、西尾小五郎、西川徳三、豊島久七、金澤仁作、川崎助太郎、高津久右衛門、田村駒次郎、田附政次郎、田中譲、田中文七、田中平三郎、谷野彌吉、外海銕次郎、中西平兵衛、中山太一、中村源次郎、武藤山治、八木與三郎、山本顧彌太、山本藤助、福本元之助、小島逸平、児玉一造、安住伊三郎、荒木道文、坂部二郎、梶彦兵衛、庄司乙吉、島田孫一、森下新造、樋口勇吉、荒川吉三郎、高野亭七であった（「実業同志会創立総会議事録」『武藤山治全集』第四巻、新樹社、一九六四年、三九五〜四〇九頁）。

[5]「平生日記」第五巻、一九二三年三月一八日。

[6]「平生日記」第五巻、一九二三年四月二三日。

[7]「平生日記」第五巻、一九二三年四月二四日。

[8]『武藤山治全集』第八巻（新樹社、一九六六年）七七四頁。

[9]「平生日記」第五巻、一九二三年六月七日。

[10]「平生日記」第五巻、一九二三年六月一三日。

[11]「平生日記」第五巻、一九二三年七月七日。

[12]「平生日記」第五巻、一九二三年六月七日。

[13] 武藤による「財界世話人」批判については、松浦正孝『財界の政治経済史：井上準之助・郷誠之助・池田成彬の時代』（東京大学出版会、二〇〇二年）三二〜四五頁参照。

[14]「平生日記」第五巻、一九二三年六月二日。

[15]「平生日記」第五巻、一九二三年六月一三日。

[16]「平生日記」第五巻、一九二三年八月一五日。

[17]「平生日記」第五巻、一九二三年九月九日。

[18]「平生日記」第五巻、一九二三年七月二三日。

[19] 江口前掲『都市小ブルジョア運動史の研究』三五一頁。

[20]「後記」『武藤山治全集』第五巻（新樹社、一九六四年）一一一三〜一一一四頁。

[21]「平生日記」第六巻、一九二四年一月四日。

[22]「平生日記」第六巻、一九二四年一月三〇日。

[23]「平生日記」第六巻、一九二四年二月二日。
[24]「平生日記」第六巻、一九二四年二月二四日。
[25]江口前掲『都市小ブルジョア運動史の研究』三四六～三四九頁。
[26]「平生日記」第六巻、一九二四年六月二四日。
[27]「平生日記」第六巻、一九二四年五月三一日。
[28]同前。
[29]第四九・五〇議会における実業同志会の動向については、江口前掲『都市小ブルジョア運動史の研究』三五七～三七六頁参照。
[30]営業税の収益税化の政治過程については、石井裕晶『戦前期日本における制度変革：営業税廃税運動の政治経済過程（早稲田大学モノグラフ　七二）』（早稲田大学出版部、二〇一二年）二八二～二九七頁参照。
[31]拙稿「床次竹二郎と平生釟三郎（二）：一九二〇年代の政党政治をめぐって」『阪大法学』第五二巻第六号、二〇〇三年、一八～二二頁。
[32]「平生日記」第七巻、一九二五年九月一七日。
[33]「平生日記」第八巻、一九二六年一〇月二日。
[34]「平生日記」第八巻、一九二六年一二月一日。
[35]震災手形問題に対する実業同志会の対応については、山本長次「武藤山治の経済的「自由主義」と震災手形問題」『国学院大学紀要』第三二巻、一九九四年、九三～一二八頁が詳しい。
[36]「平生日記」第八巻、一九二七年三月一一日。
[37]「平生日記」第八巻、一九二七年三月一二日。
[38]「平生日記」第八巻、一九二七年四月三日。
[39]杉道助「至誠十話（五）実業同志会のこと」『毎日新聞』一九六三年一一月六日。
[40]「平生日記」第八巻、一九二七年四月一九日。
[41]政実協定については、山谷正義「実業同志会についての一考察：一九二八年の『政実協定』を中心に」『歴史評論』第二七五号、一九七三年、五〇～六三頁が詳しい。
[42]「平生日記」第九巻、一九二八年三月一〇日。
[43]「一九二八年三月一三日　武藤から八木幸吉宛書簡」前掲『武藤山治全集』第八巻、八三八頁。

[44]「平生日記」第九巻、一九二八年三月一〇日。
[45]「平生日記」第九巻、一九二八年三月一九日。
[46]「平生日記」第九巻、一九二八年三月二三日。
[47]「平生日記」第九巻、一九二八年三月二四日。
[48]「平生日記」第九巻、一九二八年三月二六日。
[49]「平生日記」第九巻、一九二八年三月三一日。
[50]「平生日記」第九巻、一九二八年四月三日。
[51]「平生日記」第九巻、一九二八年四月八日。
[52]「平生日記」第九巻、一九二八年四月九日。
[53]「平生日記」第九巻、一九二八年四月一〇日。
[54]「平生日記」第九巻、一九二八年四月二八日。
[55]「平生日記」第九巻、一九二八年四月二九日。
[56]「平生日記」第一〇巻、一九二八年一一月八日。
[57]「平生日記」第一〇巻、一九二九年二月二五日。
[58]「平生日記」第一〇巻、一九二九年六月一一日。
[59] 前掲『武藤山治全集』第五巻、七九二頁。
[60]「平生日記」第一一巻、一九三〇年一月二八日。
[61]「平生日記」第一一巻、一九三〇年二月三日。
[62]「平生日記」第一一巻、一九三〇年二月二五日。
[63]「武藤会長演説　一九二九年一二月二一日」前掲『武藤山治全集』第五巻、八七七～八八〇頁。
[64] 武藤山治「二人の医者」一九二九年一〇月、『武藤山治全集　増補』（新樹社、一九六六年）二五三～二五四頁。
[65] 高橋亀吉「武藤山治氏を憶ふ」前掲『公民講座　武藤山治追悼号』一五八頁。
[66]「平生日記」第一一巻、一九三〇年三月一一日。
[67] 下田将美『今なら話せる：新聞人の財界回顧』（毎日新聞社、一九五六年）一七五頁。
[68]「平生日記」第一一巻、一九三〇年四月八日。
[69]「平生日記」第一一巻、一九三〇年四月一〇日。

［70］「平生日記」第一一巻、一九三〇年六月五日。

［71］「平生日記」第一一巻、一九三〇年九月二日。

［72］武藤山治「銀行家の見たる金輸出再禁止及び平価切下論」前掲『武藤山治全集』第四巻、七四九頁。

［73］「平生日記」第一一巻、一九三〇年一一月二六日。

［74］「平生日記」第一二巻、一九三〇年一二月一五日。

［75］金解禁政策への評価については、たとえば岩田規久男編著『昭和恐慌の研究』（東洋経済新報社、二〇〇四年）の諸論考参照。

［76］平生釟三郎「稀に見る快男児」前掲『公民講座　武藤山治追悼号』一八六頁。

補論二

［1］近代日本における帝国大学中心の高等教育のあり方の概観については、天野郁夫『大学の誕生』上・下（中央公論新社、二〇〇九年）参照。

［2］佐多の大阪医科大学創設運動については、高梨光司『佐多愛彦先生伝』（佐多愛彦先生古稀寿祝賀記念事業会、一九四〇年）第一一～一八章参照。

［3］以下の記述は主として西尾幾治編『大阪帝国大学創立史（復刻版）』（大阪大学出版会、二〇〇四年、原著は一九三五年発行）、大阪大学五十年史編集実行委員会編『大阪大学五十年史　通史』（大阪大学、一九八三年）第二編一～三章による。

［4］九州大学創立五十周年記念会編『九州大学五十年史』（同、一九六七年）三〇五～三〇六頁。

［5］名古屋における官立の総合大学設置運動については、名古屋大学史編集委員会編『名古屋大学五十年史通史』（名古屋大学、一九九五年）二〇三～二〇六頁参照。

［6］西尾幾治「帝大創設執務日記の一節」前掲『大阪帝国大学創立史（復刻版）』三七八～三八〇頁。

［7］Y生「移管秘話」前掲『大阪帝国大学創立史（復刻版）』三八四頁。

［8］「平生日記」第一一巻、一九三〇年一月一七日。

［9］前掲「帝大創設執務日記の一節」三八〇頁。

［10］前掲『大阪帝国大学創立史（復刻版）』三〇～五三頁。

［11］『大阪朝日』一九三〇年九月六日。

［12］『大阪朝日』一九三〇年九月二六日。

［13］「平生日記」第一一巻、一九三〇年九月一六日。

［14］前掲『大阪大学五十年史　通史』一〇三頁。

［15］「平生日記」第一一巻、一九三〇年一一月二六日。

［16］「平生日記」第一二巻、一九三〇年一二月一九日。

［17］同前。

［18］「平生日記」第一二巻、一九三一年一月九日。

［19］伊藤は井上を「おおいなる師」と呼び、楠本については主治医で命の恩人であるとしてかなり詳しく回想している。なお伊藤は、阪大創設後も産業科学研究所設立に際して、住友財閥と同額の多額の寄付をしている（伊藤忠兵衛翁回想録編集事務局編『伊藤忠兵衛翁回想録』伊藤忠商事、一九七四年、三〇九～三一〇頁。なお引用にあたっては、読みやすさを考慮して、原文の旧仮名づかいを新仮名づかいに直すなど若干の修正を行った）。

［20］前掲『伊藤忠兵衛翁回想録』三〇七～三〇八頁。

［21］同前、三一〇頁。

［22］浜口内閣下の貴族院の政治情勢については、伊藤隆『昭和初期政治史研究：ロンドン海軍軍縮問題をめぐる諸政治集団の対抗と提携』（東京大学出版会、一九六九年）第五章、内藤一成『貴族院』（同成社、二〇〇八年）一四七～一六六頁など参照。

［23］大阪工業大学の編入問題については、前掲『大阪大学五十年史　通史』一〇三～一〇六頁参照。

［24］「平生日記」第一二巻、一九三一年三月一三日。

［25］「大阪帝大創設問題」『東京朝日』一九三一年三月二四日。

［26］「平生日記」第一二巻、一九三一年三月一八日。

［27］「平生日記」第一二巻、一九三一年三月二四日。

［28］前掲『伊藤忠兵衛翁回想録』二七五頁。

［29］「平生日記」第一二巻、一九三一年三月二六日。

［30］「平生日記」第一二巻、一九三一年四月一八日。

［31］「平生日記」第一二巻、一九三一年三月三一日。

［32］「平生日記」第一二巻、一九三一年四月二日。

［33］大阪帝国大学設置の諮問を審議した文政審議会の議事録は、「諮詢第十三号　文政審議会議事速記録」（国立公文書館所

蔵 2A-036-00-00397100（大阪帝国大学創立ニ関スル件）であるが、特別委員会での議事は省かれている。特別委員会でのやりとりは主として平生日記に基づいて記述する。

[34]「平生日記」第一二巻、一九三一年四月一一日、同一八日。

[35]「平生日記」第一二巻、一九三一年四月一三日。

[36]「平生日記」第一二巻、一九三一年四月一八日。

[37]「平生日記」第一二巻、一九三一年五月二日。

[38] 初代総長決定をめぐる経緯については、前掲『大阪大学五十年史 通史』一一七～一一九頁参照。

[39]「平生日記」第一二巻、一九三一年四月二六日。

[40] Tarrow, Sidney G. "Power in movement: social movements and contentious politics", Cambridge University Press, 1998. シドニー・タロー、大畑裕嗣監訳『社会運動の力：集合行為の比較社会学』（彩流社、二〇〇六年）。

第二部

第四章

[1] 広川禎秀「自由通商主義から領土拡張主義へ：自由通商主義をめぐって」岸俊男教授退官記念会編『日本政治社会史研究 下』（塙書房、一九八五年）四九五～五一八頁。

[2] 大阪市立大学経済研究所編『データでみる大阪経済六〇年（大阪市立大学経済研究所所報 第三八集）』（東京大学出版会、一九八九年）一五〇頁。

[3]「支那から帰りて」尚友倶楽部児玉秀雄関係文書編集委員会編『児玉秀雄関係文書 I 明治・大正期』（同成社、二〇一〇年）三八五頁。

[4] 坂田幹太編『谷口房蔵翁傳』（谷口翁傳記編纂委員会、一九三一年）四四八～四四九頁。

[5] 満洲青年連盟史刊行会編『満洲青年連盟史（明治百年史叢書 五一）』（原書房、一九六八年）四八八頁。

[6] 拙稿「日英通商航海条約改定交渉と第一次大戦後の通商政策：自由通商と保護関税・特恵関税・満洲問題の交錯」『阪大法学』第六三巻第三・四号、二〇一三年、八七九～八八〇頁。

[7] 講演筆記は、山本条太郎「満蒙問題に就いて」山本条太郎翁伝記編纂会『山本条太郎（二） 論策（復刻版）（明治百年史叢書 三一三）』（原書房、一九八二年、原本一九三九年）六九九～七二五頁所収。

［8］「平生日記」第一〇巻、一九二九年七月三一日。

［9］「平生日記」第一〇巻、一九二九年八月一日。

［10］「平生日記」第一一巻、一九三〇年一〇月一日。

［11］「平生日記」第一二巻、一九三一年七月八日。

［12］「平生日記」第一二巻、一九三一年七月七日。

［13］「平生日記」第一二巻、一九三一年九月七日。

［14］「平生日記」第一二巻、一九三一年九月一五日。

［15］「平生日記」第一二巻、一九三一年九月一八日。

［16］「平生日記」第一二巻、一九三一年九月一八日。後に「軍事研究会」となる第四師団将校と平生たちとの接触については、河合哲雄『平生釟三郎』（羽田書店、一九五二年）六五二〜六六三頁も参照。なお本章の元になる論文発表後、正田浩由「軍縮気運に対する陸軍第四師団の満州事変前後における政治活動：関西財界人平生釟三郎への接近を中心に」『白鴎大学論集』第三七巻第二号、二〇二三年を得た。

［17］「平生日記」第一二巻、一九三一年九月二二日。

［18］「平生日記」第一二巻、一九三一年一〇月一五日。

［19］「平生日記」第一二巻、一九三一年一一月一八日。

［20］「平生日記」第一二巻、一九三一年一一月一一日。

［21］大阪商工会議所編『大阪商工会議所史』（同、一九四一年）三一八〜三二五頁。

［22］後藤孝夫『辛亥革命から満洲事変へ：大阪朝日新聞と近代中国』（みすず書房、一九八七年）三八二〜三九一頁。

［23］赤澤史朗「満洲事変の反響について」『歴史評論』第三七七号、一九八一年、六六〜六九頁、石井寛治『帝国主義日本の対外戦略』（名古屋大学出版会、二〇一二年）第七章など。

［24］井上寿一『戦前日本の「グローバリズム」：一九三〇年代の教訓（新潮選書）』（新潮社、二〇一一年）四四〜四五頁。

［25］「平生日記」第一二巻、一九三一年一〇月二二日。

［26］「平生日記」第一二巻、一九三一年一〇月三〇日。

［27］『上田貞次郎日記　大正八年—昭和十五年』（慶應通信、一九六三年）一六六頁。

［28］「平生日記」第一二巻、一九三一年一一月二六日。

［29］「平生日記」第一二巻、一九三一年一二月一七日。

[30]「平生日記」第一二巻、一九三二年一月一五日。
[31]「平生日記」第一三巻、一九三二年二月二九日。
[32]「平生日記」第一三巻、一九三二年八月六日。
[33]「平生日記」第一三巻、一九三二年七月一一日。
[34]「平生日記」第一三巻、一九三二年九月一八日。
[35]「平生日記」第一三巻、一九三二年八月六日。来会者は真崎、後宮、高原操、河野三通士、河田嗣郎、稲畑勝太郎、安宅、森、師団司令部の将校数名。
[36]「平生日記」第一三巻、一九三二年九月一八日。参加者は、高原操、高石真五郎、河田嗣郎、稲畑勝太郎、森平兵衞、安宅彌吉。
[37]「平生日記」第一三巻、一九三二年一一月三日。
[38]「平生日記」第一二巻、一九三二年一月二三日。
[39]「平生日記」第一三巻、一九三二年二月九日。
[40]「平生日記」第一三巻、一九三二年二月一三日。
[41]「平生日記」第一三巻、一九三二年四月一二日。
[42]「平生日記」第一三巻、一九三二年二月一〇日。
[43]「平生日記」第一三巻、一九三二年五月二二日。
[44]「平生日記」第一三巻、一九三二年九月一四日。
[45]「平生日記」第一三巻、一九三二年一〇月四日。
[46]同前。
[47]「平生日記」第一四巻、一九三三年一一月一〇日。
[48]「平生日記」第一四巻、一九三三年一二月二日。
[49]「平生日記」第一四巻、一九三四年一月一四日。
[50]「平生日記」第一三巻、一九三二年一〇月一二日。
[51]石橋の「日満ブロック」批判については、石橋湛山「経済の国際性」石橋湛山全集編纂委員会編『石橋湛山全集』第九巻（東洋経済新報社、一九七一年）、姜克実『石橋湛山の思想史的研究』（早稲田大学出版部、一九九二年）二八九〜二九二頁など参照。

[52] 前掲『上田貞次郎日記　大正八年―昭和十五年』一八六～一八八頁。
[53] 同前、二一七頁。
[54] 佐藤晋「日満ブロック経済論と自由通商主義」『法学政治学論究：法律・政治・社会』第二三号、一九九四年、五六七～五九八頁。
[55] 「平生日記」第一三巻、一九三三年一月一日。
[56] 国際協調のための脱退の論理については、井上寿一『危機のなかの協調外交：日中戦争に至る対外政策の形成と展開』（山川出版社、一九九四年）第一章参照。
[57] 「平生日記」第一三巻、一九三三年一月二〇日。
[58] 大蔵省関税局編『税関百年史』上巻（日本関税協会、一九七二年）五六五～五七九頁。
[59] 大阪工業会五十年史編さん委員会編『大阪工業会五十年史』（大阪工業会、一九六四年）二六二～二七八頁参照。
[60] 「平生日記」第一四巻、一九三四年一月二九日。
[61] 「平生日記」第一四巻、一九三三年一一月一八日。
[62] 一九三〇年代の平生については、本書第七章、村田については、大阪商船株式会社編『村田省蔵追想録』（同、一九五九年）、半澤健市『財界人の戦争認識：村田省蔵の大東亜戦争（歴史民俗資料学叢書　二）』（神奈川大学二一世紀COEプログラム「人類文化研究のための非文字資料の体系化」研究推進会議、二〇〇七年）など参照。
[63] 「平生日記」第一四巻、一九三三年一〇月一八日。
[64] 上田正一『上田貞次郎伝』（泰文館、一九八〇年）一九八～二〇一頁。また玉井金五、杉田菜穂『日本における社会改良主義の近現代像：生存への希求』（法律文化社、二〇一六年）第九章、和田みき子「上田貞次郎の戦前日本人口問題研究のダイナミズムと自由通商に向けてのネットワークづくり」『明治学院大学大学院社会学研究科社会学専攻紀要』第三四号、二〇一〇年、一九～二七頁など参照。
[65] 望月詩史『石橋湛山の〈問い〉　日本の針路をめぐって』（法律文化社、二〇二〇年）一五七～一六五頁。
[66] 石橋の人口問題への関心については、原田泰、和田みき子『石橋湛山の経済政策思想：経済分析の帰結としての自由主義、民主主義、平和主義』（日本評論社、二〇二一年）第七章参照。

第五章

[1] 広田外交については、酒井哲哉『大正デモクラシー体制の崩壊：内政と外交』（東京大学出版会、一九九二年）、井上寿

一『危機のなかの協調外交：日中戦争に至る対外政策の形成と展開』（山川出版社、一九九四年）、服部龍二『広田弘毅：「悲劇の宰相」の実像』（中央公論社、二〇〇八年）など参照。

［2］一九三〇年代の通商紛争については、石井修『世界恐慌と日本の「経済外交」：一九三〇〜一九三六年』（勁草書房、一九九五年）、白木沢旭児『大恐慌期日本の通商問題』（御茶の水書房、一九九九年）、籠谷直人『アジア国際通商秩序と近代日本』（名古屋大学出版会、二〇〇〇年）など参照。

［3］「平生日記」第一五巻、一九三四年五月一三日。

［4］「平生日記」第一四巻、一九三三年一二月九日。

［5］「平生日記」第一四巻、一九三三年一一月一日。

［6］「平生日記」第一四巻、一九三三年一〇月一四日。

［7］通商擁護法の成立過程については、拙稿「通商審議委員会と外務省通商局：日中戦争前における通商政策の一側面」『阪大法学』第四二巻第二・三号、一九九二年、白木沢前掲『大恐慌期日本の通商問題』第二章参照。

［8］「平生日記」第一四巻、一九三三年一二月一四日。

［9］「平生日記」第一四巻、一九三四年二月二四日。

［10］訪伯経済使節団については、小川守正、上村多恵子『大地に夢求めて：ブラジル移民と平生釟三郎の軌跡』（神戸新聞総合出版センター、二〇〇一年）、栗田政彦「平生釟三郎と日伯交流基盤構築」渋沢栄一記念財団研究部編『実業家とブラジル移住』（不二出版、二〇一二年）、同「平生釟三郎とブラジル」安西敏三編『現代日本と平生釟三郎』（晃洋書房、二〇一五年）、草野正裕「ブラジル綿と平生釟三郎」同前書所収など参照。

［11］「平生日記」第一五巻、一九三五年三月二四日。

［12］「平生日記」第一五巻、一九三五年一〇月三〇日。

［13］日本政府には、満洲事変や日本の輸出増加がとりあげられることへの警戒感も強かったが、自由通商運動関係者には期待感が強かった。国際通商問題におけるロンドン国際経済会議やアメリカの互恵通商政策と日本の関係については、伊藤正直「一九三三年ロンドン国際経済会議と日本：貿易・通商問題を軸にして」後藤靖編『日本帝国主義の経済政策』（柏書房、一九九一年）第四章、加藤陽子『模索する一九三〇年代：日米関係と陸軍中堅層』（山川出版社、一九九三年）第一章参照。

［14］福永文夫、下河辺元春編『芦田均日記　一九〇五―一九四五』第三巻（柏書房、二〇一二年）一九三五年三月一三日。

［15］「平生日記」第一八巻、一九四二年八月一五日。なお芦田と平生の関係については、矢嶋光氏から示唆を受けた。

［16］「ＪＡＣＡＲ（アジア歴史資料センター）Ref. B04012838200、本邦労働者関係雑件　第一巻（I-4-2-0-2_001）（外務省外

交史料館）」。

［17］「社会立法協会年報　昭和八年至昭和十一年」国立国会図書館デジタルライブラリー所収。

［18］下村海南「出色の村田大使」大阪商船株式会社編『村田省蔵追想録』（同、一九五九年）一九八頁。

［19］大内兵衛ほか監修、大島清著『高野岩三郎伝』（岩波書店、一九六八年）三四一〜三四九頁参照。

［20］門下生で外交官となっていた上村伸一の要請により、平生は重光の自宅建築の援助を行っており、その際にこの会談は行われた。もっとも、アジア主義的な重光と平生の考え方は、必ずしも合致しなかった。国際経済会議は自由通商を高唱するその千載一遇の機会であるという彼の議論に対して、重光は「少しく案外の感あるが如し」と平生は記している。重光に対して平生は「氏は経済的思想に乏しきやの感ありき」という感想を抱いた（「平生日記」第一四巻、一九三三年六月二日）。

［21］「平生日記」第一四巻、一九三三年八月一四日。

［22］「ブロック経済の結成と日支関係」甲南学園編『平生釟三郎講演集：教育・社会・経済』（甲南学園、一九八七年）二七六〜二七九頁。なお本書では、一九三一年の講演とされているが、内容的にロンドン国際経済会議後の世界経済情勢を前提としているので、一九三三年七月以降のものと推定される。

［23］拙稿「通商審議委員会と外務省通商局：日中戦争前における通商政策の一側面」『阪大法学』第四二巻第二・三号、一九九二年、六八五頁。

［24］紡績業と軍部の接近を強調する見解としては、石井寛治『帝国主義日本の対外戦略』（名古屋大学出版会、二〇一二年）二七五〜二八〇頁参照。

［25］矢野真太郎「日中「経済提携」と和解」劉傑編『和解のための新たな歴史学：方法と構想』（明石書店、二〇二二年）九四〜九六頁。なお日華貿易協会など外務省とも提携した民間の経済提携の動向に関する最近の研究として、藤井崇史「満洲事変後における日本の対中経済外交と実業界：南京国民政府の関税改定問題を中心に」『史学雑誌』第一三一編第一一号、二〇二二年、一〜三五頁参照。

［26］馬場財政下の関税改正の概要については、大蔵省関税局編『税関百年史』上巻（日本関税協会、一九七二年）五九八〜六〇二頁参照。

［27］正木茂「自由通商十年史」『自由通商』第一〇巻第一〇号、一九三七年。

［28］橘川武郎『戦前日本の石油攻防戦：一九三四年石油業法と外国石油会社』（ミネルヴァ書房、二〇一二年）第二章。

［29］北岡伸一『政党から軍部へ：一九二四―一九四一（日本の近代　五）』（中央公論新社、一九九九年）二六〇頁。

〔30〕高柳賢三「第六回太平洋会議の印象」日本国際協会太平洋問題調査部編『太平洋問題：第六回太平洋会議報告（日本国際協会叢書　第一八四輯）』（日本国際協会、一九三七年）参照。

〔31〕佐藤外交については、栗原健ほか『佐藤尚武の面目』（原書房、一九八一年）、臼井勝美「佐藤外交と日中関係」同『日中外交史研究　昭和前期』（吉川弘文館、一九九八年）、國岡恵美「林内閣佐藤尚武外相の外交構想：展開と限界」『法政史学』第七九号、二〇一三年、湯川勇人『外務省と日本外交の一九三〇年代：東アジア新秩序構想の模索と挫折』（千倉書房、二〇二二年）一七一～一八六頁など参照。

〔32〕会合の概要については、『外務大臣佐藤尚武氏講演要旨：昭和十二年五月』（東京自由通商協会、一九三六年）、正木前掲「自由通商十年史」参照。

〔33〕外務省編『外務省執務報告　通商局　第二巻　昭和十二年（復刻版）』（クレス出版、一九九五年）一二八～一四六頁。佐藤と国際連盟について、樋口真魚『国際連盟と日本外交：集団安全保障の「再発見」』（東京大学出版会、二〇二一年）第四章参照。

〔34〕姜克実『石橋湛山の思想史的研究』（早稲田大学出版部、一九九二年）四七六～四七九頁。

〔35〕もっとも『自由通商』には「原料問題」の見通しに対する厳しい見解が見られた。名和統一の「原料資源確保のための各国の闘争の必然性」を強調する論考である（名和統一「植民地と原料問題」『自由通商』第八巻第一〇号、一九三五年、七頁）。三環節論で有名になるマルクス経済学者名和は『自由通商』に寄稿するようになっていた。ここでは名和は、資源確保をめぐる国際協調の破綻を予測している。

〔36〕小寺源吾翁伝記刊行会編『小寺源吾翁伝』（同、一九六〇年）三三三頁。

〔37〕我妻栄編『日本政治裁判史録　昭和・後』（第一法規出版、一九七〇年）二九二～二九四頁。

〔38〕『上田貞次郎日記　大正八年―昭和十五年』（慶應通信、一九六三年）二八六頁。

〔39〕前掲『上田貞次郎日記　大正八年―昭和十五年』一九三七年一〇月二日、二八九頁。

〔40〕「平生日記」第一六巻、一九三九年一月一六日。

〔41〕「平生日記」第一六巻、一九三九年一月三一日。

〔42〕前掲『上田貞次郎日記　大正八年―昭和十五年』三二〇頁。

〔43〕「平生日記」第一七巻、一九四〇年二月五日。

〔44〕「平生日記」第一七巻、一九四〇年一一月一〇日。

〔45〕「平生日記」第一七巻、一九四〇年二月五日。

[46] 北支那方面軍経済最高顧問としての活動については、正田浩由「北支那方面軍経済最高顧問平生釟三郎と経済委員会・日華経済協議会の発足」『早稲田政治公法研究』第九三号、二〇一〇年、六九〜八四頁参照。
[47] 「平生日記」第一六巻、一九三八年二月一日。
[48] 「平生日記」第一六巻、二九三八年六月八日。
[49] 湯沢三千男「北支経済顧問と大日本産業報国会長の平生さん」津島純平編『平生釟三郎追憶記』(拾芳会、一九五〇年)六五頁。
[50] 「平生日記」第一六巻、一九三八年一一月一一日など。
[51] 「平生日記」第一六巻、一九三九年九月一一日。
[52] もっとも昭和製鋼所、密山炭鉱とも経営は思わしくなく、平生の日満一如の経済ブロック構想に資したかどうかは疑わしかった(藤本建夫「実業家・教育者平生釟三郎における"liberate"な社会と軍事国家体制との相克:(四)平生日記(1913. 10. 7.〜1945. 10. 12.)に見る戦前日本の実像」『甲南経済学論集』第六三巻第三・四号、二〇二三年、一八九〜一九六頁)。
[53] 「平生日記」第一七巻、一九四〇年七月一二日。
[54] 「平生日記」第一六巻、一九三九年二月二二日。
[55] 「平生日記」第一六巻、一九三九年三月一一日。
[56] 「平生日記」第一七巻、一九三九年一〇月二〇日。
[57] 「平生日記」第一六巻、一九三九年四月一七日。
[58] 「平生日記」第一六巻、一九三九年九月一八日。
[59] 「水沢謙三・美津子宛書簡　一一月一一日」「平生日記」補巻、三一九〜三二〇頁。書簡は一九三八年のものと推定される。
[60] 「平生日記」第一七巻、一九三九年一一月八日。
[61] 「平生日記」第一七巻、一九四〇年二月一一日。
[62] 松浦正孝は、村田などの反英運動への参加をイベントなどによる「関西実業界というネットワーク」を通じて大アジア主義が広まってゆくことを詳細に論じている(松浦正孝『「大東亜戦争」はなぜ起きたのか:汎アジア主義の政治経済史』名古屋大学出版会、二〇一〇年、七一六〜七二二頁)。
[63] 「平生日記」第一七巻、一九四〇年一月一三日。

[64] 有馬学「戦争のパラダイム：斉藤隆夫のいわゆる『反軍』演説の意味」『比較社会文化』第一一巻第九号、一九九五年、三頁。
[65]「平生日記」第一七巻、一九四〇年二月五日。
[66]「日本の戦争耐久力」前掲『上田貞次郎日記　大正八年—昭和十五年』三三七頁。
[67]「平生日記」第一七巻、一九四〇年五月一六日。
[68] 米谷匡史『アジア／日本（思考のフロンティア）』（岩波書店、二〇〇六年）一三五頁。
[69] 石橋湛山「広域経済と世界経済」一九四一年五月一〇日、一七日、二四日、六月七日、一四日、石橋湛山全集編纂委員会編『石橋湛山全集』第一二巻（東洋経済新報社、一九七二年）二一四頁。
[70] 石橋の大東亜共栄圏批判と制裁後の戦争不可避論については、上田美和『石橋湛山論：言論と行動』（吉川弘文館、二〇一二年）一四一～一四四頁参照。
[71]「平生日記」第一七巻、一九四〇年一二月一五日。
[72]「平生日記」第一七巻、一九四〇年六月二八日。
[73]「平生日記」第一七巻、一九四〇年一〇月二日、同一九四一年二月一一日。
[74]「平生日記」第一七巻、一九四一年二月一五日
[75]「平生日記」第一七巻、一九四一年六月二七日。
[76]「平生日記」第一六巻、一九四一年七月一九日。
[77]「平生日記」第一七巻、一九四一年一〇月五日。
[78]「平生日記」第一七巻、一九四一年一〇月一五日。
[79]「平生日記」第一七巻、一九四一年一〇月二七日。
[80] 牧野邦昭『経済学者たちの日米開戦：秋丸機関「幻の報告書」の謎を解く（新潮選書）』（新潮社、二〇一八年）一四八～一四九頁。
[81]「平生日記」第一七巻、一九四一年一〇月二八日。
[82] 佐藤元英『経済制裁と戦争決断』（日本経済評論社、二〇一七年）二二三頁。
[83] 牧野前掲『経済学者たちの日米開戦：秋丸機関「幻の報告書」の謎を解く（新潮選書）』一七〇頁。
[84] 井口治夫『鮎川義介と経済的国際主義：満洲問題から戦後日米関係へ』（名古屋大学出版会、二〇一二年）二七三～二七五頁。

［85］「平生日記」第一八巻、一九四二年二月四日。

［86］「平生日記」第一八巻、一九四二年九月二〇日。

［87］「村田省蔵年譜」福島慎太郎編『比島日記　村田省蔵遺稿（明治百年史叢書　一三七）』（原書房、一九六九年）参照。

［88］上田美和『自由主義は戦争を止められるのか：芦田均・清沢洌・石橋湛山（歴史文化ライブラリー　四二六）』（吉川弘文館、二〇一六年）一八四〜一八七頁。

［89］「平生日記」第一八巻、一九四三年六月二九日。

［90］「平生日記」第一八巻、一九四二年九月八日。

［91］「平生日記」第一八巻、一九四二年九月二九日。

補論三

［1］陶徳民「内藤湖南と東方文化聯盟：昭和初期におけるアジア主義の一形態」『東アジア文化交渉研究』別冊第三号、二〇〇八年、三〜一八頁。

［2］松浦正孝『「大東亜戦争」はなぜ起きたのか：汎アジア主義の政治経済史』（名古屋大学出版会、二〇一〇年）ほか。

［3］規約、理事、評議員は『会報』第一号、一九三二年、巻頭に記載のもの。

［4］「立憲政友会滋賀県支部長：清水銀蔵氏」滋賀日出新聞社経済部編『大津市人物名鑑』（滋賀日出新聞社、一九三六年）一二一頁、「清水銀蔵」『政治家人名事典』日外アソシエーツ、一九九〇年、二六二頁など。

［5］清水銀蔵「木堂先生随遊記」木堂先生伝記刊行会編『犬養木堂伝』中巻（東洋経済新報社、一九三九年）七四二〜七六七頁。

［6］崎村義郎（久保田文次編）『萱野長知研究』（高知市民図書館、一九九六年）二一五〜二一八頁など。

［7］「相島勘次郎」前掲『政治家人名事典』四頁。

［8］湖南と犬養の交流については、前掲『犬養木堂伝』中巻、七七一〜七七二頁など参照。

［9］前掲『犬養木堂伝』中巻、七九七〜八〇〇頁。

［10］ビハリ・ボース、サハイの活動については、A・M・ナイル著（河合伸訳）『知られざるインド独立闘争：A・M・ナイル回想録』（風濤社、一九八三年）、中島岳志『中村屋のボース：インド独立運動と近代日本のアジア主義』（白水社、二〇〇五年）など参照。

［11］佐多が東方文化連盟に力を入れたことは、高梨光司『佐多愛彦先生伝』（佐多愛彦先生古稀寿祝賀記念事業会、一九四〇

年）六二二〜六二六頁も参照。

［12］鈴木茂三郎『財界人物評論』（改造社、一九三六年）二五四〜二五八頁参照。

［13］清水銀蔵「創立五周年を迎えるに当たりて」『会誌』第九号、一九三七年、五頁。

［14］前掲、清水銀蔵から戸田芳助宛書簡参照。

［15］清水銀蔵「挨拶」『会誌』第四号、一九三四年。

［16］中国統一化論争に関しては、根岸智代「一九三〇年代半ば中国再認識をめぐる日本の論壇：『中央公論』誌を中心にして」『現代中国研究』第三五・三六号、二〇一五年、七七〜八二頁参照。なお同論文によれば、有吉は早い段階で中国が統一化しつつあるという認識を示していた。

［17］戸田前掲「我観東方文化連盟」六九頁。

［18］岡村敬二『日満文化協会の歴史：草創期を中心に』（二〇〇六年）七四〜七八頁。

［19］「会務記事」『会誌』第六号、一九三五年。

［20］慰問、調査団の活動については、「満洲・北支視察座談会（一）」『大阪朝日』一九三六年一〇月九日、大阪実業組合連合会編『皇軍慰問産業調査　満洲北支視察記』同、一九三六年参照。

［21］使節団とその背景に関する最近の研究として、久保亨「近代中国経済の変容と一九三〇年代」波多野澄雄ほか編『日中戦争はなぜ起きたのか：近代化をめぐる共鳴と衝突』（中央公論新社、二〇一八年）一五二〜一五七頁参照。

［22］「陳博生」『岩波世界人名大辞典　CD－ROM版』（岩波書店、二〇一四年）。

［23］以下の記述は、鈴木前掲『財界人物評論』二五一〜二五九頁、清水銀蔵「謝辞」『会誌』第八号、一九三六年、六二〜六三頁による。ソ連による鉄道売却の意図が「日中間に対立を生み出しソ連をその局外に置く」（藤本健太朗「中東鉄道売却と一九三〇年代前半におけるソ連の対日外交」『東アジア近代史』第二八号、二〇二四年、五四頁）ことにあったとすれば、大阪財界の期待はいささかナイーブであった。

［24］鈴木前掲『財界人物評論』二五五頁。同書では講演者は第四部課長の神田正梗となっているが、神田正種のことかと思われる。

［25］松浦前掲『「大東亜戦争」はなぜ起きたのか：汎アジア主義の政治経済史』、五〇四頁以下参照。

［26］池崎と大阪時事については、松尾理也『大阪時事新報の研究：「関西ジャーナリズム」と福澤精神』（叢書パルコマン　〇五）』（創元社、二〇二一年）第六章、佐藤卓己『池崎忠孝の明暗：教養主義者の大衆政治（近代日本メディア議員列伝六）』（創元社、二〇二三年）第四章参照。

[27] 大阪商工会議所の事変初期の対応については、戦時中に刊行された大阪商工会議所編『大阪商工会議所史』(同、一九四一年)三三三〜三三七頁参照。
[28] 神尾の和平工作への関与については、戸部良一『ピース・フィーラー:支那事変和平工作の群像』(論創社、一九九一年)第五章、同『日中和平工作:一九三七―一九四一』(吉川弘文館、二〇二四年)第三章など参照。
[29] 神尾茂『香港日記』(神尾玞貴子、一九五七年)一九四〇年二月一四日、一八三頁。
[30]『会誌』第一二号、一九三八年。
[31]『会誌』第一三号、一九三八年。
[32] 大日本回教協会については、島田大輔「昭和戦前期における回教政策に関する考察:大日本回教協会を中心に」『一神教世界』第六巻、二〇一五年、松浦前掲『「大東亜戦争」はなぜ起きたのか:汎アジア主義の政治経済史』第七章参照。
[33] 竹井については、松浦正孝「日中情報宣伝戦争」同編『昭和・アジア主義の実像:帝国日本と台湾・「南洋」・「南支那」』(ミネルヴァ書房、二〇〇七年)三七六〜三七八頁参照。

第三部

第六章

[1] 大阪商工会議所編『大阪商工会議所史』(同、一九四一年)四〜五頁。
[2] 岡橋林「大阪商工会議所の回顧」大阪商工会議所編『大阪商工会議所回顧録』(同、一九四三年)五四頁。
[3] 近代大阪の産業構成の多様性については、阿部武司『近代大阪経済史』(大阪大学出版会、二〇〇六年)、沢井実『近代大阪の産業発展:集積と多様性が育んだもの』(有斐閣、二〇一三年)など参照。戦時における大阪の工業については、大阪工業会五十年史編さん委員会編『大阪工業会五十年史』(大阪工業会、一九六四年)二四一〜二四六頁、新修大阪市史編纂委員会編『新修大阪市史』第七巻(大阪市、一九九四年)二八八〜四六〇頁、沢井実『現代大阪経済史:大都市産業集積の軌跡』(有斐閣、二〇一九年)第一章参照。
[4] 栗本鉄工の事業史については、一〇〇周年プロジェクト編『栗本鉄工所 百年記念誌:百歳のしるべ』(栗本鉄工所、二〇一〇年)参照。
[5] 栗本の生涯については、栗本勇之助『木人句集 栗本勇之助小伝』(栗本鉄工所、一九五三年)一一〜三七頁、箕田貫一「人間栗本勇之助」『日本経済を育てた人々』(関西経済連合会、一九五五年)一七三〜一八〇頁参照。

[6] ただし栗本の財界活動のスケッチとして、宮本又次「栗本勇之助のことども」同編『企業家群像：近代大阪を担った人々』（清文堂出版、一九八五年）一五七～一八八頁、同『近代大阪の展開と人物誌』（文献出版、一九八六年）一九六～一九九頁がある。

[7] 発足当初の大阪工業会については、前掲『大阪工業会五十年史』六二～八九頁参照。

[8] 吉野孝一『頭と手と：随筆』（ダイヤモンド社、一九五六年）一七二頁。

[9] 前掲『栗本鉄工所　百年記念誌：百歳のしるべ』一五頁。

[10] 労働組合法案に対する大阪工業会の反対運動については、前掲『大阪工業会五十年史』二二六～二三六頁参照。

[11]「鉄鋼関税引上反対陳情の概要　昭和三年一月一二日　於大蔵省」（外務省外交史料館所蔵「外務省記録　帝国関税並法規関係雑件　鉄関係（第一巻　昭和六年）」E-3-1-2-J1-5_001。

[12]「製鉄合同　鉄関税引上　反対決議抄」（外務省外交史料館所蔵「外務省記録　帝国関税並法規関係雑件　鉄関係（第二巻　昭和七年）」E-3-1-2-J1-5_002）。

[13] 佐藤善郎編『財界親分乾分物語：人物から見た日本財閥の解剖』（白揚社、一九三四年）二五五～二六〇頁は、反稲畑の有力者として、平生釟三郎、片岡、栗本を挙げている。

[14]「平生日記」第一四巻、一九三三年三月二五日。

[15] 石井寛治『帝国主義日本の対外戦略』（名古屋大学出版会、二〇一二年）第七章。

[16] 前掲『大阪商工会議所史』三一八～三二五頁。

[17] 前掲『大阪工業会五十年史』三一八～三三五頁。

[18] L・ヤング（加藤陽子ほか訳）『総動員帝国　満洲と戦時帝国主義の文化』（岩波書店、二〇〇一年）九九～一二三頁。

[19] 西川真三「商業移民に門戸を開け」大阪実業組合連合会編『皇軍慰問産業調査　満洲北支視察記』（同、一九三六年）二七二～二七三頁。中小企業の再編が本格化する「企業整備」時代の商業移民については、小山仁示監修『大阪府の満洲移民』（大阪府平和祈念戦争資料室、一九八九年）三四頁参照。

[20] 前掲『新修大阪市史』第七巻、三二六～三二七頁。

[21] 山本一雄『住友本社経営史』上巻（京都大学学術出版会、二〇一〇年）一〇六二～一〇六四頁。

[22]「満洲・北支視察座談会（一）」『大阪朝日』一九三六年一〇月九日、杉道助「杉道助の遺稿」杉道助追悼録刊行委員会編『杉道助追悼録』下巻（同刊行委員会、一九六五年）七二～七三頁。なお前掲『皇軍慰問産業調査　満洲北支視察記』は実業組合の視察団の報告書である。

[23] 籠谷直人『アジア国際通商秩序と近代日本』（名古屋大学出版会、二〇〇〇年）三一五頁。
[24] 石黒英一『大河：津田信吾伝』（ダイヤモンド社、一九六〇年）一七五頁。
[25] 軍部の盧溝橋事件前における日満支ブロック論については、荒川憲一『戦時経済体制の構想と展開：日本陸海軍の経済史的分析』（岩波書店、二〇一一年）四七〜四八頁参照。
[26] 三宅宏司『大阪砲兵工廠の研究』（思文閣出版、一九九三年）四〇一〜四〇三頁。
[27] 大阪市編『昭和大阪市史』第三巻（同、一九五四年）四四三頁、前掲『新修大阪市史』第七巻、三四二〜三四三頁など。
[28] 以下、大阪工業会の石炭・鉄問題への対応は、前掲『大阪工業会五十年史』二五六〜二七八頁参照。
[29] 鈴木茂三郎『財界人物評論』（改造社、一九三六年）二五四〜二五八頁。
[30] 通商産業省編『商工政策史　第十七巻　鉄鋼業』（商工政策史刊行会、一九七〇年）三二六〜三二七頁。
[31] 銑鉄懇和会編『銑鉄販売史』（同、一九五二年）四二八〜四二九頁。
[32] 前掲『商工政策史　第十七巻　鉄鋼業』三二四頁。
[33] 一記者「栗本勇之助と彼をめぐる人々」『事業之日本』（第一八巻第四号、一九三九年）一五三頁。
[34] 高碕達之助「わが道を行く」高碕達之助集刊行会『高碕達之助集　上』（東洋製罐株式会社、一九六五年）一三四〜一三九頁。
[35] 石川準吉『総合国策と教育改革案　内閣審議会・内閣調査局記録』（清水書院、一九六二年）七五〜一〇七頁。
[36] 同前、九九頁。
[37] 「調査局参与銓衡事情」『東京朝日』一九三五年六月四日朝刊。
[38] 鈴木前掲『財界人物評論』二五〇頁。
[39] 前掲「栗本勇之助と彼をめぐる人々」一五二〜一五三頁、池田辰二『財界中心人物を語る』（金星堂、一九三九年）五六頁。
[40] 前掲『大阪工業会五十年史』二八六頁。
[41] 趣意書、会則、会員は、政治経済研究会『政治経済研究会要覧　昭和十四年三月』（同、一九三九年）、政治経済研究会『政治経済研究会要覧　昭和十五年三月』（同、一九四〇年）、政治経済研究会『政治経済研究会要覧　昭和十六年三月』（同、一九四一年）政治経済研究会『政治経済研究会要覧　昭和十七年五月』（同、一九四二年）各号の冒頭に掲げられている。なお、以下で参照する政治経済研究会の建議などは、各年度の要覧に掲載されているので出典を省く。
[42] 吉野前掲『頭と手と：随筆』一七三〜一七四頁。

[43] 内政史研究会、日本近代史料研究会編『大蔵公望日記　第二巻（昭和十一―十二年）』（同、一九七四年）一九三七年一月二〇日、六月二三日、七月三日。

[44] 日中戦争勃発前後の国策研究会については、伊藤隆「『挙国一致』内閣期の政界再編成問題（二）」『社会科学研究』第二五巻第四号、一九七四年、髙杉洋平「『近衛新体制』前夜の国策研究会と陸軍省軍務局：『総合国策十ヵ年計画』の策定過程」『史学雑誌』第一二六巻第四号、二〇一七年、茶谷翔「国策研究会論『国策』と『挙国一致』をめぐって」『歴史学研究』第九七四号、二〇一八年、同「日中戦争の開始前後における国策研究会と大蔵公望の動向：『国策』樹立による『挙国一致』から戦時体制への民智総動員へ」『史学雑誌』第一三一巻第六号、二〇二二年など参照。

[45] 鈴木前掲『財界人物評論』二五九～二六〇頁。

[46] 大阪商工会議所の事変初期の対応については前掲『大阪商工会議所史』三三三～三三七頁、「対支工作ニ関スル意見書」は、井上五郎『此の人を見よ：中山太一を語る』（富士書房、一九三八年）二一五～二一七頁所収。

[47] 松浦正孝『日中戦争期における経済と政治：近衛文麿と池田成彬』（東京大学出版会、一九九五年）では、「池田路線」と軍部などの政治経済的な多元的対抗関係が描かれている。

[48] 前掲『新修大阪市史』第七巻、四三〇～四三一、四三四～四三六、四五六頁。

[49] 前掲『栗本鉄工所　百年記念誌：百歳のしるべ』三五～三七頁。

[50] 日満中央協会編『日満支経済懇談会報告書　昭和十三年十一月、東京、名古屋、大阪、広島、門司及び新京に於ける懇談会速記録』（同、一九三九年）一八六～一九一頁。なお、白木沢旭児『日中戦争と大陸経済建設』（吉川弘文館、二〇一六年）第一章が本懇談会に言及している。

[51] 反英運動への大阪財界人の参加については、永井和『日中戦争から世界戦争へ』（思文閣出版、二〇〇七年）二七九～二八〇頁、松浦正孝『「大東亜戦争」はなぜ起きたのか：汎アジア主義の政治経済史』（名古屋大学出版会、二〇一〇年）参照。

[52] 満支使節団の詳細は前掲『政治経済研究会要覧　昭和十五年三月』参照。

[53] 前掲『栗本鉄工所　百年記念誌：百歳のしるべ』五五～五六頁。

[54] 大阪市立大学経済研究所編『データでみる大阪経済六〇年（大阪市立大学経済研究所所報　第三八集）』（東京大学出版会、一九八九年）一五〇～一五一頁。なお一九三〇年代における日本と満洲国との貿易の急増については、堀和生『東アジア資本主義史論　Ⅰ（形成・構造・展開）』（ミネルヴァ書房、二〇〇九年）第四章参照。

[55] 前掲「杉道助遺稿」七三頁。

[56] 東亜経済懇談会編『東亜経済懇談会大会報告書第二回』（同、一九四一年）四四五頁。なお、宇垣総督期以降の朝満工業化については、松浦前掲『「大東亜戦争」はなぜ起きたのか：汎アジア主義の政治経済史』第八章参照。
[57] 「関西財界の積極対策」『日本工業新聞』一九四二年二月一一日。
[58] 前掲『大阪商工会議所回顧録』所収。
[59] 関西地方電気事業百年史編纂委員会編『関西地方電気事業百年史』（同、一九八七年）四一三頁。
[60] 大阪大学五十年史編集実行委員会編『大阪大学五十年史　部局史』（大阪大学、一九八三年）七九六頁。
[61] 前掲『新修大阪市史』第七巻、三四二〜三四三頁。
[62] 前掲『栗本鉄工所　百年記念誌：百歳のしるべ』三七〜三九頁。
[63] 「平生日記」第一六巻、一九三九年二月二四日。
[64] 統制業務の東京集中の在阪企業への影響については、山本一雄『住友本社経営史』下巻（京都大学学術出版会、二〇一〇年）二二一〜二二三頁、前掲『新修大阪市史』第七巻、三七九〜三八一頁など参照。
[65] 官界新体制と経済界の要求に関しては、拙稿「『官界新体制』の政治過程」『近畿大学法学』第四二巻第三・四号、一九九五年、七七〜八八頁参照。
[66] 「昭和一六年五月　文官制度委員会書類」（国立公文書館所蔵　2A40　289　内閣総理大臣官房総務課資料「文官制度委員会書類」アジ歴 A15060304000）所収。
[67] 翼賛運動史刊行会編『翼賛国民運動史』（同、一九五四年）三一三頁。
[68] 伊藤金次郎『時代を見人を見る』（昭和書房、一九四一年）一四八頁。
[69] 柳澤治『戦前・戦時日本の経済思想とナチズム』（岩波書店、二〇〇八年）二一二〜二一五頁。
[70] 経済新体制をめぐる折衝については、さしあたって中村隆英・原朗「経済新体制」日本政治学会編『「近衛新体制」の研究　年報政治学　一九七二』（岩波書店、一九七三年）一九七二年参照。
[71] 経済団体連合会『経済団体連合会：前史』（同、一九六二年）三五八〜三六六頁。
[72] 武村次朗『革新陣営の花形を衝く』（第一書店、一九四一年）四三頁。
[73] 増田春吉『戦時経済を推進する人々』（新紀元社、一九四一年）一八六頁。
[74] 池田前掲『財界中心人物を語る』五二頁。
[75] 武村前掲『革新陣営の花形を衝く』八二〜九七頁。
[76] 小畑忠良は戦前において地方財界としての大阪財界と住友財閥とは別グループであったと回想している（小畑忠良「住

友から企画院へ」安藤良雄編『昭和史の証言』第三巻（原書房、一九九三年）三七頁）。それでも一九三〇年代には小倉や小畑は財閥の垣根を越えて栗本たちとともに活動するようになっていた。

［77］武田鼎一「会議所の足跡を顧みる」前掲『大阪商工会議所回顧録』一一一〜一一二頁。

第七章

［1］平生研究に関しては、安西敏三「解説」『平生釟三郎自伝』（名古屋大学出版会、一九九六年）参照。最近のものとしては、安西敏三編『現代日本と平生釟三郎』（晃洋書房、二〇一五年）、安西敏三「昭和精神史における平生釟三郎：機関説・学制改革・国体論」『甲南法学』第六〇巻第一〜四号、二〇二〇年、藤本建夫「実業家・教育者平生釟三郎における“liberate”な社会と軍事国家体制との相克（一）〜（四）：平生日記（1913. 10. 7.〜1945. 10. 12.）に見る戦前日本の実像」『甲南経済学論集』、第六一巻第一・二号、二〇二〇年、同第六一巻第三・四号、二〇二一年、同第六二巻第三・四号、二〇二二年、同第六三巻第三・四号、二〇二三年、藤本建夫『実業家平生釟三郎の社会奉仕の理念：画一主義教育の弊害と産業・貿易の保護干渉からの解放』（甲南大学出版会、二〇二四年）。

［2］河合哲雄『平生釟三郎』（羽田書店、一九五二年）三八五〜三八七頁。

［3］「平生日記」第一〇巻、一九二八年八月四日。

［4］河合前掲『平生釟三郎』四〇一〜四〇二頁。

［5］平生の財閥批判については、三島康雄「平生釟三郎の財閥批判」甲南大学経営学会編『現代経営学の挑戦』（千倉書房、一九九〇年）、同「平生釟三郎の各財閥論」『甲南経営研究』第三二巻第三・四号、一九九二年（『平生釟三郎の人と思想（甲南大学総合研究所叢書　二七）』甲南大学総合研究所、一九九三年に再録）参照。

［6］安西敏三「政治家としての平生釟三郎（二）」『甲南法学』第二九巻第二号、一九八九年（『平生釟三郎の総合的研究（甲南大学総合研究所叢書　九）』甲南大学総合研究所、一九八九年に再録）六〇頁参照〈引用頁は前著〉。

［7］河合前掲『平生釟三郎』三九九頁。

［8］河合前掲『平生釟三郎』四六六〜四六七頁。また安西敏三「平生釟三郎、その教育理念に関する一考察」『甲南法学』第二六巻第四号、一九八六年（『平生釟三郎の日記に関する基礎的研究（甲南大学総合研究所叢書　一）』甲南大学総合研究所、一九八六年に再録）も参照。

［9］安西前掲「政治家としての平生釟三郎（二）」五二頁。

［10］河合前掲『平生釟三郎』、五八三頁参照。

［11］戦時動員における「主体性」の問題については、ヴィクター・コシュマンほか編『総力戦と現代化（パルマケイア叢書四）』（柏書房、一九九五年）、中野敏男『大塚久雄と丸山眞男：動員、主体、戦争責任』（青土社、二〇〇一年）、山之内靖（伊予谷登士翁ほか編）『総力戦体制（ちくま学芸文庫）』（筑摩書房、二〇一五年）など参照。

［12］平生の性格については、津島純平編『平生釟三郎追憶記』（拾芳会、一九五〇年）所収の回想参照。

［13］「平生日記」第一一巻、一九三〇年五月二五日。

［14］「ある大学における産業報国に関する講演」甲南学園編『平生釟三郎講演集：教育・社会・経済』（甲南学園、一九八七年）二五六頁。

［15］平生による川崎造船所の再建については、柴孝夫「川崎造船所和議事件と平生釟三郎：整理委員としての活動をめぐって」『経済経営論叢』第二〇巻第四号、一九八六年（『平生釟三郎の日記に関する基礎的研究（甲南大学総合研究所叢書一）』甲南大学総合研究所、一九八六年に再録）、同「川崎造船所と平生釟三郎：再建活動の理念をめぐって（一）（二）」『経済経営論叢』第二二巻第四号・第二三巻第二号、一九八八年（『平生釟三郎の総合的研究（甲南大学総合研究所叢書九）』甲南大学総合研究所、一九八九年に再録）参照。

［16］前掲「ある大学における産業報国に関する講演」二五六頁。

［17］産報運動の全体像については、桜林誠「日本の労資関係（Ⅱ）：大日本産業報国会を中心として」『上智経済論集』Vol. Ⅵ、No. 2、一九六〇年、同『産業報国会の組織と機能』（御茶の水書房、一九八五年）、神田文人「解説」同編『資料日本現代史七　産業報国運動』（大月書店、一九八一年）、同「産業報国運動と天皇制」遠山茂樹編『近代天皇制の展開：近代天皇制の研究Ⅱ』（岩波書店、一九八七年）、安田浩「官僚と労働者問題：産業報国会体制論」東京大学社会科学研究所編『現代日本社会　第四巻：歴史的前提』（東京大学出版会、一九九一年）、佐口和朗『日本における産業民主主義の前提：労使懇談制度から産業報国会へ（東京大学産業経済研究叢書）』（東京大学出版会、一九九一年）など参照。

［18］「平生日記」第一六巻、一九三九年五月一〇日。

［19］「平生日記」第一七巻、一九四〇年九月九日。

［20］湯沢三千男「北支経済顧問と大日本産業報国会長の平生さん」前掲『平生釟三郎追憶記』六一～六八頁参照。

［21］内政史研究会『北村隆氏談話速記録』同、一九七〇年、八三頁。

［22］「平生日記」第一七巻、一九四〇年九月六日。

［23］「平生日記」第一七巻、一九四〇年九月一二日。

［24］「平生日記」第一七巻、一九四〇年一〇月一三日。

[25]「平生日記」第一七巻、一九四〇年一〇月七日。
[26]桜林前掲「日本の労資関係（Ⅱ）：大日本産業報国会を中心として」三八〜三九頁参照。
[27]「平生日記」第一七巻、一九四一年三月一〇日。
[28]「平生日記」第一七巻、一九四一年九月二四日。
[29]「平生日記」第一七巻、一九四〇年一一月一日。
[30]「平生日記」第一八巻、一九四一年一一月二一日。
[31]「平生日記」第一七巻、一九四一年六月一八日。
[32]「平生日記」第一七巻、一九四一年七月一五日。
[33]前掲『資料日本現代史七　産業報国運動』三〇九頁。
[34]同じ産報の法制化でも平生と厚生省では思惑が異なっていた。平生が産報の権力を高めることを指向したのに対して、厚生省は労務行政の強化を企図していた。また法制化には、資本家側の反対のほか厚生省内部でも異論があった。法制化問題に関しては、桜林前掲「日本の労資関係（Ⅱ）：大日本産業報国会を中心として」六〇頁、安田前掲「官僚と労働者問題：産業報国会体制論」三四五〜三五〇頁など参照。
[35]「小畑忠良と産業報国会（座談会・その二）」『小畑忠良を偲ぶ［産業報国会編］』（非売品、一九八五年）一〇一〜一〇三頁。
[36]「平生日記」第一七巻、一九四一年一〇月二四日。
[37]「平生日記」第一八巻、一九四一年一一月五日。
[38]「平生日記」第一八巻、一九四一年一一月一三日。
[39]「平生日記」第一七巻、一九四一年一〇月一八日。
[40]小畑登用の経緯については、前掲「小畑忠良と産業報国会（座談会・その二）」一〇一〜一〇二頁における中林貞男の回想、湯沢前掲「北支経済顧問と大日本産業報国会長の平生さん」六九頁参照。
[41]「平生日記」第一八巻、一九四一年一一月一四日。
[42]神田前掲「解説」一八三頁。
[43]これに対して、芳井幸子「産業報国会」木坂順一郎編『体系・日本現代史　第三巻：日本ファシズムの確立と崩壊』（日本評論社、一九七九年）は産報運動の実際の主導権は、むしろ経営者の側に握られていたことを強調し、小畑理事長の実現にその契機を見ている。しかし平生の主観に即して言うならば、単に経営者の利益を代弁するものではなかった。

［44］前掲「小畑忠良と産業報国会（座談会・その二）」一一四～一一五頁。

［45］桜林前掲『産業報国会の組織と機能』三四～三五頁参照。

［46］前掲「小畑忠良と産業報国会（座談会・その二）」一〇五頁。

［47］桜林誠「大日本産業報国会資料の表と裏」『大原社会問題研究所雑誌』第五七七号、二〇〇六年、三二～三七頁では、平生と小畑の路線の違いを指摘し、後者による前者への裏切りが生じたとされている。しかし、少なくとも平生は、最後まで小畑に個人的な不信感は持たず、進退をともにする考えを持っていた（『平生日記』第一八巻、一九四四年八月三一日）。

［48］「平生日記」第一七巻、一九四一年六月一一日。

［49］「平生日記」第一七巻、一九四一年八月一一日。

［50］「平生日記」第一七巻、一九四二年一月二八日。

［51］「平生日記」第一七巻、一九四一年二月一二日。

［52］「平生日記」第一七巻、一九四一年九月二日。もっとも、筒牛の目的が金銭的援助の獲得にあったことには平生も苦笑している。

［53］「産業報国運動と中央錬成所について」前掲『平生釟三郎講演集：教育・社会・経済』二六三頁。

［54］国体論における国民の主体性を重視する潮流については、昆野伸幸『近代日本の国体論：〈皇国史観〉再考』（ぺりかん社、二〇〇八年）八頁参照。生産力理論については「大河内の構想は、戦時動員という歴史的時代にあって、民主的な参加のモーメントは決して国家的総動員と背反するものではなく、むしろ、主体性、自律性を戦争体制に内包しようという試みであった」（山之内靖『システム社会の現代的位相』（岩波書店、一九九六年）一四一頁）という評価を参照。

［55］桜林前掲『産業報国会の組織と機能』四三頁。

［56］中村隆英・原朗「経済新体制」日本政治学会編『「近衛新体制」の研究　年報政治学　一九七二』（岩波書店、一九七三年）八八～一〇三頁参照。

［57］長島修『日本戦時鉄鋼統制成立史（立命館大学経営学部研究叢書　一）』（法律文化社、一九八六年）三一三～三一五頁。

［58］宮島英昭「戦時経済下の自由主義経済論と統制経済論」『シリーズ日本近現代史　構造と変動：三　現代社会への転形』（岩波書店、一九九三年）三二三～三二九頁。

［59］経済団体連合会編『経済団体連合会前史』（同、一九六二年）五一四～五一五頁。

［60］「平生日記」第一七巻、一九四〇年八月二九日。

［61］長島前掲『日本戦時鉄鋼統制成立史』二八一～二八三頁。

[62] 東京大学附属総合図書館所蔵『国策研究会文書』G：2：55。
[63] 以下の平生と郷のやりとりは「平生日記」第一七巻、一九四〇年九月一〇日による。
[64] 同前。
[65] 中村・原前掲「経済新体制」九六〜一〇一頁。
[66] 前掲『経済団体連合会前史』五三七頁。
[67] 同前、五五一頁。
[68] 「平生日記」第一七巻、一九四一年二月一四日。
[69] 「平生日記」第一七巻、一九四一年二月二五日。
[70] 「平生日記」第一七巻、一九四〇年一二月一五日。
[71] 日鉄改革については、日本製鉄株式会社史編集委員会編『日本製鉄株式会社史』（非売品、一九五九年）八六〜八七頁、長島前掲『日本戦時鉄鋼統制成立史』二四七〜二四九頁参照。
[72] 「平生日記」第一七巻、一九四〇年一一月一九日。
[73] 藤井丙午「平生先生と晩年の秘書」前掲『平生釟三郎追憶記』一三七頁。
[74] 「平生日記」第一七巻、一九四〇年一二月一三日。
[75] 鉄鋼統制会の設立過程に関しては、長島前掲『日本戦時鉄鋼統制成立史』二四三〜二六九頁、岡崎哲二「第二次世界大戦期の日本における戦時計画の構造と運行：鉄鋼部門を中心として」『社会科学研究』第四〇巻第四号、一九八八年参照。
[76] 「平生日記」第一七巻、一九四〇年一一月一日。
[77] 岡崎前掲「第二次世界大戦期の日本における戦時計画の構造と運行：鉄鋼部門を中心として」三二頁。
[78] 「平生日記」第一七巻、一九四〇年一二月一九日。
[79] 岡崎前掲「第二次世界大戦期の日本における戦時計画の構造と運行：鉄鋼部門を中心として」三九〜四〇頁。
[80] 「平生日記」第一七巻、一九四一年一月七日。
[81] 「平生日記」第一七巻、一九四一年一月一〇日。
[82] 「平生日記」第一七巻、一九四一年二月一八日。
[83] 長島前掲『日本戦時鉄鋼統制成立史』二五〇〜二五一頁、岡崎前掲「第二次世界大戦期の日本における戦時計画の構造と運行：鉄鋼部門を中心として」四〇〜四三頁。
[84] 「平生日記」第一七巻、一九四一年二月二四日。

［85］「平生日記」第一七巻、一九四一年六月二三日、七月二五日、三一日など。なお鉄鋼価格、及び補償価格問題については、岡崎前掲「第二次世界大戦期の日本における戦時計画の構造と運行：鉄鋼部門を中心として」五八〜六三頁に詳しい。

［86］美濃部洋次「戦時中の経済問題」東京大学附属総合図書館所蔵『国策研究会文書』K-1。

［87］「平生日記」第一七巻、一九四一年二月一七日。

［88］「平生日記」第一七巻、一九四一年七月九日。

［89］前掲『経済団体連合会前史』五四七〜五六四頁。

［90］「平生日記」第一八巻、一九四二年二月一四日。

［91］もっとも、重工業内部でも経済新体制に納得していない経営者はいた。対米戦争開戦後における経済連盟会の陣頭指揮問題懇談会において、「従来産業人は利益獲得を目標として産業に力を尽くし来りたるに経済新体制の実現となり、今や株主配当にも制限あり。重役其他の役員にも報酬に限度を設け、労銀にも制限令ありて産業人は目標を失へるを以て産業の増進は期し難し」（「平生日記」第一八巻、一九四二年一〇月八日）との発言がなされていた。重工業経営者の「非国民」的発言は平生を「一驚」させた。

［92］「平生日記」第一八巻、一九四二年一月二〇日。

［93］松浦正孝『日中戦争期における経済と政治：近衛文麿と池田成彬』（東京大学出版会、一九九五年）。

［94］「平生日記」第一七巻、一九四〇年八月三〇日。

［95］近衛新体制をめぐる政治過程については、木坂順一郎「大政翼賛会の成立」『岩波講座　日本歴史二〇：近代七』（岩波書店、一九七六年）、伊藤隆『近衛新体制：大政翼賛会への道（中公新書）』（中央公論社、一九八三年）、雨宮昭一「大政翼賛会形成過程における諸政治潮流：『権威主義的民主主義派』・『国防国家派』・『自由主義派』」『茨城大学教養部紀要』第一五号、一九八三年、赤木須留喜『近衛新体制と大政翼賛会』（岩波書店、一九八四年）等参照。

［96］「平生日記」第一七巻、一九四〇年八月二九日。

［97］「近衛首相の声明」下中弥三郎編『翼賛国民運動史』（翼賛運動史刊行会、一九五四年）八三〜八六頁。

［98］「平生日記」第一七巻、一九四〇年一一月二二日。

［99］「平生日記」第一七巻、一九四〇年九月七日。

［100］「平生日記」第一七巻、一九四〇年一二月一三日。

［101］「平生日記」第一七巻、一九四〇年九月七日。

［102］翼賛会違憲論に関する最近の研究として菅谷幸浩『昭和戦前期の政治と国家像：「挙国一致」を目指して』（木鐸社、二

〇一九年）第五章など参照。
〔103〕「平生日記」第一七巻、一九四一年三月一三日。
〔104〕木舎幾三郎「『大臣落第記』前後」小林一三翁追想録編纂委員会編『小林一三翁の追想』（同、一九六一年）一九六頁。
〔105〕「平生日記」第一七巻、一九四一年七月一八日。
〔106〕「平生日記」第一七巻、一九四一年一〇月二八日。
〔107〕「平生日記」第一七巻、一九四〇年一二月八日。
〔108〕「平生日記」第一七巻、一九四一年一〇月二二日。
〔109〕吉見義明・横関至「解説」同編『資料日本現代史五　翼賛選挙二』（大月書店、一九八一年）三五六〜三五七頁。
〔110〕当初、財界人の翼協メンバーに五、六〇万円の拠出を求められて平生は不満を示すが（「平生日記」第一八巻、一九四二年三月一四日）、結局「伍堂氏訪問し、先日横山助成氏より相談ありたる事務費分担の事は藤山、藤原、結城、井坂と余と五名にて拾万円を負担し県との事なる旨を告げたる上、大体半額は藤山氏に於て、残五万円は¥一二、五〇〇宛四名にて負担を願ふことになるべければ承認せられたしとの事故、快答し置けり」という結果になった（「平生日記」第一八巻、一九四二年三月二四日）。
〔111〕内政史研究会『橋本清之助氏談話速記録』（同、一九六四年）一七六頁、吉見・横関前掲「解説」三五七頁。
〔112〕「平生日記」第一八巻、一九四二年二月二〇日。
〔113〕奥健太郎「翼賛選挙と翼賛政治体制協議会：その組織と活動」寺崎修、玉井清編『戦前日本の政治と市民意識（叢書21COE-CCC多文化世界における市民の動態　九）』（慶應義塾大学出版会、二〇〇五年）二二一〜二二三頁。
〔114〕吉見義明・横関至編『資料日本現代史四　翼賛選挙一』（大月書店、一九八一年）五〇〜五一頁。
〔115〕「平生日記」第一八巻、一九四二年二月二六日。
〔116〕矢野信幸「翼賛政治体制下の議会勢力と新党運動」伊藤隆編『日本近代史の再構築』（山川出版社、一九九三年）三五七〜三五八頁。
〔117〕「平生日記」第一八巻、一九四二年二月二六日。
〔118〕中林貞男「翼賛選挙の一断面」前掲『資料日本現代史四　翼賛選挙一』「月報」一〜二頁、「平生日記」一九四二年四月九日。
〔119〕「平生日記」第一八巻、一九四二年二月二六日、桜林前掲「日本の労資関係（Ⅱ）：大日本産業報国会を中心として」四七頁。

〔120〕「平生日記」第一八巻、一九四二年三月一日。
〔121〕「平生日記」第一八巻、一九四二年三月一三日。
〔122〕前掲『資料日本現代史七　産業報国運動』三三二～三三三頁。
〔123〕吉見・横関前掲「解説」三三七頁。
〔124〕「平生日記」一九四二年三月一九日。
〔125〕同前。
〔126〕「平生日記」第一八巻、一九四二年三月三〇日。
〔127〕河野の戦時期における政治活動と思想に関しては、横関至「戦時体制と社会民主主義者：河野密の戦時体制構想を中心として」日本現代史研究会編『日本ファシズム（二）：国民統合と大衆動員』（大月書店、一九八二年）七一頁以下参照。
〔128〕三輪寿壮伝記刊行会『三輪寿壮の生涯』（同、一九六六年）四一七頁。
〔129〕「平生日記」第一八巻、一九四二年四月一日。
〔130〕「平生日記」第一八巻、一九四二年四月三日。
〔131〕東京府支部の会員については、「翼賛政治体制協議会地方支部会員名（一九四二・三・二〇―二四決定）」前掲『資料日本現代史四　翼賛選挙一』一六四～一六五頁参照。
〔132〕「平生日記」第一八巻、一九四二年四月三日。
〔133〕同前。
〔134〕「平生日記」第一八巻、一九四二年四月一三日、二二日、二四日など。
〔135〕「平生日記」第一八巻、一九四二年五月六日。
〔136〕「平生日記」第一八巻、一九四二年四月六日。
〔137〕「平生日記」第一八巻、一九四二年四月七日。
〔138〕古川隆久『戦時議会（新装版　日本歴史叢書）』（吉川弘文館、二〇〇一年）一七〇頁。
〔139〕山崎達之輔ら旧既成政党関係者の候補者選出過程の影響力については、官田光史『戦時期日本の翼賛政治』（吉川弘文館、二〇一六年）第二部・第一章、旧既成政党の地盤については、手塚雄太『近現代日本における政党支持基盤の形成と変容：「憲政常道」から「五十五年体制」へ（MINERVA人文・社会科学叢書　二一四）』（ミネルヴァ書房、二〇一七年）第五章、車田忠継『昭和戦前期の選挙システム：千葉県第一区と川島正次郎』（日本経済評論社、二〇一九年）第六章など参照。翼賛選挙・議会の位置づけについては、米山忠寛『昭和立憲制の再建：一九三二～一九四五年』（千倉書房、二〇一

五年）第三章、古川隆久『政党政治家と近代日本：前田米蔵の軌跡』（人文書院、二〇二四年）第九章なども参照。

[140]「平生日記」第一八巻、一九四二年四月二一日。

[141]「平生日記」第一八巻、一九四二年四月二六日。

[142]「平生日記」第一八巻、一九四二年五月八日。

[143]「平生日記」第一八巻、一九四二年五月八日。

[144]「平生日記」第一八巻、一九四二年六月一三日。

[145] 古川前掲『戦時議会』一八三～一九〇頁。

[146]「平生日記」第一八巻、一九四二年六月二五日。

[147] 財界人が推薦の銓衡過程で影響力を行使できなかったことについては、中村勝範「翼賛選挙と旧政党人」『法学政治学論究：法律・政治・社会』第一〇号、一九九一年、二一六～二一七頁参照。

[148]「平生日記」第一八巻、一九四二年五月一三日。

[149] 河合前掲『平生釟三郎』八六五～八六九頁。

[150] 東条内閣の内閣機能強化構想については、関口哲矢『昭和期の内閣と戦争指導体制』（吉川弘文館、二〇一六年）一一九～一三六頁参照。

[151]「平生日記」第一八巻、一九四四年七月二〇日。

[152] 河合前掲『平生釟三郎』六八九頁。

[153]「新体制」のプロセスを政治新体制、官界新体制、経済新体制の相互作用として位置づけている研究としては、赤木前掲『近衛新体制と大政翼賛会』、同『翼賛・翼壮・翼政：続近衛新体制と大政翼賛会』（岩波書店、一九九〇年）がある。しかし経済新体制の挫折を一方的に強調しているために、それが政治の世界にもたらした影響についてはあまり考察されていない。

[154] 岡崎哲二、奥野正寛「現代日本の経済システムとその歴史的源流」岡崎哲二、奥野正寛編『現代日本経済システムの源流（シリーズ現代経済研究　六）』（日本経済新聞社、一九九三年）。

[155] D・フリードマン（丸山恵也監訳）『誤解された日本の奇跡：フレキシブル生産の展開』（ミネルヴァ書房、一九九二年）。

[156] 三輪芳朗『政府の能力』（有斐閣、一九九八年）、同『計画的戦争準備・軍需動員・経済統制：続「政府の能力」』（有斐閣、二〇〇八年）。

[157] リチャード・J・サミュエルス（廣松毅監訳）『日本における国家と企業：エネルギー産業の歴史と国際比較』（多賀出

版、一九九九年）。

終章

［1］平生と村田はともに如水会の理事長を務めている（如水会史専門委員会『如水会の歩み』如水会、一九八二年、一五六、二〇三頁）。

［2］季武嘉也編『日本近現代史：民意と政党（放送大学教材（新訂））』（放送大学教育振興会、二〇二一年）一一九～一二八頁。

［3］斎藤良衛『欺かれた歴史：松岡洋右と三国同盟の裏面（中公文庫）』（中央公論社、二〇一二年）一〇三～一〇九頁。原著は一九五五年刊行。

［4］石橋の戦後構想については、増田弘『石橋湛山：思想は人間活動の根本・動力なり』（ミネルヴァ書房、二〇一七年）一七八～一八四頁など参照。

［5］石橋、芦田、清沢ら自由主義者と戦争の関係については、上田美和『自由主義は戦争を止められるのか：芦田均・清沢洌・石橋湛山（歴史文化ライブラリー　四二六）』（吉川弘文館、二〇一六年）など参照。もっとも戦争に対する態度の点では、自由主義知識人の中でも石橋や清沢が孤立した存在であった（北岡伸一『清沢洌：外交評論の運命　増補版（中公新書）』中央公論新社、二〇〇四年、第三章）。

［6］原武史『「民都」大阪対「帝都」東京：思想としての関西私鉄（講談社選書メチエ　一三三）』（講談社、一九九八年）第六章。

［7］源川真希『近衛新体制の思想と政治：自由主義克服の時代』（有志舎、二〇〇九年）二〇八頁。

［8］桑原哲也、富澤芳亜「印棉運華連益会代表者の回顧―佐藤克己氏インタビュー：一九八一年五月一四日綿花協会（綿業会館）にて―」『近代中国研究彙報』第四二号、二〇二〇年、七〇～七二頁。

［9］「平生日記」第一七巻、一九四一年七月二七日。

［10］猪谷善一「編者序文」大阪商工会議所編『大阪商工会議所史』（同、一九四一年）四頁。

［11］関西経済連合会のホームページ https://www.kankeiren.or.jp/about/cat141/（2024.09.04 閲覧）から引用。

［12］飯島幡司『昭和維新：その経済的性格』（朝日新聞社、一九四二年）二一一頁。

［13］関桂三「英国の虚をつく」勝川喜之助編『財界百人百話』（日本経済新聞社、一九五二年）一一六～一一七頁。

［14］座談会「同友会誕生のころ」関西経済同友会編『語り継ぐ三十年史・関西経済同友会』（同、一九七六年）一一～一二

頁。

[15] 同前、一三二～一三七頁所収。

[16] 岡田永太郎「半世紀を越える交友」大阪商船株式会社『村田省蔵追想録』(同、一九五九年)二六四頁。

[17]「私の共産圏論」高碕達之助集刊行委員会『高碕達之助集』(東洋製罐株式会社、一九六五年)二二六～二二七頁。なお戦前戦後を通じた高碕の活動については、松岡信之「高碕達之助研究序説:政治家と実業家からの政治的評価」『政治学研究論集』第三八号、二〇一三年、六三～八一頁、牧村健一郎『日中をひらいた男高碕達之助』(朝日選書 九一三)』(朝日新聞社、二〇一三年)、村上友章、井上正也「創業者・高碕達之助の生涯」一〇〇年史編纂委員会『東洋製罐グループ一〇〇年史』(東洋製罐グループホールディングス、二〇一七年)、村上友章「保守による共産圏外交:池田勇人と高碕達之助」増田弘編『戦後日本保守政治家の群像:自民党の変容と多様性』(ミネルヴァ書房、二〇二三年)第八章など参照。

[18] 古田和子「大阪財界の中国貿易論:五〇年代初期」中村隆英、宮崎正康編『過渡期としての一九五〇年代』(東京大学出版会、一九九七年)第五章。

[19] 杉道助追悼録刊行委員会編『杉道助追悼録 上』(同、一九六五年)一五三頁。

索　引

〈凡例〉
・本索引は、登場する人名のうち特に重要と思われるものを日本語読み五十音順で掲載したものである。
・登場頻度の高い人名は、特に重要と思われる箇所のみを索引に入れている。
・筆名など、異なる表記がある人名についてはカッコ内に示した。
・外国人の人名は原則姓のみをカタカナで表記し、本文中で名や原つづりを明記しているものについてはカッコ内に示した。

か行

さ行

た行

な行

は行

ま行

や行

ら行

わ行

著者略歴

瀧口剛（たきぐち・つよし）

1958年　大阪府生まれ。大阪大学法学部卒業、大阪大学大学院法学研究科後期課程単位取得退学、博士（法学）。近畿大学法学部講師、大阪大学法学部助教授、同法学研究科教授を経て、現在　大阪大学名誉教授。専門は日本政治史。主たる論文に「地方行政協議会と戦時業務（1）～（3）：東条・小磯内閣の内務行政」『阪大法学』第50巻第3号、2000年、同第50巻第5号、2001年、同第51巻第1号、2001年、「床次竹二郎と平生釟三郎（1）（2）：1920年代の政党政治をめぐって」『阪大法学』第52巻第2号、2002年、同第52巻第6号、2003年、「戦後日本のアジア主義論：竹内好を中心に」田中仁編『21世紀の東アジアと歴史問題：思索と対話のための政治史論』（法律文化社、2017年）など。

「自由通商運動」とその時代
昭和戦前期大阪財界の政治経済史

2024年11月11日　初版第1刷発行　［検印廃止］

著　者　瀧　口　　剛

発行所　大阪大学出版会
代表者　三成賢次

〒565-0871　大阪府吹田市山田丘2-7
大阪大学ウエストフロント
電話（代表）06-6877-1614
FAX　06-6877-1617
URL　https://www.osaka-up.or.jp

印刷・製本　亜細亜印刷株式会社

Printed in Japan

ISBN 978-4-87259-807-0 C3031